AF458443

RECHERCHES ANTHROPOLOGIQUES EN ÉGYPTE

PAR ERNEST CHANTRE

LYON
A. REY & Cie, IMPRIMEURS-ÉDITEURS
4, rue Gentil, 4
M DCCCC IV

RECHERCHES ANTHROPOLOGIQUES

DANS L'AFRIQUE ORIENTALE

ÉGYPTE

RECHERCHES ANTHROPOLOGIQUES

DANS L'AFRIQUE ORIENTALE

ÉGYPTE

PAR

ERNEST CHANTRE

LYON
A. REY & CIE, IMPRIMEURS-ÉDITEURS
4, RUE GENTIL, 4
—
1904

INTRODUCTION

L'origine et l'ancienneté des Égyptiens ont — depuis l'antiquité — excité la curiosité des historiens. Les érudits et les archéologues modernes — appliqués au déchiffrement des textes et à l'interprétation des monuments — n'ont pas été moins passionnés par ce double problème que les ethnographes et les anthropologistes. Les innombrables vestiges de cette civilisation incomparable dont le point de départ se perd dans la nuit des temps, aussi bien que la diversité des races humaines qui se sont développées dans la vallée du Nil, n'ont pas cessé, depuis Hérodote, de préoccuper les voyageurs et les savants. Aussi n'y a-t-il pas de peuple sur lequel on possède plus de documents ethnologiques que sur le peuple égyptien. Il n'en est pas dont la morphologie ait été l'objet d'un aussi grand nombre de dissertations et ait donné lieu, cependant, à un plus grand nombre d'opinions contradictoires. Sans remonter aux écrivains de l'antiquité, on voit Volney[1], voyageur célèbre de la fin du XVIIIe siècle, généralement bon observateur, soutenir que les Égyptiens étaient de véritables nègres ; puis Denon[2], un voyageur de la même époque, prétendre qu'ils appartenaient à la race caucasique, tout comme les Européens. Poinsinet de Sivry[3] les fait descendre d'une colonie celtique, et Winkelmann[4] d'une immigration chinoise ; tandis que Moreau de Jonnes[5] affirme que l'Egyptien pur a dû être primitivement identique à l'Indopolynésien et qu'il est à croire que tous les deux ne firent qu'un type unique, originaire de l'Extrême-Orient. Enfin l'on entend couramment qualifier les anciens Égyptiens de Sémites ou d'Asiatiques et les modernes d'Arabes.

Bien que la méthode scientifique, dont l'absence absolue explique ces données si divergentes du type égyptien, ait prévalu dans le courant du XIXe siècle, on ignore encore ce qu'était exactement ce peuple, le pays d'où il sortait, les races auxquelles il appartenait; personne n'a donné une réponse satisfaisante à cette question éminemment com-

[1] *Voyages en Syrie et en Egypte faits pendant les années 1783 et 1785*, 2 vol. in-8°, 1792.
[2] *Voyage en Egypte*, 1 vol. in-4°, 1710.
[3] *Origines des premières sociétés*, Amsterdam, 1769.
[4] *Histoire de l'art chez les anciens*, trad. fr. de Hubert, 1 vol. in-4°, 1802.
[5] *Ethnogénie caucasienne*, 1 vol. in-8°, 1860.

plexe. On discute donc encore sur l'origine des Égyptiens et sur celle de leur civilisation; on se demande si leur race et leur génie ne seraient pas autochtones, s'il faut en rechercher le point de départ dans le centre de l'Afrique, en Éthiopie ou en Libye, ou si l'on a plus de chances d'en retrouver les racines en Asie, ce berceau légendaire de tant de races et de tant de civilisations !

Les orientalistes les plus éminents, tels que Brugsch[1], Ebers[2], Lauth[3] et d'autres, se sont ralliés à cette dernière opinion à la suite d'E. de Rouge[4].

Le savant assyriologue Hommel[5], lui, va plus loin ; il fait venir toute la civilisation égyptienne de la Babylonie. Mais cette manière de voir qui n'était basée que sur des spéculations philologiques a pris une plus grande importance lorsque survinrent les découvertes de MM. Pétrie[6], Amelineau[7] et de Morgan[8] dans les nécropoles archaïques qu'ils dirent préhistoriques ou prédynastiques.

Pour MM. de Morgan, Jecquier[9], Wiedmann[10], et quelques autres archéologues, les racines de la civilisation égyptienne doivent être recherchées en Mésopotamie.

Les raisons de M. de Morgan sont relatives à la linguistique, à l'écriture, à l'importation des métaux, des arts, au mode de construction des sépultures, à la faune et à la flore. L'introduction, en effet, en Égypte, de la brique crue, dont l'invention est bien chaldéenne, compte parmi les arguments les plus importants que présentent MM. de Morgan, Jecquier et Wiedmann. Un autre argument, non moins concluant, c'est l'usage constant du cylindre, si essentiellement chaldéen, pour imprimer le nom du roi sur les objets lui appartenant. L'abondance, enfin, dans ces tombeaux, de vases en pierre analogues à ceux de Tello, est un fait qui vient encore renforcer la thèse de ces savants archéologues.

Pour M. Schweinfurth[11], l'Arabie méridionale doit être regardée comme un des foyers les plus importants du genre humain. Les relations de ce pays avec l'ancienne Égypte sont attestées par l'importation des arbres sacrés, le *Persea* et le *Sicomoreus*, qui furent cultivés en Egypte dès la plus grande antiquité, comme le prouvent des inscriptions de la IVe dynastie. On en a trouvé, du reste, des fruits dans les tombeaux d'Abydos. Ces arbres, qui appartiennent à la flore spontanée de l'Arabie Heureuse, se rencontrent également dans l'Abyssinie du nord. Ils ont pu pénétrer dans la vallée du Nil par la mer Rouge et la Nubie, et c'est cette route qu'ont dû suivre les envahisseurs, pasteurs et

[1] Ueber den Ost und West Punkt des Sonnenloufes nach den Altägypten. *Vorstellungen. Zeitschrift*, 1864.

[2] *Ægypten und die Bücher Moses.*

[3] *Aus Ægypten Vorzeit.*

[4] *Recherches sur les monuments attribués aux six premières dynasties.*

[5] *Geschichte Babyloniens und Assyriens. Der Babylonisch Ursprung der ægyptischen Kultur*, Munch., 1892.

[6] Ilahoum, Kahoum and Garob, 1886-1889 *(History of Egypte*, London, 1894). — *Nagadah and Ballas*, London, 1900.

[7] *Les Nouvelles Fouilles d'Abydos*, Paris, 1897.

[8] *Recherches sur les origines de l'Egypte ; l'âge de la pierre et les métaux*, Paris, 1896.

[9] *In* de Morgan, *loc. cit.*

[10] *In* de Morgan, *ibid.*

[11] Notes sur certains rapports entre l'Arabie et l'ancienne Egypte d'après son récent voyage dans l'Yemen *(Société Khédiviale de Géographie*, 1890. — L'Age de la pierre en Egypte *(ibid.*, 1897).

pêcheurs, à l'époque primitive. D'après M. Schweinfurth, c'est dans les montagnes de l'Etbaye que l'on doit trouver les traces du passage de ces tribus asiatiques d'où sortit plus tard la nation égyptienne. Pour le savant botaniste, les descendants de ces premiers conquérants de l'Égypte se trouvent parmi les Bedjah, dont les tribus les plus connues sont celle des Ababdeh et surtout celle des Bicharieh.

M. Pétrie[1] considère que la race des nécropoles archaïques est une nouvelle race, *new race*, et qu'elle est d'origine libyenne. Quoique étayée sur des considérations insuffisantes, cette hypothèse ne doit pas être rejetée *a priori*.

Étant donné, en effet, que le gros de la population de l'Égypte présente les caractères principaux des races que l'on trouve de toute antiquité dans les parties du continent libyen qui bordent la Méditerramée, il est logique, ainsi que le propose M. Maspero[2], de croire qu'elle est originaire de l'Afrique même et qu'elle se transporta en Égypte par l'ouest ou par le sud-ouest.

Bien que partisans, en principe, de l'origine africaine des Égyptiens, les ethnologues et les naturalistes comme Nott et Gliddon[3], Morton[4], Perrier[5], Hartmann[6], Hamy[7] et d'autres sont plutôt portés vers la théorie de l'indigénat, telle que l'avait comprise Hartmann.

Cette théorie, qui n'a été formulée, en somme, que sur des matériaux encore insuffisants, est celle qui jusqu'ici rallie le plus de suffrages parmi les anthropologistes. Les résultats de nos recherches personnelles nous montreront par la suite si nous devons nous y rattacher. Elle est, sans conteste, plus acceptable que celle du vénérable Reinich[8], lequel soutient que non seulement les Egyptiens sont africains d'origine, mais que les races humaines de l'ancien monde : Europe, Asie, Afrique, descendent d'une seule famille dont le siège originel était sur les bords des grands lacs de l'Afrique équatoriale.

Quoi qu'il en soit, et d'où qu'on fasse venir les Egyptiens, — si on ne les considère pas comme des autochtones — il est un fait qui paraît certain, c'est que peu après leur établissement dans la vallée du Nil, le pays et le milieu les conquit et se les assimila comme il n'a cessé de le faire pour les étrangers qui sont venus s'y fixer.

L'ethnogénie de l'Egypte dont les bases ont été jetées en grande partie — il faut le reconnaître — par les philologues et les archéologues, n'est véritablement entrée dans une phase de progrès que du jour où les naturalistes leur ont apporté le concours de leur méthode et de leur activité.

[1] *Loc. cit.*

[2] *Histoire ancienne des peuples de l'Orient ; les origines*, t. I.

[3] *Types of mankind*, Philadelphie, 1857.

[4] *Crania Ægyptiaca*, in-4°, Philadelphie, 1844.

[5] *Mémoire Soc. d'anthrop.*, t. I, Paris, 1863, et *Bull.Soc. d'anthr.*, t. II, 1861.

[6] *Die Nigritier, eine anthropologische ethnologische monographie*, gr. in-8, Berlin, 1876.

[7] Aperçu sur les races humaines de la basse vallée du Nil (*Bull. Soc. anthr.*, Paris, 1886, et *Crania ethnica*).

[8] *Der einheitliche Ursprung der Sprachen der Alten Welt nochgewiesen durch Vergleichung der Afrikanischen, Erytreischen und Indo-Germanischen Sprachen mit Zugrundlegung des Teda*, Vienne, 1873.

Avec Blumenbach[1], en effet, le premier qui ait parlé du type physique des vieux Égyptiens, surgissent de nombreuses observations anthropologiques. On voit successivement Morton[2], Nott et Gliddon[3], s'attacher dans la mesure de leurs ressources à déterminer les caractères morphologiques des peuples de la vallée du Nil. Il est curieux de constater que Morton, en rappelant les anciennes idées de Blumenbach[4] et de Wiesmann[5], sur l'ethnogénie égyptienne, paraît croire lui-même que parmi les races figurées sur les anciens monuments pharaoniques se rencontrent, en outre des Pélasges, des Sémites et des Nègres, des Mongols et des Indous.

Un autre Américain, Meigs[6], de Philadelphie, a étudié la craniologie des anciens sujets des Pharaons et a fait plus spécialement connaître la capacité des crânes de la collection Morton.

En Europe, Pruner bey[7], qui a longtemps habité l'Egypte, fut un des premiers à observer les crânes recueillis par Prissé d'Avesne, et, comme Perrier[8] qui avait plusieurs fois voyagé dans la vallée du Nil, il a longuement discouru sur l'ethnologie égyptienne. Puis ce sont les professeurs Broca[9], de Quatrefages et Hamy[10], qui font connaître les caractères des crânes des vieux Egyptiens, pour la plupart recueillis par Mariette, ainsi que ceux qu'ils ont récoltés eux-mêmes en Nubie.

M. Emile Schmidt[11], enfin, a décrit les nombreuses collections de l'Université de Leipzig, recueillies en partie par M. Mook et surtout par lui-même. Ces séries proviennent, comme celles de Paris, des principales nécropoles de la région thébaine et de la basse Nubie, mais leur ancienneté relative n'est pas absolument certaine.

C'est ensuite M. Hartmann[12], qui décrit la collection craniologique égyptienne moins nombreuse mais non moins intéressante du musée anatomique de l'Université de Berlin et qui a la même origine.

Nous voyons ensuite le Dr Fouquet[13], du Caire, étudier les crânes découverts de 1893 à 1897 par M. de Morgan dans les nécropoles dites préhistoriques de la Haute-Egypte.

Puis c'est M. Pétrie[14] qui, bien que prétendant que « l'anthropologie est un buisson d'épines », publie les caractères principaux de sa *new race* prédynastique. L'étude des crânes décrits par M. Fouquet, qui a soulevé une vive discussion au sein de la Société d'anthropologie de Paris, est reprise peu après par MM. Zaborowski et Verneau.

1 *Decad. craniorum*, t. IV et VII,

2 *Loc. cit.*

3 *Indigenous races of earth. Crania characteristic of the races of man.*

4 *Loc. cit.*

5 *Beiträge zur Naturgeschichte*, 2 ter, Th. 1811.

6 *Catalogue of human crania of the collection. Acad. of nat. sc. of Philadelphia*, in-8°, 1857.

7 Recherches sur l'ancienne race égyptienne *(Mém. Soc. anthr.*, 1863).

8 *Loc. cit.*

9 Registres inédits de Broca, du Laboratoire d'anthropologie de Paris, 1868 à 1878.

10 *Crania ethnica*, 1 vol. in-4° de texte et 1 vol. in-4° de planches, 1882.

11 Die anthropologischen privat Sammlungen Deutschland *(Catalog. craniologischen Sammlung*, Leipzig, 1 vol. in-4°, 1887). Ueber alt und neuägyptische Schadel *(Arch. für Anthrop.* Band XVII, Seit 189, 1888).

12 Das anthropologische Material des anatomischen Institutes der königlischen Universität zu Berlin *(Die anthropologischen Sammlung Deutschland*, 1 vol. in-4°, 1888).

13 *In* de Morgan, *loc. cit.*

14 *Nagadah and Ballas.*

J'ai moi-même décrit, vers la même époque, une série de crânes provenant de mes fouilles dans la nécropole de Khozan [1], appartenant au même âge que celle de Négadah. Les matériaux anatomiques recueillis dans les nécropoles d'Abydos et des environs ont fait, un peu plus tard, l'objet de mémoires intéressants, de la part de M. Randall-Maciver [2] et de M. le professeur Kollmann, de Bâle [3].

Une étude, enfin, des plus considérables sur les crânes de la nécropole de Négadah, recueillis par M. Petrie, a été entreprise courageusement par miss C. D. Fawcett, B. Sc. [4].

En outre de ces travaux spéciaux, il ne faut pas oublier que la plupart des anatomistes et des anthropologistes les plus éminents ont parlé des caractères craniologiques des vieux Égyptiens; qu'il me suffise de citer parmi eux MM. Owen [5], Retzuis, B. Davis [7], Carus [8], Czermak [9], Virchow [10], etc. Ce dernier a, durant un voyage au Caire, fait comme le Dr Fouquet [11] une étude intéressante des momies de quelques pharaons.

La croyance des Égyptiens à la persistance de l'individualité peut seule expliquer les coutumes funéraires de l'ancienne Egypte, la généralisation de l'usage de l'embaumement et le haut degré auquel est arrivé cet art. Il est, du reste, difficile de trouver à un procédé de conservation des morts aussi dispendieux d'autres raisons que le besoin impérieux de reculer les limites de la vie physique et d'ajouter à la survivance de l'âme la persistance de l'enveloppe corporelle. C'est par suite de cette circonstance que les momies ont pu être étudiées au point de vue anthropométrique avec presque autant de facilité que les habitants actuels du même pays. On a pu ainsi faire des comparaisons intéressantes, surtout quand leur identité est connue, ou qu'elle a pu être établie au moins approximativement.

La masse de crânes et de momies arrivés entre les mains des anthropologistes est actuellement considérable; elle atteint certainement le chiffre de trois mille pièces, mais le nombre des sujets dont on connaît sûrement la provenance, la date ou l'ancienneté relative, ou même l'identité, est fort peu considérable. C'est même ce qui a fait dire aux savants auteurs du *Crania ethnica*, que l'anthropologie de cette race illustre était encore imparfaite. « Pour bien connaître le type égyptien ancien, ajoutent-ils, et les variations qu'il a subies pendant les longs siècles qui séparent les constructions des pyramides du règne d'Alexandre, il faudrait pouvoir étudier séparément et comparer ensuite les grandes séries de pièces extraites de nécropoles dont la date serait archéologiquement établie d'une façon certaine. »

[1] *Bull. Soc. anthrop.*, Lyon, 1898.

[2] *The earliest inhabitants of Abydos*, 1 vol. in-4°, 1901.

[3] Die Graber von Abydos *(Correspondenzblatt Deutschen anthropologischen Gesellschaft*, 1902).

[4] Study of the variation and correlation of the human skull, with special reference to the Naquadah crania (in *Biometrika*, 1 vol. in-8°, 1902).

[5] Contribution to the ethnologie of Egypt *(Journal of the anthr.*, t. IV).

[6] *Ethnologische Schriften.*

[7] *Thesaurus craniorum.*

[8] *Atlas der Cranioscopie*, t. IV.

[9] *Beschreibung und mikroskopische Ægyptischer Mumien*, Viener Acad., t. IX.

[10] *Die Mumien der Könige*, in Museum Boulacq, Akad. Berlin, 1888.

[11] *Bull. Soc. anthrop. de Paris*, 1886. — *Institut Egyptien*, 1896.

Cette tâche que Broca avait entreprise sur les matériaux réunis par Mariette et que le khédive Ismaïl avait offerts au Muséum de Paris, j'ai essayé de la continuer en étudiant de nouveau et en mettant en œuvre ceux qui ont été réunis dans d'autres collections ou que j'ai pu recueillir moi-même.

Mes séries se composent de 350 crânes et de 24 momies que j'ai fait extraire, durant mes divers voyages en Egypte de 1898 à 1904, de quelques nécropoles ou hypogées datant apparemment des IIIe, XIIe, XVIIIe et XXVIe dynasties et de l'époque gréco-romaine.

La collection Mariette se compose de cinq cents et quelques crânes et d'une vingtaine de momies entières. Elle appartient aux IVe, VIe, XVIIIe et XXVIe dynasties et à l'époque ptolémaïque. La plupart de ces documents proviennent de Sakkarah, de Monfalout, de Drab Abou'l neggah' et autres points de la nécropole de Thèbes. Les collections anthropologiques de l'Ecole de médecine du Caire où ont été transportées, depuis peu, la plupart des momies ne présentant pas d'intérêt archéologique, se composent de près d'un millier de pièces. La plus grande partie de ces collections, presque inabordables autrefois au musée de Gizeh, sont encore moins accessibles actuellement, dans leurs nouvelles demeures; elles n'étaient pas encore déballées et installées lors de mon dernier voyage en Egypte. J'ai pu cependant connaître, grâce à l'extrême obligeance de M. le Dr Eliot Smith, le conservateur du musée anatomique de l'école de médecine, les richesses anthropologiques de la ville du Caire.

Parmi les grandes séries de crânes et de momies dont malheureusement beaucoup ont une origine douteuse, on doit citer 400 momies archaïques de la nécropole de Naga-ed-der près Girgeh; une cinquantaine de squelettes dits préhistoriques d'El Amrah; des séries de squelettes des Ire, IIe, IIIe, IVe, V^e^, VIe, X^e^, XIe, XIIe et XVIIIe dynasties de Naga-ed-der; des squelettes de la IVe dynastie de Gizeh; des squelettes des XIIe et XVIe dynasties d'El Amrah : des crânes de la XIe dynastie de Beni-Hassan; des squelettes de la XVIIIe dynastie de Thèbes, ainsi que des momies des temps ptolémaïque, romain, copte et moderne, provenant des différents points de l'Egypte.

Il a été apporté jadis un nombre considérable de momies en Europe et en Amérique soit à titre de curiosité, soit comme produits pharmaceutiques ou comme collections scientifiques.

On doit citer, parmi les séries les plus importantes, celles des musées de Philadelphie, New-York, Leipzig, Paris, Berlin, Londres, Vienne, Munich, Bruxelles, Lyon, Florence, Stockholm, Bordeaux, Toulouse, etc.

Mais tous les matériaux anatomiques constituant ces nombreuses suites qui viennent d'être énumérées et parmi lesquels les anthropologistes ont choisi les éléments de leurs études, sont-ils bien véritablement des anciens sujets de Pharaons ? Est-ce que les nécropoles thébaines et memphites n'ont pas reçu, à toutes les époques, d'autres morts que des Egyptiens d'origine ? Est-ce que, dans ces temps reculés, les grands centres n'attiraient pas, comme de nos jours, les provinciaux du Nord et surtout du Sud ? Ces faits ne peuvent paraître douteux, et l'on peut même ajouter que quiconque connaît la façon dont se déplacent les peuples en Afrique aussi bien qu'en Asie, admettra facilement que Nubiens ou Ethiopiens, Soudanais et Bédouins ont afflué de tout temps chez les Egyptiens. Il est probable, toutefois, que déjà à cette époque, chaque race se cantonnait sur tel ou tel point et que chacune d'elles avait son cimetière. Les vestiges de ces populations sont donc vraisemblablement moins mêlés qu'on le dit, et je crois que l'on peut affirmer que, s'il y a des confusions parmi les dépouilles humaines extraites des nécropoles antiques, elles sont dues pour la plupart aux mains des fouilleurs inexpérimentés.

Il y a lieu d'étudier séparément les restes des ancêtres des Egyptiens aussi bien que ceux des races conquérantes qui se sont montrées dans la vallée du Nil à la veille de la décadence et de la ruine de la suprématie pharaonique.

Il faut étudier également à part les dépouilles des rois, des princes et des prêtres qui ont régné dans la vallée du Nil et présidé aux destinées de sa population pendant tant de siècles. Peut-être sera-t-il possible de rattacher les types de ces personnages et ceux des différents groupes ethniques qui ont été soumis à leur joug aux peuples divers qui habitent aujourd'hui le même pays et les régions qui l'avoisinent.

***

Si les populations anciennes de l'Egypte ont été beaucoup étudiées par les philologues, les archéologues et même les anthropologistes, il n'en est pas de même des populations actuelles. Elles ont attiré, certes, l'attention des voyageurs, mais lorsque ceux-ci n'étaient ni des savants médecins ni des naturalistes avisés, elles ont été le plus souvent négligées.

Les matériaux ethnographiques et anatomiques, déposés autrefois dans les musées, n'ont pas toujours, à part quelques exceptions, des origines précises. Il n'en est plus de même actuellement et, tout en y affluant en plus grand nombre, ils présentent pour la plupart des garanties réelles de provenance.

Il n'y a pas plus de trente ans que, grâce à la fondation des laboratoires d'anthropologie des professeurs Retzius, Broca, de Quatrefages, Virchow, Bogdanov, Mantegazza, Kolmann, Schmidt et quelques autres contemporains, les voyageurs qui veulent recueillir des documents vraiment utiles à la science ont été initiés aux méthodes d'observation, de mensuration et de photographie anthropométriques.

Dans l'enseignement de ces maîtres éminents et de leurs savants disciples, ils peuvent comprendre la valeur des matériaux qu'ils sont à même de réunir durant leurs explorations; ils peuvent aussi se convaincre bien vite de la nécessité de les collectionner avec cette rigoureuse exactitude qu'exige toute étude scientifique.

Malgré cela, les voyageurs anciens ont rapporté de leurs explorations des documents de la plus grande valeur, à tous égards, en ce qui concerne l'Afrique orientale en particulier, et qui ont servi de bases à toutes les recherches ethnologiques modernes.

Il me suffira de citer à l'appui de cette opinion les travaux de quelques-uns des auteurs les plus connus parmi ceux que l'on doit consulter, quand on veut étudier les populations de la vallée du Nil et des régions limitrophes.

En laissant de côté les voyageurs de l'antiquité et du moyen âge, d'Hérodote et Strabon à Makrizi et à Aboulfeda, ainsi que des autres primitifs qui ont parlé, sauf Hérodote, d'une façon plus ou moins vague, des peuples de la vallée du Nil, ce n'est qu'à partir du XVIIIe siècle que l'on trouve, sur ces populations, des récits d'apparence exacte. Tout d'abord, on voit Danville[1] et Savary[2] donner, dans leurs célèbres lettres et mémoires sur l'Egypte, des aperçus sur les races des pays qu'ils venaient d'explorer. Vinrent ensuite les récits de Volney[3] qui visita l'Egypte en revenant de Syrie. Celui-ci fut le premier qui présenta des notions un peu circonstanciées sur les habitants de la terre des Pharaons, mais il est difficile de partager bon nombre de ses appréciations.

Viennent ensuite les ouvrages de James Bruce[4], de Brown[5] et de Sonini[6].

C'est à la veille du XIXe siècle que le champ des explorations scientifiques est réellement ouvert par l'expédition de Bonaparte. Apparurent alors les travaux de Denon[7], de Champollion[8], d'Amédée Jaubert[9], de Jomard[10], de du Bois-Aymé[11] sur les Egyptiens et les tribus arabes du désert.

Puis ceux de Chabrol de Volvic[12], sur les mœurs des habitants de l'Egypte. Deux médecins de l'expédition : Larrey[13] et Desgenettes[14] donnèrent enfin, dans la description de l'Egypte, des notions précises sur les caractères physiques des Coptes et des Fellahin.

Peu après surgit le superbe ouvrage de Rosellini[15], dans lequel on trouve la reproduction exacte d'un très grand nombre de scènes et de portraits gravés, peints ou sculptés sur les monuments pharaoniques.

De son côté, Quatremère[16] aborde sérieusement l'ethnogénie de l'Egypte dans ses mémoires historiques et géographiques. A ce même point de vue spécial, Clot bey[17], puis Pruner bey[18] et enfin Perrier[19] ont traité magistralement la question.

Commencent ensuite les grands voyages de Cailliaud[20], de Ruppel[21], de Burkardt[22],

[1] *Mémoire sur l'Egypte*, 1 vol. in-4°, 1765.
[2] *Lettres sur l'Egypte*, 3 vol. in-8°, 1777.
[3] *Voyage en Syrie et en Egypte pendant les années 1783 et 1785*, 2 vol. in-8°, 1792.
[4] *Voyage en Nubie et en Abyssinie pour découvrir les sources du Nil*, traduction française de Cartera, 5 vol. in-4°, 1788.
[5] *Travels to discover the sources of Nil*, 1 vol. in-4°, 1790.
[6] *Voyage dans la Haute et Basse-Egypte*, 3 vol. in-8° et atlas in folio, 1700.
[7] *Voyage en Egypte*, 1 vol. in-4°, 1810.
[8] *Monuments de l'Egypte et de la Nubie*, 2 vol. in-4°, 1803.
[9] *Description de l'Egypte*, 26 vol. in-8° et 12 vol. de planches in-folio, 1824.
[10] Description des monuments de Thèbes (in *Description de l'Egypte*).
[11] *Id.*, *ibid.*
[12] *Id.*, *ibid.*
[13] Note sur la conformation physique des Egyptiens, etc. (in *Descrip. de l'Egypte*).
[14] *Id.*, *ibid.*
[15] *Monumenti dell'Egypto e della Nubia*, 8 vol. in-8°, et 3 vol. atlas in-folio, 1841.
[16] *Mémoires historiques*, 2 vol. in-8, 1811.
[17] *Aperçu général sur l'Egypte*, 2 vol. in-8°, 1840.
[18] Ethnogénie égyptienne *(Bull. Soc. anthr.*, Paris, 1863).
[19] Recherches sur l'ancienneté de la race *(Bull. Soc. anthr.*, Paris, 1863).
[20] *Voyage à Meroé et au fleuve Blanc*, etc., 3 vol. in-8°, et 3 vol. atlas in-folio, 1826.
[21] *Reisen in Nubien, Kordofan*, etc., 2 vol. in-8°, 1827.
[22] *Travels in Nubia*, 1 vol. in-8°, 1843.

de Kowalewski[1] et de Linant de Bellefont[2], dont les récits sont riches en détails ethnographiques.

C'est enfin Lauth[3], trop souvent cité parce qu'il décrit d'une façon par trop fantaisiste les mœurs des Egyptiens. Paraissent bientôt après les premières grandes explorations vers les sources du Nil, le Bahr-el-Ghazal, les grands lacs, tout le Soudan oriental y compris le Darfour, le Kordofan et le Niam-Niam.

Successivement et assez rapidement, on publie les récits pleins de détails ethnographiques des Speke[4], Tremaux[5], Lejean[6], Burton[7], Russegger[8], Pallme[9], Cuny[10], Peney[11], Rohlfs[12], Hartmann[13], Schweinfurth[14], Nachtigal[15], Marno[16], Emin bey[1], Chaillé-long[18], Menges[19], Lupton[20], Purdy[21], Berghoff[22], Duveyrier[23], Buchta[24], Felkin[25], etc.

Parmi les voyages les plus récents et les plus importants, dont il a été publié des récits intéressant l'anthropologie égyptienne, il faut citer, pour la partie orientale, celui de M. Fourtau[26], dans la partie septentrionale du désert arabique. Ce savant géologue a recueilli, durant cette exploration, nombre de documents intéressants sur les Bédouins de cette région.

Pour l'Ethiopie, on remarque d'abord l'ouvrage du regretté Dr Philipp Paulitschke[27], victime de son dévouement à la science, sur l'*Ethnologie des populations du nord-est de l'Afrique et particulièrement des Danakil, des Galla et des Somali.*

Puis viennent les notes anthropologiques de M. Charles Michel[28], le second de la

[1] Voyage en Nubie (*Ann. des Voy.*, 1859).

[2] *L'Etbaye. Pays habité par les Bicharieh*, 1 vol. in-4°, 1868.

[3] *Modern Egypte*, 2 vol. in-8°, 1837.

[4] *Journal of the Discovery of the Sources of Nil*, 1 vol. in-8°, 1860.

[5] Au Soudan (*Bull. Soc. géogr.*, 1882).

[6] Voyage aux deux Nils (*le Tour du Monde*, 1864).

[7] Voyage aux grands lacs de l'Afrique orientale (*le Tour du Monde*, 1860).

[8] *Reise in Egypten, Nubien*, etc., 1 vol. in 8°, 1844.

[9] *Beschreibung von Kordofan*, 1 vol. in 8°, 1844.

[10] Voyage de Siout à El Obeid (*Ann. des Voyages*, 1858 et 1863).

[11] *Bull. Soc. géogr.*, 1859 et 1863.

[12] Petermann, *Mittheilungen*, 1867.

[13] *Reise durch Nordost-Africa*, 1 vol. in-8°, 1864. — *Die Nigritier : eine anthropologische-Ethnologische Monographie*, 1 vol. gr. in-8°, 1876.

[14] *Au cœur de l'Afrique*, traduction française, 2 vol. in-8°, 1875.

[15] *Bull. Soc. géogr.*, 1875. — *Sahara et Soudan*, traduction française, 1 vol. in-8°, 1885.

[16] Petermann, *Mittheilungen*, 1872.

[17] Petermann, *Mittheilungen*, 1875 à 1880.

[18] *Bull. Soc. géogr.*, 1884.

[19] Petermann, *Mittheilungen*, 1884.

[20] *Proceedings of the Soc. géogr.*, 1884.

[21] *Bull. Soc. khédiviale de Géogr.*, 1880.

[22] *Globus*, 1881.

[23] *Bull. Soc. géogr.*, 1884.

[24] Petermann, *Mittheilungen*, 1881.

[25] *Proceedings of the roy. Soc. Edimburgh*, 1884.

[26] *Bull. de la Soc. khédiviale de Géogr. du Caire*, 1900.

[27] *Ethnographie Nordost-Africa. Die geistige Cultur der Danâkil, Galla and Somal.*, 2 vol. gr. in-8°, avec cartes et planches, 1896.

[28] *Bull. Soc. anthr.*, Lyon, 1900.

mission de Bonchamps, à travers l'Ethiopie et son magnifique volume intitulé : *Vers Fachoda*, rempli de renseignements ethnographiques [1].

La région du Nil Blanc a été de nouveau explorée récemment par M. le Dr Innes bey [2], de l'Ecole de Médecine du Caire. Quoique entreprise dans un but essentiellement zoologique, cette expédition a fourni d'utiles documents ethnologiques.

Pour les pays limitrophes de l'Egypte, vers l'ouest, on ne doit pas oublier le remarquable travail de MM. Hanotaux et Letourneux [3], sur les mœurs et coutumes des Berbères, dits *Kabyles;* puis les publications de MM. Randall-Maciver et Anthony Wilkin [4], et enfin celui de M. Kalhet [5].

Je ne saurais trop, d'autre part, appeler l'attention sur les nombreux et savants mémoires que M. le Dr Collignon [6] et M. le Dr Bertholon [7] ont, depuis nombre d'années, consacrés aux populations de l'Algérie et de la Tunisie qu'ils ont si bien étudiées au point de vue ethnographique et anthropométrique.

Le résumé bibliographique qui précède montre combien sont considérables les matériaux anthropologiques accumulés par les archéologues, les naturalistes et les voyageurs. Il montre aussi quelle en est la diversité, et combien ils sont épars. Il démontre enfin la nécessité et l'urgence qu'il y avait de les coordonner pour établir, d'une façon plus précise qu'on ne l'avait fait jusqu'à ce jour, l'ethnologie ancienne et moderne de l'Egypte.

En étudiant, en effet, les publications relatives à l'origine des Egyptiens, par exemple, on peut constater d'abord que la plupart des éléments qui ont servi de base à ces recherches, manquent de la précision et de la méthode qu'exigent aujourd'hui les sciences histologiques aussi bien que les sciences naturelles. En cherchant aussi à édifier l'ethnogénie et l'ethnologie de l'Egypte, exclusivement d'après des données historiques ou philosophiques plus ou moins largement interprétées, on devait aboutir à des théories toutes plus ou moins discutables. Ce résultat était d'autant plus fatal que la plupart des auteurs, pressés de conclure, ont presque tous abordé la synthèse de la question avant d'en avoir à peine effleuré l'analyse.

Les naturalistes et les archéologues habitués, eux, au contraire, à l'analyse, se sont adressés à l'examen détaillé des matériaux provenant de fouilles ou de voyages. Ceux-ci, en effet, lorsqu'ils sont recueillis par des mains expérimentées, permettent d'approcher de la vérité, plus lentement peut-être, mais plus sûrement. Toutefois, lorsque ces matériaux proviennent d'anciennes fouilles ou de vieux voyages, ils présentent souvent des origines plus ou moins vagues et, dès lors, ils deviennent inutiles. Quant aux documents nouvelle

[1] *Mission de Bonchamps. Vers Fachoda à la rencontre de la Mission Marchand à travers l'Ethiopie*, 1 vol. in-8°, 1900.

[2] *Voyage au Nil Blanc*, broch. in-8°, 1902.

[3] *La Kabylie et les coutumes kabyles*, 3 vol. in-8°, 1872.

[4] *Libyan notes*, 1 vol. in-4°, 1891.

[5] *Reise Erinnerungen aus Algerien und Tunis*, 1 vol. in-8°, 1885.

[6] Etude sur l'ethnographie générale de la Tunisie *(Bull. géogr. hist. et descr.*, 1887.

[7] Exploration anthropologique de la Khoumirie *(Bull. géogr. hist. et descr.*, 1892. — *Résumé de l'anthropologie de la Tunisie*. Broch. in-8°, 1896. — Exploration anthropologique de l'île de Gerba en Tunisie *(l'Anthropologie*, 1897). — Les premiers colons de souche européenne dans l'Afrique du Nord *(Revue tunisienne*, 1893). — *L'Année anthropologique nord-africain*, 1902 à 1904.

ment recueillis dans des excavations, ou des explorations récentes, ils ne méritent plus, en général, ce reproche. Les procédés nouveaux d'investigation et la méthode scientifique qui ont prévalu depuis quelques années, ainsi qu'une meilleure préparation des explorateurs, ont réussi, actuellement, à mettre les anthropologistes en possession de matériaux plus nombreux et plus utilisables que par le passé.

Des collections de crânes de vieux Egyptiens récoltés dans les nouvelles fouilles, ont été formées, soit dans les musées du Caire, soit dans plusieurs grands musées de l'Europe. Quelques crânes modernes et de très riches séries d'objets ethnographiques y ont été également envoyés de la Nubie et du Soudan. D'innombrables photographies enfin ont été rapportées de toute la vallée du Nil et des régions voisines.

La démographie de l'Egypte, dont l'importance scientifique et pratique n'a pas échappé à l'administration khédiviale, présente — dans ce pays — un intérêt d'autant plus marqué que la diversité des races qui l'habitent y est plus grande.

Plusieurs tentatives de recensement ont été faites autrefois, mais c'est vraiment celui du 1er juin 1897 qui donne, non seulement la situation la plus précise des habitants de l'Egypte, en tant que nombre, mais encore celle qui fournit les renseignements les plus circonstanciés sur son état sociologique. On y trouve, en effet, en outre du chiffre exact de la population entière du pays, celui de la population particulière de chacune des localités habitées, et enfin les différents groupements de population sous le rapport de la nationalité, de la religion, de l'instruction, de la profession, de l'âge, du sexe, etc. Bien que je ne partage pas les mêmes idées que celles qui ont — dans cet ouvrage — présidé au classement des peuples de l'Egypte, je lui ai fait de nombreux emprunts, tout en admirant cette œuvre colossale. Elle fait le plus grand honneur à celui qui en a eu la direction, M. Boynet bey, et à ses collaborateurs.

Mes recherches anthropologiques sur les peuples anciens, comme sur ceux des temps actuels, ont porté presque exclusivement sur la Haute-Egypte. Le Saïd est resté, en effet, le cœur réel de la vieille nation égyptienne. C'est là que dès la plus haute antiquité se sont développés les vrais Egyptiens. C'est là que la population groupée autour des souverains memphites et surtout thébains est restée plus indépendante et plus pure de sang que celle du nord. Si les Ethiopiens et les nègres ont pu — grâce à leur nombre — influencer quelque peu — en apparence — le type autochtone, ce n'est que dans des proportions infimes. Le pays n'a pas été exposé, comme le Delta, à ces mélanges incessants des races pélasgique, libyenne, iranienne ou sémitique, venues du nord, de l'ouest, et surtout de l'est. La Basse-Egypte, véritable boulevard de tous les peuples de l'Orient, ne peut présenter, en effet, qu'un mélange inextricable de types ethniques. Et plus encore qu'une capitale ou une grande ville littorale; elle ne peut offrir aucun intérêt pour l'étude de la population ancienne ou actuelle d'une région. C'est donc à dessein que j'ai laissé de côté l'étude de la majeure partie des habitants d'Alexandrie, de Tanis, de Bubaste et du Caire. Dans tous ces grands centres, dont la rivalité passagère des princes a fait des capitales, ont afflué — à toutes les époques — des flots de population de toutes origines. Et de nos jours — comme dans l'antiquité — Juifs, Arméniens, Arabes, Turcs, Grecs et Européens finissent par y constituer une population plus considérable que celle des autochtones. C'est donc au sud, et jusqu'aux frontières du Soudan, qu'il faut aller pour étudier les véritables Egyptiens, Coptes et Fellahin, ainsi que leurs voisins et parents les Bedjah.

Dans ces recherches, je me suis attaché à recueillir — comme je l'ai fait pour celles que j'ai entreprises au Caucase, en Arménie et en Asie Mineure — tous les renseignements susceptibles de fournir des notions exactes sur l'ethnogénie, l'ethnographie et la morphologie des populations anciennes et modernes de la vallée inférieure et moyenne du Nil. J'ai eu d'abord l'occasion d'observer ou de disséquer soit au Caire, soit en Europe, plus de 150 momies (111 hommes et 24 femmes) contemporaines de presque toutes les dynasties, depuis les plus primitives jusqu'à celles qui ont vu décliner et s'écrouler la puissance des Pharaons.

J'ai étudié ensuite — dans les mêmes conditions — près d'un millier de crânes appartenant aux mêmes époques et de provenance aussi exacte que possible. Ces matériaux ont été séparés par localités, puis par catégories de sexes correspondant aux grandes coupures historiques, les plus généralement admises actuellement. De même que pour les séries européennes et asiatiques que j'ai eu l'occasion d'étudier jusqu'ici, l'expérience m'a conduit à diminuer considérablement le nombre des mesures craniométriques à prendre sur chaque individu. Je n'ai conservé que les dix-neuf diamètres pouvant fournir des indices utilisables. Je n'ai mesuré enfin aucun crâne réparé, des matériaux de cette nature ne pouvant que fournir des renseignements faux ou discutables.

Au point de vue de l'étude des peuples modernes j'ai mesuré et photographié enfin 858 sujets vivants adultes (694 hommes et 164 femmes). Comme précédemment, et peut-être plus que partout ailleurs, les femmes n'ont pu être observées que grâce à l'intervention de Madame Chantre qui a pris part — du reste — à tous mes travaux anthropométriques. Ces sujets appartiennent aux quatre groupes principaux des Egyptiens, des Bedjah, des Arabes Bédouins et des Soudanais Orientaux. Ils ont été observés dans dix localités différentes dont trois seulement dans la Basse-Egypte.

Mes observations morphologiques et anthropométriques exécutées sur chaque individu se montent à 25 en moyenne[2], ce qui fait que le total de mes opérations s'élève, pour les peuples modernes de l'Egypte, à près de vingt-deux mille. Ces observations sur le vivant, ainsi que celles qui ont été faites sur des momies ou des crânes, ont été prises — comme

[1] Les mesures craniométriques sont les suivantes : Diamètres de la tête : antéro-postérieur maximum, transverse maximum, auriculo-bregmatique et basiléo-bregmatique. — Diamètres du front : frontal maximum et frontal minimum. — Diamètres bi-orbitaires : bi-orbitaire externe et bi-orbitaire interne. — Diamètres de la face : ophrio-mentonnier, ophrio-alvéolaire et bi-zigomatique. — Diamètres de l'orbite : hauteur et largeur. — Diamètres du nez. — Diamètres du trou occipital. — Diamètres de la voûte palatine.

[2] Je crois devoir indiquer ici la liste des observations que j'ai relevées sur les peuples actuels dont la description fait l'objet de cet ouvrage : Observations générales et anthropométriques. — I. Nation ou tribu, nom, sexe, âge, religion, lieu de naissance, profession. — II. Denture, embonpoint, couleur des yeux et des cheveux, forme des yeux et du nez. — III. Diamètres de la tête : antéro-postérieur maximum, transverse maximum et auriculo bregmatique ; hauteur totale de la face, de la glabelle au point mentonnier et largeur bi-zigomatique ; diamètres bipalpébraux interne et externe ; hauteur et longueur du nez ; largeur de la bouche ; hauteur de la taille debout ; largeur de la grande envergure totale aux deux médius. — IV. Observations spéciales relatives aux déformations céphaliques, au prognathisme, aux mutilations, tatouages, etc.

dans mes précédentes monographies — d'après les méthodes de Broca, en me conformant toutefois — autant que possible — à l'entente internationale de Moscou [1].

La pratique m'a amené à renoncer à ces instruments compliqués et plus ou moins fragiles, absolument inapplicables dans les voyages longs et difficiles. J'ai dû également abandonner ces longues listes de mesures dressées par des savants qui n'ont guère eu l'occasion de s'en servir en dehors de leur laboratoire ou durant des séjours prolongés sur un même point. Ces innombrables mesures, dont on fait volontiers parade, et dont une partie n'a jamais été utilisée, ont l'inconvénient capital d'augmenter la durée des opérations toujours trop longues pour des populations difficilement abordables, et de compromettre l'exactitude des observations les plus essentielles. Je me suis donc appliqué à ne prendre que des mesures indispensables et des diamètres pouvant fournir des indices capables de permettre des comparaisons utiles.

Déjà, en 1881, j'avais entrepris quelques recherches sur l'anthropologie de l'Égypte, soit dans le pays même, soit dans des collections de momies et de crânes formées en Europe. Mais ce n'est véritablement que durant les hivers de 1898, 1899 et 1904, que je me suis livré, plus spécialement, à l'étude des peuples de l'État khédivial. Dans ces divers voyages, tous entrepris sous les auspices du ministère de l'instruction publique, j'ai constamment été accompagné de Madame Chantre. Nous avons successivement visité — et à plusieurs reprises — la plupart des habitats importants de la vallée du Nil — entre la Méditerranée et la première cataracte — et grâce à des séjours prolongés au Caire, à Siout, à Keneh, à Louqsor, à Assouan, etc., nous avons pu observer à loisir et la population sédentaire et celles qui sont encore nomades. Partout, aussi bien chez les Coptes chrétiens que chez les Fellahin et Bedjah musulmans ou les Soudanais fétichistes, nous avons trouvé un accueil sympathique, et nos opérations — à la condition de ne pas être fatigantes — n'ont été qu'exceptionnellement repoussées. Nous avons trouvé également la plus grande bienveillance et l'appui le plus obligeant auprès des administrations locales. Qu'il me soit permis d'exprimer ici notre gratitude à tous ceux qui nous ont aidé dans nos recherches et dans l'exécution de cet ouvrage.

J'adresse plus particulièrement mes remerciements à l'Association française pour l'avancement des sciences et à l'Académie des sciences, belles-lettres et arts de Lyon, qui ont bien voulu subventionner généreusement mes travaux ;

A LL. EE. le Sirdar Wingate pacha et le général Maxwell pacha qui, en 1898, m'ont spécialement facilité ma tâche en mettant à ma disposition les soldats soudanais du camp d'Assouan et leurs familles ;

A S. E. Yacoub Artin pacha, sous-secrétaire d'État au Ministère de l'Instruction publique ;

A S. E. Adly pacha Yeglen, gouverneur du Caire ;

A M. le professeur G. Maspero, membre de l'Institut de France, directeur général du service des antiquités de l'Égypte ;

[1] *Bull. Soc. anthr.*, t. XII, 1893. — Compte rendu du Congrès international d'archéologie et d'anthropologie préhistoriques. Session de Moscou, 1893.

A M. Georges Legrain, inspecteur des antiquités à Karnak ;

A M. Piot bey, médecin vétérinaire inspecteur des domaines ;

A M. René Dreux, inspecteur des domaines ;

A M. le Dr Brossard, chirurgien en chef de l'Hôpital français du Caire ;

A M. le Dr Ibrahim Soliman bey, médecin inspecteur sanitaire au Caire ;

A M. le Dr Innès bey, professeur à l'École de médecine du Caire ;

A M. le Dr Elliot Smith, professeur à l'École de médecine du Caire ;

A M. Joseph A. Klat, directeur du service d'identité judiciaire au Caire ;

A M. Eugène Aupest, chef de bureau au service d'identité.

Je ne dois pas oublier — non plus — les frères Georges et Paul Gattass, de Louqsor, mes guides et interprètes dans la Haute-Égypte, dont le zèle intelligent et le dévouement m'ont été d'un grand secours.

Décoration d'un vase de Négadah.

PREMIÈRE PARTIE

POPULATIONS ANCIENNES

CHAPITRE PREMIER

TEMPS PRÉHISTORIQUES

ETHNOGÉNIE ET ETHNOGRAPHIE

La civilisation éblouissante de l'Egypte, révélée par ses monuments : temples, palais et tombeaux, que l'air sec de la vallée du Nil a conservés d'une manière si étonnante, et que les égyptologues ont su mettre en lumière avec tant de perspicacité, a tellement captivé les savants que — jusqu'à ces derniers temps — seule l'étude des documents historiques avait attiré leur attention. L'Egypte des Pharaons offrait un champ si vaste aux investigations de toutes sortes, que les vestiges des primitifs habitants du sol n'avaient encore éveillé aucune curiosité. L'attrait des questions d'origine a pourtant, depuis quelques années, poussé les chercheurs dans une voie nouvelle, et l'on a voulu savoir si ce pays avait passé par une période préhistorique analogue à celle de l'Europe, et quelles furent ses étapes évolutives. C'est à M. Adrien Arcelin, le géologue mâconnais bien connu, qu'était réservé l'honneur de poser pour la première fois la question d'un âge de la pierre dans la vallée du Nil. Ce fut durant son premier voyage dans la Haute-Egypte, pendant l'hiver 1868-1869, qu'il recueillit la première série d'instruments en silex qui attira réellement l'attention sur les civilisations préhistoriques de l'Egypte. Il reconnut que c'était principalement à la limite du désert et des terres cultivées, sur les plateaux élevés au-dessus des niveaux qu'atteignent les crues du Nil, et qui n'ont pas pu être recouverts par des alluvions modernes, que se trouvaient les gisements d'ustensiles en pierre.

M. Arcelin fit surtout ses trouvailles à El-Kab, sur une ancienne terrasse du fleuve; à Biban-el-Molouk, au milieu de graviers accumulés à l'entrée de la vallée des Rois; sur les plateaux de Saqqarah et de Gizèh. C'étaient des éclats prismatiques en forme de lames plus ou moins retouchées; des nucléus, des percuteurs; un racloir du type moustérien; une pointe taillée à grands éclats, du type acheuléen; un marteau discoïdal en diorite, poli sur les deux faces et portant des traces de percussion, etc. M. Arcelin était resté convaincu que des observations isolées, faites au cours d'un voyage rapide, ne suffisaient pas pour démontrer l'existence d'une industrie préhistorique en Egypte; mais il pensa avoir réuni des documents suffisants pour montrer qu'il y avait quelque chose à faire dans ce sens. Il pensait qu'il y avait d'intéressantes recherches à poursuivre, soit sur les anciennes terrasses du fleuve, soit sur les premiers gradins du désert, soit surtout dans les monticules de débris antiques qui marquent les anciens sites habités, véritables *kjœkken-mœddings* bien autrement riches que tous ceux fouillés par les archéologues en Europe avec tant de succès[1].

« Quand je visitais l'Egypte, dit M. Arcelin, on ne voyait aucun instrument en silex au musée de Boulaq, ils étaient extrêmement rares dans les musées égyptologiques d'Europe. Le Louvre n'en possédait pas. Rosellini, Passalacqua, Clot-bey, Lepsius en avaient plusieurs fois rencontré dans les nécropoles antiques. Mais les égyptologues s'autorisaient de ces découvertes pour refuser à mes trouvailles un caractère de haute antiquité. Quelques-uns, comme Lepsius[2], étaient tentés d'attribuer à des causes physiques la plus grande partie des silex éclatés, si abondants à la surface du sol en Egypte. »

Au mois de novembre 1869, MM. Hamy et Lenormant faisaient d'heureuses récoltes d'instruments en pierre, dans le voisinage de Biban-el-Molouk et de Déir el-Bahari[3]. Peu après, le 19 mai 1870, Mariette[4], que M. Arcelin avait trouvé très incrédule à son passage au Caire, annonçait à l'Institut égyptien que, sortant de la voie habituelle à l'archéologie égyptienne — ce sont ses expressions, — il allait commencer à Thèbes l'étude des silex taillés. Puis vinrent les trouvailles de M. John Kenst Lord au Sinaï, dans les mines de Wady Magarah (1879), celles de M. l'abbé Richard (1891), aux environs de Thèbes et au Caire, de M. de Lanoue à Cherouanah (1872), près d'Esneh, de M. le Dr Reil à Hélouan, en face de Memphis (1872), de Sir John Lubbock (1873), de M. Henry W. Haynes (1877-1878), du général Pitt Rivers (1881), aux environs de Thèbes[5].

Plus récemment, MM. Flinders Petrie et Quibell[6], de Morgan, Legrain[7] et bien

[1] Note sur l'âge de la pierre en Egypte (*Matériaux pour l'hist. nat.*, etc., février et septembre 1869. Rapport au Ministre de l'Instruction publique sur une mission en Egypte. L'industrie primitive en Egypte et en Syrie (*Ann. de l'Acad. de Mâcon*, 1re série, t. IX, p. 155).

[2] *Journ. Egypt.* de Berlin, 1871.

[3] *Comptes rendus Acad. Sc.*, 27 novembre, 1869.

[4] *Institut égyptien*, 1872.

[5] De Morgan, *Recherches sur les origines de l'Egypte*, Paris, 1897.

[6] *Naquadah and Ballas*, London, 1890.

[7] *In* de Morgan, *loc. cit.*

d'autres, ont signalé de nouveaux gisements de l'âge de la pierre, dont le nombre est considérable.

Les recherches spéciales de M. de Morgan[1] ont montré que les vestiges de l'âge de la pierre se rencontrent dans plus d'une centaine de localités de la vallée moyenne du Nil.

Un tiers à peine présentent des stations que l'on peut qualifier provisoirement de paléolithiques; les autres sont néolithiques ou — du moins — ne renferment pas de types primitifs que l'on appelle en Europe : chelléen, moustérien ou solutréen. Parmi ces stations, il en est qui paraissent appartenir véritablement à la civilisation néolithique; mais il en est d'autres, notamment des nécropoles, qui, bien qu'ayant offert à leurs explorateurs des mobiliers funéraires où les objets en silex sont fort nombreux, pourraient être tout au plus considérées comme d'une époque de transition à l'époque des métaux. Les unes, en effet, renferment non seulement des objets en métal (cuivre ou bronze), mais encore des ustensiles en os, en ivoire ou en pierre, et surtout des poteries qui dénotent un développement artistique bien supérieur à la civilisation néolithique la plus élevée. Les autres, enfin, ont donné des documents qui ne laissent aucun doute sur leur ancienneté, puisqu'ils se rattachent aux temps historiques.

ÉPOQUE PALÉOLITHIQUE

Bien qu'aucun gisement de la vallée du Nil n'ait encore été daté stratigraphiquement ou paléontologiquement, je réunis, cependant, sous le nom de *paléolithiques*, ceux qui ont donné des instruments en silex, dont les formes sont caractéristiques de cette industrie en Europe. On ne les trouve guère qu'à la surface des alluvions caillouteuses ou bien sur les mamelons qui constituent les premiers contreforts de la chaîne arabique et surtout de la chaîne libyque. Ce n'est malheureureusement presque jamais, ni dans les sables qui s'étendent de la limite des terres cultivées à la base de la montagne, ni dans les limons du Nil que l'on trouve ces objets. A Gizèh, à Dashour, à Keneh et ailleurs, c'est sur les plateaux qui dominent la vallée que l'on a rencontré des instruments du type chelléen.

M. Legrain a fait remarquer que c'est au point où aboutissent les sentiers des caravanes *(agabah)* réunissant la vallée au plateau désertique que se présentent, le plus souvent, des gisements paléolithiques. Sur d'autres points, comme aux environs d'Abydos et de Thèbes (par exemple), c'est dans les ravines creusées jadis par les eaux, dans les alluvions caillouteuses que ces objets se trouvent généralement. Il semble qu'ils aient été entraînés, du haut des plateaux, à une époque où les pluies étaient plus fréquentes que de nos jours. Malheureusement, ces silex taillés ne sont pas accompagnés, comme en Occident, d'ossements d'animaux pouvant leur assigner une date. Tout porte à croire que ces ustensiles, qui, en Europe, sont certainement quaternaires, remontent à cette époque géologique; mais l'absence de toute trace de faune ne peut permettre encore aucune affirmation à cet égard. Toutes les probabilités pourtant sont en faveur de l'opinion qui reporte l'antiquité de l'homme, dans cette partie de l'Afrique, à l'époque quaternaire, c'est-

[1] *Loc. cit.*

à-dire à celle qui précéda l'établissement définitif du régime actuel des eaux dans la vallée du Nil. Mais on n'en a pas de preuves absolues.

M. Sayce a cependant trouvé des silex taillés au pied de la chaine arabique, à El Kab, au sud des ruines d'Hiéracoupolis. Cette localité est située au sommet d'un ravin creusé dans les alluvions durcies formant le premier plateau de la chaine. Ces alluvions datent certainement de l'époque qui a précédé les grandes érosions, et après laquelle se déposèrent les masses de graviers qui constituent le grand système alluvial de la vallée.

MM. Daressy, Legrain et moi-même nous avons recueilli de nombreuses hachettes du type chelléen, encore en place, à 3 mètres de profondeur, dans le fond d'un ravin situé au sud-ouest de Médinet Habou, près d'un ancien couvent copte. Mais on n'y a pas trouvé non plus, avec eux, de fossiles pouvant les dater d'une façon précise. En Europe, l'examen des alluvions est bien autrement facile qu'en Egypte. Partout ailleurs, en France, par exemple, elles sont exploitées pour les besoins des routes. En Egypte, on ne peut compter que sur les intempéries, lesquelles sont rares.

En dehors des premières découvertes d'objets paléolithiques faites par MM. Arcelin, Hamy et Lenormant, ainsi que de celles que j'ai citées plus haut, M. de Morgan [1] en a signalé une vingtaine d'autres dont les plus intéressantes sont celles de Toukh, au nord de la station néolithique; Maslabat Haroun à 10 kilomètres au sud-ouest de Gizèh; Gournah dans la vallée des Rios, et Déir el-Bahari; Gara'at-el-Hason, près de Gebel Bayazid sur la route de Rizagat; l'oasis de Karghieh à Ramnieh; le désert entre Karghieh et Abydos, etc. Il est probable que de nouvelles observations entreprises dans les *kjœkken-mœddings* nombreux de ces régions, montreront — dans un avenir prochain — que l'âge de la pierre s'est développé en Egypte comme dans les autres pays, en suivant les mêmes phases évolutives. Il n'y a pas de raison pour que les industries paléolithiques n'aient pas progressé ici, comme ailleurs, lentement et sans transition brusque, pour arriver à l'époque néolithique durant laquelle ont apparu les métaux, puisque le type primitif est partout le même. On sait, en effet, que les formes paléolithiques dont on a découvert des spécimens dans le monde entier, ont été fréquemment trouvées dans un grand nombre de localités de l'Afrique : en Algérie, en Tunisie, au Congo et dans les régions équatoriales, ainsi qu'au pays des Somalis et des Danakils, au Transvaal, etc.

La mission du Bourg de Bozas vient de recueillir en Ethiopie, aux environs de Haron, à Ouorka, de nombreux silex taillés, associés — dans des alluvions — à des ossements d'animaux de type quaternaire [2].

ÉPOQUE NÉOLITHIQUE

Un très grand nombre de gisements complètement distincts des précédents ont donné des types variés d'ustensiles en silex que l'on considère, en Europe, comme caractéristiques de l'époque néolithique. M. de Morgan a signalé des stations de cette catégorie

[1] *Op. cit.*

[2] La mission du Bourg de Bozas, Voyage au pays des Aroussi, Ethiopie méridionale *(la Géographie, Bulletin de la Société de Géographie de Paris*, 15 juin 1902).

sur plusieurs points de la Haute et de la Basse-Egypte. Quelques-unes occupent des espaces considérables, telle, par exemple, celle de Abou-Roach, sans doute un atelier. Les silex s'y trouvent sur une superficie de 200 mètres de largeur et une longueur de plus de 20 kilomètres. A Dimeh, dans le Fayoum, le gisement qui renferme en si grand nombre d'admirables pointes de flèches est immense. On trouve, dans ce pays, des silex taillés sur un plateau de 4 à 500 hectares, constitué par d'anciens limons lacustres, à 90 mètres d'altitude au-dessus du Birket el-Karoun. Le lac aurait baissé de 90 mètres depuis l'époque où les limons se déposèrent, et comme on ne trouve pas de silex taillés dans l'espace compris entre la haute terrasse et le lac actuel, on peut présumer que la station néolithique est antérieure à l'abaissement du niveau des eaux, ce qui indiquerait une époque fort ancienne (figures 1, 2 et 3).

Fig. 1. Fig. 2. Fig. 3.
POINTES DE FLÈCHES EN SILEX, DIMEH. (1/2 gr. nat.)

A part le matériel néolithique habituel où dominent avec les flèches et les hachettes en roches dures et polies, d'innombrables lames de silex plus ou moins finement retaillées, les monuments franchement néolithiques sont rares en Egypte. C'est ainsi que l'on connait à peine une ou deux de ces constructions mégalithiques si fréquentes en Europe. M. Legrain a dessiné à l'est d'Edfou, dans le Gebel Genamieh, un cercle de pierres et une sorte de dolmen[1]. Et M. Sayce a découvert à quatre milles d'Esneh, dans le désert, d'énormes *cairns* faits de gros blocs bruts apportés de la montagne la plus voisine, encore éloignée de plusieurs milles. D'autres monuments du même genre, mais un peu plus petits, ont été vus par M. Floyer, en face de Gebelein[2]. Les stations néolithiques sans mélange sont rares, et à part les *kjækkenmæddings* d'El Toukh, de Zawaidah et de Kattarah, ainsi que les stations de Dimeh, de Koumachina et d'Hélouan, on n'en peut guère citer. Il n'en est pas de même de celles qui renferment des mélanges d'objets, les uns d'origine réellement néolithique, les autres appartenant à des civilisations plus récentes. Telles sont particulièrement les nécropoles explorées par MM. Flinders Petrie, Quibell, Amelineau, de Morgan, et par moi-même.

Les innombrables monticules qui marquent, çà et là, dans la vallée, à la limite du désert et des terres cultivables, des points anciennement habités, sont des mines inépuisables de documents. Les Fellahin exploitent ces monticules comme engrais riche en matières fertilisantes, auquel ils donnent le nom de *sebah*. Les cultivateurs y trouvent fréquemment des antiquités, et de temps à autre fournissent de bonnes indications pour entreprendre utilement des fouilles. M. de Morgan a opéré de fructueux sondages dans ces dépôts de détritus de tous genres. A Toukh, localité située près de Negadah, au nord de Thèbes, le *sebah* forme sous le sable une couche de 0m50 à 1 mètre d'épaisseur. Au milieu de débris de maisons en briques crues, on trouve des silex taillés en grand nombre, des fragments de poteries, des outils en os, quelques menus objets de cuivre, etc.

[1] *In* de Morgan, *Recherches sur les origines de l'Égypte*, fig. 5, p. 239.
[2] Chronique d'Orient (*l'Anthropologie*, 1896, p. 472).

A Méidoûm, M. Flinders Petrie[1] a trouvé en 1890, près de la pyramide de Snofroui (IVe dynastie), des sépultures sans cercueil ni sarcophage. Le corps avait été placé à même le sable, couché sur le côté gauche, la tête au nord, la face à l'est, les jambes repliées, le bras droit ramené sur la poitrine, le bras gauche appliqué le long du corps. Le mobilier funéraire se composait de divers ustensiles en silex, d'aiguilles en bronze ou cuivre, de poterie mal cuite, de nombreuses provisions de bouche, pain et dattes, placées à proximité du mort, dans des plats.

Le même explorateur, accompagné de M. Quibell, fouillait en 1894 et en 1895 les localités de Ballas et de Toukh, au nord de Thèbes, et y rencontrait des nécropoles semblables à celle de Mûdoéim, dans lesquelles on avait pratiqué les mêmes rites funéraires.

A cette époque, M. de Morgan explorait avec succès les environs d'Abydos et y constatait des nécropoles identiques, telles que celles d'El Amrah, d'Om el Ga'ab, de Gebel el Tarif, de Béit Alam, etc. De son côté, M. Amelineau étudiait, de 1896 à 1898, la nécropole d'Abydos et M. de Morgan découvrait, en 1897, le célèbre tombeau royal de Negadah. Moi-même, en 1899, je fouillais la nécropole d'El Khozan, qui me donnait des résultats analogues à ceux de mes prédécesseurs.

La plupart de ces lieux funéraires sont situés à la limite du désert et des terres cultivables. Les tombes sont des fosses ovales ou carrées, parfois rectangulaires. Les corps, non momifiés, étaient déposés nus, tantôt sur le sol, tantôt sur une toison ou bien dans une grande jarre en terre grossière. Le cadavre était placé, le plus souvent, replié un peu sur lui-même, les genoux rapprochés de la poitrine, les mains sur la face ou sur le cou. L'orientation n'est pas constante. Dans certains cas, on a cru reconnaître que la tête avait été détachée du corps et placée à côté ; les mains, les bras semblaient avoir été mutilés, les côtes brisées et mises à part ; enfin, quelques squelettes se sont présentés complètement désarticulés. Dans une tombe, il y avait, autour de six crânes empilés, des os brisés comme pour en extraire la moelle. M. Petrie en a conclu que les cadavres étaient parfois dépecés, qu'ils avaient servi à des festins de cannibales. Il rappelle à ce propos que, d'après la tradition, Osiris aurait aboli la coutume de l'anthropophagie que pratiquaient les ancêtres des Egyptiens. Mais on sait aussi que durant l'époque néolithique de l'Europe méridionale, les cadavres n'étaient souvent déposés dans le tombeau définitif qu'après avoir été décharnés. Il est donc possible que les faits pris par M. Flinders Petrie pour des preuves d'anthropophagie, ce qui, d'ailleurs, n'est pas inadmissible, ne soient que des restes de cette pratique funéraire si particulière. Quant à la momification dont M. Fouquet dit avoir constaté la présence sur les squelettes provenant des fouilles de M. de Morgan à El Amrah, près d'Abydos, je crois qu'il y a lieu de faire des réserves. Les cadavres d'El Amrah, aussi bien que ceux qui proviennent de nécropoles offrant des mobiliers funéraires analogues, ont pu recevoir des préparations conservatrices minérales ou végétales diverses, cela est possible, même probable. Mais je ne pense pas que le bitume ait été employé dès ces temps reculés pour la conservation des corps. Il est surtout très improbable que ceux-ci aient été soumis aux opérations multiples et compliquées que les Egyptiens pharaoniques ont recherchées plus tard pour satisfaire ce mysticisme étrange qui dominait une partie

[1] *Loc. cit.*

de leur existence. J'ai vu un grand nombre de corps retirés de sépultures non violées de cette époque et dont le mobilier funéraire n'avait pas été dérangé, et je n'ai jamais constaté de traces de bitume. Il y a lieu de croire que les individus sur lesquels M. Fouquet a observé du bitume appartiennent à des sépultures postérieures.

Les peaux de bêtes ont été très employées dans ces nécropoles. On retrouve fréquemment des traces de peaux de gazelle ou de bœuf qui avaient servi, peut-être, de vêtement

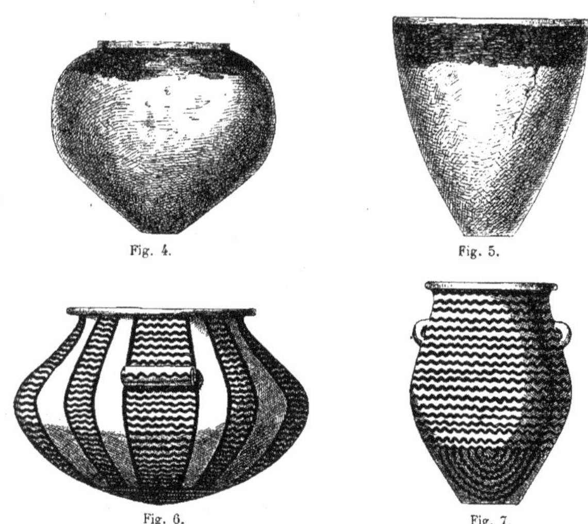

Fig. 4. Fig. 5.

Fig. 6. Fig. 7.

Vases en terre rouge, Nécropole de Négadah. (1/4 gr. nat.)

aux défunts pendant leur vie. Le tout était enveloppé de feuilles de palmier, sans trace d'étoffe. Parmi les objets les plus importants, et surtout les plus nombreux, des mobiliers funéraires accompagnant ce genre de sépultures, se place la poterie. On a trouvé dans une seule tombe jusqu'à quatre-vingts vases ou plats, et jamais moins de dix à douze. Cette poterie est faite à la main. Elle est de couleur rouge et noire et ses formes rappellent quelquefois celles des époques plus récentes. Des jarres pourvues d'anses ondulées et renfermant de la graisse parfumée ou du limon du Nil étaient déposées près de la tête. D'autres vases grossiers, en terre brunâtre, terminés en pointe, contenant des cendres et des débris de poissons étaient placés sur le milieu du corps. Un grand nombre de ces vases portaient encore à leur surface les traces des formes en osier dans lesquelles ils avaient été moulés et cuits. Les poteries rouges sont fort nombreuses : beaucoup ont le bord peint en noir. Les panses sont parfois ornées de dessins peints en blanc figurant des lignes géométriques, des personnages, des animaux ou des végétaux. Les plus remarquables, parmi ces vases funéraires, sont ceux de couleur jaune, décorés de rouge. Ils affectent les formes les plus diverses et parfois même — rarement — ils représentent des animaux. Leur décoration, des plus simples, consiste en spirales, lignes brisées, ondulées, losanges, chevrons, puis des animaux : gazelles, antilopes, éléphants ; des représentations humaines et aussi des bateaux (figures 4 à 9). Ces motifs décoratifs font songer aux gravures rupestres que M. Legrain a rencontrées sur les rochers de la Haute-Egypte, et que M. Flamand a découvertes plus récemment dans le Sud Oranais.

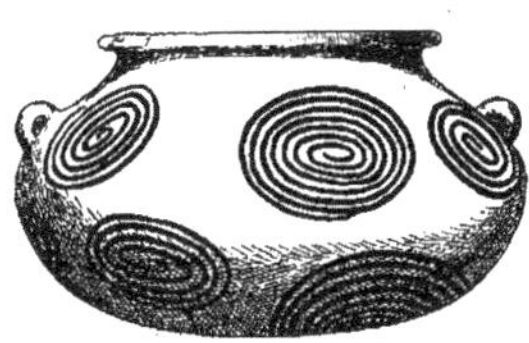

Fig. 8.

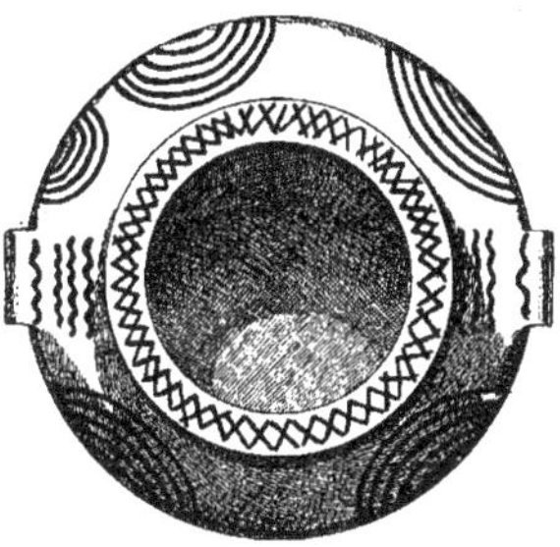

Fig. 9.

Vases en terre rouge, Nécropole de Négadah. (1/4 gr. nat.)

A côté de la poterie, on doit ranger des vases en pierre de formes assez spéciales et de natures diverses. Jusqu'au moment des fouilles de M. de Morgan, on ignorait l'ancienneté relative de ces vases. Depuis qu'il en a trouvé un certain nombre dans les nécropoles de Toukh, d'El Amrah, d'Abydos et de Gebel el Tarif, dans des sépultures ne renfermant que des silex taillés, on est certain que, si leur usage a persisté jusqu'aux temps historiques, ils ne datent pas moins, pour lui, de l'époque néolithique.

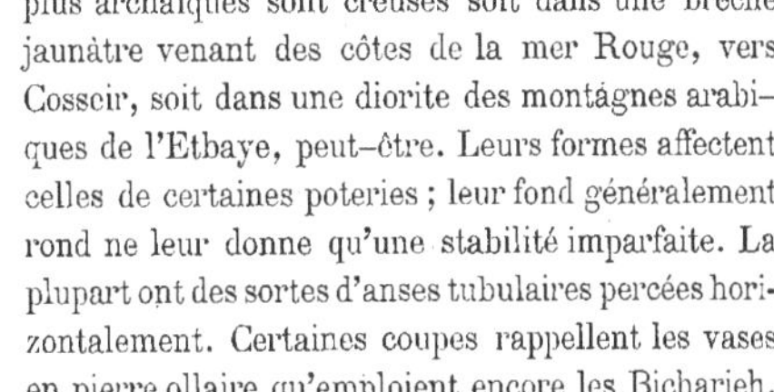

Ces vases sont souvent en albâtre, mais les plus archaïques sont creusés soit dans une brèche jaunâtre venant des côtes de la mer Rouge, vers Cosseir, soit dans une diorite des montagnes arabiques de l'Etbaye, peut-être. Leurs formes affectent celles de certaines poteries ; leur fond généralement rond ne leur donne qu'une stabilité imparfaite. La plupart ont des sortes d'anses tubulaires percées horizontalement. Certaines coupes rappellent les vases en pierre ollaire qu'emploient encore les Bicharieh.

Après la céramique, les plus importants objets composant le mobilier funéraire de ces nécropoles sont les ustensiles en silex. Ce matériel néolithique, au nom duquel on a classé ces nécropoles dans cette époque préhistorique, est incontestablement considérable comme nombre et comme beauté. En dehors des innombrables éclats taillés en hachettes, couteaux, grattoirs, racloirs, tranchets, scies et perçoirs, se trouvent assez fréquemment de grands coutelas taillés des deux côtés et finement retouchés. Quelques pièces, incurvées, sont arrondies à l'une des extrémités et avaient été sans doute pourvues d'un manche (fig. 10) ; d'autres, taillées des deux côtés, affectent la forme d'une tête de lance ou de javelot à deux pointes. On trouve également des têtes de flèches et de lances pourvues de dentelures.

Les pointes de flèche, fort nombreuses aussi, constituent des séries aussi riches que variées. Les unes, simplement triangulaires, portent des ailerons ou un pédoncule ; les autres sont évidées à la base ou portent des encoches symétriques au-dessus des ailerons.

Il faut ajouter à toutes ces pièces des massues discoïdales en pierre dure percées d'un trou d'emmanchement ; des grains de collier en cornaline et en coquillages, des bracelets en nacre, en albâtre, en roche schisteuse et en silex. A côté de ces objets de parure, il faut citer encore des figurines ou palettes taillées dans la roche schisteuse, représentant des ornements et des animaux : tortues, poissons, oiseaux et autres bêtes dont les yeux sont indiqués par de la nacre ; des plaquettes triangulaires, en forme de disque ou rectangulaires. On trouve encore certaines petites figurines en pierre, en os et en ivoire, des poinçons en os, des peignes en ivoire, décorés de petits animaux, puis des pendeloques en os et en coquille, de formes diverses mal définies. Aux séries si variées composant ces mobiliers funéraires, il faut enfin ajouter quelques objets en métal (cuivre ou bronze): vases, coupes, anneaux, hachettes, couteaux, épingles, poinçons, aiguilles, etc.

On remarque enfin que plusieurs des nécropoles qui ont donné les mobiliers funéraires dont je viens de faire l'inventaire sommaire renferment des tombeaux offrant l'aspect de véritables constructions. Celles-ci, en brique crue, se composent de plusieurs chambres, qui contenaient, comme à Abydos et à Négadah, des sépultures de rois dont les noms sont révélés par des sceaux et des stèles.....

Fig. 10.
COUTELAS EN SILEX, NÉCROPOLE DE NÉGADAH. (1/2 gr. nat.)

M. de Morgan, de même que M. Amelineau, considère pourtant les tombeaux royaux de Negadah et d'Abydos comme appartenant encore aux temps préhistoriques, et d'une époque de transition entre le néolithique et l'arrivée des métaux. « Leur archaïsme, dit-il [1], est indiscutable; leur origine royale n'est pas moins certaine. Quant à leur âge, il est difficile de le fixer, car on peut tout aussi bien les attribuer à des rois autochtones qu'à des souverains rentrant dans la première ou la deuxième dynastie. Mais à la manière de voir de MM. de Morgan et Amelineau, les égyptologues les plus autorisés ont fait des objections puissamment motivées.

M. Maspero [2], par exemple, ne croit pas au prétendu archaïsme des tombes royales découvertes par M. Amelineau. Il pense que rien ne justifie une supposition aussi hasardeuse que de faire remonter les sépultures d'Om el Ga'ab aux temps préhistoriques. « Je suis convaincu, moi aussi, ajoute-t-il, qu'il existe des monuments antérieurs à Ménès. J'ai souvent signalé Abydos comme pouvant en conserver plusieurs, au même titre que les environs du Sphinx. Toutefois, avant d'admettre que les trouvailles de M. Amelineau rentrent dans cette catégorie, j'aurais voulu qu'il me fournît une preuve, une seule, qu'on ne peut les attribuer ni aux trois premières dynasties, ni aux VIIe, VIIIe, IXe et X^e dynasties. » Mais depuis la question a été tranchée par la lecture des inscriptions archaïques découvertes dans ces nécropoles. A Abydos on reconnait d'abord les noms de quelques rois de la première dynastie et, peu après, le nom de Ménès sur une plaque en

[1] De Morgan, *loc. cit.*, p. 83.
[2] *Revue critique*, 8 février 1897.

ivoire du tombeau de Negadah. Il n'existe donc plus de doute sur l'ancienneté de ces nécropoles ; elles ne peuvent plus être considérées comme préhistoriques.

Les sépultures d'Abydos, comme celles de Negadah, révèlent un fait de la plus haute importance, bien qu'il ne soit pas isolé, c'est-à-dire la persistance de l'industrie de la pierre au milieu d'une civilisation plus avancée et en possession des métaux.

On voit que M. Flinders Petrie[1] a trouvé dans les ruines de Kahoum qu'il a fouillées en 1889, et qui sont situées près de la pyramide d'Illahoum construite par un roi de la XIIe dynastie, de nombreux silex taillés semblables à ceux des tombes d'Abydos. Tout semblait démontrer que cet outillage, pareil à celui des néolithiques, se rapportait non à des usages funéraires, mais aux besoins journaliers de la vie. Les mêmes faits ont été constatés par le même archéologue, dans les ruines de Gourob, qui datent de Toutmosis III et de Ramsès II.

Le silex est si abondant en Egypte qu'il ne serait pas surprenant que l'on ait continué à l'employer dans toutes les circonstances où il pouvait économiser le métal. A toutes les époques, comme de nos jours, l'Egypte a offert le contraste singulier de populations possédant encore les usages les plus primitifs à côté de maîtres pourvus d'une civilisation avancée. Il est possible qu'une partie des usages des néolithiques ait persisté chez les paisibles Fellahin de la XIIe ou de la XVIIIe dynastie, de même que les Nubiens Bicharieh de notre époque ont conservé l'usage des vases en pierre. Il en est de même, chez tous les riverains du Nil, de l'usage persistant de la *chadouf* que l'on voit déjà représentée sur les murs des tombeaux de l'ancien Empire. Mais il faut reconnaître que ces survivances ne sont que des exceptions localisées se rapportant à des usages spéciaux et non à l'ensemble d'une civilisation.

On a reproché à M. de Morgan d'avoir nié la persistance de l'emploi du silex pour les usages domestiques pendant les temps historiques. C'est qu'en effet, on ne peut considérer les faits présentés en faveur de cette manière de voir que comme des exceptions.

« Nous connaissons aujourd'hui, dit-il[2], bon nombre de localités renfermant des ruines du moyen Empire. Les principales sont : Dashour, Lisht, Hawara, Kahoum, Gourob, Beni-Hassan, Siout, Gournah, Assouan. Or, de tous ces points, aucun de ceux où il m'a été possible de suivre les recherches n'a présenté un nombre important de silex taillés appartenant, d'une manière certaine, au moyen Empire, et constituant de véritables gisements. » Si les conclusions de M. Flinders Petrie, au sujet de Gourob et de Kahoum sont justes, ces localités constituent des exceptions uniques en leur genre. Je suis plutôt porté à croire que les monuments de la XIIe dynastie ont été construits à Kahoum et à Gourob sur l'emplacement d'anciennes stations néolithiques. La nature et le grand nombre des objets qui y ont été trouvés sont en faveur de cette hypothèse.

On a signalé d'autres faits importants tendant à prouver la persistance de l'emploi du silex jusqu'à l'époque de la XIIe dynastie, mais ils ne sont pas concluants. L'un d'eux est relatif à la découverte que M. J.-E. Gautier[3] a faite durant ses fouilles de Lisht près de Maharraq. Là se trouvent deux pyramides, l'une, celle du sud, construite par

[1] *Kahun, Garob and Hawara*, London, 1890.

[2] De Morgan, *loc. cit.*, p. 72.

[3] J.-E. Gautier, Fouilles de Lisht (*Revue archéolog.*, 1896).

le roi Amenemhât Ier (XIIe dynastie), l'autre, celle du nord, par son successeur Ousirtasen Ier. Or, sous la pyramide du nord, M. Gautier a trouvé de nombreux silex taillés. Il y en avait jusque dans le mortier qui reliait les pierres de la pyramide. On ne peut donc douter que sur ce point existait une station de l'âge de la pierre.

Des faits de ce genre ne sont pas rares en Europe, et il est peu d'explorateurs de sépultures gauloises ou mérovingiennes qui n'aient rencontré, au milieu de mobiliers funéraires de ces époques, quelques silex taillés. Tout le monde connait le superbe camp gaulois du mont Beuvray près d'Autun dont les vestiges reposent sur des foyers néolithiques. Mais ces considérations n'autorisent personne à rattacher les nécropoles des premières dynasties plutôt à l'époque néolithique qu'à l'âge du bronze.

Quant à l'assertion de M. Griffith tendant à démontrer que l'emploi du silex a duré jusqu'à la XIIe dynastie, elle repose sur une fausse interprétation de certaines scènes représentées sur l'un des tombeaux de Beni-Hassan [1]. Je suis disposé, aussi bien que M. Griffith, à admettre que l'usage du silex a continué longtemps encore après l'adoption définitive des métaux, mais je ne crois pas qu'il parvienne à faire partager son opinion à quiconque regarde d'un peu près les peintures dans lesquelles il voit des hommes taillant des couteaux. La planche VIII, de son ouvrage représente plutôt la fabrication d'une écuelle que la taille de couteaux en silex[2]. D'ailleurs, M. de Morgan a fait justice déjà des nombreuses affirmations qui ont été présentées en vue de démontrer le peu d'ancienneté relative à laquelle remonte l'âge de la pierre en Egypte, comme on a cherché à le faire, jadis, pour l'Europe.

Un fait positif et indiscutable ne reste pas moins acquis, c'est que l'industrie néolithique arrivée à son apogée a persisté dans la vallée du Nil, alors qu'une civilisation déjà fort avancée s'y était développée. Sous des influences dont les origines sont encore peu connues, se sont infiltrés la connaissance des métaux et de nouveaux usages, en même temps que s'installaient les premières dynasties royales. Mais ce ne sont plus là des événements préhistoriques : c'est l'aurore de l'histoire qui se montre.

ÉPOQUE DES MÉTAUX

On a vu, dans la description des mobiliers funéraires des nécropoles archaïques, que le métal avait fait son apparition sous forme de rares petits ustensiles dans des milieux néolithiques. Ce sont, tantôt de petits couteaux courbes, rappelant par leurs formes certaines grandes lames de silex, tantôt des poinçons, des épingles, des hachettes, des poignards, ou bien encore des ciseaux, des hameçons, des pincettes, des vases, etc. J'ai rencontré dans mes fouilles de Khozan quelques rares échantillons de ces objets, dont la plupart rappellent ceux que l'on trouve en Europe dans les monuments qui appartiennent à l'époque de transition entre l'âge de la pierre et l'âge du bronze, tels que les dolmens des Cévennes, les palafittes des lacs suisses (fig. 11). De ces ressemblances, on avait conclu que ces objets étaient en bronze, ainsi que la plupart de ceux de même nature trouvés en Egypte et

[1] De Morgan, *loc. cit.*, p. 71.
[2] *Archeological survey of Egypt, fifth memoir*, *Beni-Hassan*, part. III.

appartenant à des époques moins anciennes. Des analyses chimiques, dues à M. Berthelot, sont venues trancher la question[1].

En effet, l'étude de huit échantillons provenant des fouilles d'Abydos a montré que tous étaient en cuivre à peu près pur, renfermant parfois de l'arsenic, mais ne contenant ni étain, ni plomb, ni zinc.

Les objets de cuivre découverts dans le grand tombeau d'Om el Ga'ab[2], près d'Abydos, par M. Amelineau, se composent de deux vases en forme de jarres, comme ceux d'albâtre, et de deux autres plus petits avec becs ; d'une douzaine de haches arrondies du côté du tranchant et percées d'un trou pour être fixées à un manche en bois; d'une série nombreuse d'instruments de toutes formes : hachettes, couteaux, ciseaux, poinçons, épingles, aiguilles, etc.

Toutefois, le bronze n'a pas tardé à se montrer, car on a constaté sa présence certaine au début de la IVe dynastie. L'analyse d'un anneau découvert par M. de Morgan dans le mastaba d'un prêtre de la pyramide de Snofrou, à Dashour (IVe dynastie), a donné 76,71 pour 100 de cuivre et 8,2 pour 100 d'étain, tandis qu'un autre fragment daté de la VIe dynastie contenait 86,23 pour 100 de cuivre et 5,68 pour 100 d'étain[3].

Parmi les objets en bronze appartenant au moyen Empire et analysés par le savant chimiste on remarque : un fragment de bracelet de la XIIe dynastie composé de 68,39 pour 100 de cuivre, et de 16,31 pour 100 d'étain; un crochet de la même époque contenant 69,23 pour 100 de cuivre et 9,82 pour 100 d'étain. Ces analyses fournissent des compositions très diverses et prouvent que l'étain entrait dès cette époque d'une façon constante dans les alliages égyptiens. Mais il est certain que le fer était déjà connu et employé concurremment avec le bronze dès l'ancien Empire. On sait que M. Maspero[4] a découvert dans la pyramide d'Ounas, de la Ve dynastie, un instrument en fer. A Dashour, le même savant a recueilli, dans une partie non remaniée de la pyramide appartenant à la XIIe dynastie, un amas considérable d'ustensiles brisés, en fer, parmi lesquels se trouvaient des débris d'herminettes, de ciseaux, de couteaux, etc.

Ce fait et bien d'autres cités par maints auteurs prouvent que le fer a été connu des Egyptiens presque en même temps que le bronze, tandis qu'en Europe il n'apparaît que lorsque le bronze a cessé d'être d'un emploi exclusif. Rien n'autorise donc M. Montelius à soutenir que « les Egyptiens pendant tout le temps de l'ancien Empire, et probablement jusqu'à environ 1500 ans avant Jésus-Christ, ne connaissaient pas l'usage du fer et n'employaient que du bronze pour leurs armes et leurs instruments; que l'âge du bronze a continué en Egypte jusqu'à la dite époque, et que le fer, encore vers la fin du deuxième millenaire avant Jésus-Christ, n'a pas entièrement remplacé le bronze pour la confection des armes et des instruments tranchants[5] ». Il lui sera bien difficile aussi de faire

[1] *Comptes rendus Acad. Sc.*, 24 mai 1897. Hist. des Sciences : Outils et armes de cuivre pur en Egypte, procédé de fabrication. Nouvelles recherches par M. Berthelot.

[2] *Recherches*, p. 249.

[3] Berthelot, *loc. cit.*, p. 138.

[4] *L'Anthropologie*, t. II, 1891, p. 105. Notes de M. Maspero dans S. Reinach, critique de Wiedemann, du mémoire de Montelius sur l'âge du bronze en Egypte.

[5] *L'Anthropologie*, t. I, 1890, p. 38.

admettre cette théorie, d'après laquelle la majeure partie du temps qu'embrasse la civilisation égyptienne devrait être considérée comme âge du bronze[1].

J'ajouterai quelques mots encore à ce qui a été dit au sujet de la rareté des ustensiles ou armes en fer dans les ruines égyptiennes. A l'appui de cette opinion que l'usage exclusif du bronze a duré fort longtemps en Egypte, on a argué de la rareté du fer, mais on a oublié qu'il était rare, même dans les monuments de l'époque ptolémaïque. Toutefois, comme il est démontré, ainsi qu'on l'a vu, que le fer était connu aussi bien que le bronze et le cuivre dès l'aurore de la période memphite, on s'est demandé à quelles causes il fallait attribuer sa disparition. On a songé tout d'abord à la rouille, puis à la refonte des objets hors de service. M. Montelius croit que le fer a disparu surtout par la refonte, car il pense qu'elle s'imposait aussi bien pour les objets en fer que pour ceux en bronze. Au reste, suivant lui, les tombeaux de l'Egypte sont si secs que, moins qu'ailleurs, le fer pouvait y être altéré par l'oxydation. M. Montelius ignore sans doute que le sol tout entier de la vallée du Nil est imprégné de nitrate de soude qui est un destructeur, au premier chef, des métaux et du fer en particulier. Même les objets en bronze ou en cuivre sont toujours attaqués par une oxydation profonde, ou sont recouverts d'une patine épaisse lorsqu'on les extrait du sol, et cependant ces métaux sont plus résistants que le fer à cette décomposition. Je n'insisterai pas davantage sur cette question des métaux durant la période préhistorique. MM. Chabas, de Morgan, Montelius, Wiedemann et d'autres l'ont traitée sur toutes ses faces : je n'ai donc pas à y revenir.

Quoi qu'il en soit, le cuivre, puis le bronze et peu après le fer, semblent avoir, en Egypte, rapidement succédé à la pierre pour les usages domestiques. Il faut donc renoncer à vouloir trouver dans la vallée du Nil une évolution industrielle semblable à celle dont on constate, en Europe, les étapes, d'une façon d'autant plus régulière qu'on observe les faits en allant du sud au nord. Quant à l'origine des métaux qui se sont montrés de si bonne heure chez les populations néolithiques, qu'elle soit due à une race envahissante asiatique ou libyenne *(new race)*, ou qu'elle soit auctochtone, elle ne peut être discutée utilement que lorsque nous aurons étudié les nécropoles archaïques.

[1] Age du bronze en Egypte, *loc. cit.*, p. 27.

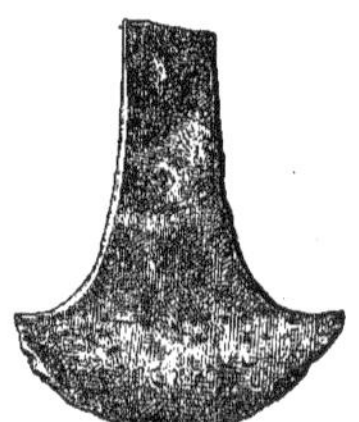

Fig. 11. — HACHE EN BRONZE, NÉCROPOLE D'EL KHOZAN (1/4 gr. nat.)

PEINTURES D'UN HYPOGÉE THÉBAIN REPRÉSENTANT LA CÉRÉMONIE DES FUNÉRAILLES.

CHAPITRE II

TEMPS HISTORIQUES

ETHNOGÉNIE ET ETHNOGRAPHIE

L'histoire de l'ancienne Egypte est restée enveloppée fort longtemps d'un voile épais, et n'a été qu'un champ de stériles controverses tant qu'on ne l'a connue que d'après les auteurs grecs et latins. Les récits d'Hérodote, de Diodore de Sicile, et la liste des dynasties égyptiennes, écrite en grec, par le grand prêtre Manéthon, ont été, jusqu'à Champollion, les seules sources d'information dont on pouvait disposer. Les monuments, ces témoins authentiques qui avaient assisté à l'évolution et à la décadence des populations de la vallée du Nil, et sur lesquels chaque génération avait tracé son histoire en caractères prétendus mystérieux, n'avaient pas encore livré leurs secrets. En retrouvant la clef, si longtemps cherchée, du déchiffrement des hiéroglyphes, Champollion a substitué aux tâtonnements et aux incertitudes une méthode scientifique qui a permis de lire les inscriptions dont ils sont couverts. On y a trouvé un guide sûr pour en ressaisir la signification, en même temps que la confirmation des documents de Manéthon.

Les égyptologues pensent actuellement, comme le fait remarquer M. Maspero [1], le chef indiscuté de l'égyptologie moderne, « que le système de Manéthon a rendu et rend encore service à la science ; s'il n'est pas, dit-il, l'histoire même de l'Egypte, il la représente assez fidèlement pour qu'on ne puisse le négliger quand on veut la comprendre et en rétablir la suite. Les dynasties forment le cadre nécessaire dans lequel rentrent la plupart des événements et des révolutions dont les monuments nous ont conservé la trace. » Je

[1] *Histoire ancienne des peuples de l'Orient*, t. I, p. 228.

ne saurais donner ici le document complet de Manéthon ; le tableau suivant, emprunté à Lenormant, en résume du moins les traits principaux.

En tenant compte des données précieuses que fournit le tableau de Manéthon, Mariette avait divisé l'histoire de l'Egypte, d'après les documents archéologiques les plus authentiques, en trois grandes périodes : l'ancien Empire, de la Ire à la Xe dynastie ; le moyen Empire, de la XIe à la XVIIIe dynastie ; le nouvel Empire, de la XVIIIe à la

DYNASTIES	BERCEAUX OU SIÈGES	NOMS MODERNES	DATES [1] avant. J-C.
I	Thinis	Girgeh	5004
II	—	—	4751
III	Memphis	Myt-Rahy-meh	4449
IV	—	—	4235
V	—	—	3951
VI	Eléphantine	Gezireh-Assouan	3703
VII	Memphis	Myt-Rahy-meh	3500
VIII	—	—	3500
IX	Héracléopolis	A'hnas-el-Madinet	3358
X	—	—	3240
XI	Thèbes	Medinet-Abou	3064
XII	—	—	
XIII	—	—	2851
XIV	Xoïs	Sakha	2398
XV	—	»	
XVI	—	—	2214
XVII	—	—	
XVIII	Thebes	Medinet-Abou	1703
XIX	—	—	1462
XX	—	—	1288
XXI	Tanis	Sàn	1110
XXII	Bubastis	Tell-Bastah	980
XXIII	Tanis	Sàn	810
XXIV	Saïs	Sà-el-Hagar	721
XXV	Ethiopien	»	715
XXVI	Saïs	Sà-el-Hagar	665
XXVII	Perse	»	527
XXVIII	Saïs	Sà-el-Hagar	406
XXIX	Mendès	Tell-el-Debeleh	399
XXX	»	»	378
XXXI	Perse	»	340

XXXIe dynastie. Mais M. Maspero [2] a fait remarquer que cette division a l'inconvénient de ne pas tenir un compte suffisant de la marche de l'histoire. Il s'est produit, en effet, dans l'histoire de l'Egypte, trois grandes révolutions. Lors des premières dynasties, le centre du pays est à Memphis. Cette ville est la capitale et le tombeau des rois. Elle impose ses souverains au reste du pays, sert d'entrepôt au commerce et à l'industrie

[1] Ces dates ne peuvent être considérées que comme très approximatives. La majorité des égyptologues croient en effet que l'ancienneté des premières dynasties memphites, par exemple, est beaucoup plus considérable que l'indique cette chronologie édifiée du reste, sur des documents actuellement encore insuffisants.

[2] *Loc. cit.*, t. II, p. 33.

égyptienne. Cependant, vers la VIe dynastie, ce centre de gravité se déplace et continue à se porter vers le sud, après s'être arrêté quelque temps à Héracléopolis (IXe et X^e dynastie), puis se fixe à Thèbes (XIe dynastie). Cette cité, devenue grande et puissante, sera pendant longtemps la véritable capitale de l'Egypte et lui fournira ses maîtres. Sauf la XIVe dynastie, d'origine Xoïte, d'après Manéthon, tous les princes qui occupèrent le trône furent thébains de la XIe à la XXe dynastie.

Quand survint l'invasion des Pasteurs asiatiques, la Thébaïde devint le refuge de la nation égyptienne : ses chefs qui avaient su garder leurs fiefs reprirent peu à peu l'offensive et finirent par chasser les étrangers.

Dès la XIXe dynastie dont Ramsès Ier fut le fondateur, un mouvement inverse a celui qui s'était produit vers la fin de la première période, reporte le centre de gravité du pays vers le nord. En effet, à la suite des innombrables incursions des rois de cette époque dans le Soudan et la Syrie, et des graves discordes intérieures, survint la décadence. A partir de la XXIe dynastie Thèbes cesse de tenir le rang de capitale : Tanis, Bubaste, Mendès, et surtout Saïs se disputent la suprématie, et la vie politique se concentre dans les régions maritimes. Les villes de l'intérieur, ruinées par les invasions éthiopiennes et perses, perdent leur influence et dépérissent progressivement. Thèbes s'appauvrit, se dépeuple, alors que Saïs prospère. Enfin, cette merveilleuse ville des rois tombe peu à peu en ruine, et n'est plus bientôt qu'un rendez-vous de curieux et de dévots.

L'éminent historien[1] a proposé de diviser l'histoire d'Egypte en trois périodes correspondant chacune à la suprématie d'une ville ou d'une portion du pays sur le pays tout entier :

1° Période memphite ou ancien Empire, de la Ire à la Xe dynastie ;

2° Période thébaïne, de la XIe à la XXe dynastie ; séparée en deux parties par l'invasion des Pasteurs (XVIe dynastie) :

a) Premier Empire thébain (moyen Empire), XIe et XVe dynastie ;

b) Nouvel Empire thébain depuis la XVIIe jusqu'à la XXe dynastie.

3° Période saïte, de la XXIe à la XXXe dynastie, coupée en deux tronçons inégaux par la conquête persane :

a) La première période saïte, de la XXIe à la XXVIe dynastie.

b) La seconde période saïte de la XXVIIIe à la XXXe dynastie.

Viennent ensuite les périodes grecque, romaine, byzantine et du moyen âge.

C'est d'après cette division que seront décrits, dans les pages qui suivent, les documents anthropologiques que j'ai pu réunir de chacune des grandes époques de l'histoire de l'Egypte. Pour bien comprendre l'ethnogénie et l'ethnographie de l'Egypte ancienne, un exposé historique devrait précéder ces descriptions ; mais il ne peut être question ici d'un travail de ce genre. Je ne puis que renvoyer aux nombreuses publications traitant ce sujet, et plus particulièrement à celles de M. Maspero. Dans l'œuvre considérable qu'il a consacrée aux *Peuples de l'Orient classique*, on trouvera un exposé magistral des origines et du développement de l'Egypte, ainsi que des rapports de ses habitants avec les autres peuples de l'antiquité. Mais avant d'aborder l'étude détaillée des populations anciennes de l'Egypte au point de vue morphologique, je dois rappeler, en quelques pages, leurs usages funéraires, leur religion, leurs cultes et leurs origines.

[1] *Histoire*, t. I, p. 229 ; *Revue critique*, t. I, p. 82.

RELIGION. — CULTE ET USAGES FUNÉRAIRES.

Malgré l'abondance des documents qui sont parvenus jusqu'à nous, la science est encore peu avancée sur la religion et le culte des anciens Egyptiens. On possède cependant les noms, les figures et les attributs des divinités, ceux de leurs sanctuaires et leur situation respective ; mais on connaît peu de chose encore sur leur nature exacte, et la signification que les prêtres et le peuple leur donnaient.

La question de la religion égyptienne semble être un terrain sur lequel il n'est pas prudent de s'aventurer, car même les savants qui en ont fait une étude spéciale ne sont pas d'accord à ce sujet, et ne le seront peut-être jamais. Depuis le premier cartouche royal connu jusqu'à la domination arabe, cinq mille ans se sont écoulés, et durant ce laps de temps les dominations les plus diverses ont tour à tour régné en Egypte. On conçoit qu'il est malaisé de voir clair dans les croyances religieuses d'un pays dont chaque district avait ses dieux propres. Suivant toute probabilité, les Egyptiens préhistoriques étaient polythéistes et fétichistes. Plus tard, chaque centre important a eu son dieu unique, ce qui fait pour l'Egypte entière plusieurs dieux uniques. Mais un véritable monothéisme ne s'est jamais dégagé nulle part, et, comme l'a dit M. Maspero, si la religion de l'Egyptien s'éleva jusqu'à la conception du dieu unique, immatériel, insaisissable, elle ne sut pas se débarrasser de l'adoration de l'homme et des animaux [1].

Quant au culte grossier de ceux-ci, il semble qu'il faut bien l'admettre malgré la répugnance que l'on éprouve à le trouver chez un peuple civilisé si remarquablement créateur en toutes choses. Peut-être les Egyptiens croyaient-ils à la métempsycose ? Hérodote semble donner raison à cette manière de voir, car il dit : « Les Egyptiens sont les premiers qui aient parlé de cette doctrine selon laquelle l'âme humaine est immortelle et, après la destruction du corps, entre toujours en un autre être naissant. Lorsqu'elle a parcouru tous les animaux de la terre, de la mer et tous les oiseaux, elle rentre dans un corps humain ; le circuit complet dure trois mille ans. »

La religion que les prêtres expliquaient à Hérodote pouvait, en effet, admettre la métempsycose, mais elle ne représentait qu'une des dernières interprétations des croyances qui depuis les premières dynasties s'étaient succédé en Egypte, et dans lesquelles les animaux avaient toujours joué un rôle. Quoi qu'il en soit, nous laisserons à de plus autorisés le soin d'éclaircir ces questions délicates pour lesquelles nous n'avons aucune compétence. Pourtant on ne peut s'empêcher de reconnaître, lorsqu'on a visité l'Egypte et parcouru ses temples couverts de dieux à figure tantôt humaine, tantôt semi-humaine, tantôt simplement animale, que l'impression qui s'en dégage n'est pas celle d'un peuple monothéiste.

Il est un fait qui paraît indéniable, c'est que — dès le principe — la religion et le culte sont nés et sont restés propres à chaque localité. Chaque bourg avait son dieu protecteur auquel le peuple s'adressait dans les jours de danger. Ces divinités locales différaient considérablement par leur nom et la représentation qu'on en faisait. Le dieu, par exemple, des cataractes s'appelait *Khnoum ;* celui de Thèbes, *Ammon ;* celui d'Edfou, *Horus*. Il y avait toujours un rapport étroit entre le dieu et le caractère de ses adorateurs :

[1] *Etudes de mythol. et d'archéol. égypt.*, p. 52.

une région agricole avait un dieu de la moisson; un bourg de pêcheurs avait un dieu de la pêche et des eaux. Les dieux étaient mis aussi en relation avec les astres : de là, nombre de dieux solaires et lunaires.

L'Egyptien se représentait ses dieux sous ses propres traits, mais doués d'une force surhumaine, vêtus comme les anciens rois, et toujours armés du sceptre ou du bâton de commandement. Ils habitaient en famille les temples qu'on leur élevait. Ils sont représentés, en effet, avec leur femme et leur fils, telle la célèbre triade d'Osiris, Isis et Horus. Ils possédaient les vertus et les passions humaines. Des récits nombreux exposent leurs actes et leur destinée. Mais la plupart de ces mythes divins ont été perdus. On connaît celui d'Osiris, le plus répandu dans l'antiquité. Après avoir été assassiné, puis dépecé en quatorze morceaux, il fut sans cesse pleuré par sa femme Isis, et ressuscité par les formules magiques de son fils Horus, il régna en Roi des Morts sur le pays occidental. A côté des divinités locales, des dieux inférieurs, démons ou génies, ont toujours pris place et, pour conjurer leur influence nuisible, les hommes s'appliquaient à se les rendre favorables. Il faut aussi ranger, à côté de ces dieux à forme humaine, de véritables fétiches que les Egyptiens ont révérés de toute antiquité : tels, par exemple, des arbres qu'on regardait comme le siège de certaines divinités. C'est ainsi qu'Horus habitait un sycomore. On croyait surtout que la divinité choisissait, pour s'y révéler, certains animaux : vaches, taureaux, béliers, crocodiles, chiens ou chacals, chats, poissons, éperviers, ibis, etc., etc. L'animal sacré, reconnaissable souvent à des signes particuliers, était parfois entretenu dans des temples où il recevait un culte de son vivant, et tous les honneurs divins après sa mort. Le plus célèbre est le taureau sacré du dieu Phtah, l'Apis vénéré à Memphis. Plus tard, la religion ayant perdu sa pureté primitive, on poussa beaucoup plus loin le culte des animaux. L'individu vénéré dans un temple ne fut plus seulement considéré comme sacré, mais tous les animaux de même espèce passèrent pour consacrés à la divinité et furent même regardés comme divins. Il était interdit de les tuer dans les endroits où s'exerçait leur culte et, après leur mort, ils étaient inhumés dans des nécropoles spéciales.

Le chien et le chacal, dédiés à Anubis, paraissent avoir été plus particulièrement inhumés à Abydos et à Rhoda, près de Siout, de la XXe dynastie à l'époque romaine. Le culte du chat, consacré à Sekhet, était pratiqué à Thèbes, à Beni Hassan et à Bubaste. Le bœuf, personnifiant Hathor, fut surtout vénéré à Memphis, comme le montre le Sérapeum, ce stupéfiant tombeau d'Apis! La gazelle, consacrée à Set, était vénérée à Kom-Mereh. La musaraigne, dédiée à Baste, fut inhumée à Thèbes à la fin du nouvel Empire. Le crocodile était vénéré un peu partout, mais surtout à Kom-Ombo. Citons encore l'épervier, emblème d'Horus, en grand honneur à Thèbes depuis la XVIIIe dynastie; l'ibis, personnification de Thoout, qui eut les honneurs divins dans plusieurs localités, notamment à Memphis durant les XXe et XXIIe dynasties, etc. Je ne saurais insister davantage ici sur le culte des animaux, si remarquable chez les Egyptiens, et sur leur momification, étant donné qu'une monographie de la faune pharaonique due à MM. Lortet et Gaillard vient de paraître : *la Faune momifiée de l'ancienne Egypte*[1].

[1] *Archives du Muséum de Lyon*, t. VIII, in-4°, avec 82 figures, et 8 planches hors texte.

Les Egyptiens ne se sont jamais fait une idée uniforme du destin de l'homme après sa mort. Chaque contrée du Nil parait avoir eu une conception spéciale de la vie future du défunt. Il ne semble donc pas qu'un système unique ait été adopté par la population tout entière du pays. D'une façon générale cependant, le peuple a toujours cru que la vie de l'homme n'était pas complètement finie avec la mort,

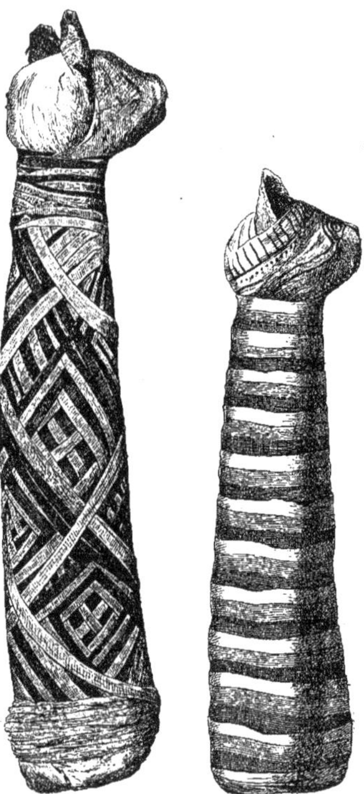

Fig. 12.
Momies de chats.

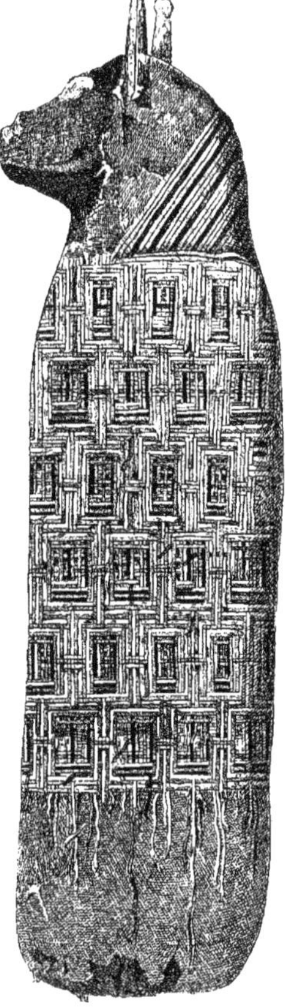

Fig. 13.
Momie de chien.

et qu'il la continuait dans un autre monde, pourvu qu'il y trouvât les conditions indispensables à son existence. Il parut donc, avant tout, indispensable d'inhumer avec soin le corps du défunt et de le préserver de la destruction.

Mais ici, comme pour la religion, on se trouve en présence d'un problème obscur. L'homme tel que le concevaient les Egyptiens était complexe. Le corps proprement dit avait un *double* appelé *Ka*, lequel était un exemplaire du corps en une matière moins dense que la matière corporelle, une projection colorée mais aérienne de l'individu, le reproduisant trait pour trait : enfant s'il s'agissait d'un enfant, femme s'il s'agissait d'une femme, homme s'il s'agissait d'un homme. Après le *double* venait l'âme *(baï)*, qui servait elle-même d'enveloppe à une parcelle du feu divin ou de l'intelligence divine[1]. Que saurions-nous de leur destinée, sans le témoignage des stèles et des sarcophages ? Des inscriptions nous apprennent qu'une partie du tombeau, quelquefois le tombeau tout entier, s'appelle la maison du *Double*. Le corps devenu *momie*, après la mort, son *double* n'a plus de support, et pour éviter ce triste sort, des statues du mort ont été placées dans le tombeau où elles serviront de supports solides, et seront des chances de durée d'autant plus grandes qu'elles seront plus nombreuses. C'est ce qui explique le nombre étonnant de statues que l'on rencontre quelquefois dans les tombeaux.

Le *double* ainsi soutenu avait une vie matérielle, recevait le culte des parents et les sacrifices de prêtres qui étaient payés à l'effet de l'entretenir de nourriture, de vêtements, etc. « On donnait aux dieux les provisions que le dieu devait fournir au *double*. Le double des pains, des liquides, de la viande, passait dans l'autre monde et y nourrissait le *double* de l'homme. Et même il n'y avait pas besoin que l'offrande fût réelle pour être effective : le premier venu, répétant en l'honneur du mort la formule de l'offrande, procurait par cela seul au *double* la possession des objets dont il récitait l'énumération[2]. »

La croyance populaire admettait aussi, comme nous venons de le dire, que l'homme possédait, en outre du corps, un esprit, une âme qui lui survivait. On se l'est représentée d'abord sous la forme d'un oiseau, plus tard sous celle d'un oiseau à tête humaine. Les Egyptiens pensaient qu'elle pouvait voltiger à travers le monde, et de préférence dans le voisinage du corps d'où elle s'était échappée, et qu'elle pouvait, à son gré, revenir à lui, pourvu que le corps fût conservé. De là, évidemment, la raison principale pour laquelle on a cherché, pendant tant de siècles, à empêcher la destruction des cadavres, et le point de départ de la momification. L'origine de cet usage a soulevé une quantité de conjectures et d'opinions, car on s'est demandé s'il n'avait pas d'autre but que celui de conserver le corps pour l'autre vie. On a cherché aussi à retrouver les procédés employés pour obtenir ces résultats si remarquables, car lorsque la momification a été bien faite, les corps ont conservé leurs téguments à un point tel qu'il serait possible de reconnaître les traits de la physionomie des défunts.

Voyons d'abord, avant d'entrer dans l'exposé des observations récemment faites sur les momies, quelles sont les opinions qui ont été émises, à leur sujet, par les auteurs de l'antiquité.

D'après Gannal[3], Cassien avance que les anciens ont adopté cet usage parce que l'on ne pouvait inhumer les morts durant l'inondation du Nil. Hérodote[4] croyait que l'embaumement a été pratiqué en vue de soustraire les corps à la voracité des animaux. « Ils ne les enterraient pas, dit-il, de peur qu'ils ne fussent mangés des vers, et ils ne les brûlaient

[1] Maspero, *Etude de mythol. et d'archéol. égypt.*, p. 48.
[2] Maspero, *loc. cit.*
[3] Gannal, *Histoire de l'embaumement*, in-8°, Paris, 1841.
[4] Livre III.

pas, parce qu'ils considéraient le feu comme une bête féroce qui dévore tout ce qu'elle peut saisir. » Selon Diodore de Sicile, ce furent la piété filiale et le respect pour les morts qui inspirèrent aux Egyptiens l'idée de les embaumer.

M. de Maillet[1], ancien Consul de France au Caire, rapporte seulement à des motifs religieux l'origine de l'embaumement.

Bory de Saint-Vincent[2] dit que « l'usage de conserver les corps morts, qui ne fut national que chez les Egyptiens et les Guanches, c'est-à-dire chez les hommes les moins instruits et chez la nation la plus savante, est la preuve d'une sensibilité profonde chez les nations dans lesquelles il se généralisa ». Il croit aussi que la conservation des cadavres était basée chez les Egyptiens sur des vues d'hygiène publique, couvertes dès le principe d'un motif religieux qui finit par être considéré comme le seul but de cette pratique. C'est aussi la manière de voir de Volney[3], qui fut partagée par Pariset[4] dans son *Mémoire sur les causes de la peste.*

Suivant Gannal, les sentiments nobles d'affection, de respect, de vénération, furent sans doute invoqués par les législateurs. La nature d'ailleurs, sur ce sol brûlant, donna l'idée première de ce mode de conservation pour les restes de l'homme et des animaux : la momie des sables, phénomène naturel, fut une révélation pour ce peuple si sage et si industrieux. En effet, comme l'ont fait remarquer Rouelle et le comte de Caylus, il est probable que les Egyptiens doivent l'idée de leurs momies aux corps qu'ils trouvaient desséchés dans les sables brûlants qui se rencontrent dans certaines parties de l'Egypte. Soulevés par le vent, ils ensevelissent les voyageurs et conservent leurs corps en consumant les graisses et les chairs sans altérer la peau. Au reste, de Maillet[5] et Rouyer[6] s'accordent à reconnaître que ce qui pouvait contribuer de la manière la plus efficace à la perfection de l'embaumement des Egyptiens et à la conservation merveilleuse des momies, c'était le climat du pays, et principalement sa température sèche, élevée et toujours égale.

D'après Julia de Fontenelle[7], l'étymologie du mot *momie* ou *mumies* a été fort discutée et est encore peu connue. Le jésuite Kircher veut que *mum* soit un mot persan, et le père Martini, un mot arabe, qui signifie un corps desséché. Quelques savants font venir le mot de momie d'*ammomum*, nom d'une plante aromatique.....

M. Julia de Fontenelle[8] admet, à son tour, que l'origine de l'embaumement en Egypte doit être attribuée à deux causes : l'une, une nécessité physique ou d'hygiène, l'autre, une idée religieuse. La première cause est basée sur la nécessité de se débarrasser des cadavres, dans une population que l'on a estimée, pour l'époque de la plus grande prospérité de l'Egypte, c'est-à-dire vers le règne de Sésostris, à quatorze millions d'habitants, ce qui donne 352.000 cadavres par an, en supposant un mort pour quarante vivants. Etant donné que dans ce pays les seuls emplacements propices à l'inhumation

[1] *Lettres sur l'Egypte*, dixième lettre.
[2] *Essais sur les îles Fortunées, embaumement des Guanches.*
[3] Volney, *Voyage en Syrie et en Egypte pendant les années 1783 à 1785*, in-8°, Paris, 1792.
[4] *Acad. des Inscrip.*, 1749.
[5] Lettres, *loc. cit.*
[6] *Expédit. d'Egypte* (20).
[7] *Notes de Julien de Fontenelle*, dans Gannal, *loc. cit.*, p. 37.
[8] Discours à la Sorbonne, avril 1826.

étaient inondés six mois de l'année, ou étaient trop rapprochés des lieux habités, on conçoit qu'ils durent y renoncer. D'autre part, la disette du bois rendait impossible aux Egyptiens la crémation, et ils durent songer à conserver leurs morts comme la nature le leur montrait, du reste, ainsi qu'on l'a vu plus haut. Mais en dehors de la momificatien atmosphérique ou des sables, les Egyptiens durent reconnaître de bonne heure les propriétés conservatrices d'un sel, le natron, que le sol renferme en abondance sur certains points. C'est assurément à la connaissance de ce natron (sous-carbonate de soude) que l'on doit attribuer l'origine de la salaison des cadavres en Egypte, l'un des procédés d'embaumement les plus fréquents.

Pour Julia de Fontenelle, la pratique de l'embaumement, tout en répondant à une nécessité physique ou d'hygiène, devint un devoir religieux qui présentait dans cette conservation du corps humain un tribut payé à la tendresse, aux vertus, aux talents, à la piété ou à la reconnaissance. Il est probable et même certain que la pratique de l'embaumement des animaux a eu pour point de départ les mêmes causes d'ordre physique et d'ordre religieux. Etant donné que les Egyptiens conservaient un grand attachement, en général, pour les animaux, et qu'ils leur rendaient un culte aveugle, imbus qu'ils étaient sans doute de l'idée de la métempsycose, quoique cela reste à démontrer, on conçoit facilement qu'ils les aient traités de la même manière que les hommes.

Suivant Pariset, plus les prêtres multipliaient leurs services, plus leur crédit s'affirmait dans l'esprit du peuple : aussi, au lieu de combattre l'idée de la métempsycose, cherchèrent-ils à anoblir le culte des animaux en le rattachant, par des allégories, au culte des divinités supérieures. Ils prenaient soin surtout de consacrer les animaux utiles, afin de faire pénétrer, de plus en plus, dans le cœur des Egyptiens, le sentiment de la reconnaissance qui a été une de leurs vertus favorites. C'est ainsi que les animaux sacrés étant considérés comme des instruments, ou comme des symboles de la sagesse, de la puissance et de la bonté divine, ils furent placés dans le ciel parmi les signes du zodiaque, et que sur la terre des villes et des provinces furent mises sous leur protection. L'ibis, figure du dieu Thoth, était seigneur d'Hermopolis ; le bélier, figure du grand dieu Ammon, était le seigneur de Thèbes. Comme tels, ils étaient honorés ; on leur faisait des funérailles ; on les embaumait et on les plaçait, suivant leur rang, dans le sable, dans des vases, dans des sarcophages et des tombeaux. Mais à ces raisons d'ordre religieux s'ajoutaient aussi, comme pour les hommes, des raisons d'ordre hygiénique, car on n'a pas momifié que des animaux sacrés ou utiles.

Durant la période préhistorique et même à l'aurore des temps historiques, les Egyptiens ne semblent pas s'être souciés de préserver de la décomposition les cadavres de leurs morts. Dans les sépultures datant des trois premières dynasties, on n'a trouvé aucune trace certaine de pratique tendant à assurer leur conservation. Tout au plus a-t-on voulu, peut-être, les momifier par la dessiccation au soleil, mais sans le secours d'aucune substance conservatrice. Il paraît évident, d'après les récits que donnent les historiens de l'antiquité des pratiques de l'embaumement, et les observations qui ont été faites sur les momies dont on a pu faire l'autopsie, que les embaumeurs possédaient certaines connaissances scientifiques. C'est ainsi qu'ils savaient distinguer des autres viscères le foie, la rate et les reins, auxquels ils ne devaient pas toucher. Ils avaient trouvé le moyen d'extraire le cerveau du crâne sans le briser. Ils connaissaient l'action des sels alcalins sur la matière animale, puisque le temps que les corps devaient rester en contact avec ces substances était étroitement limité. Ils n'ignoraient pas, non plus, la propriété qu'ont les baumes et certaines résines d'éloigner les insectes; ils avaient reconnu aussi la nécessité d'envelopper les corps desséchés et embaumés, afin de les soustraire à l'humidité qui aurait nui à leur conservation. Ils étaient parvenus à instituer une méthode certaine et des règles invariables pour procéder aux embaumements. Ce travail consistait, en somme, en quatre opérations principales bien raisonnées : la première à extraire du cadavre tout ce qui pouvait devenir une cause de corruption ; la seconde, à l'immersion du cadavre dans une solution antiseptique ; la troisième, à la dessiccation du corps; la quatrième à éloigner tout ce qui aurait pu en entraver la conservation par la suite.

Les Egyptiens employaient un grand nombre de substances pour les embaumements, telles que le natron, le *cèdrin*, le bitume, le pissasphalte et différentes substances aromatiques propres à écarter les insectes ; des vernis plus ou moins précieux servaient aussi dans les différentes préparations. Enfin, les bandelettes multipliées et enduites de gomme arabique fermaient tout accès à l'air et à l'humidité. Les embaumeurs, après avoir lavé les corps avec cette liqueur vineuse et balsamique qu'Hérodote et Diodore appellent vin de palmier, et en avoir rempli les cavités de résines odorantes ou de bitume, les plaçaient dans des étuves où, à l'aide d'une chaleur convenable, ces matières résineuses s'unissaient intimement aux corps, et ceux-ci arrivaient, en peu de temps, à cet état de dessiccation parfaite dans lequel on les trouve aujourd'hui. Cette dernière opération, dont aucun historien ne parle, était sans doute la principale et la plus importante de l'embaumement.

Le natron, si commun dans toute l'Egypte, ainsi que certaines plantes aromatiques ou certaines résines, ont pu être utilisés durant la seconde moitié de la période memphite, mais aucune momie datant de ces époques primitives ne présente de vestiges certains de bitume. La plupart des corps que l'on rencontre dans les tombeaux de la première moitié de cette période sont presque toujours à l'état de squelettes, et l'on peut se demander s'ils ont jamais subi aucun embaumement. Les momies du moyen Empire que j'ai observées ne montrent que rarement des traces de cette matière qui deviendra d'un emploi si général à partir de l'invasion des Pasteurs (XVIe dynastie). Les procédés d'embaumement deviennent aussi de plus en plus compliqués à mesure que l'on s'approche de la periode saïte pour disparaître ensuite peu à peu, aux époques grecque et romaine.

La pratique de l'embaumement était accompagnée de cérémonies religieuses et de transactions commerciales; la maison de l'embaumeur fut à la fois un caravansérail et une enceinte réservée aux pompes funèbres. Le directeur, le *colchyte* connaissait seul les secrets de la conservation des corps, seul il avait le droit de les appliquer. S'il faisait payer cher son habileté aux gens riches, il était tenu, en échange, de faire gratis l'embaumement des pauvres et de fournir les bandelettes avec lesquelles ils devaient entourer leurs momies. Ce personnage, véritable fonctionnaire, avait de nombreux auxiliaires : les prêtres, les *tarycheutes* ou porteurs de cadavres, les *paraschites* qui faisaient les ouvertures ou incisions-réglementaires, enfin les artisans et les manœuvres, menuisiers fabricants de cercueils, tisseurs pour la toile de lin ou de coton, dont on enveloppait les cadavres, puis les hommes de peine, les porteurs d'eau, etc. Tous ne jouissaient pas de la même considération : on s'éloignait instinctivement des *tarycheutes* et l'on méprisait au plus haut point les *paraschites;* à peine avaient-ils fait leurs missions qu'ils se sauvaient à toutes jambes afin de se soustraire aux coups de pierres des assistants.

La maison avait ses prêtres familiers, connaissant une partie des secrets du maître : c'étaient eux qui enregistraient les noms des défunts, leurs titres et qualités, transcrits ensuite sur des papyrus placés à côté de la momie. D'autres présidaient aux chants funèbres et portaient le masque d'Anubis à tête de chacal ou dirigeaient des chœurs d'enfants, cachés sous les traits d'Horus. De la maison de l'embaumeur sortaient jour et nuit des mélodies étranges : psalmodies lentes ou cris aigus. Tout cela contribuait à augmenter la vénération craintive qu'on lui portait. Elle était divisée en trois parties : la première était ouverte au public, la seconde, la véritable officine, était fermée aux profanes, et la troisième, sorte de dépôt des momies, dans laquelle les parents ne faisaient qu'un séjour de quelques instants. Dans la première partie, le client choisissait la classe. Il y en avait trois. Il y trouvait des bandelettes, des amulettes de toutes sortes, des scarabées, des statuettes en terre cuite, enfin des cercueils de différents prix, depuis la caisse en planches brutes, jusqu'aux sarcophages faits de madriers soigneusement travaillés et aux cartonnages richement décorés.

La seconde partie de l'établissement se composait d'une salle pourvue de tables sur lesquelles on déposait les cadavres. C'est là que se pratiquaient les incisions et l'extraction des viscères. A côté se trouvaient des bassins remplis d'une solution saline dans lesquels étaient immergés les corps, puis une sorte d'étuve dans laquelle on faisait circuler de l'air chauffé. Venaient ensuite les ateliers des menuisiers et des tisserands, enfin la chambre des emmaillotages ou mise en bandelettes et de la mise en cercueil.

Dans les embaumements de première classe qu'Hérodote et Diodore de Sicile [1] ont décrits avec une assez grande exactitude, on commençait par extraire le cerveau du crâne, par les narines au moyen d'un crochet en bronze et en perforant, le plus souvent, l'ethmoïde, ou bien par le trou occipital, après avoir décapité le sujet. Puis on injectait, par le même voie, l'intérieur de la tête d'un mélange d'aromates, de substances résineuses ou de bitume. Par une ouverture pratiquée un peu au-dessus de la crête iliaque et à gauche généralement, les embaumeurs retiraient les viscères. Ils saupoudraient de matières salines ou d'aromates la cavité thoracique et abdominale, puis déposaient le corps dans un bain de natron où ils le laissaient plus de quarante jours. Une fois bien pénétré de ce sel qui desséchait les chairs en leur conservant leurs formes, le cadavre était enduit de résines comme celle du cèdre dans les embaumements luxueux, et d'asphalte dans les autres. D'après Diodore, un embaumement de première classe coûtait plus de 5000 francs de notre monnaie, et celui de deuxième classe 1500 francs environ. Dans les embaumements du vulgaire, les viscères après avoir été préparés

[1] Liv. I, t. I, p. 102.

séparément, étaient replacés dans le corps, à peu près dans leur position respective, avant la momification définitive, en même temps, que des sachets de substances conservatrices. Dans les embaumements de grand luxe, on les déposait, à part, dans quatre vases, en terre, en calcaire ou en albâtre, dont le couvercle était décoré des quatre génies infernaux, compagnons d'Osiris, à la garde desquels on les confiait jusqu'à la résurrection. Ce sont ces vases que l'on appelle *canopes*. L'estomac et le gros intestin étaient placés dans le vase décoré de la tête humaine d'Amset; le petit intestin dans celui qui portait la tête de cynocéphale de Hapi; les poumons dans celui pourvu de la tête de chacal de Tiaoumautef; enfin le cœur dans le vase orné de la tête d'épervier de Quebouh-Senou'f.

Un procédé moins coûteux, mais plus sommaire, parait avoir été beaucoup plus fréquemment employé, du moins, pour les momies que j'ai extraites des hypogées populaires de Gournah, de la XVIIIe à la XXVIe dynastie. Au lieu de faire sur les cadavres les ouvertures rituelles, d'en extraire les viscères et de les préparer à part, on a injecté par le rectum des substances destructives (sans doute du natron rendu caustique), puis ensuite immergé le corps dans un bain de natron. Il était après rempli de *cedria* ou d'une autre résine, et enfin séché au soleil ou enduit de bitume. Le bain de natron et l'enduit de bitume ont été employés quelquefois simultanément sur le même sujet, à l'exclusion des ouvertures rituelles et de l'extraction des viscères. Dans certains cas, et j'ai observé le fait sur une jeune femme de la XXVIe dynastie, provenant de Gournah, le thorax tout entier avait été rempli de bitume par une ouverture pratiquée au niveau de l'épaule gauche par l'extraction de la clavicule. Le bitume forme une masse très apparente au niveau de l'estomac. La tête, couverte encore de ses cheveux, avait été séparée du tronc pour imbiber le cerveau de la même substance, puis remise en place au moyen d'une cheville en bois. Le front de la momie avait été recouvert d'une feuille d'or, et son emmaillotage, dans un nombre considérable de bandelettes imbibées de résine, était fort soigné. Ces sortes de momies sont les plus communes et les plus nombreuses de toutes celles que l'on rencontre dans les hypogées populaires de basse époque. Elles sont noires, dures, pesantes, d'une odeur pénétrante et même désagréable, surtout quand l'opération n'a pas été complète. Dans ce cas, les matières grasses contenues dans les os ressortent à la surface, ce qui n'arrive jamais sur les momies préparées au bain de natron.

Le procédé du bain de bitume bouillant a eu pour résultat de déformer les traits de la physionomie du sujet, d'en détruire les cheveux, les sourcils et la barbe. Ce sont ces sortes de momies qui se vendaient comme produits pharmaceutiques ou pour la peinture, sous le nom de « baume de momie » et de « noir de momie ». On recherchait de préférence pour ces emplois celles qui étaient remplies de bitume de Judée, puisque c'est à cette matière qui avait longtemps séjourné dans les cadavres, qu'on attribuait autrefois des propriétés médicinales merveilleuses. Contrairement à ce qu'affirme Rouyer, ces momies sont plus susceptibles de s'altérer que celles qui ont été embaumées par les autres procédés.

Les corps, une fois préparés par l'une ou l'autre de ces méthodes et leur conservation désormais assurée, étaient emmaillotés avec un art qu'il serait difficile d'imiter. On les enveloppait d'un suaire de toile de lin ou de coton qui était ensuite recouvert de bandes de toile de plusieurs mètres de longueur et de la largeur de la main. Celles-ci sont appliquées les unes sur les autres au nombre de quinze, de vingt, quelquefois plus d'épaisseur. Ces bandelettes font ainsi un certain nombre de circonvolutions, d'abord autour de chaque membre, ensuite autour du corps entier ; elles sont serrées et entrelacées avec adresse, et si à propos qu'il semble que l'on ait cherché à rendre aux corps leurs formes primitives. Le mode d'emmaillotage ne diffère que par le nombre des bandes qui le composent, et par la qualité de la toile ou tissu plus ou moins fin. Sur certaines momies de personnages, le simple suaire est remplacé par une chemise courte et étroite, quelquefois brodée, surtout aux belles époques pharaoniques. La tête est généralement couverte d'un morceau de toile carré qui enveloppe étroitement la face comme un masque. On en trouve jusqu'à cinq et six appliqués l'un sur l'autre ; le dernier recouvre souvent une feuille d'or et porte parfois une peinture représentant la figure de la personne embaumée. Au-dessous des dernières bandelettes qui enveloppent le thorax, et principalement sur la poitrine, sur le ventre ou entre les cuisses, on plaçait des bijoux, des amulettes, des réseaux de verroterie, des scarabées et des rouleaux de papyrus. C'est dans l'espoir de trouver quelques-uns de ces objets, et non par curiosité lubrique, comme on l'a dit, que les Arabes violent si souvent les momies en ouvrant leur emmaillotage sur ces points déterminés.

Passalacqua[1] a fait sur les momies un certain nombre d'observations dont aucun auteur ancien n'a parlé, principalement en ce qui concerne la position des bras. Il a remarqué que, chez les hommes et les nouveau-nés, les bras sont généralement étendus le long du corps. Chez les femmes d'un certain âge, les deux bras sont croisés sur la poitrine, mais quelquefois l'un d'eux est étendu le long du corps. Les jeunes filles ont les deux bras placés le long du corps, mais les avant-bras sont repliés vers le milieu du corps et les deux mains réunies au-dessous du pubis. La main gauche est, en général, serrée et la droite étendue. Si quelque bague ou amulette orne une main, c'est toujours à la main gauche qu'on la trouve placée et jamais à la droite. Mais ces dispositions, qui se rencontrent sans doute fréquemment, n'ont rien d'absolu, car dans nos autopsies nous avons trouvé de nombreuses exceptions.

Nous avons fait encore quelques remarques intéressantes de détails relatifs aux pratiques de l'embaumement. C'est ainsi que l'on trouve la plupart des corps épilés. Les deux sexes le sont également. On reconnait que la barbe a été coupée, mais il semble que les poils du corps aient été enlevés avec une pommade ou eau épilatoire.

A l'inspection des parties sexuelles, on voit que la circoncision était généralement pratiquée ; il est probable que l'excision se pratiquait aussi chez les femmes. C'est, au reste, un usage que saint Ambroise[2] attribue aux Egyptiens, dans son livre sur Abraham. Les testicules énucléés étaient ramenés autour de la verge qu'ils enveloppaient. Des bandelettes spéciales entourent cette partie du corps. On dorait fréquemment les ongles des pieds et des mains, souvent la figure tout entière.

Les momies du peuple étaient déposées dans des hypogées publics où elles étaient empilées par milliers. Celles des personnes de la haute société étaient enfermées dans des carton-

[1] *Catalogue raisonné et historique des antiquités découvertes en Egypte*, in-8°, Paris, 1826, p. 180.
[2] Lib. XI, cap. XI.

nages peints et dorés sur lesquels étaient inscrits en hiéroglyphes le rituel des morts, ainsi que les noms et qualités du défunt. Ce cartonnage, parfois orné d'un masque humain était enfermé, à son tour, dans un sarcophage en épais madriers de sycomore ou de cèdre, qui reproduisait la forme de la momie, souvent aussi couvert de peintures, ou bien dans un sarcophage en pierre. On le transportait alors et on le déposait, soit dans un hypogée, creusé dans le roc de la montagne, soit sous un mastaba ou sous une pyramide élevée pour le mort et souvent par lui-même, de son vivant.

Telles étaient les pratiques funéraires et les méthodes d'embaumement des plus usitées, car il existait assurément d'autres procédés, ainsi que l'ont montré les recherches de M. Fouquet[1] sur les momies royales et celles des prêtres d'Ammon, de Déir-el-Bahari. J'ai fait moi-même, durant les nombreuses autopsies de momies que j'ai eu l'occasion de pratiquer, quelques constatations nouvelles sur lesquelles je donnerai des détails, en décrivant les sujets qui en ont été l'objet.

NÉCROPOLES, HYPOGÉES, PYRAMIDES ET MASTABA.

Il me reste à parler ici des nécropoles, tombeaux et hypogées dont les sépultures sont connues, et dont les squelettes ou les momies ont pu être étudiés. Jusqu'ici, on ne s'était que rarement soucié de connaître l'ancienneté, même approximative, des momies ou des crânes égyptiens mis à la disposition des anthropologistes. La plupart des indications qui accompagnent ces sujets ne sont relatives, le plus souvent, qu'à la localité d'où ils proviennent, quelquefois le nom de la nécropole où on les a recueillis est indiqué, mais on ne trouve que rarement des renseignements sur l'âge même de ces nécropoles. On ne connait guère que quelques séries de momies et de crânes de provenance exacte. Pour les rois, les prêtres et autres personnages dont les noms et qualités sont inscrits partout sur le tombeau, sur le sarcophage, sur le mobilier funéraire, on ne peut avoir aucun doute au sujet de leur identité, à part quelques exceptions, comme on le verra plus tard. Il n'en est pas de même des sujets provenant de nécropoles populaires, dans lesquelles les documents épigraphiques sont rares. Pour la détermination de cette catégorie de sépultures, on ne peut que s'en rapporter aux indications fournies par les égyptologues, qui sont actuellement parvenus à établir d'une façon assez précise à quelle dynastie appartiennent la plupart des monuments de la vallée du Nil. Mais cela n'empêche pas de rencontrer dans une nécropole bien datée des superpositions de sépultures d'époques très différentes, étant donné qu'elle a pu servir pendant plusieurs siècles, et que des morts appartenant à plusieurs règnes ont pu y être successivement déposés. Dans ce cas, c'est la nature du mobilier funéraire et surtout le mode d'inhumation qui sont capables de nous renseigner, car ainsi qu'on l'a vu, les systèmes d'inhumation ont été différents suivant les époques, et les procédés d'embaumement ont changé plusieurs fois de la XIIe à la XXXe dynastie.

Durant la période préhistorique, les cadavres ne semblent pas avoir été enfermés

[1] *Bull. Soc. anth. de Paris*, 1886. — Notice pour servir à l'histoire de l'embaumement en Égypte (*Bull. Inst. Egyptien*, 6 mai 1896).

dans de véritables tombeaux. On les confiait purement et simplement à la terre que l'on recouvrait tout au plus de grosses pierres. Mais dès l'aurore de la période historique, et déjà durant les premières dynasties memphites, on a cherché à préserver les morts de la décomposition par des procédés de conservation, du moins à les garantir de la voracité des animaux sauvages. Quelques squelettes, contemporains sans doute des premières dynasties, que l'on trouve recouverts encore de leur peau, étaient enveloppés dans des feuilles de palmier ou des peaux de bêtes, et semblaient avoir été séchés au soleil, car ils ne portent aucune trace de substances conservatrices. Pour la masse populaire, on creusait sur un point déterminé, généralement dans l'argile, à la limite du désert, des fosses rectangulaires, ovales ou rondes, dans lesquelles on plaçait les cadavres, tantôt isolément, tantôt par groupes, dans l'attitude allongée, ou dans l'attitude repliée de la position fœtale. Les fosses étaient recouvertes de feuilles de palmier et de sable. Aucun objet ou attribut n'était placé à l'extérieur. Tels sont les tombeaux d'El-Amrah, de Kawanil et de Khozan. Chaque sépulture était accompagnée d'un mobilier funéraire, dont l'importance variait avec la situation du défunt. Pour les grands et les rois, on a construit, de bonne heure, de véritables tombeaux, qui de simples cuves en brique crue sont devenus, par la suite, des *mastaba* plus ou moins élevés, et renfermant des *sella* ou des chambres plus ou moins vastes et nombreuses. Les tombes royales de Négadah et d'Abydos appartiennent à cette catégorie. Ce n'est que plus tard qu'ont été élevés les grands *mastaba*, les pyramides et les hypogées.

Les *mastaba*, constructions rectangulaires, étaient bâtis quelquefois en blocs de calcaire, mais, le plus souvent, en brique. Peu à peu, en superposant plusieurs mastaba, qui s'en allaient en diminuant de plus en plus vers le haut, on est arrivé à la pyramide à degrés, comme celles de Sakkarah et de Méidoûm de la IVe dynastie. L'un des *mastaba*, les plus anciens et les plus intéressants, est certainement celui de Ti à Sakkarah, que M. de Rougé appelle « le plus beau monument de cette période ». Au commencement de la IVe dynastie, apparait la véritable pyramide, qui s'est maintenue jusqu'à la XVIIIe dynastie pour les tombeaux des rois. Parmi les pyramides en briques, celle de Dashour a fourni les mobiliers funéraires les plus remarquables. Enfin, il n'y a pas au monde de monument en pierre plus extraordinaire que les pyramides de Gizèh.

Sous le moyen Empire, l'usage des hypogées prit une certaine extension. Dès le milieu de la XVIIIe dynastie, les rois thébains se firent creuser des tombeaux dans les flancs de la chaîne lybique, au sein d'une vallée solitaire « Biban-el-Molouk. » Dans cette région rocheuse, qui se prêtait admirablement à cette destination, non seulement les rois et les grands furent inhumés dans les hypogées, mais encore la masse populaire tout entière. Il m'a été donné de visiter dans la nécropole de Thèbes, dans la région de la vallée des reines, plusieurs hypogées populaires, fouillés par les habitants du pays. J'étais accompagné de l'un d'eux. On y accède par un puits de quatre mètres et une ouverture comparable à celle d'un terrier de bête sauvage. Il faut se coucher sur le dos ou à plat ventre pour pénétrer dans la première salle, arrondie et vaguement voûtée, de ce séjour des morts, où nous n'avions d'autre lumière que celle de morceaux de bougie tenus en main par les fellahin. Naturellement, ces hypogées, ayant été depuis longtemps découverts et violés, présentent un désordre indescriptible. Les corps qui y avaient été déposés à l'état de simples momies, sans cartonnage, visités un à un pour être dépouillés des quelques bijoux ou papyrus qu'ils pouvaient renfermer, ont été rejetés pêle-mêle sur le sol, dans le fouillis inextricable de leurs multiples bandelettes arrachées. Nos pieds s'embarrassent dans ces chiffons et écrasent les corps qui font entendre un bruit sec d'os brisés. J'ai remarqué des têtes de bœufs parmi les dépouilles. L'impression que l'on éprouve est assez pénible. L'air manque et il est saturé de fades odeurs de momies. Enfin la chaleur qui règne dans ces chambres souterraines est telle que l'on a hâte d'en sortir, sans compter que le genre d'éclairage des fellahin nous expose, à la moindre imprudence, à être brûlés vifs et asphyxiés au milieu de matières aussi inflammables; la chose est arrivée, nous a-t-on dit, à des touristes qui avaient, comme nous, tenté une expédition de ce genre, avec des bougies. Il n'y a aucune trace de décoration dans ces hypogées populaires.

A ne parler que des hypogées royaux de Thèbes, on peut se demander s'ils ne datent pas, en partie, du temps de la construction des temples et des palais de la région. Il semble que ces cavités ont été creusées par les architectes de ces monuments pour l'extraction de la pierre. Les vulgaires hypogées populaires dans lesquels on accède généralement par un puits sont restés dans l'état où les extracteurs de pierre les ont laissés. Les hypogées royaux ou de grands personnages apparaissent comme un labyrinthe de couloirs et de salles. Leur plan, sauf variantes, se compose ainsi. De l'entrée, trois corridors, situés les uns derrière les autres, s'enfoncent profondément, en présentant des chambres latérales, plus ou moins grandes, et des niches. Du troisième corridor, une porte donne accès dans un vestibule, et de celui-ci on pénètre dans la grande salle où se trouve le sarcophage, laquelle est elle-même flanquée parfois d'autres chambres latérales. Les parois de ces corridors sont couvertes, dès l'entrée, jusqu'aux replis les plus profonds, de peintures souvent serties d'un trait en creux. Celles qui n'étaient pas suffisamment unies ont été enduites d'un stuc admirablement poli, et parfaitement apte à recevoir les innombrables tableaux que le temps, plus que les hommes, a respectés jusqu'à ce jour. Le sujet des peintures murales est la représentation des scènes funéraires et des textes sacrés dont le défunt doit posséder la connaissance dans l'autre monde. Tout cela est fort connu et a été maintes fois publié; je n'entrerai pas non plus dans les détails de cette cérémonie fastueuse, je dirai seulement que, lorsqu'on avait déposé le sarcophage du défunt, et placé son mobilier funéraire dans la grande salle, soutenue parfois par des colonnes taillées dans le roc, et entièrement couverte de peintures, le cortège se retirait, et on en murait à jamais les entrées.

CONNAISSANCES ETHNOLOGIQUES DES ÉGYPTIENS

D'APRÈS LEURS PEINTURES ET LEURS SCULPTURES

L'examen des monuments et des textes ont révélé, avec assez de détails, les races connues de l'Egypte depuis les premières dynasties jusqu'à la fin de la grande époque pharaonique. Les types ethniques représentés sur les monuments de la vallée du Nil sont nombreux : quatre d'entre eux se répètent surtout assez fréquemment et sont bien connus. Les Egyptiens les coloraient respectivement en rouge, en jaune, en noir et en blanc. L'une des plus remarquables de ces représentations est celle que porte le tombeau de Minephtah Ier, situé dans la vallée de Biban-el-Molouk, à Thèbes. Champollion[1] a été le premier à faire remarquer que dans les peintures admirablement conservées de ce tombeau, ainsi que dans les fines sculptures qui concourent à sa décoration, on a voulu représenter les habitants de l'Egypte et ceux des contrées étrangères. « Nous avons donc ici, sous les yeux, dit-il, l'image des diverses races d'hommes connues des Egyptiens, et nous apprenons, en même temps, les grandes divisions géographiques et ethnographiques établies à cette époque reculée. »

Des hommes, guidés par le pasteur des peuples, Horus, sont figurés au nombre de douze, mais appartenant à quatre familles bien distinctes. Les trois premiers (les plus voisins des dieux) sont de couleur *rouge sombre*, de taille bien proportionnée, physionomie douce, nez généralement aquilin, longue chevelure nattée, vêtus de blanc, et leur légende les désigne sous le nom de *Rôt-en-ne-Nôme*, la *race des hommes,* les hommes par excellence, c'est-à-dire les Egyptiens. Les trois suivants présentent un aspect bien différent ; la peau est de couleur chair, tirant sur le jaune basané, le nez est fortement aquilin, la barbe noire, abondante et terminée en pointe, les vêtements courts sont de couleurs variées. Ceux-ci portent le nom de *Namou.* Les trois qui suivent ne peuvent être que des nègres, et sont appelés *Nahasi.* Les trois derniers ont la peau blanche, le nez droit et légèrement arqué, les yeux clairs, la barbe blonde ou rousse, la taille haute et très élancée. Véritables sauvages tatoués sur diverses parties du corps, ils sont vêtus de peaux de bœufs garnies encore de leur poil : on les nomme *Tahmou.*

Des tableaux analogues se retrouvent dans d'autres tombeaux royaux, et de l'ensemble de ces représentations il ressort qu'on a voulu, sans aucun doute, figurer les habitants des *quatre parties du monde*, selon le système égyptien, savoir : 1° les habitants de l'Egypte, qui à elle seule, formait une partie du monde ; 2° les Asiatiques ; 3° les habitants propres à l'Afrique, les nègres ; 4° les Européens et autres peuples à peau blanche et à cheveux blonds. Cette manière d'interpréter ces tableaux doit être exacte, parce que dans les autres tombeaux, les mêmes noms génériques reparaissent partout dans le même ordre. On y trouve les Egyptiens et les nègres représentés de la même manière, ce qui ne pouvait pas être autrement : mais les *Namou* (Asiatiques) et les *Tahmou* (Européens) offrent d'importantes et curieuses variantes. Au lieu de l'Arabe ou du Juif si simplement vêtu dans le tombeau de Minephtah, l'Asie est représentée dans d'autres tombeaux par trois individus à teint basané, au nez aquilin, à l'œil noir, avec une barbe touffue, et costumés avec une grande magnificence. Dans l'un d'eux on reconnait sûrement un Assyrien dont le costume est identique à ceux des personnages gravés sur des cylindres babyloniens ; dans l'autre, on doit voir un Perse, car son type rappelle ceux des sujets figurés sur les monuments persépolitains. Quant aux *Tahmou*, ils diffèrent entre eux par leur tête, plus ou moins chevelue, et plus ou moins chargée d'ornements. Leurs vêtements diffèrent aussi, mais la couleur claire de leur peau, celle de leurs yeux et leur barbe gardent uniformément les caractères d'une race à part.

Un autre document ethnographique du plus haut intérêt est celui que M. Naville a

[1] *Monuments de l'Égypte et de la Nubie*, t. III, pl. 138 à 140. *Lettres*, p. 204, 1808.

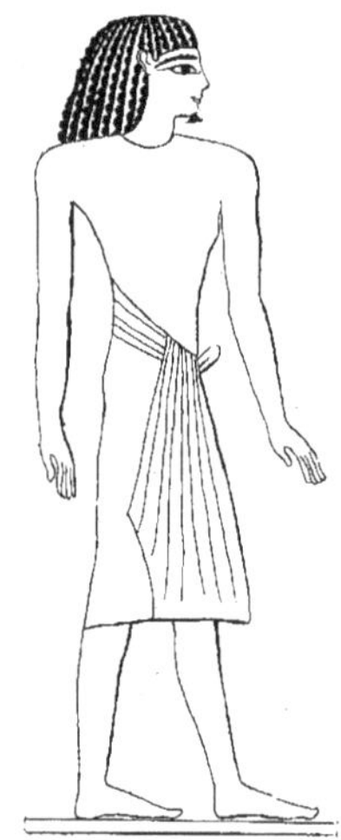

Fig. 14. — Egyptien.

découvert à Edfou[1]. Il y a lu que le bon principe sous la forme solaire de Haremakhon, triomphant de ses adversaires dans la partie sud du nome Appolinopolite, ceux qui échappèrent au massacre émigrèrent. Une partie alla vers le Midi et devint, sans doute, les Coushites ; d'autres se dirigèrent vers le nord et furent les Amou ; la troisième colonne, qui se dirigea vers l'occident, forma le peuple Tamahou ; une quatrième enfin alla vers l'est, et devint le groupe des Shasou. Dans cette énumération, les Coushites comprennent les nègres ; les Tamahou, les races à peau blanche du nord de l'Afrique et des îles de la Méditerranée ; les Amou englobent toutes les grandes nations asiatiques, et les Shasou étaient les nomades du désert de l'Asie occidentale (les Bédouins). La même division des familles humaines en quatre groupes se retrouve également dans le tableau peint sur le beau sarcophage en albâtre de Seti Ier, découvert, comme celui de Minephtah Ier et de Ramsès, dans la vallée de Biban-el-Molouk, à Thèbes. La scène avec inscription décrite par les égyptologues les plus éminents[2] montre Horus appuyé sur un bâton et seize hommes en marche. Ceux-ci sont nommés : Égyptiens, Aamou, Nahasou et Tamahou. Ces appellations répondent donc assurément aux quatre grandes races dont je donne les figures, d'après Rosellini, et copiées par cet artiste dans le tombeau de Seti Ier. Ce sont : les Egyptiens à peau rouge (fig. 14) ; les Aamou ou Sémites à peau jaune (fig. 15 et 16) ; les nègres et Ethiopiens à peau plus ou moins noire, et les gens du nord à peau blanche. Mais M. Reginald Stuart Poole[3] estime que ces quatre groupes renferment divers types secondaires. C'est ainsi qu'il pense que deux autres nations peuvent être rattachées à la première race ou au type égyptien : premièrement, les anciens habitants coushites du sud de l'Arabie et de la côte d'Afrique qui est en face, avec lesquels les Egyptiens étaient en relations d'affaires. La figure 17 est un spécimen de cette population. Ce dessin a été emprunté au célèbre relief représentant l'expédition de la reine Hatshepsou, de la XVIIIe dynastie, depuis la mer Rouge jusqu'à la côte des Somali. Deuxièmement, les Phéniciens, dont la couleur est presque identique à celle des Égyptiens ; ils peuvent être distingués de ceux-ci seulement par des détails du vêtement, comme,

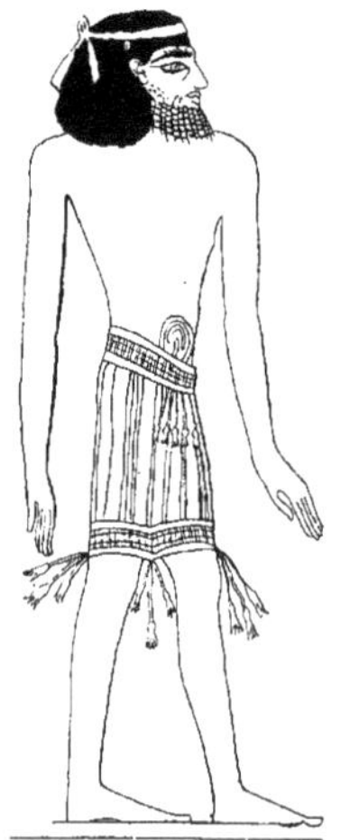

Fig. 15. — Juif.

[1] *Mythe d'Horus*, pl. 21, 2.

[2] Pierret, *Revue archéologique*, t. XXI, p. 299. — Lefebvre, les quatre races au jugement dernier (*Transactions of the Society of Biblical archeology*, vol. IV, p. 1).

[3] The Egyptian classification of the races of men (*Journ. of the anthrop. Institute of Great Britain and Ireland*, vol. XVI, n° 4, p. 370).

par exemple, le port des bottes. Quelques-uns sont d'une couleur plus claire; c'est une variété septentrionale de la même race. La figure 15 représente le type sémitique habituel tel que nous le trouvons sur les monuments égyptiens. Il offre une grande ressemblance avec les Assyriens, comme en témoignent leurs sculptures qui suffisent pour faire rattacher les deux peuples à la même race. Le dessin numéro 16 reproduit une tête plus remarquable : elle peut être rapprochée du type assyrien. La figure 18 est un bon type des habitants de la Libye du Nord. La tête est ornée de deux plumes d'autruche et de la boucle de côté; le personnage porte une petite barbe au menton et des favoris. Ce type diffère beaucoup de toutes les autres figures, qui peuvent être considérées comme des représentations historiques de diverses sous-races. Le numéro 6 du tombeau de Minephtah est un Libyen de la région occidentale de l'Égypte. Ses traits rudes sont particulièrement marqués par des arcades sourcilières qui s'étendent jusqu'au-dessus du nez. Un insulaire (n° 10 du même tombeau) présente cette particularité à un degré encore plus élevé et doit être regardé comme un type probablement plus pur. Dans l'habitant des îles ou des côtes on voit une variété moins rude, sans arcades sourcilières. La difficulté est de fixer une localité d'origine à chacun de ces habitants. Les Égyptiens étaient en guerre avec les Libyens et leurs alliés de 1400 à 1200 avant Jésus-Christ. Durant cette période, l'Égypte subit cinq invasions de l'Ouest et quatre de l'Est, M. de Rougé identifie les nations envahissantes aux Sardes et aux Siciliens, les premiers habitants de la Sardaigne et de la Sicile qui, après avoir pris Carthage, traversèrent l'Afrique et envahirent l'Égypte. Il y a encore une autre race des plus intéressantes, en dehors de cette classification : ce sont les Khétas ou Hétéens. Notre figure 19 montre un Soudanais au cheveux laineux.

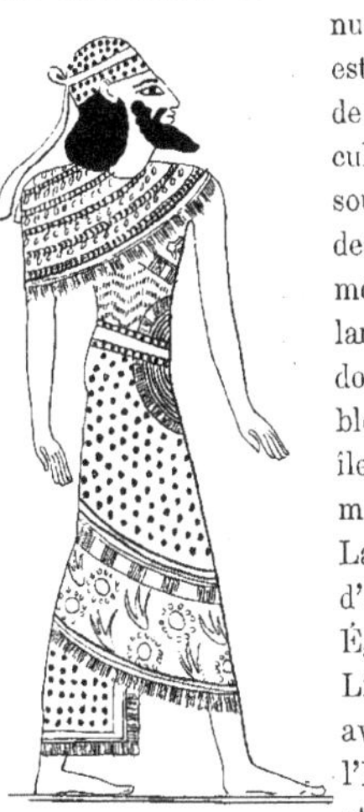

Fig. 16. — Assyrien.

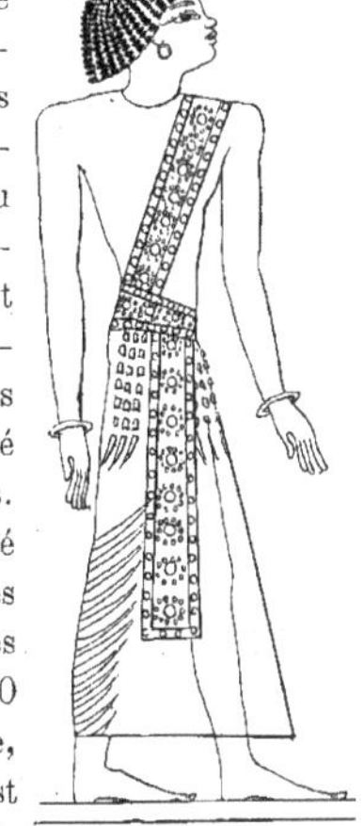

Fig. 17. — Ethiopien.

En étudiant les caractères morphologiques de quelques personnages connus, nous aurons l'occasion de revenir sur la sagacité avec laquelle les Égyptiens ont distingué les différents types ethniques qu'ils avaient sous les yeux, et avec quelle précision les artistes les ont reproduits en peinture et en sculpture.

MORPHOLOGIE DES ANCIENS ÉGYPTIENS

D'APRÈS LEURS SCULPTURES ET LEURS PEINTURES

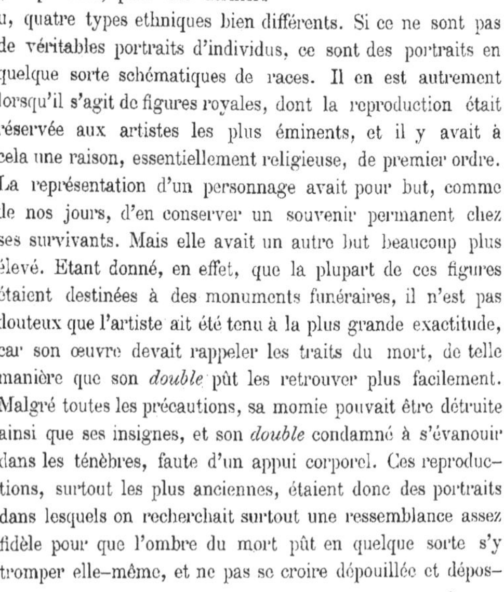

Fig. 19. — Soudanais.

Les nombreuses représentations humaines, celles des rois principalement que l'on observe en si grand nombre dans les temples et surtout dans les hypogées, peuvent-elles fournir des renseignements utiles sur la morphologie des anciens Egyptiens? Telle est une des questions que les anthropologistes ont pu se poser en présence de ces reproductions artistiques qui, si elles sont exactes, seraient pour eux d'un puissant secours pour étudier la morphologie des populations anciennes de l'Egypte. On s'est demandé pendant longtemps si la plupart des figures des statues, des bas-reliefs et des peintures que l'on admire à Memphis, à Thèbes et ailleurs ne présentent pas des types conventionnels adoptés par les artistes plutôt que des portraits d'individus. Pour les nombreuses statues funéraires et pour les grandes masses, les groupes de combattants ou de prisonniers, dont l'exécution n'avait pas été confiée aux plus grands artistes, cela peut être vrai. Ils avaient, cependant, pour ces derniers distingué, comme on l'a vu, quatre types ethniques bien différents. Si ce ne sont pas de véritables portraits d'individus, ce sont des portraits en quelque sorte schématiques de races. Il en est autrement lorsqu'il s'agit de figures royales, dont la reproduction était réservée aux artistes les plus éminents, et il y avait à cela une raison, essentiellement religieuse, de premier ordre. La représentation d'un personnage avait pour but, comme de nos jours, d'en conserver un souvenir permanent chez ses survivants. Mais elle avait un autre but beaucoup plus élevé. Etant donné, en effet, que la plupart de ces figures étaient destinées à des monuments funéraires, il n'est pas douteux que l'artiste ait été tenu à la plus grande exactitude, car son œuvre devait rappeler les traits du mort, de telle manière que son *double* pût les retrouver plus facilement. Malgré toutes les précautions, sa momie pouvait être détruite ainsi que ses insignes, et son *double* condamné à s'évanouir dans les ténèbres, faute d'un appui corporel. Ces reproductions, surtout les plus anciennes, étaient donc des portraits dans lesquels on recherchait surtout une ressemblance assez fidèle pour que l'ombre du mort pût en quelque sorte s'y tromper elle-même, et ne pas se croire dépouillée et dépos-

Fig. 18. — Libyen.

sédée de son corps[1]. Il est probable que nombre de ces images, les plus soignées du moins, ont été exécutées du vivant de celui qu'elles représentent. L'original a sans doute posé devant l'artiste qui se chargeait d'immortaliser sa personne. Ce sont bien des portraits, pour la plupart du moins, que ces merveilleuses statues, ces superbes bas-reliefs ou ces admirables peintures décorant les temples et surtout les hypogées. Il n'est donc pas sans intérêt de jeter un coup d'œil sur ces reproductions.

Les représentations humaines de la période memphite sont plus nombreuses qu'on pourrait le croire *a priori*. Les sépultures dites *préhistoriques* de la Haute-Égypte ont fourni quelques figurines humaines. M. de Morgan[2] a décrit quelques-unes de ces ébauches provenant, soit de ses fouilles, soit de celles de ses prédécesseurs. Les unes sont en terre cuite, les autres en ivoire. La première catégorie est rare : la statuette la plus remarquable est celle qui a été trouvée à Gebel-Tarif, elle est haute de 28 centimètres, et le personnage qu'elle représente est agenouillé dans l'attitude de la prière ou de la soumission. La tête est forte et rejetée en arrière, le nez est retroussé, le menton très long ; les lèvres ne marquent aucune proéminence et les oreilles sont larges et détachées. Cette statuette grossière, sans doute la plus ancienne connue, montre bien que la race dont elle donne l'image n'était pas nègre. La seconde catégorie est assez considérable, elle provient en grande partie, des nécropoles de Toukh et de Negadah. Leur hauteur varie entre 6 et 18 centimètres. Voici, en résumé, d'après M. de Morgan, les caractères que ces grossières images permettent de reconnaître. Pour les hommes : figure ovale, lèvres peu proéminentes, cheveux courts, barbe longue taillée en pointe. Pour les femmes : visage ovale, taille mince, hanches très larges, yeux en amande très grands, sourcils arqués et épais, cheveux courts. M. de Morgan pense, d'après une statuette coloriée et portant des dessins sur le corps, que cette population se tatouait.

Fig. 20. — Ra-Hotpou.

Fig. 21. — Nefert la Belle.

En dehors de ces ébauches, sur lesquelles on ne peut formuler que des appréciations fort discutables, on possède de véritables monuments, œuvres de la sculpture. Ce sont d'abord la figure du roi Snofrou, le dernier de la IIIe dynastie, gravée sur les rochers de l'Ouadi Maghara, au Sinaï. Puis les statues en calcaire blanc du prophète et prêtre Sepa et de sa femme Nera que de Rougé[3] considérait comme les statues les plus anciennes du monde. Il inclinait à les croire de la IIIe dynastie.

C'est ensuite au règne de Snofrou, le successeur de Kéops, que Mariette attribue les deux admirables statues trouvées dans un mastaba voisin de celui de Méidoûm. L'une

[1] Perrot, *Hist. de l'Art*, t. I, p. 635.
[2] *Ethnographie des populations indigènes de l'Égypte.*
[3] *Notice des monuments exposés dans la galerie d'antiquités égyptiennes*, 1875, p. 25.

d'elles représente un prince du sang, Ra-Hotpou ou Ra-Hotep, l'autre une femme Nefert, dite *la Belle*, la sœur ou la femme de Ra-Hotep. Ces statues en calcaire blanc passent pour appartenir au dernier règne de la IIIe dynastie (fig. 20, 21 et 23).

On connaît encore, à la même époque, les fameux panneaux de bois décorés de bas-reliefs et d'inscriptions, trouvés à Memphis dans le tombeau d'un personnage appelé Hosi, et conservés au Musée du Caire. L'un d'eux se nomme Ra-Hesi, l'autre Pekh-Hesi[1]. La partie lisible des légendes apprend que ce sont là des scribes de condition élevée, favoris du roi. On a prétendu que le profil de ces figures rappelle plutôt le type sémitique que le type égyptien. Le nez est aquilin au lieu d'être rond, comme on l'a vu dans les statues de pierre; les lèvres sont minces et non charnues, comme dans ces dernières. Mais à tout prendre, si l'on examine avec soin ces divers personnages, on voit qu'ils ne diffèrent pas autant qu'on l'a dit. Chez les uns et chez les autres, le crâne est moyennement large, les pommettes assez saillantes, le menton fort et le front fuyant.

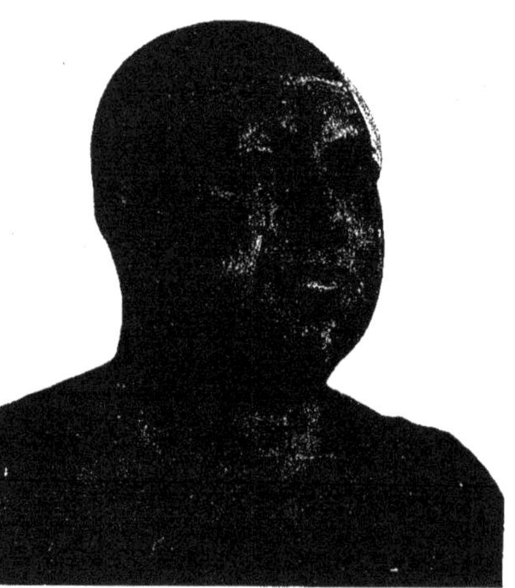

Fig. 22. — SHEIKH-EL-BELED.

Une autre statue en pierre, peut-être plus célèbre que la précédente, mais non moins belle, est celle du Scribe du Musée du Louvre. Ce monument, découvert par Mariette au cours des fouilles du Serapeum, dans le tombeau de Skhem-Kat, avec d'autres figures du même style qui n'ont pas tout à fait le même mérite, serait de la Ve ou VIe dynastie[2]. On doit signaler encore quelques statues en bois, parmi lesquelles celle connue sous le nom de Sheikh-el-beled, et certainement la plus belle (fig. 22). Elle a été trouvée avec une autre, de femme, à Memphis, dans le mastaba de Ra-em-ke, et date probablement de la IVe dynastie. Le type de ce personnage diffère de celui des précédents: sa figure pleine et ronde, sa tête courte, ses lèvres fortes, son nez court et arrondi rappellent le type copte actuel.

Le Musée de Gizèh conserve une série de statuettes en bois de la VIe dynastie, du plus haut intérêt, trouvées dans une tombe de la nécropole d'Aphroditopolis. Les principales pièces sont : 1° Le défunt vêtu d'un pagne blanc dont il tient en main un des coins; 2° Une jeune fille dont les cheveux sont divisés en trois tresses qui pendent sur le dos ; 3° Un groupe formé par trois servantes portant sur la tête des paniers blancs ;

[1] Mariette, *Galerie de l'Egypte ancienne au Trocadéro*, Paris, 1878, p. 122.
[2] Perrot, *loc. cit.*, p. 648

4° Deux potiers : l'un pétrit l'argile, l'autre modèle les vases ; 5° Un cultivateur travaillant avec un hoyau ; 6° Un serviteur accroupi devant un plateau chargé de fruits d'ou il écarte les mouches avec un éventail ; 7° Un four dont une femme attise le feu ; 8° Une servante écrasant du blé sur une pierre, une autre allumant un tas de charbon ; 9° Un domestique portant le bagage de son maître ; 10° Une femme confectionnant des gâteaux, une autre chauffant le four formé de disques de terre cuite.

On doit rappeler enfin quelques autres représentations humaines pouvant se rapporter aux derniers temps de la période memphite ; les statues en pierre de Ra-nefer, prêtre de Phtah et de Sokar ; puis celles de Kéops, de Ti, de Nofir, de Nefer-hotep, de Teuteta, de Nem-Hotep. Ce dernier, à qui on a élevé un monument à Memphis, était évidemment un personnage. Il était nain et en avait tous les caractères : tête grosse, torse long, jambes et bras courts, et non pas dolichocéphale, comme on l'a dit, mais macrocéphale, c'est-à-dire qu'il avait eu la tête probablement déformée artificiellement. L'effet de cette déformation obtenue par compression avait été de rejeter l'occipital en arrière et en hauteur, et d'entrainer les bosses pariétales à se développer d'une façon exagérée.

Fig. 23. — Ra-Hotpou.

Citons encore les statues du roi Usarenra, en granit rose, de la Ve dynastie ; celle du roi Neukari, en diorite noire ; celle du magistrat Ateti Ankhera, de la VIe dynastie ; celle de dame Hakenou, de la VIe dynastie et quelques autres. On doit nommer enfin les merveilleuses statues de Kephren que Mariette a retrouvées au fond d'un puits du temple du Sphinx à Gizèh ; ces statues paraissent être de véritables portraits. Les inscriptions gravées sur les socles de ces effigies royales ont permis de connaître, avec certitude, le fondateur de la deuxième pyramide. La plus importante de ces statues, haute de 1m08 et qui est en diorite, est admirablement conservée. Elle a suggéré à M. Perrot[1] des observations du plus haut intérêt sur le développement de la pensée artistique chez les Egyptiens memphites, et sur l'idée qu'ils s'étaient faite de cet être exceptionnel, de ce divin dieu qui s'appelait le roi des deux Egyptes.

Si les artistes de la période memphite nous ont donné de surprenants spécimens de leur talent, comme statuaires, dans lesquels nous avons pu trouver des portraits de quelques personnages, ceux de la période thébaine ont laissé des matériaux de cette nature sinon plus remarquables, du moins plus nombreux. Le développement de plus en plus grand, que les rois et les dignitaires de cette époque ont donné à leurs tombeaux, et surtout le luxe qu'ils ont apporté à leur décoration, ainsi qu'aux temples qu'ils ont con-

[1] *Histoire de l'Art*, t. I, p. 675.

struits, a donné lieu, en même temps, à ces belles statues et à ces belles peintures ou bas-reliefs dont les plus importants nous ont été conservés par les mastaba et les hypogées. La plupart de ces effigies sont, à n'en pas douter, des portraits, car l'examen des traits d'un même personnage, reproduit sur des monuments différents et par des mains différentes, semble venir confirmer cette conjecture et donner à ces œuvres une valeur véritable au point de vue de la morphologie ethnique. On peut citer, par exemple, les statues d'Ousirtasen Ier trouvées sous la pyramide de Lisht, puis enfin celle de Tanis, les effigies que l'on voit de ce prince sur les bas-reliefs du temple de Seti, à Abydos, ainsi que quelques autres. Dans ces statues, dont M. J. Gautier[1] a trouvé dix exemplaires à Lisht, c'est toujours la même tête large et ronde, aux yeux écartés du nez, aux lèvres épaisses et souriantes. Pour M. Jequier qui les a décrites, ce n'est pas là le véritable type égyptien de race pure, mais plutôt celui d'un homme d'une origine plus méridionale.

Fig. 24. — Amenémhait III.

Parmi les plus anciennes statues de l'empire thébain, on doit citer encore celle d'Amenémhâit Ier en granit rose, découverte à Tanis. Il est assis et porte sur la tête la coiffure d'Osiris. Sa tête est large, son nez court, sa bouche épaisse et ses yeux bien fendus. On a découvert dans le même sanctuaire les statues d'Amenémhâit II et sa femme Nofrit. Celle de cette dernière est en granit noir et sa tête s'écrase sous la lourde perruque.

Volontairement ou non, remarque M. Maspero[2]: le sculpteur idéalisait l'image de ses souverains. Les caractères de l'âge n'y prédominaient point, les traits portent l'empreinte d'une jeunesse éternelle; l'accentuation de la physionomie, l'accentuation des sourcils, la saillie des pommettes, la projection de la lèvre inférieure et du menton s'atténuent, comme à plaisir, et disparaissent sous une expression uniforme de majesté tranquille. Un seul souverain, Amenémhâit III, ne se résigne pas à subir cet effacement

[1] Fouilles de la pyramide de Lisht (*Revue archéol.*, 1896).

[2] *Hist. anc.*, t. I, p. 502.

perpétuel, et se fait portraiturer tel qu'il est. Dans toutes les statues que l'on possède de lui, et qui viennent, sans doute, de Tanis, notamment sur celles que M. Golenischeff a décrites, on trouve un air de famille indéniable entre ses traits et ceux de ses ancêtres, mais on sent que l'artiste n'a rien fait pour flatter son modèle (fig. 24). Le front est bas et un peu fuyant, serré aux tempes, le nez vigoureux, arqué, large du bout; la bouche épaisse et dédaigneuse presse les lèvres; le menton est lourd et charnu; les yeux petits, étroits, clos de fortes paupières; les pommettes sont osseuses, proéminentes, les joues se creusent, les muscles qui cernent le nez et la bouche s'accusent puissamment. L'ensemble présente un air si étrange que l'on s'est obstiné à regarder ces œuvres comme les produits d'un art demi-égyptien : on a voulu les attribuer aux rois Pasteurs, plus spécialement au dernier Apopi. M. Maspero a montré que ces statues étaient certainement antérieures aux Pasteurs, et M. Golenischeff[1] a prouvé qu'elles représentaient Amenémhâit III. A partir de ce moment, jusqu'après les ténèbres dans lesquelles tomba l'Egypte pendant l'invasion des Hyksôs, c'est-à-dire jusqu'aux XVIIe et XVIIIe dynasties, on ne connaît que quelques statues ou bas-reliefs remarquables représentant des personnages connus, tels que Sorthotpou.

La période thébaine est véritablement l'époque des colosses. C'est à Thèbes qu'on en construisit le plus, mais toutes les autres métropoles religieuses ou politiques de l'Égypte, telles que Memphis, Abydos et Tanis avaient leurs statues géantes. Les plus grands colosses sont ceux de Ramsès II à Ipsamboul qui dépassent 20 mètres. Parmi les autres, on remarque ceux d'Aménôthès III et celui du Ramsès du Ramesseum, qui devaient avoir 17 mètres de hauteur, puis celui de Memphis qui a 13 mètres. La tête de ce dernier est un travail des plus soignés. C'est un véritable portrait du grand roi, comme du reste la plupart de ces statues, entre autres celle de Turin (fig. 25).

M. Perrot[2], comme M. Maspero, pense que les artistes ont toujours pris la peine de donner une fidèle copie de leur auguste modèle, aussi cette époque nous a-t-elle laissé nombre de beaux portraits dont la sincérité ne saurait être mise en doute. Ces morceaux de sculpture paraissent si exacts que, dans la statue de Thoutmosis III, par exemple, ou dans celle de la reine Tarpa, femme d'Aménôthès III, on peut facilement reconnaître deux types absolument étrangers à l'Egypte. Chez le premier, la forme de son nez, ses yeux relevés par leurs bords externes, le dessin de la bouche, les contours généraux du visage rappellent, suivant M. Gabriel Charmes, la race arménienne. En ce qui me concerne, je préfère y voir le type barabra. Dans la statue de la reine Tarpa, qui passe pour un véritable chef-d'œuvre de la statuaire égyptienne, on trouve une physionomie plus fine, le

Fig. 25. — Ramsès III.

[1] Amenémhait III et les sphinx de San (*Recueil des travaux*, t. XV, p. 131).

[2] De la réorganisation du musée de Boulaq. Perrot, *loc. cit.*, p. 624.

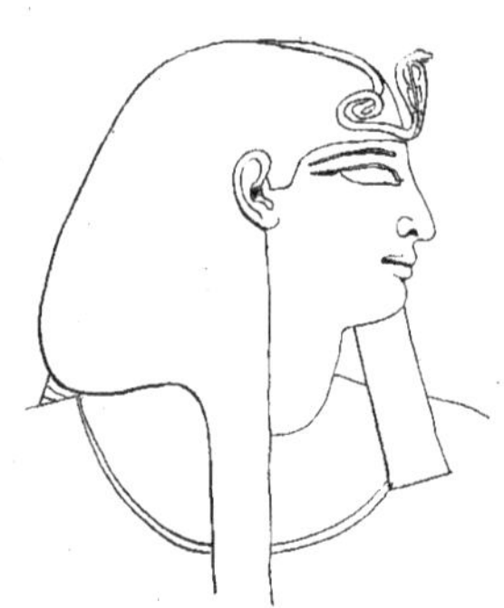

Fig. 26. — Aménôthès Ier.

Fig. 27. — Aahmosis, femme de Thoutmosis Ier.

Fig. 28. — Neri, dernier roi de la XVIIIe dynastie.

Fig. 29. — Amoumaï, femme de Thoutmosis II.

Fig. 30. — Taousra.

Fig. 31. — Aménôthès III.

visage est allongé, le menton effilé et saillant rappelle un type asiatique, peut-être sémite.

Mais il est encore un autre genre de monuments dans lesquels les artistes ont poussé, aussi loin que possible, le souci d'être vrai : tels sont, entre autres, les bas-reliefs généralement peints des temples de Medinet Habou, de Déir el-Babari, d'Abydos et de Karnak, puis ceux des hypogées royaux de Biban-el-Molouk et de Biban-el-Soultanat.

Dans les premiers, on a représenté différents épisodes d'une expédition entreprise par ordre de la régente Hatasou (Hatshopsitou), dans le pays de Pount, sans doute la côte des Somali. « Dans le plus curieux de ces fragments, le chef sauvage s'avance en suppliant. Derrière lui marche sa femme. Elle a la chevelure soigneusement peignée et ramenée par derrière en queue épaisse. Un collier, formé de gros disques enfilés, orne son cou. Elle a une grande chemise jaune sans manches, qui lui descend jusqu'au milieu des jambes. Quant à ses traits, ils sont assez réguliers, quoique plus virils que féminins, mais tout le reste de sa personne est repoussant. Ses bras, sa poitrine, ses jambes sont, en effet, comme chargés de chairs amollies, le bassin se projette en arrière et accuse une difformité que l'artiste a rendue avec une complaisance singulière. Ce qu'on voit des jambes au-dessous du bord inférieur de la chemise est énorme et semble indiquer un commencement d'éléphantiasis. En ne reculant pas devant la représentation de cette monstruosité, l'artiste a sans doute pris plaisir à provoquer une comparaison et à faire sentir un contraste; en face de ce type presque bestial de la femme barbare, combien devait paraître plus aimable encore la beauté de la race égyptienne[1]. »

A Abydos, on admire la superbe tête de Sèti Ier; puis c'est le profil de Thoutmosis Ier; à Médinet Habou; celui de sa femme Âahmosis à El Asasif, ceux de Thoutmosis III et de sa femme Taïa à Biban-el-Molouk. On remarque encore dans les hypogées, les effigies des Ramsès et des Minephtah que je reproduis ici (fig. 26 à 31) d'après les dessins de Rosselini.

[1] Perrot, *Hist. de l'Art*, t. I, p. 696.

Fig. 32. — La Reine Taïa.

Les pyramides de Gizèh.

CHAPITRE III

PÉRIODE MEMPHITE

DE LA PREMIÈRE A LA DIXIÈME DYNASTIE.

ETHNOGÉNIE ET ETHNOGRAPHIE

On a vu dans les pages précédentes combien sont encore incertaines les opinions émises sur les origines des Egyptiens. Les seules notions que l'on possédait jusqu'à ces dernières années sur les premiers temps de l'histoire de l'Egypte, cette période obscure qui a immédiatement suivi la période préhistorique, étaient fournies par les listes royales d'Abydos, de Karnak et de Sakkarah, qui donnent des séries de cartouches des premiers rois. Mais ces renseignements qui semblent présenter quelque précision, au moins pour les deux premières dynasties, n'avaient pas le caractère d'authenticité désirable pour établir l'histoire. Comme l'a fait remarquer M. Maspero [1], les premières dynasties ont été probablement forgées, après coup, par les historiens égyptiens. Le souvenir des commencements de la monarchie s'était perdu au cours des siècles; quelques noms de rois primitifs survivaient à peine à l'oubli lors de l'époque de l'apogée de la civilisation dans la vallée du Nil, et les Egyptiens, se considérant comme autochtones, tenaient à établir les chainons qui leur manquaient pour rattacher leur histoire à celle des dieux et, par conséquent, à la création du monde.

Quant à l'origine de la constitution égyptienne telle qu'elle a duré pendant de si longs siècles, toutes les traditions se sont concentrées sur le seul nom du roi Ménès, le fonda-

[1] Notes sur différents points de grammaire et d'histoire (*Recueil des travaux*, *loc. cit.*, t. XVII, p. 56, 64 et 120.

teur de Memphis, d'après la légende. Toutefois, des documents authentiques pouvant être attribués à son règne manquaient jusqu'à ces derniers temps. Il personnifiait, comme il personnifie encore actuellement, les débuts de la monarchie. Il était le premier chef reconnu de toutes les populations des bords du Nil, le créateur de tous les grands travaux, des premières institutions, toutes choses qui, sans aucun doute, n'ont pas été l'œuvre d'un seul homme, mais celle de plusieurs générations. Depuis les découvertes de MM. Amelineau, de Morgan et Flinders Petrie, on n'en est plus réduit aux légendes, car on se trouve en possession de documents positifs qui permettent actuellement d'esquisser l'histoire des trois premières dynasties.

La lecture des inscriptions d'Abydos a permis de reconnaître les noms de quelques rois de la première dynastie, et celles de Negadah, le nom de Ménès. Des sceaux royaux d'Abydos ont révélé ensuite le nom de Alsa, le premier roi de la deuxième dynastie, et celui de N'Maathapi, l'une des reines de la troisième dynastie. Il résulte de ces faits que les documents archéologiques et anthropologiques que l'on possède de Négadah, d'Abydos et des autres nécropoles dont les mobiliers funéraires sont analogues à ceux de ces derniers, ne peuvent plus être considérés comme préhistoriques.

Que les deux premières dynasties soient ou non originaires de Tanis, la prépondérance de Memphis devint bientôt fort grande et, dès la troisième dynastie, elle imposa ses souverains aux autres districts. C'est à cette époque que remonte Sesorthos, surnommé l'Esculape égyptien, l'inventeur des constructions en pierre et de l'ornementation des murailles par les hiéroglyphes. A cette époque remontent aussi une partie des grands mastaba de Memphis. La quatrième dynastie, dont Snofrou, le constructeur de la pyramide de Méidoùm fut le premier roi, paraît avoir été une période de haute puissance. C'est à ses successeurs Kéops, Kephrên et Neukheris que l'on doit la construction des trois grandes pyramides de Gizèh. Un nombre considérable de monuments, et des plus remarquables, appartiennent encore à cette dynastie, tels que les tombeaux des pyramides de Gizèh et de Sakkarah, la statue dite du Sheikh-el-Beled, celle du Scribe du Louvre, etc., etc.

Durant la cinquième dynastie, la civilisation égyptienne semble avoir atteint son apogée. Les rois continuent à se faire élever des pyramides pour abriter leurs tombeaux, telles que celles d'Ounas et de Ti à Sakkarah. La sixième dynastie est originaire de l'île d'Éléphantine dont les souverains les plus connus sont Téti, Pépi Ier, et la reine Nitocris. C'est à cette époque que remontent les premières tentatives d'explorations africaines que l'on connaisse. A la fin de la sixième dynastie, l'empire s'écroule ; des troubles sérieux éclatent à l'intérieur. Tandis qu'au Nord, des rois autonomes règnent à Héracléopolis et d'autres à Memphis, des princes thébains s'emparent du pouvoir au Sud. Les dernières dynasties (VIIe à X^{e}), ont laissé peu de souvenirs dignes d'attirer l'attention.

NÉCROPOLES

On connaît actuellement un assez grand nombre de nécropoles remontant aux trois premières dynasties, et l'on possède de nombreux documents funéraires relatifs à ces temps primitifs. C'est principalement aux fouilles méthodiques de MM. Petrie, Amelineau et de Morgan qu'on les doit. Ils proviennent des nécropoles de Négadah, d'Abydos, de Beït Allam, de Gebel Silsileh, de Kawamil, d'El Amrah, d'El Khozan et de quelques autres qui ont été considérées autrefois comme préhistoriques.

Négadah. — Cette nécropole, qui a donné le célèbre tombeau royal attribué à Ménès, a été fouillée en 1897 par M. de Morgan assisté de MM. Wiedemann et Jequier. Deux ans auparavant, M. Petrie avait exploré les nécropoles de Toukh et de Ballas, et, bien que l'un de ses ouvrages soit intitulé *Nequadah and Ballas*, la véritable nécropole de Négadah était encore vierge.

C'est en interrogeant les nombreux *kjœkken-mœddings* de la région que M. de Morgan découvrit dans un petit tell, situé au nord de la nécropole septentrionale, les restes d'un monument de briques crues qui devait attirer particulièrement son attention à cause de son importance. Des fouilles activement et soigneusement conduites devaient bientôt faire sortir de terre le tombeau du premier roi des Égyptiens. Ce tombeau, dont je ne décrirai que très sommairement la disposition — qu'il faut lire dans le deuxième volume de M. de Morgan[1] — paraît être, sans conteste, le plus archaïque et le plus considérable, dans sa catégorie, de tous ceux qui ont été ouverts dans la vallée du Nil. Ses ruines actuellement dégagées se composent d'un vaste rectangle long de 54 mètres et large de 27. A l'intérieur se trouvent vingt chambres, divisées en deux séries : l'une, celle du centre, se compose de cinq chambres, dont la plus grande paraît avoir contenu le mort auquel le monument avait été élevé ; les quatre autres sont de pareilles dimensions. La seconde série comprend seize salles semblables, beaucoup plus petites et situées autour des pièces du centre et arrondissant le rectangle. Le monument tout entier semble avoir été volontairement incendié. Partout, aux alentours du tombeau royal, se trouvent, en très grand nombre, des sépultures de gens du peuple, toutes renfermant des mobiliers funéraires qui présentent les mêmes caractères que ceux des autres sépultures de la même époque primitive.

Dans la chambre centrale ou royale, M. de Morgan a recueilli un racloir en silex, divers éclats, un moule ou mortier en grès, environ quatre-vingts jarres en terre rouge bouchées à l'aide de cônes d'argile portant le sceau royal, de nombreux vases cylindriques en terre grise, quelques vases arrondis en terre, et des restes de deux ou trois étoffes différentes. Dans les autres chambres, on a recueilli d'innombrables vases cylindriques et des jarres en terre cuite bouchées par des cônes d'argile au nom des rois ; de nombreux vases en albâtre plus ou moins brisés, des fragments de vases en roches dures, plusieurs coupes en porphyre et en cristal de roche ; des couteaux et des poignards en silex droits et courbes, admirablement retouchés et plus ou moins brûlés ; des tablettes rectangulaires en schiste vert ; des sceaux au nom du roi, des objets en ivoire : statuette et plaquettes représentant des lions, des poissons, des pieds de petits meubles et de petits vases ; des bracelets en nacre et en écaille de tortue ; puis une perle en or, divers menus objets en cuivre, etc. Pour la description complète de ce merveilleux mobilier funéraire, comme pour celle du tombeau lui-même et de sa construction, je ne puis que renvoyer à l'ouvrage de M. de Morgan qui, malgré les critiques plus ou moins justifiées auxquelles il a donné lieu, restera une œuvre considérable et du plus haut intérêt au point de vue scientifique.

[1] *Recherches sur les origines de l'Egypte :* le tombeau royal de Négadah, p. 148.

Abydos. — On avait trouvé depuis longtemps dans cette localité, connue surtout par son temple de Séti Ier, de superbes silex taillés; mais jusqu'à ces dernières années, on les avait attribués à la XIIe ou même à la XVIIIe dynastie. On les a considérés ensuite comme préhistoriques. Les fouilles que M. Amelineau[1] y a opérées en 1896 ont montré qu'ils appartenaient aux trois premières dynasties. Cet archéologue découvrit sur un premier plateau des tombes nombreuses, toutes construites sur le même modèle : elles consistaient en une chambre unique creusée dans le gravier et revêtues de briques crues. Quelquefois, ces chambres étaient bordées de petites loges étroites et irrégulières. On y trouvait des squelettes dans l'attitude repliée, les genoux ramenés vers la poitrine et les mains vers le visage. Toutes ces sépultures renfermaient de la poterie grossière ornée de dessins primitifs. En poursuivant les fouilles, on découvrit quelques caractères inscrits sur des vases en pierre dure, puis une stèle. D'autres buttes ou *tell*, voisines des premières, et dont quelques-unes présentent des traces d'incendie, recouvraient de vastes tombeaux pour la plupart ravagés par les Coptes primitifs. Sous l'une de ces buttes incendiées, M. Amelineau trouva des silex admirablement taillés, entre autres trois cent vingt-quatre pointes de flèche de toutes formes. Une autre butte dite d'Om el Gaab renfermait des tombeaux de proportions beaucoup plus considérables. A côté se trouvaient des constructions plus petites renfermant les unes des corps repliés, les autres des magasins remplis de grandes jarres, ainsi que des vases plus petits en terre et en pierre. De ceux-ci il ne restait que des fragments, portant des inscriptions qui n'étaient rien moins que les noms des seize premiers souverains ayant gouverné l'Égypte. Ces noms étaient inscrits dans un rectangle surmonté d'un épervier, dans la forme ordinaire de ce que l'on appelle les bannières royales.

De grands vases estampillés au nom d'un roi contenaient les substances les plus diverses ; céréales, dattes, encens, fruits variés et matières grasses difficilement déterminables. En outre, on y vit des poteries faites au tour et ornées de serpents sur la panse ; des vases en onyx, en albâtre et en roche volcanique ; la plupart étaient décorés de motifs géométriques, de coquilles, etc. M. Amelineau a cru découvrir dans la forme des hiéroglyphes, dans celle des stèles, dans les titres royaux, des caractères archaïques. Il s'en autorise pour attribuer à des rois préhistoriques ou à des dynasties divines que Manethon appelle les *Manes*, les tombeaux qu'il a exhumés des buttes d'Abydos.

El Amrah. — Cette nécropole a été en partie fouillée, en 1895, par M. de Morgan[2], et depuis a été dévastée par les pillards. Elle est située à 6 kilomètres au sud d'Abydos. Sur ce point de la vallée du Nil, les terres cultivables sont séparées du pied de la montagne par un vaste plateau d'alluvions caillouteuses ; c'est dans ces dépôts que se trouvent souvent, mêlées à des tombeaux d'époques diverses, les sépultures archaïques. Celles-ci sont toutes du même modèle ; elles se composent d'une simple fosse ovale creusée dans le sol et profondes de 1m50 à 2 mètres au plus.

« Le corps a été déposé sur le côté gauche, les jambes repliées de telle sorte que les genoux soient à la hauteur du sternum ; les avant-bras sont allongés en avant et les

[1] *Les Nouvelles Fouilles d'Abydos*, in-8, Angers, 1896.
[2] *Recherches sur l'origine de l'Égypte, l'âge de la pierre et les métaux*, in-8°, Paris, 1896, p. 85.

mains placées l'une sur l'autre, devant la face. La tête est légèrement penchée en avant. Autour du mort sont des vases, grandes urnes de fabrication grossière, souvent remplies de cendres ou d'ossements d'animaux ; plus près du corps, on a rencontré des vases peints et d'autres rouges dont les bords sont noircis et brunis, des vases en pierre grossièrement creusés, des figurines de schiste représentant des poissons ou des quadrupèdes, des silex taillés, et plus rarement des massues en albâtre, des colliers et des bracelets en coquilles. »

On a trouvé dans certaines sépultures quelques rares instruments en bronze : aiguilles, poinçons ou autres menus objets, qui montrent l'arrivée des métaux. Cette nécropole, que j'ai eu l'occasion de visiter en 1898, et où j'ai recueilli aussi quelques objets, est un des types parfaits des nécropoles de l'époque archaïque. Par la disposition de la sépulture comme par la composition du mobilier funéraire, elles diffèrent tellement de celles des temps pharaoniques, qu'il est impossible de les confondre les unes avec les autres, quand elles se tiennent côte à côte.

Béït-Allam. — Cette nécropole actuellement ruinée, comme du reste la plupart des autres stations de cette époque, avait une assez grande importance. Elle était située près du village de Girgèh, aux habitants duquel est due sa dévastation. M. de Morgan en a déterminé l'exploration, et en a retiré de beaux mobiliers funéraires. Les sépultures portaient tous les caractères d'archaïsme de celles des autres nécropoles analogues.

Kawamil. — Cette nécropole, fouillée par M. de Morgan, renfermait des sépultures du genre de celle d'El Amrah. La plupart étaient ovales, mais quelques-unes cependant étaient rectangulaires. Un certain nombre de corps avaient été déposés dans de grands vases. Le mort avait été replié dans presque toutes, et les mobiliers funéraires variaient peu les uns des autres. Aucune ne rappelait par sa richesse celles de Négadah et d'Abydos.

Des nécropoles, telles que celle de Gebel Silsilèh, de Negadah nord, de Gébélein et quelques autres, ont donné encore des ossements en plus ou moins grande quantité. Il eût été intéressant de les étudier aussi, mais ils ne présentaient pas, au même degré, des caractères d'authenticité suffisante pour être utilisés dans un travail véritablement scientifique. La plupart des nécropoles d'où ils proviennent ont été fouillées ou plutôt pillées par les habitants, et cela de telle manière, de l'aveu même des explorateurs de ces nécropoles, que ceux qui pouvaient appartenir à des sépultures archaïques sont généralement mêlés à d'autres plus récents. J'ai pu me rendre compte des résultats néfastes de ces fouilles clandestines dans plusieurs localités, notamment à Gébélein.

Gébélein. — Des vases rouges à bords noircis avaient été rencontrés à Gébélein, auprès d'un cercueil du moyen Empire, et on en avait induit que cette localité devait renfermer une nécropole du genre de celle de Négadah ou d'El Amrah. Aucune fouille régulière n'y a été pratiquée, et pourtant elle a été complètement dévastée pendant l'été de 1897. Les produits de ces recherches clandestines montrent que Gébélein renfermait une superbe nécropole archaïque.

Durant l'un de mes séjour à Louqsor, en février 1899, alors que je pratiquais des fouilles à Khozan, le chef des fouilleurs pillards, fournisseur ordinaire de la plupart des marchands d'antiquités et des savants étrangers qui sont autorisés ou non à faire des fouilles en Egypte, me proposa de me conduire sur quelques points, au sud de Louqsor, où existaient, disait-il, des tombeaux contenant des silex taillés et des vases rouges, non encore ouverts et connus de lui seul. Me voyant peu disposé à accepter sa proposition, notre fouilleur m'apporta un soir une jolie série de petits vases, de pendeloques en ardoise et quelques lames de silex, le tout présentant des types d'El Amrah. Il m'avoua que ce n'était là qu'un échantillon de ses trouvailles durant l'été précédent, le seul moment propice pour exécuter ce genre de fouilles en toute sécurité. Il ajouta que, si je voulais venir chez lui, il me montrerait une très grande collection d'objets semblables à ceux de Negadah et de Khozan. Enfin, la nécropole étant épuisée, il me dit que tous ces objets avaient été trouvés à Gébélein, dans des fosses ovales, à côté de squelettes repliés sur eux-mêmes, dont il avait encore un exemplaire. N'ayant pas répondu à son invitation, la veille de mon départ je reçus comme suprême tentation, une caisse contenant le susdit squelette accompagné de quelques poteries que je me décidai à acquérir. Mais des produits de fouilles acquis dans de telles conditions n'ont qu'un intérêt de curiosité, et sont en quelque sorte perdus pour la science. Pourtant, bon nombre de documents publiés dans ces dernières années n'ont pas d'autre origine que ceux dont il vient d'être question. Des tombes de la même époque et renfermant des cadavres dans la position accroupie ont été également découvertes à Akhmim[1].

El Khozan. — Cette nécropole[2], sur laquelle j'ai déjà attiré l'attention, est située à 15 kilomètres au nord de Louqsor, sur la rive droite du Nil, dans la commune d'El Khozan, et se divise en deux sections : l'une est au nord du village, à 4 kilomètres du Nil, au lieu dit Sheikh-Benet-Beri ; l'autre est au sud et à 6 kilomètres du fleuve, à la limite du désert. C'est au mois de janvier 1899 que, grâce à une autorisation spéciale du Gouvernement, je consacrai quelques semaines à l'exploration de cette nécropole, dont l'existence m'avait, du reste, été signalée par M. Legrain. M. Maspero[3] avait trouvé, jadis, près de Sheikh-Benet-Beri, des vases en terre rouge bordés de noir au-dessous d'une stèle de la sixième dynastie.

Ces nécropoles ayant chacune plus de 1 hectare de superficie, la moitié à peu près en avait été déjà ouverte et spoliée. Aidé d'une vingtaine de Fellahin, j'ai pu faire déblayer trois cent vingt tombeaux, non encore fouillés : cent quatorze dans la première section et deux cent six dans la seconde. Aucun indice extérieur ne révélant la présence des sépultures qui ont été, du reste, découvertes par des travaux de culture, ce n'est que par des sondages superficiels que l'on peut trouver leur position. Tous ces tombeaux sont creusés à même l'argile dont le Nil quaternaire a recouvert tout le pays. Les fosses, fort irrégulièrement espacées, sont, le plus souvent, distantes les unes des autres de 3 ou 4 mètres et sont disposées en quinconce. Toutes sont rectangulaires et non rondes ou carrées, comme il en a été signalé dans la région. Leur profondeur atteint 2 mètres et leur largeur est de 1 mètre à 1^{m}50. Chaque tombeau renfermait de deux à six corps, rarement un seul. Tous sont étendus et non repliés ; ils sont presque toujours orientés nord-sud. Les fosses avaient été sans doute recouvertes de branches de palmier, car on en trouve çà

1 Forrer, *Ueber Steinzeit Hochergrüben*, Strasbourg, 1901.
2 *Bull. Soc. anthrop. de Lyon*. Compte rendu Congr. Assoc. fr. de Boulogne, 1899.
3 Maspero, *Archéologie égyptienne*, p. 243. *Etudes de mythologie, etc.*, I, p. 231.

et là quelques fragments, puis remblayées par le sable. Aucune trace de muraille ou de briques crues n'est apparue dans les fouilles.

Chaque sépulture était accompagnée d'un mobilier funéraire qui rappelle ceux d'El Amrah. Il se compose de deux à trois pièces au moins, et souvent de huit à dix parmi lesquelles domine la céramique. On y trouve de grandes jarres en terre grise, de dimensions variées, à fond généralement pointu, des vases cylindriques à fond ovoïde ou plat, ornés de cercles ou de chevrons sur la panse et le bord; des vases de divers types et des gobelets en terre rouge peints en noir sur les bords; des vases en terre jaune portant, peints en rouge, des animaux et des ornements divers; des plats ou assiettes, des coupes rondes et ovales, ornées de chevrons, cercles et autres motifs géométriques gravés et enduits de terre blanche ou peints en noir (fig. 41, 43, 44, 49).

Ces mobiliers renferment encore des parures en coquilles marines, *cyprea moneta*, *petoncle*, etc., et en roche verte schisteuse, telles que bracelets et pendeloques. Celles-ci représentent des oiseaux, des tortues, des poissons (fig. 38 à 40), des barques, des rondelles, ou des rectangles en forme de *fer à rabot*. Ces derniers objets se trouvent, le plus souvent, dans des plats déposés près de la tête du défunt.

On a recueilli encore dans ces sépultures des figurines grossières, généralement des oiseaux décorant des peignes en os et en ivoire (fig. 34 et 35), des fragments de vases et de massues en pierre dure (diorite et brèche) (fig. 37), enfin de rares lames en silex finement retouchées ainsi que des pointes de javelot (fig. 36 et 42). J'ai acquis, le dernier jour de mes fouilles, des mains de l'un des Fellahin que j'occupais, quelques autres pièces en silex, meilleures que celles que j'avais recueillies, ainsi que de petites hachettes (fig. 33 et 11), et un poinçon ou ciseau en cuivre sans doute. Ces objets avaient été trouvés, m'affirma ce fellah, peu de jours avant le commencement de mes travaux, près de la surface de l'un des tombeaux de la première section qui avait été, en effet, bouleversé depuis peu. Il est possible aussi qu'ils m'aient été soustraits pendant mes fouilles.

Un tombeau de la section nord, dont le mobilier funéraire était assez riche (deux jarres, un vase cylindrique, deux assiettes et une pendeloque en forme d'oiseau), ne renfermait aucun débris de squelette. L'une des jarres, la plus grande, était pleine de cendres parmi lesquelles se trouvaient quelques menus débris d'ossements, probablement humains. Si mon observation est juste, il faut donc croire que l'usage d'incinérer les morts aurait existé dans cette nécropole. Ce fait, dont je n'ai constaté qu'un exemple à El Khozan, a été déjà signalé[1] d'autre part, à Abydos et à Négadah.

Sakkarah. — Cette localité importante est trop connue pour que j'aie à insister ici sur sa situation et les particularités qui la caractérisent. Je dois en parler toutefois à cause de la précieuse série de crânes que l'on en possède, et qui viennent d'une nécropole appartenant, d'après Mariette, à la IVe dynastie. Cette série, envoyée au Muséum de Paris en 1867 par cet illustre égyptologue, ne porte aucune indication sur la nature de la nécropole d'où elle a été extraite. Je ne connais aucun document anthropologique relatif aux nécropoles contemporaines des cinq dernières dynasties de la période memphite.

[1] Wiedmann, dans *Recherches sur les origines*, p. 215, 1897.

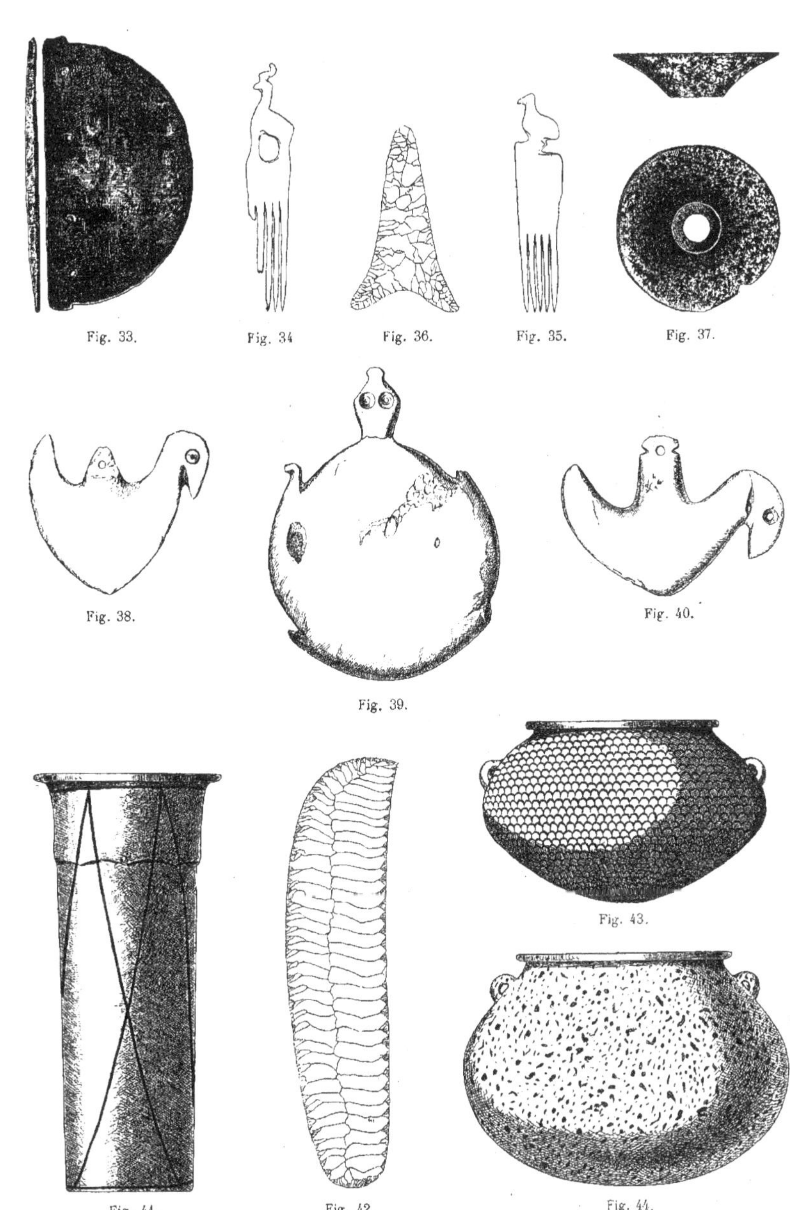

VASES ET OBJETS DIVERS DES MOBILIERS FUNÉRAIRES DE EL KHOZAN. (1/2 gr. nat.)

MORPHOLOGIE ANTHROPOMÉTRIQUE

D'APRÈS LES MOMIES

On ne possède des nécropoles de la période memphite qu'un très petit nombre de momies d'origine certaine. Etant donné que la pratique de l'embaumement n'a pris vraisemblablement naissance que vers la fin de cette période, le fait n'est pas surprenant. Et cependant, les IVe et Ve dynasties ne sont-elles pas les époques des plus importants *mastaba* et des pyramides les plus considérables? C'est que les fouilles entreprises dans ces monuments, qui ont donné de si remarquables mobiliers funéraires, n'ont mis au jour que des squelettes plus ou moins mal conservés. Au reste, à l'époque où ces fouilles ont été faites, l'attention des archéologues n'avait pas encore été appelée sur l'utilité des vestiges humains pour chercher à établir le type ethnique des Egyptiens, et généralement on a négligé de les recueillir. MM. Mariette, Maspero et de Morgan ont réuni cependant quelques séries de crânes qui sont conservés, soit au Musée du Caire, soit au Muséum de Paris.

On ne peut guère citer que quelques débris de momies de la Ve et de la VIe dynastie, et quelques cadavres momifiés naturellement ou séchés au soleil, qui ont été extraits de tombeaux analogues à ceux d'El Amrah. Je n'ai pu étudier qu'un seul exemplaire de cette catégorie, c'est celui de Gébélein. Il est du sexe féminin. Les mains sont ramenées près de la figure, la main droite est à moitié fermée. Les jambes sont repliées dans la position fœtale. Les muscles et la peau de couleur jaunâtre sont desséchés et collés aux os, les cheveux et les poils ont disparu. Les tendons sont très friables, et les articulations ne sont retenues en place que par la peau. Aucune substance conservatrice ne paraît avoir été introduite dans ce cadavre ni employée à sa surface. Il était probablement enveloppé d'un linceul fait de feuilles de palmier. Le crâne en parfait état est dolichocéphale, mais il n'a pas sa mâchoire inférieure. Son indice céphalique est de 72,28, le diamètre antéro-postérieur de 134 millimètres, le diamètre transverse de 133 millimètres. La hauteur auriculo-bregmatique est de 118. Ses indices de hauteur-longueur et de hauteur-largeur sont de 64,13 et de 88,72. La face est longue, avec un indice ophrio-alvéolaire de 78,25. Le diamètre bizygomatique est de 115 millimètres et la hauteur ophrio-alvéolaire de 90. Le nez est moyen. Son indice est de 52,17. Sa hauteur est de 46 millimètres et sa largeur de 26 millimètres. Les yeux sont peu écartés, 22 millimètres seulement les séparent. La taille, difficilement appréciable, doit être de 1m65.

Les momies de cette période, qu'il m'a été donné d'étudier, sont d'abord des débris du crâne et des bras du roi Ounas de la Ve dynastie, et provenant de son tombeau à Sakkarah; puis, la momie du roi Mirinri Sokarimsof, fils du roi Pepi Ier, appartenant à la VIe dynastie. Les fragments d'Ounas ne présentent aucun autre intérêt que celui de leur ancienneté et de leur authenticité. Ils sont trop insuffisants pour donner la moindre indication morphologique. Ils ne paraissent avoir subi aucune préparation conservatrice. Les restes de Mirinri sont plus complets, et le corps tout entier, qui ne paraît pas avoir subi de momification, est enveloppé sommairement. Il a une longueur de 1m66. Le crâne est sous-dolichocéphale, avec un indice céphalique de 74.

Citons encore la momie de Mete ou Souphis Ier ou Ment-en-Sof, roi de la VIe dynastie, découverte à Sakkarah, comme celle d'Ounas. Le corps est grêle et délicat ; la tête est fine, parée de la grosse tresse des adolescents, et les traits se discernent aisément, bien que la mâchoire inférieure ait disparu et que la pression des bandelettes ait écrasé le nez.

La momie de Ranofir, encore complètement emmaillotée, et qu'il ne m'a pas été permis d'étudier, montre jusqu'où l'art de l'embaumeur était arrivé à cette époque. Enfin, citons encore une momie trouvée à Deshashen, au Fayoum, par M. Flinders Petrie[1], et que M. Brugsh fait remonter à la Ve dynastie. Couchée sur le côté, un peu repliée sur elle-même, elle est enveloppée ou plutôt habillée d'une étoffe légère en forme de chemise et plissée sur le bras. En très mauvais état, cette momie n'a pu être étudiée.

MORPHOLOGIE CRANIOLOGIQUE

Les matériaux craniologiques remontant à la période memphite sont relativement moins rares que ceux des époques postérieures. Cela est dû, en partie, à ce que les nécropoles de cette période, notamment celles qui datent des trois premières dynasties, ont été fouillées avec soin et méthode en vue de recueillir des documents scientifiques. La position des corps a été scrupuleusement relevée dans chaque sépulture, aussi bien que la constitution des tombeaux et des mobiliers funéraires de chacun d'eux. L'authenticité de la plupart des crânes extraits de ces nécropoles est donc absolue et leur ancienneté relative certaine. Dans le but de ne laisser aucun doute à cet égard, je fais abstraction de deux séries décrites par M. Fouquet : celle de Gebel Silsileh et de Negadah sud, sur lesquelles on ne possède pas de renseignements suffisants pour en affirmer l'ancienneté, ainsi que de celle d'Abydos, décrite par M. Randall Maciver, qui ne sont pas plus authentiques comme localité et comme âge. Le nombre des crânes appartenant sûrement aux trois premières dynasties, qu'il a été possible d'étudier jusqu'à ce jour, s'élève à 118. Ils proviennent de cinq nécropoles bien distinctes. Les autres nécropoles de la période memphite n'ont donné que 166 crânes ; ils proviennent tous de Sakkarah et appartiennent très probablement, sans que je puisse l'affirmer, à la VIe dynastie.

Négadah. — Le nombre des crânes découverts dans cette localité est très considérable, mais quarante-trois seulement sont parvenus à M. Fouquet dans un état de conservation assez bon pour qu'il soit possible de les mesurer. Vingt-huit sujets sont masculins et quinze féminins. L'indice céphalique moyen (longueur-largeur) est, pour l'ensemble, de 73,62 (♂ 74,45, ♀ 72,77). L'indice nasal moyen est de 52,03 pour les quarante-trois sujets (♂ 51,02, ♀ 53,19). L'indice orbitaire moyen est de 84,21 pour l'ensemble (♂ 81,03, ♀ 86,48). Les gens de cette nécropole étaient donc de véritables dolichocéphales, généralement mésorhiniens et mésosèmes.

El Amrah. — M. Fouquet a reçu de cette nécropole douze crânes, dont trois de femmes et neuf d'hommes. Ils sont pour la plupart en fort mauvais état, et c'est la première série qu'il a entrepris d'étudier. Les mesures, peu nombreuses du reste, qu'il a

[1] *Fifteenth memoir of the Egypt Exploration Fund*, London, 1898.

relevées sur cette série montrent un indice céphalique moyen (longueur–largeur) de 72,72 (♂ 72,43, ♀ 73,33), La mise en série prouve que ces indices vont de 69 à 75 (4 à 74). Leur indice orbitaire va de 84,62 à 100. L'indice moyen de l'ensemble est 97,22 et l'indice nasal 41,06.

Kawamil. — Comme dans les autres nécropoles de cette catégorie, les sépultures ont donné un nombre considérable de squelettes, mais les crânes seuls ont été recueillis. Ceux–ci sont arrivés entre les mains de M. Fouquet en si mauvais état que trente–neuf seulement ont pu être mesurés. Dix–neuf sujets sont masculins et onze féminins. L'indice céphalique moyen (longueur–largeur) est de 73,31 pour l'ensemble (♂ 73,19, ♀ 73,74). L'indice nasal moyen des trente-neuf sujets est de 48,93 (♂ 48,01, ♀ 52,19). L'indice orbitaire est, pour la totalité, de 84,21 (♂ 84,61, ♀ 86,48). Les gens de Kawamil sont des dolichocéphales vrais, mésorhiniens et mésosèmes,

Beït-Allam. — Les crânes recueillis dans cette nécropole, au nombre de vingt-cinq (♂ 13, ♀ 12), ont été étudiés par M. Fouquet. Voici les résultats principaux de ses observations. L'indice céphalique moyen (longueur–largeur) de ce groupe est de 72,43 (♂ 70,90, ♀ 75,13). La mise en série des vingt–cinq sujets réunis court de 69,9 à 76,2. L'indice nasal moyen, qui n'a été observé que chez sept sujets masculins et huit sujets féminins, est de 41,92 pour l'ensemble (♂ 46,45, ♀ 51,10). Cet indice descend chez les hommes à 43,5, et monte chez les femmes à 52,7. L'indice orbitaire, étudié chez huit hommes seulement et sept femmes, est de 86,48 pour l'ensemble (♂ 84,61, ♀ 83,89).

Abydos. — Cette nécropole a fourni un nombre considérable d'ossements humains. Des crânes ont pu y être recueillis par milliers par M. Amelineau et les autres explorateurs de cette localité. J'en ai vu, sur place, une fort belle série en 1898, provenant des fouilles de M. Amelineau et qui, par conséquent, étaient datés. Mais il ne m'a pas été permis de les étudier. Je ne crois pas qu'ils soient encore étudiés à l'heure qu'il est. Il existe, d'autre part, une collection assez nombreuse de crânes provenant des fouilles que M. Flinders Petrie a exécutées dans des tombes royales de cette localité pendant les années 1899–1900. Cette série, composée d'une centaine de crânes, a été étudiée par M. Randall Maciver[1]. Toutefois, les procédés employés par cet anthropologiste ne répondant pas à ceux qui ont été adoptés par la Commission internationale, ses résultats ne sont pas comparables à ceux qui ont été recueillis d'autre part, et dès lors je suis obligé, à mon grand regret, de les laisser de côté.

El Khozan ou Khizam. — Les fouilles que j'ai opérées dans cette nécropole m'ont donné plus de 200 crânes intacts, mais extrêmement friables par suite de l'absence de toute trace de matière organique. De ce fait, la moitié à peine a pu être conservée. Sur ce nombre, trente–cinq seulement m'ont paru pouvoir être utilement mesurés, car j'estime que des crânes brisés et recollés ne donnent que des résultats trompeurs (fig. 45 à 48).

La population d'El Khozan était grande et vigoureuse. La tête assez forte et étroite présente un diamètre moyen antéro–postérieur de 181 millimètres (♂ 182, ♀ 178) et un diamètre transverse de 133 (♂ 133, ♀ 133). Le diamètre auriculo–bregmatique est en moyenne de 114 millimètres (♂ 114, ♀ 113). L'indice céphalique moyen de toute la

[1] *The earliest Inhabitants of Abydos*, Oxford, 1901.

série est de 73,47 (♂ 73,07, ♀ 74,72). Les indices moyens de hauteur–longueur et de hauteur-largeur basilo-bregmatique sont — pour l'ensemble — de 71,26 et 96,99 (♂ 71,42, 97,74, et ♀ 71,92, 96,23). La mise en série des indices individuels des hommes montre un maximum de fréquence entre 72 et 74, et les indices extrêmes, un cas ou deux, ne dépassent pas 68,42 et 77,53. Chez les femmes, ces extrêmes ne montent qu'à 69,89 et 78,88 et le maximum de fréquence se trouve à 74. La dolichocéphalie est donc moins prononcée chez les femmes que chez les hommes, mais l'indice vertical basilo-bregma-

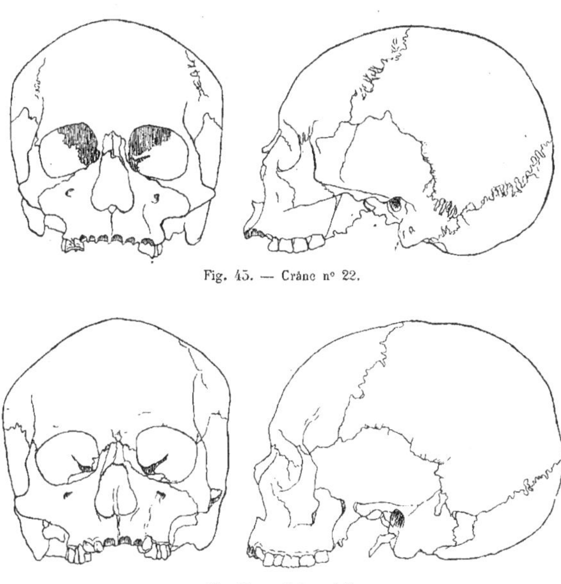

Fig. 45. — Crâne n° 22.

Fig. 46. — Crâne n° 6.
Nécropole d'El Khozan.

tique, de 97,74 pour les hommes et de 95,23 pour les femmes, montre une légère hypsi-sténocéphalie qui ne diffère que d'une unité entre les deux sexes.

La mise en série des crânes d'El Khozan montre encore que 16 pour 100 des hommes et 30 pour 100 des femmes présentent des indices supérieurs à 74. Ce fait tendrait à prouver qu'il y a eu mélange entre cette population, peut-être autochtone, et une autre race moins dolichocéphale, sans doute envahissante. Chez les hommes comme chez les femmes, l'occipital est globuleux, quelquefois même proéminent; les bosses pariétales sont assez souvent prononcées, surtout dans les crânes surbaissés. Les sutures sont, en général, simples et fines ; quelques-unes pourtant sont grossières et compliquées. Des os wormiens se sont rencontrés sur six sujets. Le front est peu large dans cette population.

La moyenne du diamètre frontal maximum est de 105 millimètres, et celle du frontal minimum est de 92 millimètres. L'indice moyen de l'ensemble est de 87,62. Cet indice est un peu plus élevé chez les hommes que chez les femmes (♂ 87,62, ♀ 38,35). La suture médio-frontale chez les adultes est fort rare; je ne l'ai trouvée que chez deux sujets féminins. Le front est souvent fuyant chez les hommes, et généralement droit chez les femmes.

La face est étroite; son indice ophrio-alvéolaire est de 70,83 pour la série entière; il varie peu entre les deux sexes (♂ 70,24, ♀ 71,79). Le diamètre bi-zygomatique moyen

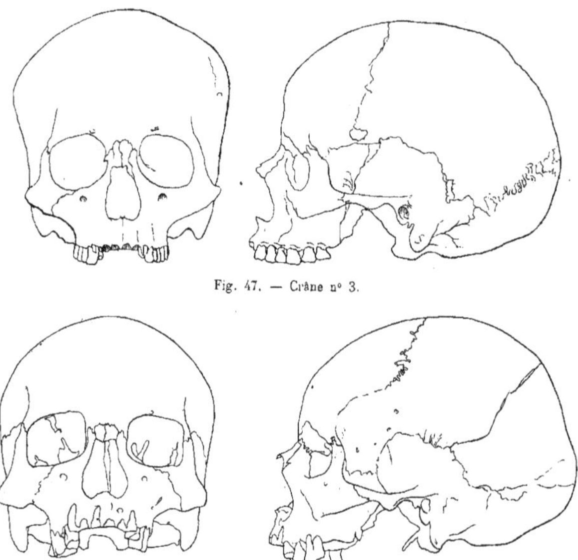

Fig. 47. — Crâne n° 3.

Fig. 48. — Crâne n° 21.

NÉCROPOLE D'EL KHOZAN.

est de 120 millimètres (♂ 121, ♀ 117). Un léger prognathisme alvéolaire n'est pas rare chez les femmes. Les orbites sont moyennement larges. L'indice orbitaire est de 86,49 pour l'ensemble. Il est moins fort chez les hommes que chez les femmes (♂ 89,20, ♀ 84,19). Le diamètre bi-orbitaire externe moyen est de 94 millimètres (♂ 94, ♀ 93). Celui de l'inter-orbitaire est de 24 chez les deux sexes.

Les gens de Khozan étaient mésorhiniens. L'ensemble présente un indice nasal moyen de 52,08. Il est moins fort chez les hommes que chez les femmes (♂ 52,08, ♀ 50,0). La hauteur moyenne du nez est le plus souvent, chez ces dernières, inférieure à ce chiffre. La largeur est la même chez les deux sexes. Le trou occipital est des plus variables. Il est pourtant losangique chez le plus grand nombre. Son indice moyen est de

82,35 (♀ 84,37, ♂ 82,35). La voûte palatine est également assez variable; son indice moyen est de 75,51 (♂ 77,55, ♀ 72,91) (fig. de 45 à 48).

Si maintenant nous voulions comparer nos crânes d'El Khozan à ceux des nécropoles d'El Amrah, Béit Allam, Kawamil et Negadah, nous verrions qu'ils présentent entre eux un air de famille incontestable. Leurs indices céphaliques moyens, ainsi que leurs autres caractères craniologiques, les rapprochent plus toutefois de leurs frères de Kawamil et de Negadah que de ceux de Béit Allam et d'El Amrah. Seulement le type paraît à Khozan plus homogène que dans ces nécropoles. Probablement contemporaines et parentes, ces populations différaient quelque peu dans leurs usages : les unes étaient, du reste, riches, les autres pauvres. C'est du moins ce que l'étude du mobilier funéraire a démontré.

Sakkarah. — Cette nécropole est la seule dont on possède une série de crânes. Elle appartient à des tombeaux de la IVe dynastie et a été envoyée par Mariette au Muséum de Paris. Cette série, qui a été étudiée par Broca, se compose de cinquante et un sujets (trente et un hommes et vingt femmes). Voici les diamètres et les indices moyens principaux que cet illustre savant a relevés sur ces crânes.

La tête, relativement courte, a présenté dans la série entière un diamètre antéro-postérieur de 180 et un diamètre transverse de 139 (♂ 185 et 141, ♀ 174 et 136). Le diamètre basilo-bregmatique moyen est de 137 (♂ 137, ♀ 139). L'indice moyen longueur-largeur est de 77,22 (♂ 76,21, ♀ 78,16). Celui de hauteur-longueur est de 76,11 (♂ 74,05, ♀ 79,88), et celui de hauteur-largeur de 98,56 (♂ 97,16, ♀ 102,20). Le diamètre frontal maximum est de 115 (♂ 117, ♀ 112). Le diamètre frontal minimum est de 94 (♂ 95, ♀ 92). L'indice frontal est de 81,73 (♂ 81,20, ♀ 82,14). Le diamètre bi-orbitaire externe moyen est de 102 (♂ 104, ♀ 100). Le bi-orbitaire interne est de ♂ 24, ♀ 22. L'indice bi-orbitaire moyen est de 20,21. La face est large avec un diamètre bi-zygomatique moyen de 12 (♂ 131, ♀ 122). La hauteur faciale ophrio-alvéolaire moyenne est de 89 millimètres (♂ 93, ♀ 85). L'indice facial moyen des cinquante et un sujets est de 70,08 (♂ 70,99, ♀ 69,67). Le nez est court : la largeur est en moyenne de 24 (♂ 24, ♀ 24); la longueur est de 50 (♂ 52, ♀ 49). L'indice moyen général est de 48 (♂ 46,15, ♀ 48,90). Les orbites sont plus hautes que larges surtout chez les femmes. La moyenne de leur hauteur est de 32 (♂ 33, ♀ 32). L'indice orbitaire moyen est de 86,48. Le trou occipital est beaucoup plus long que large, surtout chez les femmes. Son diamètre antéro-postérieur moyen est de 34 (♂ 36, ♀ 33). Son diamètre transverse moyen est de 28 (♂ 30, ♀ 27). L'indice moyen du trou occipital est de 83,35 (♂ 83,31, ♀ 81,81). La voûte palatine est moyennement allongée : son diamètre antéro-postérieur moyen est de 50 (♂ 51, ♀ 49) et son diamètre transverse moyen est de 37 (♂ 38, ♀ 36). L'indice moyen est de 74 (♂ 73,51, ♀ 73,46).

Il résulte de l'étude de ces crânes que, tout en présentant dans l'ensemble un indice moyen céphalique de 77,22, ils sont plus près des mésocéphales que des dolichocéphales vrais. La moitié, en effet, offre des indices supérieurs à 75. La série tout entière va de 70 à 80. L'autre moitié descend de 75 à 70. On constate donc deux types dans ce groupe d'Egyptiens memphites, ce que l'on a observé d'ailleurs déjà, et il faut renoncer à voir ici encore cette homogénéité absolue que l'on se plait à vouloir retrouver. On remarquera le même fait pour le nez, dont l'indice moyen de l'ensemble est de 48. Rien n'est moins homogène que l'indice nasal de ce groupe, puisqu'il varie de 39 à 52.

Mise en série de l'indice céphalique des crânes d'El Khozan

INDICE CÉPHALIQUE	CRANES D'EL KHOZAN (24 ♂)	CRANES D'EL KHOZAN (11 ♀)	TOTAUX
65	»	»	»
66	»	»	»
67	»	»	»
68	1	»	1
69	2	1	3
70	»	»	»
71	1	1	2
72	5	»	5
73	4	2	6
74	7	3	10
75	1	1	2
76	2	2	2
77	1	2	3
78	»	1	1
			35

Mise en série de l'indice nasal des crânes d'El Khozan

INDICE NASAL	CRANES D'EL KHOZAN (24 ♂)	CRANES D'EL KHOZAN (11 ♀)	TOTAUX
45	»	1	1
46	1	1	2
47	2	1	3
48	2	»	2
49	1	1	2
50	5	3	8
51	2	»	2
52	4	»	4
53	1	2	3
54	»	1	1
55	1	»	1
56	3	»	3
57	»	1	1
58	1	»	1
59	»	»	»
60	»	»	»
61	1	»	1
			35

En résumé, les nécropoles des trois premières dynasties présentent, comme on vient de le voir, un intérêt considérable, et d'autant plus important qu'elles montrent l'entrée en scène de la civilisation égyptienne proprement dite, dans un milieu encore imbu des usages néolithiques. Ce fait est acquis, mais on n'est pas d'accord au sujet de l'origine des Epyptiens. Deux hypothèses ont été proposées. Nous allons les étudier au point de vue craniologique.

A la suite de leur découverte des nécropoles dites préhistoriques, MM. Amelineau, Flinders Petrie et de Morgan ont avancé que deux races avaient peuplé l'Egypte, l'une indigène, l'autre émigrée d'Asie. M. Flinders Petrie croit que le peuple auquel on doit attribuer la nécropole de Negadah était une *nouvelle race*, qui se serait montrée vers 3000 ou 3300 avant Jésus-Christ, chassant et détruisant la race égyptienne, qu'elle aurait opprimée pendant trois siècles. Suivant lui, cette *nouvelle race*, intervenant au milieu des Egyptiens, aurait été libyenne d'après ses usages funéraires, son industrie et toute sa civilisation, enfin par le type de ses crânes. M. F. Petrie a tracé un tableau des caractères distinctifs de cette population, suivant lui, étrangère aux Egyptiens ; mais ses distinctions sont trompeuses, car, ainsi qu'on l'a fait déjà remarquer[1], il « a séparé, pour les opposer, des formes qui sont des états divers d'une même évolution ». Comme M. Petrie, M. de Morgan a cru pouvoir démontrer, à l'aide de l'archéologie et de la craniologie, que la population dite préhistorique de l'Egypte était différente de sa population historique,

[1] *Recherches*, t. II, p. 14 ; *Bull. Soc. d'anthrop. de Paris*, V^e série, t. I, p. 213.

mais il lui attribue une tout autre origine. La soi-disant *new race* de M. F. Petrie serait donc, pour M. de Morgan, l'*old race*, celle des aborigènes qui de l'état paléolithique seraient arrivés à l'état néolithique, et c'est durant ce dernier état que la civilisation égyptienne aurait été introduite par des émigrés asiatiques. Cette manière de voir qui a cependant de sérieux partisans, a été vivement combattue par plusieurs archéologues et quelques anthropologistes. Je ne saurais rappeler ici tous les arguments qui ont été rapportés pour ou contre cette théorie. Ils sont nombreux et de natures fort diverses, quelques-uns sont même en dehors de ma compétence. Je ne m'arrêterai donc qu'aux considérations purement anthropologiques tirées de l'étude des crânes recueillis dans les nécropoles appelées jusqu'à ce jour *préhistoriques*.

La première discussion relative à l'étude de l'origine des Egyptiens basée sur la craniologie remonte à l'époque de la présentation du livre de M. de Morgan à la Société d'Anthropologie de Paris par M. G. de Mortillet[1]. M. Zaborowski, partisan absolu, comme notre regretté maître, de l'origine africaine des Egyptiens, s'éleva tout d'abord contre l'opinion de M. de Morgan et, reprenant plus tard[2] cette question, il soumettait à une analyse minutieuse les mesures prises par M. Fouquet. Il ressort de cette analyse que l'on n'y trouve point, suivant l'auteur, la preuve d'une superposition de deux ou plusieurs races, et que l'ensemble des crânes étudiés par cet anthropologiste offrait une homogénéité remarquable sous le rapport de l'indice céphalique sur les variations duquel on s'était appuyé. M. Fouquet[3] avait avancé, en effet, qu'il y avait diversité de race, puisque les indices des crânes qu'il a étudiés parcourent toute la gamme de la dolichocéphalie. Si M. Fouquet était revenu, par la suite, sur l'ensemble des séries qu'il a étudiées, il n'eût pas manqué de modifier cette appréciation qu'il n'avait formulée que pour la série d'El Amrah, la première qu'il a mesurée. Si l'on met en série les indices céphaliques des divers groupes de M. Fouquet, l'ensemble a une apparence d'homogénéité réelle, car on voit qu'ils vont de 70,83 (Béit Allam) à 72,52 (El Amrah), puis à 72,86 (Negadah sud), et à 73,37 (Kawamil). Mais si l'on examine en détail les mises en série partielles de cet indice sur lesquelles s'appuie M. Zaborowski pour affirmer l'homogénéité absolue qu'il a proclamée, à l'appui de l'origine africaine des Egyptiens, on remarque, comme il l'a fait du reste, qu'il oscille entre 66,9 et 72,2 dans la série de Béit Allam, par exemple. L'étendue des variations est pourtant assez notable, et l'on se demande comment M. Zaborowski peut y trouver la preuve de l'homogénéité dont il veut prouver l'existence. Il y a eu évidemment des mélanges, comme il le reconnaît lui-même[4], et les mises en série des indices facial, orbitaire et nasal le démontrent, du reste, d'une façon certaine. A l'appui de sa manière de voir, M. Zaborowski a fait intervenir l'opinion que j'ai émise[5], à savoir que, dans la série de la nécropole de Khozan, j'ai constaté une *certaine homogénéité*, caractère que j'ai expliqué précédemment, et auquel je n'ai attribué qu'une importance locale et non

[1] *Bull. Soc. anthrop. de Paris*, t. VII, IVe série, p. 653.

[2] *Ibid.*, Races préhistoriques de l'ancienne Égypte, t. IX (IVe série), p. 597, et *ibid.*, Origine des anciens Égyptiens, t. I (Ve série), p. 212.

[3] De Morgan, *les Origines*, appendice, p. 268.

[4] *Loc. cit.*, p. 607.

[5] *C. r. Congrès Assoc. fr. de Boulogne-sur-Mer*, séance de 1899, t. II, p. 618.

CRANES DES NÉCROPOLES DE LA PÉRIODE MEMPHITE

MESURES		NÉGADAH			EL'AMRAH			KAWAMIL			BEIT-ALLAM			EL KHOZAN			SAKKARAH			MOYENNE GÉNÉRALE		
		28 ♂	15 ♀	43 ♂ et ♀	8 ♂	3 ♀	11 ♂ et ♀	19 ♂	11 ♂	30 ♂ et ♀	13 ♂	12 ♀	25 ♂ et ♀	24 ♂	11 ♀	35 ♂ et ♀	31 ♂	20 ♀	51 ♂ et ♀	123 ♂	72 ♀	195 ♂ et ♀
Diamètres du crâne	Antéro-post. maximum	184	180	182	189	180	187	187	179	184	180	181	185	182	178	181	185	174	180	185	178	185
	Transv. maximum	137	131	134	137	132	136	138	132	135	134	136	134	133	133	133	141	136	139	137	133	135
	Auriculo bregmatique, A.	»	»	»	»	»	»	»	»	»	»	»	»	114	113	114	»	»	»	»	»	»
	Basilo-bregmatique, B.	136	130	133	137	133	136	137	132	135	128	129	133	130	128	129	137	139	137	134	136	133
	Indices: Longueur, largeur.	74.45	72.77	73.62	72.46	73.33	72.78	73.79	73.74	73.37	70.90	75.13	72.43	73.07	74.72	73.47	76.21	78.16	77.22	74.05	74.72	72.97
	Indices: Hauteur B, longueur	73.91	72.22	73.07	72.48	73.88	72.72	73.26	73.74	73.37	73.01	71.26	71.89	71.42	71.92	71.26	74.05	79.88	76.11	72.43	76.40	71.89
	Indices: Hauteur B, largeur.	99.27	99.23	99.25	100.00	100.75	100.00	99.27	100.00	100.00	102.98	94.85	99.25	97.74	96.23	96.99	97.16	102.20	98.56	97.81	102.25	98.55
Diamètres du front	Frontal maximum	»	»	»	»	»	»	»	»	»	»	»	»	105	103	105	117	112	115	111	108	110
	Frontal minimum	98	94	96	93	92	93	96	92	94	98	90	94	92	91	92	95	92	94	93	91	93
	Indice frontal	»	»	»	»	»	»	»	»	»	»	»	»	87.62	88.35	87.62	81.20	82.14	81.73	83.78	84.26	84.54
Diamètres bi-orbitaires	Bi-orbitaire externe	105	101	103	102	93	99	105	99	102	105	94	99	94	93	94	104	100	102	101	96	99
	Bi-orbitaire interne	22	22	22	20	20	20	21	20	20	20	20	20	24	24	24	24	22	23	21	21	21
	Indice bi-orbitaire.	20.95	21.78	21.35	19.60	21.05	20.20	20.00	20.20	19.60	19.04	21.27	20.20	25.53	25.80	25.53	20.95	20.22	20.21	20.89	21.87	21.21
Diamètres de la face	Ophrio-mentonnier A.	»	»	»	»	»	»	»	»	»	»	»	»	»	»	»	»	»	»	»	»	»
	Ophrio-alvéolaire B.	86	80	83	117	90	111	88	83	86	90	78	88	85	84	85	93	85	89	87	83	89
	Bizygomatique	132	128	130	137	122	131	130	125	128	132	120	126	121	117	120	131	122	127	130	122	127
	Indice facial B.	65.15	62.50	63.84	85.40	73.77	84.73	67.69	66.40	67.18	75.00	65.00	69.84	70.24	71.79	70.83	70.99	69.67	70.08	66.92	68.03	70.08
Diamètres de l'orbite	Hauteur ou longueur.	32	32	32	37	33	35	33	32	32	33	32	32	32	33	32	33	32	32	33	32	32
	Largeur.	39	37	38	35	36	36	39	37	38	39	36	37	38	37	37	38	36	37	38	36	37
	Indice orbitaire	81.05	86.48	84.21	105.71	91.67	97.22	84.61	86.48	84.21	84.61	88.89	86.48	84.19	89.20	86.49	86.84	88.89	85.48	86.82	88.89	86.49
Diamètres du nez	Hauteur ou longueur.	49	47	48	53	51	51	52	46	49	51	45	48	48	48	48	52	49	50	50	47	48
	Largeur.	25	25	25	23	26	24	25	24	24	24	23	23	25	24	25	24	24	24	24	24	24
	Indice nasal	51.02	53.19	52.08	43.39	50.98	47.06	48.07	52.19	48.98	46.15	51.10	47.92	52.08	50.00	52.08	46.15	48.98	48.00	48.00	51.06	50.00
Diamètres du trou occipital	Hauteur ou longueur.	35	34	34	34	32	34	37	34	35	29	26	27	34	32	34	36	33	34	35	34	34
	Largeur.	29	29	29	29	28	29	30	29	29	39	35	37	28	27	28	30	27	28	29	29	29
	Indice du trou occipital	82.85	85.29	85.29	65.29	87.50	85.29	81.08	85.29	82.85	74.35	74.28	72.98	82.35	84.37	82.35	83.31	81.81	82.35	82.85	85.29	85.29
Diamètres de la voûte palatine	Longueur	48	43	46	47	46	47	46	44	45	49	45	47	49	48	49	51	49	50	48	46	47
	Largeur.	35	33	34	31	31	31	36	33	34	34	32	34	38	35	37	38	36	37	36	33	35
	Indice palatin	72.92	76.74	73.91	65.95	67.39	65.95	78.26	75.00	75.55	69.39	71.10	72.34	77.55	72.91	75.51	74.51	73.46	74.00	75.00	71.74	74.46

générale. Quant au rapprochement que j'ai fait en un tableau récapitulatif, des indices des crânes dits *préhistoriques* et de quelques séries historiques anciennes, il avait pour but de prouver plusieurs faits. Il montre d'abord que les distinctions que l'on a voulu établir entre les premiers et les seconds sont moins nombreuses qu'on l'a dit. Vingt-sept Thébains de la XVIIIe dynastie provenant de Thèbes présentent, en effet, l'indice de 72,52; cinq d'Eléphantine de la XIIe dynastie, celui de 72,92; dix-sept Thébains de la XIe dynastie, celui de 73,88 et quarante Memphites de la XIe dynastie celui de 73,91, alors que les indices de nos séries de Béit-Allam, El Amrah, Negadah, El Kawamil et Khozan oscillent entre ceux de 70,83 à 83,91. Ensuite, les crânes des séries les plus anciennes présentent des indices qui se retrouvent, ainsi que la plupart des autres caractères anthropométriques qui les distinguent, chez plusieurs peuples actuels de la Haute-Egypte et de la Nubie. Ces rapprochements montrent encore le fait remarquable, sur lequel nous reviendrons plus tard, de l'ascension graduelle de l'indice céphalique des Egyptiens anciens vers la mésocéphalie, à mesure que l'on se rapproche de l'époque gréco-romaine. Ces rapprochements font voir encore que la plupart des crânes des séries anciennes présentent des affinités d'autant plus grandes avec des populations actuelles de la Haute-Egypte et de la Nubie, qu'ils appartiennent à une époque moins archaïque. Ces différentes considérations tendent assurément à assigner aux Egyptiens une origine africaine, mais elles sont loin de démontrer que, dès les temps les plus anciens, ils présentaient une homogénéité parfaite et un type unique. Je crois, au contraire, que les mises en série que j'ai dressées prouvent que, dès le principe, deux types, au moins, existaient dans la vallée du Nil. Au reste, les observations de M. Verneau sont venues confirmer cette opinion que je n'ai fait qu'esquisser précédemment. D'après les observations de M. Verneau[1], les séries de crânes anciens recueillis en Egypte par M. de Morgan ne paraissent pas appartenir à un seul type ethnique, comme l'a dit M. Zaborowski.

Déjà dans la vallée du Nil vivaient plusieurs races, trois peut-être, deux sûrement, qui, sans rester isolées (car on rencontre un bon nombre de crânes à caractères mixtes), ne se sont pas, cependant, entièrement fusionnées. « A l'heure actuelle, ce n'est pas vers le nord, d'après M. Verneau, qu'il faut aller chercher des termes de comparaison, mais bien vers le sud et vers le sud-ouest, chez les Ethiopiens et chez les Foulbé, chez lesquels le croisement n'a pas encore fait totalement disparaître les caractères ethniques des deux vieilles races préhistoriques en Egypte. »

Toutefois, du fait que, pour moi et MM. Zaborowski et Verneau, les Egyptiens sont bien véritablement africains, faut-il conclure qu'ils ne doivent rien aux Asiatiques? Je ne le pense pas. Il paraît évident, au contraire, que des relations ont existé entre l'Asie et l'Afrique, dès les temps les plus reculés et que c'est ainsi que l'obsidienne et le cuivre, entre autres, ont pu pénétrer en Egypte où ils manquent. La théorie de M. de Morgan sur l'origine asiatique des Egyptiens semble réduite à néant, soit que les critiques de ses raisons portent sur la linguistique, sur l'écriture, les arts, les briques et les cylindres, les mesures, les animaux, les végétaux ou les sépultures. Ces arguments, formulés en

[1] *Bull. Soc. Anthrop. de Paris*, IVe série, t. IX, p. 615.

effet, par MM. de Mortillet[1], Zaborowski[2], de Bissing[3] et d'autres paraissent de nature à entraîner notre conviction du côté de l'origine africaine de la civilisation égyptienne. J'ajouterai en dernière analyse que, s'il est démontré que les signes alphabétiques que M. de Morgan a trouvés sur des jarres d'argile et des plaquettes d'ivoire à Négadah se rattachent à l'écriture libyenne, plus d'un partisan de l'origine asiatique verra sa conviction ébranlée. On sait que les recherches de M. A. Evans, qui ont abouti à établir l'existence d'une écriture préphénicienne, ont montré que cette écriture avait des affinités avec l'alphabet touareg. M. A. Evans appelle les auteurs des sépultures de Négadah les « Proto-Egyptiens et Egypto-Libyens ».

Ces considérations viennent confirmer les données anthropométriques que j'ai précédemment énoncées, d'après lesquelles il faut rapprocher les Egyptiens archaïques des Ethiopiens, des Nubiens et d'autres peuples berbères, qui sont sans doute, les représentants des Libyens. Il y avait donc lieu d'attacher plus d'importance qu'on ne l'a fait jusqu'ici aux vues qui ont été exprimées à cet égard par MM. Maspero[4], Hamy[5], Verneau[6] et Schweinfurth[7]. Si, enfin, on compare les indices moyens fournis par l'étude des crânes des trois premières dynasties dites *préhistoriques* et ceux de la VIe dynastie, on reconnaitra que le type est peu différent dans les deux séries. L'étude des caractères morphologiques fournis par les représentations humaines, ainsi que de celles observées sur les monuments, conduisent aux mêmes conclusions. Il n'y a donc pas eu une *nouvelle race* importatrice de la civilisation chez les Egyptiens, et si les habitants autochtones de la Vallée du Nil ont eu à subir des invasions, leur type primitif ne s'en est pas ressenti.

1 *Bull. Soc. Anthrop.*, IVe série, t. VII, p. 652.
2 *Ibid.*, IVe série, t. IX, p. 597.
3 *L'Anthropologie*, t. IX, p. 408.
4 *Hist. anc. des peuples de l'Orient*, p. 45.
5 *Bull. Soc. Anthrop. de Paris*, 1882, p. 341.
6 *L'Anthropologie*, 1899, p. 342.
7 *Soc. khédiviale de Géogr.*, 1886. L'âge de la pierre en Egypte, *ibid.*, 1897.

Fig. 49.

VASE EN TERRE JAUNE, PEINTE EN ROUGE (gr. nat.)
NÉCROPOLE D'EL KHOZAN.

Une réception a Thèbes a l'époque de Sésostris le Grand.

CHAPITRE IV

PÉRIODE THÉBAINE

DE LA ONZIÈME A LA VINGTIÈME DYNASTIE

ETHNOGÉNIE ET ETHNOGRAPHIE

Depuis l'avènement de Menès, toute la civilisation égyptienne semblait s'être concentrée dans la partie moyenne du pays, entre Memphis et Abydos. C'est à Memphis que les princes avaient régné, à Memphis que les arts s'étaient développés et avaient produit leurs chefs-d'œuvre. Les nomes du Sud n'avaient joué qu'un rôle tout à fait secondaire. Leurs métropoles vivaient dans une obscurité profonde; leurs dieux mêmes étaient méconnus à ce point que, sur les monuments des six premières dynasties connues jusqu'à présent, M. Maspero[1] n'a trouvé qu'une seule fois, dans un nom propre, le nom du grand dieu de Thèbes, Ammon, le seigneur des deux mondes, le patron de l'Egypte aux temps des conquêtes.

Lorsque Memphis eut perdu à jamais la suzeraineté, au milieu des révolutions qui troublèrent les règnes de ses derniers princes, les villes du Sud, et principalement Thèbes, commencèrent de naître à la vie politique. Le Thébain Monthotpou semble avoir été le chef et le représentant le plus illustre de la XIe dynastie.

La XIIe dynastie, également originaire de Thèbes, eut pour premier roi Aménemhaït Ier, qui eut six successeurs. C'est sous cette dynastie que les Pharaons essayèrent, pour la première fois, d'étendre leur influence sur l'Asie. Ce fut, tout d'abord, sur la péninsule du Sinaï, auprès des mines de cuivre et de turquoise exploitées jadis par des princes de l'ancien Empire qu'ils s'établirent. Des postes, installés dans les gorges de la

[1] *Histoire anc. des peuples de l'Orient*, p. 97.

montagne, protégeaient les ouvriers contre les entreprises des Bédouins, et l'exploitation des filons put être reprise avec une activité qui n'avait jamais existé auparavant.

De toutes les tribus de ces parages, celles qu'ils connurent le mieux pour avoir eu maintes fois à en repousser les incursions, étaient celles des Shassou, pillards effrontés, ainsi que l'indique le nom qu'ils se donnaient à eux-mêmes. Mais ce fut surtout vers l'Ethiopie que se porta l'attention des monarques de la XIIe dynastie. Là, en effet, vivaient, sur les deux rives du Nil et les déserts voisins, des peuplades remuantes qui menaçaient la tranquillité de l'Egypte. C'étaient d'abord, au-dessus de la première cataracte et jusqu'à mi-chemin de la seconde, les Ouaouaï, ces vieux ennemis des Egyptiens que Papi avait déjà combattus. Réduits par Aménemhaït Ier, ils se révoltaient sans cesse et préféraient s'expatrier plutôt que de se soumettre aux Pharaons. Plus au sud, au delà de la seconde cataracte, vivaient d'innombrables tribus aux noms étrangers[1] de Schemik, Khesa, Ses, Kaâs, Arquin, Anou, toujours disposées aux razzias, toujours battues et jamais soumises.

La XIIe dynastie, dont les monarques Aménemhaït III et Ousirtasen Ier laissaient tant de conquêtes et de remarquables travaux, s'éteignit avec Aménemhaït IV. C'est avec Sebekhotep Ier, que s'ouvre la XIIIe dynastie. L'origine de ce roi est obscure; il eut trois successeurs de son nom qui, bien que continuant les travaux des Aménemhaït et des Ousirtasen, furent témoins de la décadence de Thèbes au profit des villes du Delta, telles que Mendès, Bubaste, et surtout Tanis dont ils favorisèrent le développement. Ils semblent avoir fait de cette ville leur résidence favorite. Quand les rois de la XIIIe dynastie disparurent, Thèbes perdit définitivement son rang de capitale, et ce fut une ville de la Basse-Egypte, Xoïs (Sikka), qui lui succéda et fournit les princes de la XIVe dynastie. L'histoire de ces princes est inconnue, et ils semblent avoir disparu au milieu de révolutions qui amenèrent la ruine du pays et l'invasion des Hyksos ou des Pasteurs. Ceux-ci s'établirent d'abord à Sân ou Tanis; villes et temples tout fut ruiné, pillé et brûlé par les envahisseurs. La population mâle fut massacrée, et le reste, femmes et enfants, réduit à l'esclavage. C'est à l'époque de cette invasion asiatique que, reprenant en main les affaires, les princes thébains fondaient la XVe dynastie.

Schalit, le premier roi pasteur, choisit Memphis pour capitale et frappa d'un impôt ses sujets égyptiens. Toutefois deux périls le menaçaient : au sud, les princes thébains qui avaient organisé la résistance du pays; au nord, la convoitise des tribus cananéennes demeurées en Syrie, et l'ambition des conquérants élamites de Chaldée. Les immigrations pacifiques, si fréquentes pendant la XIIe dynastie, avaient introduit dans le Delta oriental des populations asiatiques qui pouvaient, à un moment donné, inquiéter sa souveraineté. Le roi Hyksos fonda au milieu d'elles, et sur les ruines d'une antique cité, Haouara (Aoaris), un camp retranché où il forma une armée puissante qui mit de nouveau le royaume à l'abri de toute invasion. Cette armée permit aux successeurs de Schalit de renverser la XVe dynastie, et de rester quelque temps les seuls maîtres de la terre des Pharaons.

Les Egyptiens donnaient aux tribus nomades de Syrie le nom de *Shous, Shaousou* (pillards, voleurs), qui convient, comme de nos jours, aux Bédouins du désert. Ils

[1] Brugsch, Hist. de l'Egypte *(Inschrift,* t. I, p. 45 et 60).

l'appliquèrent à leurs vainqueurs asiatiques, dont le chef devint dans leur bouche le roi des *Shaousou, Hiq–Shaousou;* les Grecs en ont fait *Hiksoussòs, Hyksos.* Quant au peuple, on l'appela d'une façon générale *Mentiou,* les Pasteurs, ou *Sassiou,* les Archers. Le souvenir de leur cruauté resta longtemps vivace chez les Egyptiens, et la haine populaire les charge d'épithètes ignominieuses. On les traita de « Maudits », de « Lépreux [1] ». Pourtant, ils s'assimilèrent assez rapidement au milieu, et leurs rois jugèrent qu'ils avaient plus d'intérêt à exploiter le pays qu'à le piller. Les envahisseurs durent employer les scribes égyptiens pour leurs affaires administratives, et ils finirent bientôt par adopter les usages pharaoniques. La cour des Khéops et des Aménemhaït, aussi bien que leur protocole royal, reparut peu à peu avec son cortège de fonctionnaires grands et petits. La religion égyptienne elle–même, sans être adoptée, fut tolérée, et Soutekh fut identifié avec Set. Le mouvement d'immigration s'accentua durant les dynasties Hyksos, et le camp d'Haouara reçut, plus d'une fois, des recrues syriennes ou arabes. Invasions, famine, guerres civiles, tout semblait entraîner vers l'Egypte les Asiatiques. Des tribus sémitiques cantonnées dans la Chaldée méridionale avaient remonté l'Euphrate, et bientôt une fraction de ces tribus connues sous le nom d'Hébreux, franchissant le fleuve sous la conduite d'un chef que la tradition appelle Abraham, traverse la Syrie, et vient se fixer dans le pays de Canaan. Mais bientôt une de ces tribus, celle qui a pris le nom de son chef, Ben Israël, s'abattit sur l'Egypte où elle prospéra jusqu'à la chute des Pasteurs. Ceux–ci, après avoir régné cent cinquante ans et fondé trois dynasties, finirent par succomber sous les coups d'Ahmosis Ier, le fondateur de la XVIIIe dynastie. La dynastie précédente est peu connue. Pourtant le nom de la reine Aahotep a échappé à l'oubli, grâce aux merveilleux bijoux que Mariette trouva dans son tombeau, à Drah abou'l–Neggah. Elle était la femme du roi Kaïmès et la mère d'Ahmosis Ier.

Les débris de l'armée asiatique se retirèrent en Syrie, où les Egyptiens les poursuivirent. Les Pasteurs expulsés, Ahmosis songea à remettre l'ordre dans les affaires de l'Egypte que les Barbares avaient couverte de ruines. Afin de se faire des alliés chez les tribus éthiopiennes, Ahmosis avait épousé une femme de leur race, la reine Nofritari qui fut élevée par la suite au rang de régente et plus tard à celui de déesse. Cependant, le gros des tribus syriennes et israélites établies entre le désert et la branche orientale du Nil préférèrent l'esclavage sur la riche terre d'Egypte aux charmes de la liberté que leur offrait l'émigration. Ahmosis utilisa ses innombrables bras pour restaurer les temples et les palais de ses prédécesseurs et en construire de nouveaux. Aménôthès Ier, le fils d'Ahmosis et de la reine noire, agrandit au sud les limites de son empire, en portant ses armées au cœur de l'Ethiopie, et en acheva la conquête. Mais les guerres de l'indépendance et les expéditions qui l'avaient suivie, avaient éveillé dans le peuple l'esprit militaire et chez les princes l'esprit de conquête. Aussi, à peine rentrée en possession d'elle–même, l'Egypte se jeta–t–elle sur l'Asie. Ce fut Thoutmosis Ier, le fils et successeur d'Aménôthès, qui entraîna les Egyptiens dans la Syrie du Nord et jusque sur les bords de l'Euphrate, ainsi que dans le pays de Koush, nom du Soudan actuel, sans avoir jamais réussi à y imposer sa domination. Quelque temps avant sa mort, Thoutmosis avait

[1] Chabas, *Inst. Egyptol.*, première série, p. 20-41.

associé au trône sa sœur Hatasou ou *Hâtshopsitou*, et l'avait mariée à son jeune frère Thoutmosis II. Restée veuve de bonne heure, Hatasou conçut et exécuta de grands travaux, ainsi que la fameuse expédition au pays de Pount, la côte actuelle des Somalis, dont le célèbre temple de Deir el-Bahari a conservé le souvenir dans les merveilleux tableaux qu'elle y a fait exécuter. Thoutmosis III, son jeune frère et fils adoptif qui a été le plus grand des Pharaons, sans en excepter Ramsès II, le Sésostris des Grecs, fut aussi le premier en date des Pharaons constructeurs.

Les règnes d'Aménôthès III et IV et de Thoutmosis IV furent tout aussi glorieux à ce point de vue qu'au point de vue militaire, car ils eurent à maintenir les conquêtes de leurs prédécesseurs.

La XIXe dynastie, d'origine thébaine, eut pour fondateur Ramsès Ier, qui appartenait à une famille, sans doute, de sang sémitique, peut-être apparentée à la race royale des Pasteurs. Après avoir rétabli l'ordre gravement compromis, il reprit les éternelles incursions des Pharaons dans le Soudan et la Syrie. C'est sous son règne qu'il est question pour la première fois des Khetas, Hittites ou Hétéens. Ceux-ci avaient constitué une confédération des princes syriens pour résister à l'Egypte. Leur empire contrebalança quelque temps l'Empire égyptien, et il ne devait tomber que devant la conquête assyrienne. Après Ramsès Ier, Seti Ier et Ramsès II guerroyèrent encore en Syrie ; toutefois ce dernier mit fin à ces expéditions perpétuelles en concluant un traité de paix avec le roi des Khetas dont il épousa la fille. L'activité de Ramsès II trouva des aliments dans son pays-même : ce fut le plus grand constructeur du monde entier. De Beyrouth à Ipsamboul en Nubie, il sema ses constructions comme à plaisir. Son successeur, Minephtah Ier, son treizième fils, eut un règne assez agité ; il eut à réprimer des révoltes intérieures et extérieures, puis à soutenir des guerres avec les Libyens et les gens de l'Archipel.

Le règne de Seti II, fils de Minephtah, fut de courte durée, car il fut bientôt supplanté par Amenmesès, fils ou petit-fils de Ramsès II. Son successeur, Minephtah II Siphtah se maintint sur le trône, grâce à son mariage avec Taousert ou Taousera, malgré l'anarchie montante.

A la faveur des troubles continuels, les esclaves étrangers amenés en Egypte par les Pharaons de la XVIIIe et de la XIXe dynastie, se soulevèrent de toutes parts, tellement ils étaient accablés de travaux pénibles, et soumis à une surveillance étroite. Le nombre des prisonniers était considérable dans la Basse-Egypte, et parmi eux se trouvaient des tribus entières d'origine libyenne et sémitique, entre autres celle des enfants d'Israël. Aussi, n'attendirent-ils qu'une occasion pour se dérober à la servitude des Pharaons. La tradition la plus accréditée place l'exode sous le règne de Minephtah ; ce prince serait le Pharaon de la Bible.

Au milieu du désordre surgit une dynastie nouvelle, celle de Ramsès III, qui ouvre la XXe dynastie. Celui-ci, après avoir châtié les Bédouins, se tourna vers les Libyens, puis vers les Syriens ainsi que vers les gens de l'Asie Mineure et de l'Archipel qui avaient repris la route du Delta. Ramsès III, de son vivant, appela au trône son fils Ramsès IV dont le règne n'eut qu'une courte durée, puis lui succédèrent Ramsès V et les quatre fils de Ramsès III, enfin Méiamoun, Méritoun et Ramsès XI, Méiamoun II, et avec Ramsès XVI, s'éteignit sans gloire la XXe dynastie. Les grands prêtres d'Ammon, chefs suprêmes du sacerdoce thébain, n'avaient cessé de croître en influence politique depuis l'avènement de la XXe dynastie et cherchaient à s'emparer du pouvoir civil. Mais Tanis, soulevée par Si-Mentou-Méiamoun, ressaisit l'autorité et fonda la XXIe dynastie.

NÉCROPOLES

L'usage d'élever des pyramides dura encore pendant la période thébaine. Un grand nombre de ces dernières étaient en pierre, mais la plupart étaient en briques, comme celles de Dashour, ouvertes en 1893 par M. de Morgan. Celles du nord renfermaient les sépultures de douze princesses, femmes ou filles d'Ousirtasen III, et celles du sud, les corps de personnages princiers de la fin de la XIIe dynastie, entre autres ceux d'Aménemhaït II et d'Aménemhaït III. Parmi les autres pyramides appartenant à la même époque, on doit citer encore celle de Lisht, fouillée en 1894 par M. J.-E. Gautier. On sait que cette pyramide a été élevée en l'honneur d'Ousirtasen Ier, le second roi de la XIIe dynastie, un des monarques les plus puissants et les plus vénérés de la période thébaine.

Deux autres pyramides sont encore dignes d'attirer l'attention à cause de l'importance des personnages à qui elles furent destinées. La première, celle d'Illahoum, fut élevée par Ousirtasen II ; la seconde, celle d'Haouara par Aménemhaït III. Ces pyramides, ouvertes pour la plupart depuis longtemps, mal fouillées par les pillards, ont fourni peu ou point de momies. Il ne m'a pas été donné d'en étudier une seule en provenant sûrement. Peu à peu l'usage des hypogées, qui avait pris naissance presque en même temps que celui des pyramides, se développa vers la fin de la XIe dynastie, comme le montrent ceux d'Eléphantine, d'Assouan, de Drah abou'l-Neggah, de Déir el-Medineh, de Beni-Hassan, etc.

La haute colline qui s'élève sur la rive gauche du Nil, au nord-ouest d'Assouan, et en face de l'île d'Eléphantine, est criblée de grottes antiques creusées de main d'homme. Les unes sont béantes, les autres ont leurs ouvertures encombrées de sable. Elles renfermaient jadis d'innombrables sépultures, dont les plus anciennes remontent aux IVe, VIe et XIIe dynasties. Une partie de ces hypogées ont été fouillés en 1885 et 1886 par Grenfell[1]. Quelques-uns portent les cartouches de Neferkeré Papi II de la VIe dynastie. D'autres, les plus nombreux, appartiennent au commencement de la XIIe dynastie. Ils paraissent avoir été préparés pour les princes d'Eléphantine. Ce seraient donc des tombeaux de Nubiens. Eléphantine était la capitale d'une principauté féodale dont le territoire couvrait une partie de la Nubie. Les plus beaux tombeaux de ces hypogées étaient ceux des princes du nom de Noub-Kaouri-Nakt et de Si-Renpaoult, qui vivaient sous Ousirtasen Ier. Je n'ai retrouvé dans ces tombeaux que quelques crânes datant sans doute de la XIIe dynastie. Quelques hypogées voisins de ceux dont il vient d'être question, qui n'avaient pas encore été fouillés en 1898, et qu'il ne m'a pas été permis d'ouvrir, donneront sans doute des momies entières bien datées. Parmi les autres hypogées les plus remarquables, on doit rappeler ceux de Beni-Hassan, puis ceux de Thèbes. Les plus

[1] Maspero, *Deuxième Rapport à l'Institut égyptien sur les fouilles et les travaux exécutés en Egypte en 1885 et 1886.*

Fig. 50. — Ramsès Ier

Fig. 51. — Ahmosis IV.

Fig. 52. Minephtah Ier.

Fig. 53. Tsibé, 2e femme de Minephtah.

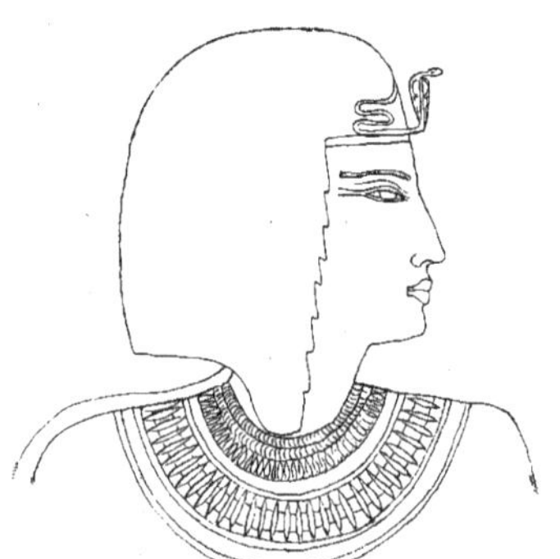

Fig. 54. — Minephtah II.

Fig. 55. — Minephtah III.

intéressants et les plus anciens de Beni-Hassan sont ceux de Amoui-Aménemhaït et de Khnoumhotpou. Les parois de ces tombeaux sont recouvertes, non plus de sculptures comme celles des *mastaba* memphites, mais de peintures à fresque sur pierre ; elles retracent à nos yeux, d'une façon particulièrement vivante, l'existence d'une féodalité qui caractérise la fin de la XIIe dynastie.

Les nécropoles des dynasties suivantes, de la XIIe à la XVIIIe, sont peu connues, à part celles de Drah abou'l-Neggah à Thèbes. Celles-ci ont donné à Mariette des tombeaux de rois des XIe, XIIe et XVIIe dynasties. Mais la belle époque des hypogées est celle qui s'étend du milieu de la XVIIIe à la fin de la XXe dynastie. Durant ce laps de temps, les rois d'Egypte ont établi leurs tombeaux dans la vallée de Biban el-Molouk, dite vallée des Rois, au nord-ouest de Thèbes. Strabon connaissait quarante tombeaux royaux dignes d'être visités. Les savants de l'expédition française de 1798 en ont mentionné onze ; actuellement, on en compte vingt-cinq d'accessibles, et dont les portes sont numérotées et soigneusement gardées. Ces hypogées ont été trop souvent décrits depuis l'antiquité jusqu'à nos jours, pour que j'y revienne ici. Qu'il me suffise de rappeler qu'ils renfermaient les tombeaux des rois les plus célèbres de l'Egypte, et que l'on a pu en étudier, non seulement la décoration et le mobilier funéraire, mais encore les momies elles-mêmes. Voici la liste des rois auxquels étaient destinés ces hypogées d'après l'ordre dans lequel ils sont situés : Seti Ier, Seti II, Ramsès Ier, Ramsès II, Ramsès III, Ramsès IV, Ramsès V, Ramsès IX, Ramsès X, Ramsès XII, Minephtah Ier, Amenmesès, Amenôthès III et quelques princes royaux. Les figures 49 à 54 donnent les effigies de quelques-uns de ces personnages d'après les dessins de Rosselin relevés sur les parois de ces hypogées.

Si les pharaons ont choisi pour leurs tombeaux la vallée de Biban el-Molouk, une autre vallée déserte située à l'ouest de Medinet Habou, appelée Biban el-Harim ou Biban el-Soultaneh, a été consacrée à ceux des reines dont une partie remontent à la XVIIIe dynastie. On y remarque les tombeaux de la reine Titi et de la reine Eset, mère de Ramsès VI ; ceux des femmes et filles de Ramsès III, Merit-Amon, Nebt-Teoué, et Bent-Anat ; ceux de Sit-Rê, femme de Seti Ier, et de quelques autres moins connues.

Il faut citer enfin le puits de Deir el-Bahari, situé non loin de la vallée de Sheikh abd-el-Gournah, où M. Maspero a découvert, en 1881, la cachette des rois du nouvel Empire que l'administration de l'époque avait voulu soustraire aux déprédations des voleurs. Les momies recueillies dans ces cachettes sont celles des rois Âhmosis Ier, Thoutmosis III, Ramsès II, Seti Ier, Ramsès III, Nofritari, femme d'Âhmosis ; Sognouri, Amenhopou, Thoutmosis II, la reine Athetpou et plusieurs autres princes et princesses ; enfin, l'importante série des prêtres et prêtresses d'Ammon.

Mais à côté des hypogées royaux de Biban el-Molouk, on doit citer ceux qui ont été creusés dans la colline de Sheikh abd-el-Gournah, et qui renferment les tombeaux d'un certain nombre de hauts fonctionnaires de la XVIIIe dynastie. Les plus remarquables sont ceux de Ramose, grand vizir, qui vivait sous Amenôthès IV ; de Khâen-Hèt, intendant des grains sous Amenôthès III ; de Nakt, personnage de la XVIIe dynastie ; de Bekhmeré, d'Amenouoser, de Sennofer, d'Emounzeh, d'Emenemheb, d'Aremhab, de Tenna, d'Amenotep, de Neferhotep, etc., etc. Citons encore les hypogées de la vallée

Déir el-Medineh et de Gournet-Mouraï, ayant renfermé des sépultures nombreuses de personnages appartenant aux mêmes époques. Rappelons enfin qu'à Medineh el-Gournah se trouvent également d'innombrables hypogées populaires de la même période, dont quelques-uns ont une étendue considérable.

MORPHOLOGIE ANTHROPOMÉTRIQUE

D'APRÈS LES MOMIES

Grâce au développement et à la perfection que la pratique de l'embaumement a acquis durant la période thébaine, les restes de la population d'une grande partie de l'Egypte se sont conservés jusqu'à nos jours. C'est ainsi que les innombrables hypogées d'Eléphantine, de Thèbes, de Beni-Hassan et de bien d'autres localités sont remplis de corps ayant gardé, pour la plupart, leurs formes et les traits de leur physionomie. Cet état de conservation, que l'air sec des hypogées a sans doute beaucoup contribué à obtenir, est tel qu'une étude morphologique et anthropométrique des habitants de ces villes mortes à jamais, semble, *a priori*, se présenter à l'observateur avec presque autant de facilité que celle de la population actuelle du pays. De grands obstacles pourtant viennent entraver ce genre de recherches. C'est d'abord l'incertitude constante qui plane sur l'identité des sujets en présence desquels on se trouve. Dans les hypogées populaires, par exemple, qui doivent fournir le type réel de la population, les momies qui y sont entassées ne portent que fort rarement des indications relatives à leurs origines. Il ne faut pas oublier non plus que les spoliateurs de toutes les époques ont jeté le désordre dans le plus grand nombre des nécropoles; on sait pourtant que tel ou tel hypogée a été utilisé pendant telle ou telle dynastie. Le mode d'embaumement peut offrir aussi quelques renseignements sur l'ancienneté relative des momies. Il est également à peu près sûr que chaque race avait — dans chaque localité — ses propres hypogées ; que les Ethiopiens, les nègres et les Juifs n'étaient pas inhumés dans la même nécropole que les Egyptiens. Mais il est extrêmement difficile d'obtenir des notions précises en cette matière, de toute première nécessité cependant pour des recherches ethnologiques.

On doit regretter que les égyptologues qui auraient pu fournir aux anthropologistes, venus bien après eux, des renseignements circonstanciés sur l'âge exact des nécropoles populaires, ne soient pas plus en mesure de leur venir en aide. Il n'en est pas ainsi, heureusement, pour les momies des souverains, des personnages princiers ou sacerdotaux, qui sont — ainsi que leurs tombeaux — largement pourvus d'inscriptions relatant les noms et les qualités des individus auxquels elles appartiennent. Mais là encore, les spoliateurs ont, en maints endroits, apporté des perturbations qui ont rendu difficile l'identification des sépultures, quand ce ne sont pas les souverains ou les prêtres qui ont transféré, dans un tombeau autre que le leur, tel ou tel personnage pour des causes diverses. La cachette de Déir el-Bahari présente le plus remarquable exemple de ce fait. On sait avec quelle sagacité M. Maspero a su restituer à chaque personnage le sarcophage qui lui appartenait.

Les pyramides et les *mastaba* ont protégé également des momies, mais celles que l'on y a recueillies se trouvent dans un très mauvais état de conservation. Telle est, entre autres,

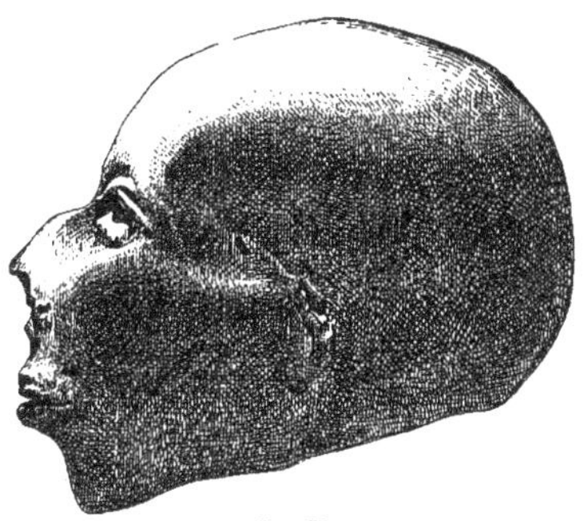

Fig. 56.
TÊTE DE LA MOMIE N° 4 D'UN HYPOGÉE DE DÉIR EL-MEDINEH.

celle d'Ousirtasen Ier. Dans la plupart des cas, les momies découvertes dans ces monuments ont été inhumées de nouveau quand elles ne présentaient aucun intérêt archéologique : c'est tout au plus si l'on a recueilli quelques crânes dans de pareilles circonstances. C'est ce qui explique la rareté des matériaux de cette nature que les anthropologistes ont eus jusqu'à présent à leur disposition. Je n'ai donc pu étudier qu'un petit nombre de momies entières, et quelques crânes encore pourvus de leurs téguments, appartenant sûrement à la période thébaine.

Momies d'un hypogée de Déir el-Medineh, de la XIIe dynastie. — De cet hypogée sur lequel je n'ai pu obtenir aucun détail, mais que des égyptologues m'ont affirmé devoir appartenir à la XIIe dynastie, j'ai reçu neuf têtes, dont quatre seulement sont encore recouvertes de leur peau. Ces sujets sont du sexe masculin et adultes. Il paraissent avoir été embaumés par le procédé du bain de natron. Le cerveau n'a pas été extrait de la boîte osseuse, et le nez et la bouche ont été bourrés d'un sable jaune rougeâtre imprégné d'une substance résineuse. Le numéro 4 (fig. 56) était enfermé dans une sorte de chappe de terre bitumineuse ayant empâté les cheveux. La tête tout entière était enveloppée dans quatre épaisseurs de toile de lin recouvertes elles-mêmes de huit épaisseurs de bandelettes imprégnées d'une matière huileuse. Ces individus ont les cheveux légèrement crépus mais non laineux, et d'une couleur jaunâtre qui n'est certainement pas naturelle. Leurs yeux sont peu écartés ; la moyenne de leur diamètre inter-orbitaire externe est de 26 millimètres ; le numéro 3 présente même un écartement de 23 millimètres seulement. Le bi-orbitaire externe est de 98 millimètres.

La face légèrement prognathe présente un indice moyen pour l'ensemble de ces sujets de 91,16. Chez trois d'entre eux cet indice dépasse 95. Mais le n° 1 (fig. 57) n'atteint que 77,64. Le diamètre moyen ophrio-mentonnier est de 137 millimètres et le diamètre bizygomatique moyen de 129 millimètres. Le nez est droit, moyennement long avec une hauteur moyenne de 53 millimètres et une largeur moyenne de 29 millimètres. L'indice nasal de la série entière est de 54,71. La bouche est grande, et les lèvres sont fortes et épaisses. Les oreilles, détachées de la tête, sont grandes. Les lobules sont percés pour recevoir des pendants.

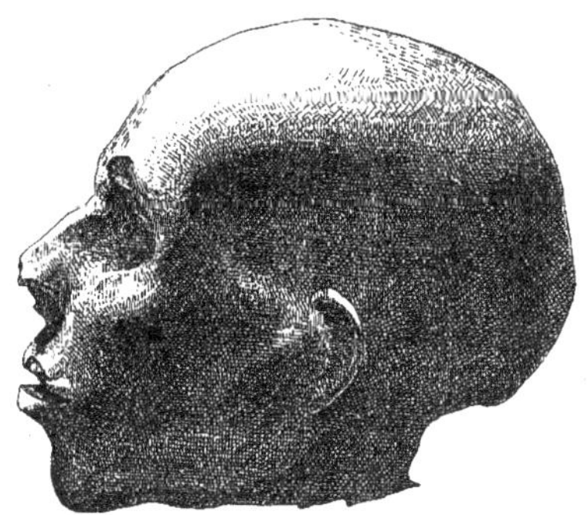

Fig. 57.
TÊTE DE LA MOMIE N° 1 D'UN HYPOGÉE DE DEIR EL-MEDINEH.

La tête est longue, bien que le diamètre moyen antéro-postérieur ne soit que de 182 millimètres, mais le diamètre moyen transverse est de 139 millimètres seulement. Le plus grand de ces diamètres, qui est de 192 millimètres, est présenté par le n° 1. Le plus petit, de 180 millimètres, est donné par le n° 4. La hauteur moyenne auriculo-bregmatique est de 121 millimètres. L'indice céphalique moyen, longueur-largeur, des quatre sujets est de 73,65, et celui de hauteur-largeur de 86,13. Ces individus sont donc dolichocéphales avec une mésofacialie réelle et une mésorhinie qui les rapprochent des Nubiens et des Bicharieh en particulier.

Un autre sujet datant de la même époque, provenant de Sakkarah et se nommant Hori, que j'ai observé au Muséum de Paris, présente des caractères analogues aux précédents. Son indice céphalique, longueur-largeur, est de 75,26, et celui de hauteur est de 97,90. Sa face, moyennement large, a un indice de 93. Les yeux sont peu écartés. Le

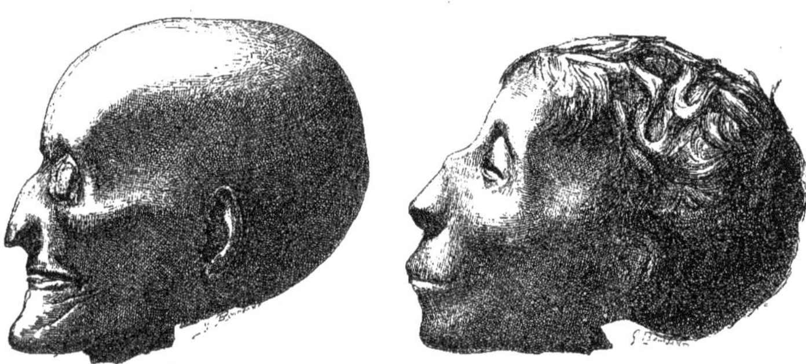

Fig. 58. Fig. 59.

MOMIES D'UN HYPOGÉE POPULAIRE DE GOURNAH.

diamètre bipalpébral interne n'est que de 25 millimètres. Le nez, long de 55 millimètres, présente un indice de 50,91.

Têtes de momies d'un hypogée populaire de Gournah, de la XVIIIe dynastie. — Ces têtes, au nombre de dix, sont toutes du sexe masculin et adultes. Je les ai recueillies en 1898 dans un hypogée populaire, et l'on m'a assuré qu'elles devaient remonter au moins à la XVIIIe dynastie. Elles n'étaient accompagnées d'aucun objet ni d'aucune inscription pouvant les dater (fig. 58 à 61). Toutes ces momies ont été embaumées par le procédé exclusif du bain de natron. Deux ou trois présentent quelques traces de bitume. Elles étaient enveloppées d'un linceul et de nombreuses bandelettes réunies par une substance gommeuse, et aucune ne paraissait avoir été enfermée dans un cercueil en bois ou dans un cartonnage. La plupart étaient encore pourvues de leurs cheveux. Ceux-ci généralement bouclés ou frisés, sont d'une couleur rougeâtre rappelant celle du henné. Les yeux, aux paupières généralement ouvertes, étaient bourrés de chiffons, de manière à leur rendre leur volume et leur forme. Leur écartement est très faible, il n'est en moyenne que de 24 millimètres. La face n'offre que très rarement un léger prognathisme. Elle est étroite. Son diamètre moyen ophrio-mentonnier est de 135 millimètres, pour la série entière, et le diamètre bizygomatique est de 127 millimètres. L'indice facial total de la série est de 94,04. Le nez est droit et court. Sa longueur moyenne est de 51 millimètres, sa largeur moyenne de 27 millimètres, L'indice moyen est de 52,94 pour la totalité des sujets. La bouche est grande et les lèvres sont généralement minces. Les oreilles sont assez détachées de la tête et de grandeur moyenne.

Le diamètre moyen antéro-postérieur montre des têtes assez longues, quoiqu'il ne soit que de 182 millimètres. L'indice céphalique moyen, longueur-largeur, est pourtant de 76,37. C'est que le diamètre transverse moyen est de 139 millimètres, par suite du développement des bosses pariétales qui est considérable. Toutefois, cet indice est loin d'être homogène, car il oscille de 73,82 à 78,02. La hauteur auriculo-bregmatique est en moyenne de 21 millimètres, l'indice de hauteur-largeur est, de ce fait, de 85,05. En somme, la population de Gournah, à cette époque, était — d'après ses momies — dolichocéphale, mésofaciale et leptorhinienne.

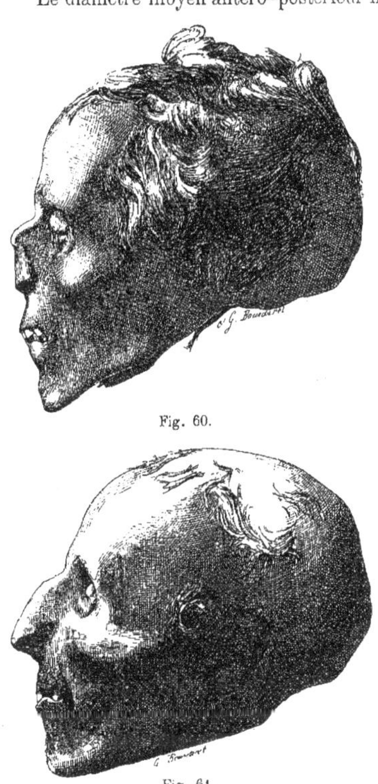

Fig. 60.

Fig. 61.

MOMIES D'UN HYPOGÉE POPULAIRE DE GOURNAH.

Momies royales et sacerdotales. — Il me reste à étudier la morphologie et l'anthropométrie de quelques personnages royaux et sacerdotaux dont les momies sont conservées au Musée de Gizeh, et qu'il m'a été donné de mesurer en 1898. La plupart viennent de la célèbre cachette de Déir el-Bahari. Les sarcophages contenant ces momies, et les circonstances de leur découverte, ont été magistralement décrits par M. Maspero. Je n'y reviendrai pas.

Âhmès ou Âhmosis Nofertari ou Nofritari, reine de la XVIIIe dynastie. — La momie de cette reine qui fut la femme d'Ahmosis, le libérateur, et la mère d'Aménôthès Ier, était admirablement conservée ; la tête seule avait été dégagée de ses bandelettes. Nofertari a été embaumée avec le plus grand soin, et il ne semble pas que l'on ait employé le bitume pour cette opération. Les traits de la physionomie sont peu altérés et montrent encore de la jeunesse. Elle paraît avoir environ trente-cinq ans. La peau de son visage noircie par le temps, ne peut donner aucune indication sur son teint primitif qui — au dire des égyptologues — devait être brun, puisqu'on lui attribue une origine éthiopienne. Les cheveux bouclés sont d'une teinte brunâtre. Les yeux sont rapprochés, car le diamètre interoculaire n'est que de 28 millimètres. L'indice bi-orbitaire est de 27,18.

Elle est dolichocéphale, avec un indice de 75. Le diamètre antéro-postérieur est de 180 millimètres ; le transverse de 135, et la hauteur auriculo-bregmatique de 118 millimères. La face est allongée. Son indice total est de 97,01 ; le diamètre bi-zygomatique n'est que de 130 millimètres. Le diamètre ophrio-mentonnier de 134 millimètres. La bouche est petite et les lèvres un peu épaisses ; les oreilles sont petites et rapprochées de la tête. Le nez est droit et légèrement abaissé. Il est court sans être plat ; les ailes sont larges. Sa hauteur est de 47 millimètres seulement et sa largeur de 33 millimètres. L'indice nasal est de 66,08. Sa taille est de 1m64.

Les caractères que nous venons de retracer, comparés à ceux des Nubiens dont nous possédons des mesures, montrent que Nofertari peut appartenir, comme on le croit, au groupe éthiopien ou nubien, plutôt qu'à une race sémitique comme l'ont suggéré Morton et, après lui, d'autres anthropologistes. La figure 62 donne le portrait de cette reine d'après un dessin relevé sur son tombeau par Rosélini.

Âhamès ou Âhmosis Ier, roi de la XVIIIe dynastie. — La momie de ce personnage est en parfait état. Elle était presque entièrement recouverte de ses bandelettes. Son visage, à peine dégagé, montre cependant des traits assez bien conservés. La tête a été difficilement mesurée. Virchow lui attribue un indice céphalique de 75,12. La face, dont la hauteur naso-alvéolaire est de 108 millimètres, est chaméoprosope, d'après le même observateur qui lui assigne un indice de 79,14. La mâchoire est droite sans trace de prognathisme. Le nez est court, large, massif : son indice est de 55,36. Les yeux sont peu rapprochés, 32 millimètres les séparent. La taille est de 1m67.

Fig. 62.
LA REINE AHMÈS NOFERTARI.

Thoutmosis Ier, roi de la XVIIIe dynastie. — Cette momie est celle d'un vieillard, et, suivant toute probabilité, celle de Thoutmosis Ier. Elle est complètement déshabillée et se trouve dans un admirable état de conservation. L'embaumement, dans la confection duquel le bitume est entré pour une minime quantité, a été fait avec le plus grand soin.

Les traits de ce vieillard sont fins ; sa tête est rasée ; le corps est petit et amaigri. La physionomie rappelle plutôt celle de Thoutmosis II et III que celle de Pitnomou, ce prêtre-roi de qui pourtant le sarcophage de Thoutmosis porte le nom.

La tête est longue, quoique son diamètre antéro-postérieur ne présente que 178 millimètres ; mais elle est étroite en proportion avec un diamètre transverse de 134 millimètres. L'indice céphalique est de 75,28. La face est étroite. L'indice facial total est de 95,45. Le diamètre ophrio-mentonnier n'est que de 132 millimètres, alors que le bizygomatique est de 126 millimètres. Les yeux sont fort écartés, car 34 millimètres les séparent. Le nez est droit, court et moyennement large. Il n'a que 32 millimètres de largeur et 48 millimètres de hauteur : son indice est de 66,67. Thoutmosis Ier avait une taille de 1m55, c'est-à-dire était au-dessous de la moyenne. Ce roi était donc dolichocéphale, leptorhinien brachyfacial et petit. La figure 63 représente ce roi dans sa jeunesse d'après un dessin relevé à Medinet Habou par Champollion.

Thoutmosis II, roi de la XVIIIe dynastie. — La momie de ce pharaon, le petit-fils d'Amenôthès Ier, est fort bien conservée. Son visage souriant montre un jeune homme de vingt-six à trente ans. Son règne fut, du reste, assez court. Ses cheveux sont rares et frisés, et leur teinte rougeâtre ne donne aucune idée de la teinte naturelle. La tête est longue — diamètre antéro-postérieur, 191 millimètres — mais les pariétaux sont assez écartés pour donner une largeur de 151 millimètres. Son indice de longueur-largeur est de 79,05. La hauteur-largeur est de 120 millimètres et l'indice de hauteur-largeur est de 79,47. La face est orthognathe et étroite : son diamètre bizygomatique est de 135 millimètres et sa hauteur naso-alvéolaire est de 120 millimètres. L'indice facial est — d'après Virchow — de 88,88. La lèvre supérieure est proéminente. Le menton

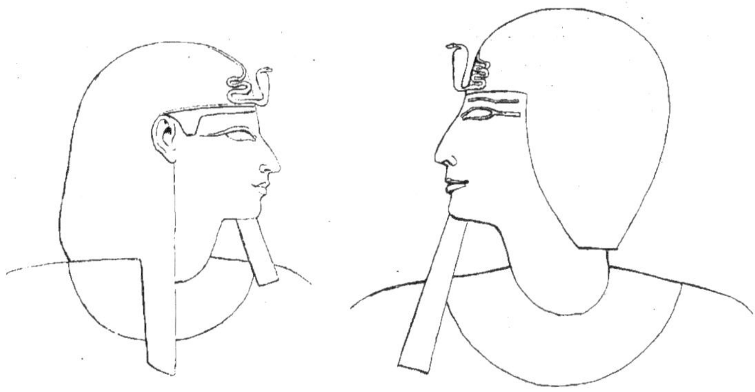

Fig. 63. — Thoutmosis Ier.

Fig. 64. — Thoutmosis II.

est long et arrondi. Les oreilles sont petites et bien faites. Le nez, comme celui d'Ahmosis, assez large des ailes, est un peu long. L'indice nasal est de 63,63. Il était de haute taille, car sa momie mesure 1^m^75. La figure 64 donne l'effigie de ce roi, sans doute un portrait exécuté peu avant sa mort, d'après un dessin relevé à Karnak par Champollion.

Thoutmosis III, roi de la XVIIIe dynastie. — La momie de ce roi, le plus jeune frère du précédent, est en très mauvais état de conservation et difficile à étudier. Son tombeau avait été fouillé par des spoliateurs de l'antiquité. Le corps brisé en trois morceaux avait été enveloppé dans une toile aussi fine que la plus fine batiste, recouverte elle-même d'un linceul surchargé de textes hiéroglyphiques.

Bien que Thoutmosis III soit mort après un règne assez long, son visage donne encore une impression de jeunesse. Sa tête est assez longue : le diamètre antéro-postérieur est de 193 millimètres, et le diamètre transverse de 151 millimètres. L'indice céphalique est de 78,23. La hauteur auriculo-bregmatique est de 118 millimètres et l'indice de hauteur-largeur se trouve, de ce fait, de 78,14. Le front est étroit et élevé ; la face, également étroite et haute, présente des arcades zygomatiques dont le diamètre transverse est de 132 millimètres seulement, et une hauteur naso-alvéolaire de 123 millimètres. Son indice facial est, d'après Virchow, de 93,18. Les lèvres sont moins fortes que chez le précédent; les incisives inférieures sont projetées en avant; le menton est arrondi et un peu rentrant. Les oreilles sont petites et bien faites. Le nez est droit; sa hauteur est de 55 millimètres et sa largeur de 33 millimètres. Son indice nasal est de 60. Les yeux présentent un écartement de 31 millimètres.

La taille est de 1m60.

Anonyme princier de la XVIIIe dynastie. — Cette momie, qui se trouvait au milieu de sépultures royales, ne portait aucune inscription relatant son identité. On suppose, cependant, que c'est comme prince qu'il a été placé à côté des personnages royaux cachés à Déir el-Bahari[1]. L'aspect effrayant de cette momie témoignait une mort tragique.

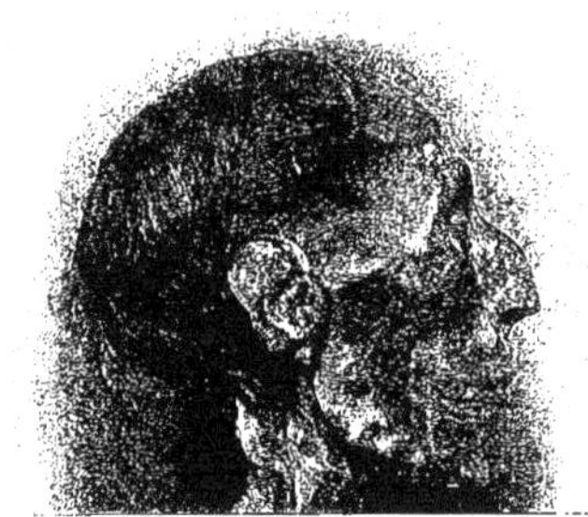

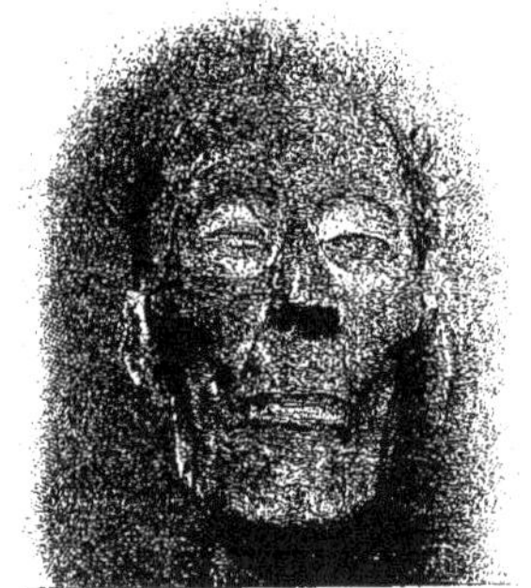

Fig. 65.
TÊTE DE LA MOMIE DE RAMSÈS II.

« Elle était enfermée dans une caisse blanche, sans inscription, et n'avait rien sur elle qui permit de constater son identité. Une peau de mouton l'enveloppait, puis un épais lacis de bandelettes, puis une couche de natron sur le cadavre. Il n'avait pas été ouvert, et les viscères qu'on avait coutume d'extraire de la poitrine et du ventre sont encore en leur place. Les matières préservatrices n'avaient pas été injectées, on les avait répandues autour du corps avec une habileté qui trahit une longue expérience de ce genre de travail. On avait voulu éviter les longueurs ordinaires, les soixante-dix jours de l'embaumement réglementaire, et l'aspect du personnage suffit à montrer pourquoi on avait eu recours à ce procédé expéditif. Il avait été empoisonné: la contraction du ventre et de l'estomac, le mouvement désespéré par lequel la tête se rejette en arrière, l'expression d'angoisse et de douleur atroce qui est répandue sur la face, sont autant d'indices certains. Les bras et les jambes avaient été tordus par la souffrance; on les ramena, on les maintint par de fortes ligatures, et on s'en remit aux embaumeurs du soin de faire disparaître toute trace du crime. S'agit-il d'une simple intrigue de harem? L'homme avait vingt-trois

[1] *Catalogue du musée de Gizèh de 1885*, n° 1200, p. 216.

Fig. 66. — RAMSÈS II.

ou vingt-quatre ans, et sa jeunesse autorise pareille supposition. Est-ce plutôt un prétendant au trône qu'on aura supprimé discrètement[1] ? »

Le 30 juin 1886, cette momie fut remise entre les mains de M. le Dr Fouquet, qui en a fait une étude détaillée que nous allons résumer. La taille de ce jeune homme est de 1m75. Il est remarquablement musclé ; ses attaches sont fines et élégantes. Son pied est cambré. La peau est blanche. Les cheveux, blond cendré, sont fins et ondulés ; la barbe est naissante. Le nez, long, fin, est légèrement busqué, mais écrasé par la pression des bandelettes. Les oreilles, moyennes, bien détachées de la tête, à ourlet fin, aux lobules arrondis, sont percées pour recevoir des pendants qui étaient encore en place. Ce sont des anneaux d'or formés d'un tube creux effilé aux extrémités. Les organes génitaux étaient en place et pris dans des bandelettes. Le gland était découvert, mais cela ne prouve pas qu'il y ait eu circoncision. Le corps était couché, la tête était renversée en arrière et tordue de droite à gauche ; les bras étendus le long du corps et les mains ramenées sur le bas ventre. La bouche était béante.

Ramsès II, roi de la XIXe dynastie. — La momie de cet illustre Pharaon est une des plus belles que l'on connaisse, et la plus remarquable de celles qui proviennent de la cachette de Déir el-Bahari. Elle a été ouverte en juin 1882, ainsi que celles de Ramsès III, de Seti Ier, de Thoutmosis III et de quelques autres par M. Maspero, en présence de S. A. le Khédive et de tous les hauts personnages égyptiens et consulaires du Caire. Voici, d'après le savant égyptologue[2], l'aspect de Ramsès II lorsque son identité attestée par les procès-verbaux des grands prêtres d'Ammon, tracés sur un premier linceul, à l'endroit de la poitrine, eut été constatée.

« La première enveloppe fut enlevée, et l'on découvrit successivement une bande d'étoffe large d'environ 20 centimètres, enroulée autour du corps, puis un second linceul cousu et maintenu par des bandes étroites, puis deux épaisseurs de bandelettes et une pièce de toile fine tendue de la tête aux pieds. Une image de la déesse Nouit, d'environ 1 mètre, y est dessinée en couleur rouge et noire, ainsi que le prescrivait le Rituel ; le profil de la déesse rappelle, à s'y méprendre, le profil pur et délicat de Seti Ier, tel que nous le font connaître les bas-reliefs de Thèbes et d'Abydos. Une bande nouvelle était placée sous cette amulette, puis une couche de pièces de toile, pliées en carré et maculées par la matière bitumineuse dont les embaumeurs s'étaient servis. Cette dernière enveloppe écartée, Ramsès II apparut. Il est grand, bien conformé, parfaitement symétrique. La tête est allongée, petite par rapport au corps. Le sommet du crâne est entièrement dénudé. Les cheveux, rares sur les tempes, s'épaississent à la nuque et forment de

[1] Maspero, *Etudes de mythologie et d'archéologie*, p. 278, t. I.

[2] Rapport sur la trouvaille de Déir el-Bahari et procès-verbal de l'ouverture des momies royales (*Institut égyptien*, 1881, p. 120-169; *Bibliothèque égyptol.*, t. I, p. 267).

véritables mèches lisses et droites, d'environ 5 centimètres de longueur : blancs au moment de la mort, ils ont été teints en jaune clair par les parfums. Le front est bas, étroit, l'arcade sourcilière saillante, l'œil petit, le nez long, mince, busqué comme le nez des Bourbons, légèrement écrasé au bout par la pression du maillot, la tempe creuse, la pommette proéminente, l'oreille ronde, écartée de la tête, la mâchoire forte et puissante, le menton très long. La bouche, largement fendue, est bordée de lèvres épaisses et charnues ; elle était remplie d'une pâte noirâtre, dont une partie, détachée au ciseau, a laissé entrevoir quelques dents très usées et très friables, mais blanches et bien entretenues. La moustache et la barbe, peu fournies et rasées avec soin pendant la vie, avaient crû au cours de la dernière maladie ou après la mort ; les poils, blancs comme ceux de la chevelure, mais rudes et hérissés, ont une longueur de 2 ou 3 millimètres. La peau est d'un jaune terreux, plaquée de noir. En résumé, le masque de la momie donne très suffisamment l'idée de ce qu'était le masque du roi vivant : une expression peu intelligente, peut-être légèrement bestiale, mais de la fierté, de l'obstination, et un air de majesté souveraine qui perce encore sous l'appareil de l'embaumement. Le reste du corps n'est pas moins bien conservé que la tête, mais la réduction des chairs en a modifié plus profondément l'aspect extérieur. Le cou n'a plus que le diamètre de la colonne vertébrale. La poitrine est ample, les épaules sont hautes, les bras croisés sur la poitrine, les mains fines et rougies de henné, les ongles très beaux, taillés à la hauteur de la chair, et soignés comme ceux d'une petite maitresse ; la plaie par laquelle les embaumeurs avaient ôté les viscères s'ouvre béante au flanc gauche. Les parties génitales ont été enlevées à l'aide d'un instrument tranchant, et probablement, selon un usage assez répandu, ensevelies à part dans le creux d'un osiris en bois. Les cuisses et les jambes sont décharnées, les pieds longs, minces, un peu plats, frottés de henné comme les mains. Les os sont faibles et fragiles, les muscles sont atrophiés par dégénérescence sénile : on sait, en effet, que Ramsès II régna nombre d'années avec son père Seti Ier, soixante-sept ans seul, et dut mourir presque centenaire. La figure 66 donne une effigie du grand roi, d'après un dessin relevé par Champollion dans le temple de Béit el-Oualli, en Nubie.

D'après M. Fouquet[1], qui a étudié cette momie au point de vue anthropologique, le corps est étendu, la tête légèrement inclinée en avant, les bras croisés devant la poitrine à une petite distance du thorax ; les poignets un peu fléchis sur les avant-bras. La tête, assez longue (diamètre antéro-postérieur, 189 mm.), présente un indice de 74,07 ; sa largeur transversale est de 140 millimètres. Le front, étroit et bas, semble comprimé dans le sens transversal (frontal, minimum 92 mm.), ce qui fait paraître les pommettes plus saillantes qu'elles ne sont. La face est moyennement large ; son indice est — d'après Virchow — de 103,05 ; sa hauteur naso-alvéolaire est de 135 millimètres, et son diamètre bi-zygomatique de 131 millimètres. Le nez, très busqué, est long, avec la racine étroite et peu profonde. L'indice est de 51,78 ; sa hauteur totale est de 56 millimètres et sa largeur de 29 millimètres. Les yeux sont petits et rapprochés du nez : 27 millimètres seulement les séparent. Les oreilles, écartées de la tête, sont longues et

[1] Études des momies royales de Déir el-Bahari au Musée de Gizèh (*Bull. Soc. Anthrop. de Paris*, 1886, p. 578).

minces; les lobules percés portaient des pendants. L'indice de l'oreille est, d'après Virchow, de 66,06. La taille de Ramsès II, malgré son grand âge, est de 1m72. M. Maspero a fait remarquer précédemment que ce souverain avait dû mourir presque centenaire.

Seti Ier, roi de la XIXe dynastie. — En même temps que celles de Thoutmosis et de Ramsès, a été ouverte la momie de ce grand conquérant, dont l'image est reproduite sur tant de monuments. Elle est en parfait état de conservation. Sa physionomie, douce et intelligente, a quelque chose d'européen. La tête, dépourvue de ses cheveux, présente un front large et arrondi avec des arcades sourcilières faibles. Les yeux, incrustés d'émail, sont fermés comme dans le sommeil (fig. 67).

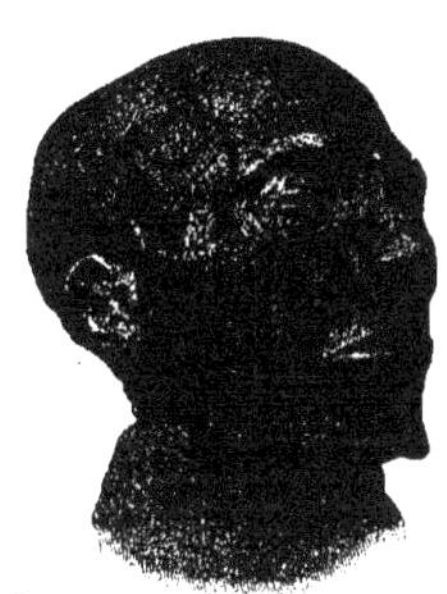

Fig. 67.
TÊTE MOMIFIÉE DE SETI Ier.

Cette momie a été mesurée par Virchow, et c'est d'après lui que je donne les renseignements qui suivent. La tête, assez longue, mesure — diamètre antéro-postérieur — 194 millimètres; sa largeur est de 145 millimètres, et sa hauteur auriculo-bregmatique de 122 millimètres. L'indice facial — longueur-largeur — est de 74,74 et hauteur-largeur de 84,82. La face est ovale; sa hauteur naso-alvéolaire est de 125 millimètres et son diamètre bi-zygomatique de 139 millimètres. L'indice facial est de 89,99. Le nez est fin, étroit et aquilin. Sa hauteur est de 52 millimètres et sa largeur de 31 millimètres. L'indice est de 59,61. La bouche est grande, les lèvres fines, la mâchoire supérieure assez longue. La mâchoire inférieure est haute; le menton est large, triangulaire, et un peu proéminent dans la partie médiane du bord inférieur. La taille de cette momie est de 1m66.

Ramsès III, roi de la XXe dynastie. — La momie de ce souverain a subi des vicissitudes nombreuses. Toutefois, son identité a été parfaitement reconnue, ainsi qu'en témoigne le procès-verbal[1] de l'ouverture de son tombeau. Cette superbe momie était enveloppée de nombreuses couches de bandelettes que retenait, à un moment donné, un maillot de canevas cousu et enduit de poix. Cette gaine fendue, de nouvelles couches de bandelettes apparurent, quelques-unes portant des légendes et des tableaux à l'encre noire. Elles dissimulaient aussi deux pectoraux, l'un en bois doré représentant Isis et Nephthys adorant le soleil, l'autre, en or pur, représentant Ramsès III. Après cela, se présenta encore une gaine de canevas enduit de poix, enfin un linceul de toile rouge, et la face apparut couverte d'une couche compacte de goudron. Le goudron, attaqué prudemment au ciseau, se détacha peu à peu. « Les traits sont moins bien conservés que ceux de Ramsès II ; on peut cependant recomposer jusqu'à un certain point le portrait du conquérant. La tête et la face sont rasées de près et ne montrent aucune trace de cheveux ou de barbe. Le front, sans être ni très large ni très haut, est mieux proportionné que celui de Ramsès II; l'arcade sourcilière est moins forte, les pommettes sont moins

[1] Maspero, *Etudes de mythologie, etc.*, t. I, p. 270.

saillantes, le nez moins arqué, le menton et la mâchoire moins lourds. Les yeux étaient peut-être plus grands, mais on ne peut rien affirmer à cet égard : les paupières avaient été arrachées, la cavité avait été vidée puis remplie de chiffons. L'oreille est moins écartée du crâne que celle de Ramsès II, elle est percée pour recevoir des pendants. La bouche est démesurément grande, les lèvres minces laissent apercevoir des dents blanches et bien rangées ; la première molaire de droite semble s'être brisée à moitié ou s'être usée plus vite que les autres. Le corps, vigoureux et bien musclé, est celui d'un homme de soixante ou soixante-cinq ans. La peau ridée forme derrière la nuque, sous le menton, aux hanches, aux articulations, des plis énormes imbriqués l'un sur l'autre ; le roi était obèse au moment de la mort. Bref, Ramsès III est comme une imitation réduite et floue de Ramsès II ; la physionomie est plus fine et, somme toute, plus intelligente, mais la taille est moins haute, les épaules sont moins larges, la vigueur était moindre. La figure 68 donne un portrait de ce roi d'après l'une des grandes statues du gigantesque temple d'Ipsamboul, en Nubie.

Les observations anthropométriques ont fourni sur cette momie les renseignements suivants. Les yeux, moyennement écartés, sont séparés par 28 millimètres. La face étroite présente un diamètre bi-zygomatique de 135 millimètres, et la hauteur naso-alvéolaire mesure 121 millimètres. Son indice facial est, d'après Virchow, de 89,63. Le nez est haut et étroit, moins arqué que celui de Ramsès II, son indice est de 61,11. La tête est longue et élevée : son diamètre antéro-postérieur est de 192 millimètres. L'indice céphalique largeur-longueur est de 73,96. Son diamètre de hauteur, qui atteint 122 millimètres, donne un indice de hauteur-largeur de 85,90. La taille de cette momie est de 1m68.

Pinotmou Ier, prêtre-roi de la XXe dynastie. — La momie de ce personnage a été trouvée enfermée dans le sarcophage de la reine Akhotpou. Son embaumement parait soigné, et pratiqué plus au moyen du natron que du bitume. Elle est encore toute emmaillotée, et il ne m'a pas été possible de l'étudier avec détail.

Fig. 68. — Ramsès III.

La tête est moyennement longue ; le diamètre antéro-postérieur est de 182 millimètres et son diamètre transverse de 141 millimètres. Son indice céphalique, plus élevé que celui des personnages décrits précédemment, est de 77,47. Son indice de hauteur-largeur est de 85,10. La face est étroite, avec un diamètre bi-zygomatique de 130 millimètres et une hauteur ophrio-mentonnière de 154 millimètres. Son indice facial est de 84,41. Les yeux sont peu rapprochés du nez ; le diamètre interorbitaire est de 31 millimètres. Le nez, convexe et abaissé, est court, sa largeur est de 36 millimètres et sa hauteur de 48 millimètres. L'indice est de 75. La taille de ce prêtre-roi est de 1m63.

Ramsès XII, roi de la XXe dynastie. — Ce personnage repose dans un cercueil au nom de la princesse

Ned Khouorsou, fille de dame Ta-hennou-Thot et probablement femme de Pinotmou II. La momie de Ramsès XII a été préparée avec beaucoup de soin. Le bitume semble avoir été employé pour cet embaumement en plus grande abondance que pour les autres personnages de cette époque. Le visage ne présente aucune trace de cheveux ni de barbe, et la peau est fortement noircie. La tête est large et un peu élevée ; son diamètre antéro-postérieur est de 186 millimètres et son diamètre transverse de 140 millimètres, la hauteur auriculo-bregmatique est de 121 millimètres. Son indice — longueur-largeur — est de 75,27, et celui de la hauteur — hauteur-largeur — de 86,42. La face est longue. Le diamètre ophrio-mentonnier est de 151 millimètres et la largeur bi-zygomatique de 131 millimètres. L'indice facial total est de 87,33. Le nez est moyen, peu saillant, avec une hauteur de 50 millimètres et une largeur de 32 millimètres. Son indice est de 64. Les yeux, assez grands, sont moyennement écartés du nez : 30 millimètres les séparent. Le diamètre bi-oculaire externe est de 94 millimètres. Sa taille, comme celle de la plupart de ses prédécesseurs est peu élevée ; elle n'atteint que $1^{m}65$.

Nibsoni, prêtre scribe de la XXe dynastie. — La momie de ce personnage, né de Phiri et de dame Tamassou, de véritables Thébains vraisemblablement, a été remarquablement bien embaumée. Le natron, des résines et d'autres substances semblent avoir été employés pour cette opération, à l'exclusion du bitume dont on n'aperçoit pas de trace. Les traits de la physionomie de Nibsoni sont si admirablement conservés qu'il semble sommeiller. Il paraît avoir de quarante-cinq à cinquante ans. Les cheveux et la barbe sont coupés courts et de teinte rougeâtre. La tête, légèrement penchée à droite, est longue et élevée. Son diamètre antéro-postérieur est de 188 millimètres et sa largeur de 141 millimètres. La hauteur auriculo-bregmatique est de 122 millimètres. Son indice céphalique — longueur-largeur — est de 75 ; celui de hauteur-largeur est de 86,52.

La face est courte : sa longueur est cependant de 148 millimètres et sa largeur de 138 millimètres. L'indice donne 93,24. Les yeux sont assez écartés du nez ; le diamètre inter-oculaire est de 33 millimètres. Le nez a une longueur de 54 millimètres, avec des ailes d'une largeur de 34 millimètres. L'indice est de 62,96. La hauteur de la taille est de $1^{m}78$.

Il me restait encore à étudier les momies de quelques autres personnages de la période thébaine, mais je n'ai pas été autorisé à le faire (février 1899). Je ne pouvais d'ailleurs pas étudier toutes les momies rassemblées au musée de Gizèh, car un grand nombre d'entre elles étaient enfermées dans des caisses empilées dans les magasins, d'où elles doivent être actuellement exhumées.

Les quelques momies de la période thébaine que nous venons d'étudier ne peuvent donner une idée exacte de la population de la vallée du Nil à cette époque, d'une part à cause du nombre restreint de matériaux que nous avons eu à notre disposition, d'autre part à cause de l'origine étrangère d'une partie des personnages royaux. Il est à remarquer toutefois que la série populaire de Gournah, dont l'homogénéité est évidente, présente les caractères essentiels des habitants actuels du pays. Comme eux les anciens Thébains étaient dolichocéphales, et leur indice céphalique moyen diffère peu, puisqu'il est, d'après la série que nous venons d'étudier, de 76,08, alors que celui des Fellahin de Gournah actuels est de 74,60. La face est à peu de chose près la même avec un indice moyen de 94,89. Le nez, tout aussi court, a un indice moyen de 56,86. Les yeux sont séparés par 29 millimètres seulement. Leur taille est également élevée, puisque les hommes de 1^{m}61 et même de 1^{m}78 n'y sont pas rares. Le tableau suivant résume les caractères anthropométriques et morphologiques de la population de Thèbes à l'époque qui nous occupe (p. 81).

Quant à la série de Déir el-Medineh, vraisemblablement nubienne, elle offre la plupart des caractères des Barabras actuels dont ils sont, sans doute, les ancêtres. Comme eux, ils sont sous-dolicéphales (ind. céph. 75,13).

A l'égard des momies royales et sacerdotales, il est intéressant de constater que celles de Déir el-Bahari forment deux groupes distincts l'un de l'autre, non seulement par leur aspect extérieur, par la façon dont elles sont enveloppées, par leur pose, mais encore par le type de leur physionomie. D'un côté sont rangés, comme l'a montré M. Maspero [1], les Pharaons des XVIIe, XVIIIe et XIXe dynasties ; de l'autre, ceux de la XXe et les prêtres d'Ammon, depuis Ramsès III jusqu'à Pinotmou III. Le premier groupe qui renferme les grands rois, se distingue par la simplicité des cercueils, souvent de simples caisses en bois nu, sans peinture. Il est vrai que, pour ces simples caisses, avaient été creusés dans la montagne de profonds hypogées aux parois couvertes de peintures et de sculptures, et que les sarcophages destinés à les recevoir avaient été taillés dans le dur granit et l'albâtre. Les momies du deuxième groupe, que l'on pourrait appeler celui des « roitelets » et des grands prêtres d'Ammon, sont enfermées dans de doubles et triples cercueils, luxueusement décorés de dorures, d'enluminures et d'ornementations de toutes sortes. Cela s'explique par la raison que, la fortune des morts étant limitée et ne leur permettant pas le luxe de grandes constructions funéraires, ils avaient reporté toute leur sollicitude sur les cercueils destinés à recevoir leur dépouille.

Le savant égyptologue s'exprime ainsi à ce sujet : « Les momies du premier groupe ne sont pas très étroitement emmaillotées. Les jambes, les bras, les mains sont enveloppés d'une étoffe fine, souple, moelleuse et chaude au toucher, aussi légère et aussi transparente que la mousseline de l'Inde. Des morceaux de natron à demi pulvérisé sont roulés dans des chiffons de toile grossière et disposés irrégulièrement le long du corps. D'autres paquets, glissés dans l'intervalle des cuisses ou des jambes, entre les bras et les hanches, autour du cou, renferment le cœur et la rate, une substance granuleuse où j'ai cru reconnaitre des restes de cervelle desséchée, des cheveux tressés ou coupés en mèches libres, des rognures de barbe et de poils. On sait quel rôle les cheveux humains jouaient dans la magie : il suffisait de les brûler avec des cérémonies et des incantations déterminées pour acquérir une puissance presque illimitée sur la personne à laquelle ils avaient appartenu. Les embaumeurs ensevelissaient avec les morts les portions de chevelure et de poils qu'ils avaient dû leur enlever pendant les manipulations, et c'était le moyen le plus sûr de soustraire ces débris aux magiciens de mauvaise volonté. Le suaire le plus rapproché de la momie était quelquefois une véritable amulette, surchargée de prières à l'usage de l'autre monde. Le roi Thoutmosis III avait de la sorte un exemplaire presque

[1] *Etudes de mythologie, etc.*, t. I, p. 672.

complet du *Livre des Morts* que son fils Amenhotpou II avait fait écrire à son intention. La princesse Mashonttimihou en possédait aussi une copie exécutée spécialement pour elle; mais la princesse Miritamon, moins favorisée, n'en avait qu'une de seconde main, qu'on avait dérobée au prince Moutouhotpou. Quelques tours de bandelettes, puis venaient une seconde pièce d'étoffe et des bandelettes nouvelles, puis on arrivait au linceul extérieur, que dissimulait parfois une bande de toile rouge tendue proprement sur le tout. La plupart des momies portent peu de bijoux : ceux qu'on leur avait donnés étaient, pour la plupart, déposés à côté d'elles dans le cercueil, et furent volés par les Egyptiens, peut-être par les embaumeurs eux-mêmes. Elles n'avaient probablement qu'un scarabée, un ou deux pectoraux en or ou en bois doré, une paire de boucles d'oreilles, un ou deux bracelets et quelques amulettes en pâte de verre ou en or, noyés dans l'épaisseur des bandages. Si mince que fût la valeur de ces objets, ils excitaient la convoitise des détrousseurs de tombeaux. Ramsès II, Seti Ier, Thoutmosis III ne les ont plus depuis longtemps : les gens qui les ont dépouillés respectaient si peu la majesté royale, qu'ils ont arraché le lobe de l'oreille avec la boucle, ou détaché à coups de hache ou de couteau les bracelets qui adhéraient trop étroitement à la peau. »

Les Pharaons du premier groupe appartenaient à deux familles différentes. La plus ancienne descend directement de l'un des princes de la XVIIe dynastie, Saqnounrî III, et comprend au moins cinq générations. Le type qui se dégage de l'ensemble de ce groupe rappelle la belle physionomie des Ethiopiens nilotiques actuels. Hommes et femmes sont assez grands et solidement bâtis. Ils ont le buste large et vigoureux, la jambe sèche et nerveuse, les pieds effilés et cambrés, les mains fines, les bras longs, les muscles des épaules et du cou fortement développés. La tête est petite par rapport au corps, un peu allongée d'avant en arrière, peu élevée et étroite en avant, mais large des pariétaux. Le nez, souvent écrasé par la pression des bandelettes, était droit et long; les yeux petits et rapprochés l'un de l'autre; la bouche grande et garnie, en général, d'une belle dentition. La chevelure est épaisse et bouclée.

Thoutmosis II et Thoutmosis III sont moins dolichocéphales que les Âhmosis et les Ramsès. Leur indice céphalique de longueur-largeur est supérieur à 78; leur indice de hauteur-largeur n'est que de 79,47 et de 78,14. Ceux des Ramsès sont inférieurs à 75 pour la longueur-largeur ainsi que pour la hauteur-largeur qui dépasse toujours 80. La face est plus étroite chez le premier que chez le second. Malgré les déformations causées par la dessiccation et l'embaumement, la plupart de ces momies ont conservé l'expression propre de leur physionomie : « Ahmosis Ier a de la dureté et de la hauteur; Thoutmosis II, un air de faiblesse et d'astuce; les reines, une sorte de laideur résignée. » L'observation minutieuse des corps de ces personnages a permis de déterminer à peu près l'âge de chacun d'eux, aussi bien que certaines particularités relatives à leurs maladies et même à leur agonie. La momie de Saqnounrî, qui fut tué dans une bataille contre les Hyksos, la face à l'ennemi, montre les blessures qui causèrent sa mort. « Seti Ier et Ramsès II sont d'un type assez différent [1]. Ils se rattachent, par les femmes, à l'ancienne lignée, mais ce qu'ils avaient en eux de sang royal ne leur avait donné aucun des traits qui

[1] Maspero, *loc. cit.*

MOYENNES DES DIAMÈTRES ET DES INDICES DES MOMIES DE LA PÉRIODE THÉBAINE

	MESURES	4 THÉBAINS XII° Dynastie	10 THÉBAINS XVIII° Dynastie	AHAMES NOFERTARI XVIII° Dynastie	AHAMOSIS Ier XVIII° Dynastie	THOUTMOSIS Ier XVIII° Dynastie	THOUTMOSIS II XVIII° Dynastie	THOUTMOSIS III XVIII° Dynastie	RAMSÈS II XIX° Dynastie	SETI Ier XIX° Dynastie	RAMSÈS III XX° Dynastie	PINOTMOU Ier XX° Dynastie	RAMSÈS XII XX° Dynastie	NIBSONI XX° Dynastie	MOYENNE DES MOMIES THÉBAINES
Diamètres de la Tête	Antéro-post. maximum	186	182	180	181	178	191	193	189	194	192	182	186	188	184
	Transversal maximum	130	139	135	136	134	151	151	140	145	142	141	140	141	140
	Auriculo-bregmatique	118	121	118	120	120	120	118	126	123	122	120	121	122	120
	Indices. Longueur-largeur	74.73	78.37	74.99	75.12	75.28	79.06	78.23	74.07	74.74	73.96	77.47	75.27	75.00	76.08
	Indices. Hauteur-longueur	63.44	66.48	65.55	66.29	67.41	62.82	61.14	66 66	65.40	63.64	65.93	65.05	64.89	65.21
	Indices. Hauteur-largeur	84.89	81.05	81.40	88.23	89.55	79.47	78.14	90.00	84.82	85.91	85.10	86.42	86.62	85.71
Diamètres du front	Frontal maximum	115	107	112	109	111	114	115	112	116	114	112	110	114	110
	Frontal minimum	97	93	96	93	94	95	96	94	97	94	93	92	95	94
	Indice frontal	84.34	86.91	85.71	85.32	84.66	83.33	83.47	83.94	83.61	82 46	83 03	83.63	83.33	85.45
Diamètres des yeux	Bipalpébral externe	96	101	103	94	91	85	83	85	92	89	86	94	100	95
	Bipalpébral interne	26	28	28	32	34	32	31	27	36	28	31	30	33	29
	Indice bipalpébral	26.53	27.78	27 18	34.04	37.36	37.64	37.35	31 76	39.13	31.46	36.05	31.95	33.00	30.52
Diamètres de la face	Ophrio-mentonnier A	137	135	134	»	132	»	»	»	»	»	154	150	148	137
	Naso-alvéolaire B	»	»	»	108	»	120	123	135	125	121	»	»	»	»
	Bizygomatique	129	127	130	140	126	135	132	131	139	135	130	131	138	130
	Indice facial A	94.16	94.07	97.01	77.14	95.45	88 88	93 18	103.05	89.92	89.63	84.41	87.33	93.24	94.89
Diamètres du Nez	Longueur	53	51	47	56	48	55	55	56	52	54	48	58	54	51
	Largeur	29	27	32	31	32	35	33	29	31	33	36	32	34	29
	Indice nasal	54.71	52.94	68.02	55.36	66.67	63.63	60.00	51.78	59.61	61.11	75.00	64.00	62.96	56.86
Taille debout		»	»	164	167	155	175	160	172	166	168	163	165	178	166

distinguent les Thoutmosis et les Amenhotpou. Ils se ressemblent beaucoup l'un à l'autre, plus peut-être que ne se ressemblent d'ordinaire le père et le fils ; mais Seti a l'expression plus douce et plus intelligente, Ramsès II a plus de vigueur et de fierté. Tous deux sont dans un état de conservation telle qu'on les jurerait morts depuis quelques jours à peine, et pourtant trois mille ans et plus se sont écoulés depuis qu'ils régnèrent sur l'Egypte. » Ils sont plus dolichocéphales que leurs prédécesseurs, puisque leur indice céphalique de longueur–largeur est de 74,07 et de 74,74. On a vu que celui de Thoutmosis III atteint 79,05. L'indice de hauteur-largeur arrive chez eux à 90, tandis que chez Thoutmosis II, il n'est que de 79,47. Enfin, par la longueur de leur nez, la largeur de leur face et leur diamètre interoculaire, ils se rattachent davantage au type thébain que les Thoutmosis. Ceux-ci, par l'ensemble de leurs caractères, sont plus près des Nubiens. Le tableau suivant résume les caractères morphologiques et anthropométriques des personnages royaux et princiers de la période thébaine.

MORPHOLOGIE CRANIOLOGIQUE

Les matériaux craniologiques que l'on a pu étudier, de cette période, sont plus nombreux que ceux de la période memphite. Ils appartiennent pour la plupart, suivant toute probabilité, et d'après les renseignements qu'ont bien voulu me fournir des égyptologues compétents, les uns à la XIe dynastie, les autres à la XVIIIe. Quelques séries de crânes peu nombreuses appartiennent à la XIXe et à la XXe dynastie. Ce sont les nécropoles de Drah abou'l–Neggah à Thèbes, celles d'Eléphantine ou d'Assouan, de Déir el-Bahari, de Déir el–Medineh et de Gournah qui ont fourni la plus grande partie de cès matériaux.

Thébains de Drah abou'l Neggah de la XIe dynastie. — La série de crânes la plus importante que l'on connaisse de cette nécropole est celle qui a été envoyée autrefois à Paris par Mariette. Elle se compose de 40 sujets (18 hommes et 22 femmes). Ils ont été étudiés par Broca, et voici d'après ses propres registres les principales mesures qu'il a prises sur eux.

Les crânes présentent une longueur moyenne antéro–postérieure de 178 millimètres (♂ 181, ♀ 175) et une largeur transverse moyenne de 137 millimètres (♂ 180, ♀ 131). Sa hauteur basilo–bregmatique moyenne est de 129 millimètres (♂ 129, ♀ 128). Son indice céphalique moyen de longueur–largeur est de 74 millimètres (♂ 74,20, ♀ 74,62) et les indices de hauteur–largeur et de hauteur–longueur sont de 71 millimètres (♂ 70,30, ♀ 72,65) et de 95 millimètres (♂ 94,85, ♀ 97,70).

La face est longue. La moyenne du diamètre ophrio-alvéolaire est de 93 millimètres (♂ 92, ♀ 84), et la moyenne du diamètre bi-zygomatique de 125 millimètres (♂ 130, ♀ 120). L'indice facial moyen est de 72 millimètres (♂ 71,29, ♀ 70,03). Le nez est court. La longueur moyenne est de 50 millimètres (♂ 51, ♀ 48) ; la largeur moyenne de 24 millimètres (♂ 24, ♀ 23). L'indice nasal moyen est de 46 (♂ 46,98, ♀ 46,50). Les diamètres bi-orbitaires sont à peu près semblables dans les deux sexes. L'indice bi–orbitaire est de 30. Celui des orbites qui est de 90, diffère également fort peu dans les deux sexes. Il en est de même des diamètres du trou occipital et de ceux de la voûte palatine, dont les indices sont de 74 pour le premier et de 77 pour le second, ils diffèrent à peine d'une unité dans les deux sexes.

Hypogée d'Assouan ou d'Eléphantine de la XIIe dynastie. — J'ai recueilli dans un des hypogées de cette localité, 6 crânes en assez bon état : 3 masculins et 3 féminins. Je n'ai aucune indication précise sur la date de ces pièces, mais comme elles proviennent de l'hypogée de Si–repou–ouet, prince contemporain du roi Ousirtasen de la XIIe dynastie, j'ai tout lieu de croire qu'ils remontent également à cette époque. L'aspect extérieur de ces crânes démontre que les momies auxquelles ils ont appartenu avaient été préparées au

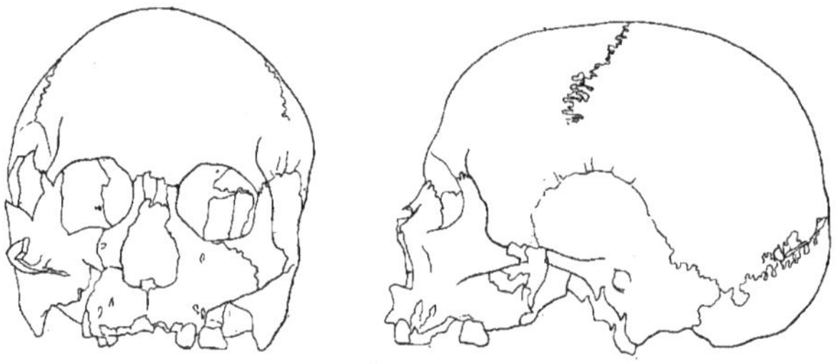

Fig. 69.

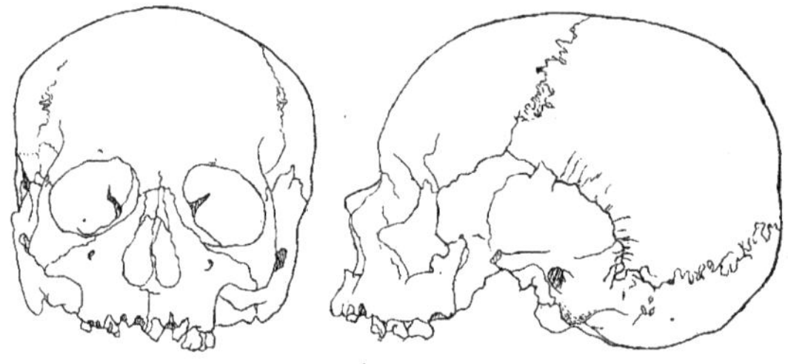

Fig. 70.

CRANES N°s 1 ET 2 D'UN HYPOGÉE D'ASSOUAN DE LA XIIe DYNASTIE

natron à l'exclusion du bitume. Ces crânes présentent une longueur moyenne. Le diamètre antéro–postérieur est de 181 (♂ 181, ♀ 173), et le diamètre transverse moyen de 132 (♂ 135, ♀ 129). La hauteur moyenne auriculo–bregmatique est de 117 (♂ 120, ♀ 121). L'indice céphalique moyen — longueur-largeur — est de 72,9 (♂ 73,37, ♀ 72,06). L'indice de hauteur–largeur moyen est de 84,84 (♂ 84,44, ♀ 86,04). Le front est large, son indice moyen est de 88,15 (♂ 87,84, ♀ 88,46). La face est allongée. La hauteur moyenne ophrio–alvéolaire est de 86 (♂ 90, ♀ 83), et le diamètre bi–zygomatique moyen de 122 (♂ 126, ♀ 118). Pour l'ensemble, l'indice facial est de 70,49 (♂ 71,43, ♀ 70,33). 4 sujets sur 6 présentent un léger prognathisme. Les diamètres orbitaires sont faibles : le bi–orbitaire externe moyen est de 93 millimètres (♂ 96, ♀ 90). La moyenne de l'interorbitaire est de 24 chez les deux sexes. Les orbites sont larges ; leur indice moyen est de 83,34 (♂ 81,56, ♀ 90,90). La largeur moyenne est de 36 (♂ 38, ♀ 33). Le nez est court. La longueur moyenne est de 44 (♂ 47, ♀ 42) et la largeur moyenne de 25 (♂ 26, ♀ 25). L'indice nasal de la série est de 56,82. La voûte palatine présente des variations analogues à celles des orbites. L'indice moyen est de 79,17 (♂ 78,43, ♀ 80). Les figures 69 et 70 donnent les nos 1 et 2 de cette série qui sont les plus caractéristiques.

Les mesures de nos six sujets présentent assez d'analogie avec celles qui ont été rele-

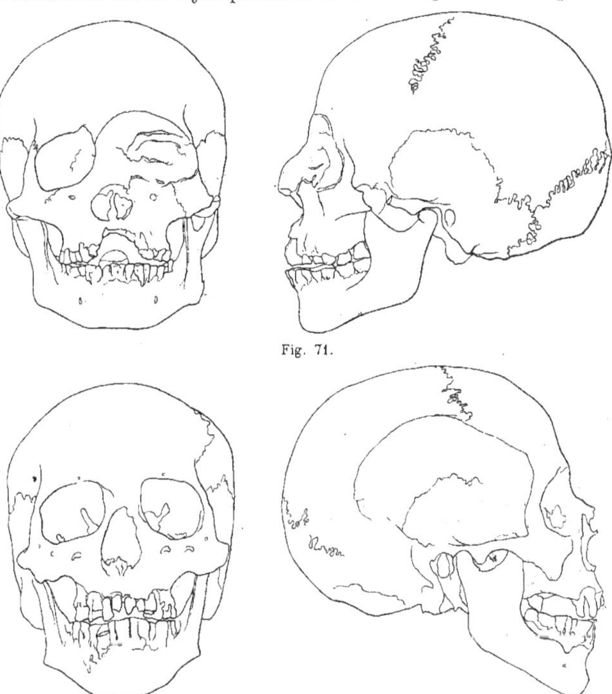

Fig. 71.

Fig. 72.

CRANES Nos 3 ET 4 D'UN HYPOGÉE DE DÉIR EL-MEDINEH DE LA XIIe DYNASTIE.

vées sur les crânes que MM. Broca et Hamy ont rapportés de l'île d'Éléphantine, aussi bien, du reste, que celles relevées par moi sur les Nubiens actuels ou Barabra de la région, sur lesquels nous aurons à nous étendre dans la seconde partie de cet ouvrage. Tout me fait donc présumer que les crânes de l'hypogée dont il vient d'être question appartiennent bien à des gens du pays des cataractes. Comme eux ils étaient très dolichocéphales et méshoriniens, leur face plutôt large que longue accuse un léger prognathisme.

Thébains d'un hypogée de Déir el-Medineh de la XIIe dynastie. — J'ai reçu durant mon séjour à Louqsor, en 1898, neuf têtes de momies provenant de cet hypogée.

MOYENNES DES DIAMÈTRES ET DES INDICES DES CRANES DE LA PÉRIODE THÉBAINE

MESURES		DRAH ABOU'L-NEGGAH XIe Dynastie			DEIR EL MEDINEH XIIe Dynastie			ASSOUAN XIIIe Dynastie			GOURNAH XVIIIe Dynastie			THÈBES XVIIIe Dynastie			MOYENNES GÉNÉRALES		
		18 ♂	22 ♀	40 ♂ et ♀	5 ♂			3 ♂	3 ♀	6 ♂ et ♀	20 ♂	15 ♀	35 ♂ et ♀	18 ♂	9 ♀	27 ♂ et ♀	64 ♂	49 ♀	108 ♂ et ♀
Diamètres du Crâne	Antéro-post. maximum	184	175	179	179	»	»	184	179	181	184	178	182	182	176	180	183	176	180
	Transv. maximum	136	131	133	138	»	»	135	129	132	135	132	134	136	131	134	135	131	133
	Auriculo-bregmatique, A.	»	»	»	116	»	»	114	111	112	116	113	115	»	»	»	»	»	»
	Basilo-bregmatique, B	129	128	128	133	»	»	132	131	131	131	131	131	133	125	130	131	128	129
	Indices. Longueur-largeur	73.91	74.85	74.30	77.09	»	»	73.37	72.06	72.92	73 37	74.15	73.62	74.72	74.43	74 44	73.77	74.43	73.88
	Indices. Hauteur B, longueur	70.10	73.14	71.50	74.30	»	»	71.74	73.18	72.37	71.19	73.59	71.97	73.07	71.02	72.22	71.58	72.72	71.66
	Indices. Hauteur B, largeur	94.85	97.70	96.23	96.37	»	»	97.77	101.55	99.24	97.03	99.24	97.76	97.79	95.41	97.01	97.03	97.70	96.99
Diamètres du front	Frontal maximum	113	108	110	110	»	»	107	104	105	114	108	111	103	108	104	109	107	108
	Frontal minimum	93	88	90	96	»	»	94	92	93	95	91	93	91	87	89	93	87	90
	Indice frontal	82.30	81.48	81.81	87.26	»	»	87.84	88.46	88.15	83.33	84.26	83.78	88.35	80.55	85.58	85.32	81.30	83 33
Diamètres bi-orbitaires	Bi-orbitaire externe	103	98	100	96	»	»	96	90	93	95	93	94	100	96	98	98	95	97
	Bi-orbitaire interne	29	30	29	26	»	»	24	24	24	25	23	25	26	27	26	26	26	26
	Indice bi-orbitaire	28.15	30.61	29.00	27.08	»	»	25.00	26.66	25.80	26.31	24.73	26.59	26.00	28.12	26.53	26.53	27.37	26.80
Diamètres de la face	Ophrio-mentonnier A.	»	»	»	133	»	»	»	»	»	138	138	138	»	»	»	»	»	»
	Ophrio-alvéolaire B	92	84	87	91	»	»	90	83	86	94	86	91	89	83	87	91	84	88
	Bizygomatique	130	120	124	132	»	»	126	118	122	129	128	128	126	129	127	128	123	125
	Indice facial B.	70.77	70.00	70.16	68.94	»	»	71.43	70.33	70.49	72.87	67.18	71.09	70.63	64.34	68.50	71.09	68 29	70 40
Diamètres de l'orbite	Hauteur ou longueur	33	32	32	35	»	»	31	30	30	33	33	33	31	32	31	32	32	31
	Largeur	37	36	36	39	»	»	38	33	36	38	36	37	38	36	37	38	35	36
	Indice orbitaire	89.19	88.89	88.89	89.74	»	»	81.56	90 90	83.34	86.82	91.67	89.20	81.56	88.89	83 78	84 19	91.42	86.12
Diamètres du nez	Hauteur ou longueur	51	48	49	51	»	»	47	42	44	52	47	50	49	46	48	50	46	48
	Largeur	24	23	23	25	»	»	26	25	25	26	24	25	25	23	24	25	23	24
	Indice nasal	47.05	47.91	46.94	49 01	»	»	55.32	59.52	56.82	50.00	51.06	50.85	51.02	50.00	50.00	50.00	50 00	50.00
Diamètres du trou occipital	Hauteur ou longueur	35	33	33	37	»	»	31	33	32	34	34	34	34	33	33	34	33	33
	Largeur	29	28	28	32	»	»	27	29	28	29	29	29	29	29	29	29	29	28
	Indice du trou occipital	82.86	84.84	84.84	86.49	»	»	87.10	87.87	87.50	85.29	85.29	85.29	85.29	87.87	87.87	85.29	87.87	84.84
Diamètres de la voûte palatine	Longueur	38	36	36	38	»	»	51	45	48	48	44	46	47	45	46	44	42	43
	Largeur	35	33	33	35	»	»	40	36	38	39	35	37	38	36	37	37	34	35
	Indice palatin	92.10	91.67	91.67	92.10	»	»	78.43	80.00	79.17	81.25	79 54	80.42	81.85	80.00	80.42	84.09	80.95	81.39

Quatre de ces têtes ayant conservé leur téguments ont été décrites avec les momies : nous avons à parler ici des crânes nus de notre collection. Ils sont tous masculins, bien conservés, et paraissent adultes. Dans l'ensemble de cette série, le crâne présente un bel ovale avec un diamètre antéro-postérieur moyen de 179 et un diamètre transverse de 138. Le diamètre auriculo-bregmatique est de 116 et le basilo-bregmatique de 133. L'indice moyen de longueur-largeur est de 77,09 ; celui de hauteur-longueur de 64,80 et celui de hauteur-

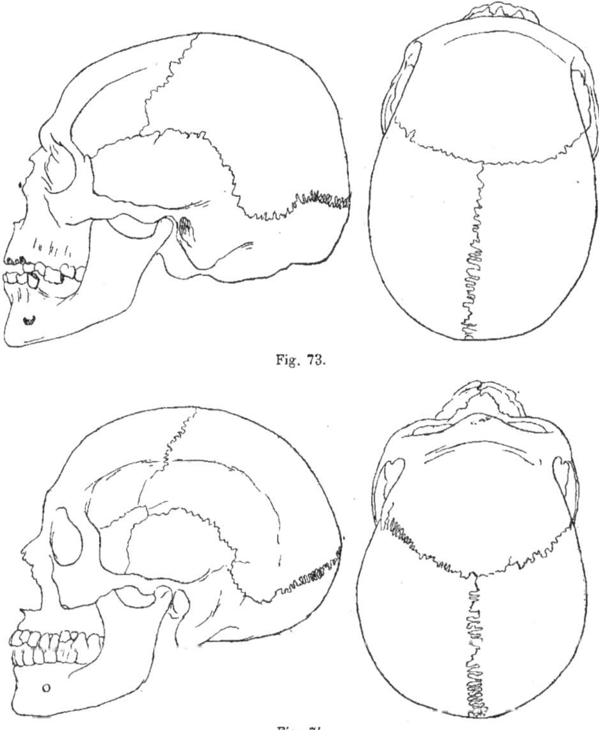

Fig. 73.

Fig. 74.

Cranes n°s 5 et 7 d'un hypogée de Gournah de la XVIIIe dynastie

largeur de 84,15. L'indice frontal moyen de cette série est de 87,26. La face, légèrement prognathe, est large ; son indice moyen est de 68,94. La hauteur ophrio-mentonnière est de 132 (l'ophrio-alvéolaire de 91) et le diamètre bizygomatique de 132. Les diamètres des yeux sont élevés : le bi-orbitaire externe est de 96, le bi-orbitaire interne de 36. Les orbites sont beaucoup plus larges que hautes ; l'indice orbitaire est de 89,74. Le nez est moyennement long : son indice est de 49,12. Le trou occipital est plus long que large, son diamètre moyen de longueur est de 37, et sa largeur de 32 ; l'indice moyen est de

86,49. La voûte palatine, d'un bel ovale allongé, présente un indice moyen de 77,55, le diamètre antéro-postérieur étant de 49 et le transverse de 38. Les figures 71 et 72 montrent les numéros 3 et 4 de la série. En comparant ces crânes aux quatre têtes momifiées provenant du même hypogée, on voit qu'ils présentent les caractères généraux de ces dernières. Ils ne diffèrent que de deux ou trois unités, c'est-à-dire de l'épaisseur des téguments.

Mise en série de l'indice céphalique des crânes de Gournah
(XVIIIe DYNASTIE)

INDICE CÉPHALIQUE	CRANES DE GOURNAH (20 ♂)	CRANES DE GOURNAH (15 ♀)	TOTAUX
69	1	»	1
70	1	»	1
71	4	3	7
72	3	2	5
73	5	4	9
74	3	3	6
75	2	»	2
76	»	1	1
77	1	2	3
			35

Mise en série de l'indice nasal des crânes de Gournah
(XVIIIe DYNASTIE)

INDICE NASAL	CRANES DE GOURNAH (20 ♂)	CRANES DE GOURNAH (15 ♀)	TOTAUX
39	2	1	3
44	1	»	1
45	2	»	2
46	»	1	1
47	1	1	2
48	2	2	4
49	1	»	1
50	3	5	8
51	1	»	1
52	»	1	1
53	1	»	1
54	3	1	4
55	1	»	1
56	1	»	1
60	»	1	1
65	1	2	3
			35

Thébains d'un hypogée populaire de Gournah de la XVIIIe dynastie. — J'ai reçu de cet hypogée trente-cinq crânes de sujets adultes (20 ♂ et 15 ♀). La plupart avaient appartenu à des momies préparées avec du natron plutôt qu'avec du bitume. Ces crânes sont légèrement allongés. Leur diamètre antéro-postérieur moyen est de 182 (♂ 184, ♀ 178) et leur diamètre transverse moyen de 134 (♂ 135, ♀ 132). La mise en série de cet indice montre que les extrêmes vont de 69 à 77, et que la moyenne de fréquence se trouve d'abord à 73 (5 ♀ et 4 ♂), puis à 71 (4 ♂ et 3 ♀) et à 74 (3 ♂ et 3 ♀). La hauteur auriculo-bregmatique est peu élevée; la moyenne est de 115 (♂ 116, ♀ 113). L'indice moyen de longueur-largeur est de 73,62 pour l'ensemble (♂ 73,37, ♀ 74,13). Les indices moyens de hauteur-longueur et de hauteur-largeur sont de 63,18 et de 85,82 (♂ 63,14, et 85,92, ♀ 63,48 et 85,60). Le front est large : le diamètre frontal maximum moyen est de 111 (♂ 114, ♀ 108), et le diamètre frontal minimum de 93 (♂ 95, ♀ 91). L'indice frontal moyen de la série est de 83,78 (♂ 83,33, ♀ 84.26). La face est allongée; son indice total ou ophrio-mentonnier moyen est de 72,87 pour l'ensemble (♂ 72,87, ♀ 72,88). Le diamètre moyen ophrio-mentonnier est de 138 et le diamètre bizygomatique de 125 (♂ 129, ♀ 118). Les yeux sont peu écartés du nez, car le diamètre interorbitaire moyen est de 25, et n'est plus petit que de deux unités chez les femmes. Les orbites sont presque aussi hautes que larges ; l'indice orbitaire de largeur–hauteur est de 89,20 (♂ 86,82, ♀ 91,67). Ces diamètres ne diffèrent presque pas chez les deux sexes.

Le nez est plutôt court que long : sa hauteur moyenne est de 50 (♂ 52, ♀ 47) et sa largeur de 25 (♂ 26, ♀ 25) ; l'indice nasal moyen est de 50,65 pour l'ensemble (♂ 50, ♀ 51,06). La mise en série de cet indice montre que les extrêmes vont de 39 à 65, et que la moyenne de fréquence se trouve à 50 (3 ♂ et 5 ♀), puis à 48 (2 ♂ et 2 ♀) et enfin à 54 (3 ♂ et 1 ♀), La voûte palatine est d'un bel ovale, un peu plus allongé chez les hommes que chez les femmes. L'indice moyen est de 80,42 (♂ 81,25, ♀ 79,54). Vingt-sept crânes de la même époque, et provenant sans doute de la même localité, envoyés au Muséum de Paris, ont été étudiés par Broca. Ils donnent à peu près les mêmes chiffres que ceux que je viens d'indiquer, ainsi que le montre le tableau récapitulatif des moyennes et indices des crânes de la période thébaine (p. 85).

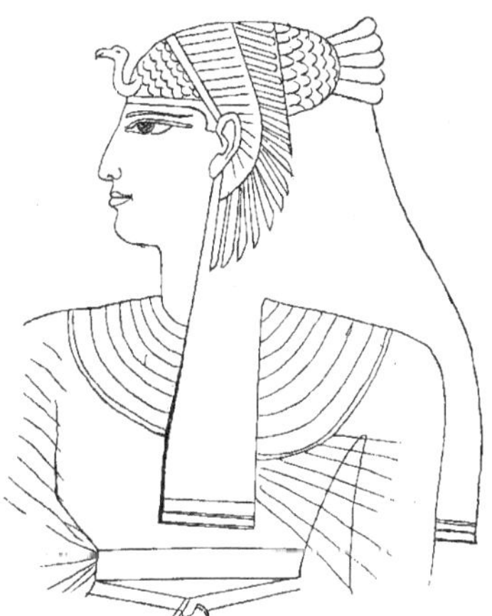

Fig. 75. — Nitocris, fille de Ramsès II.

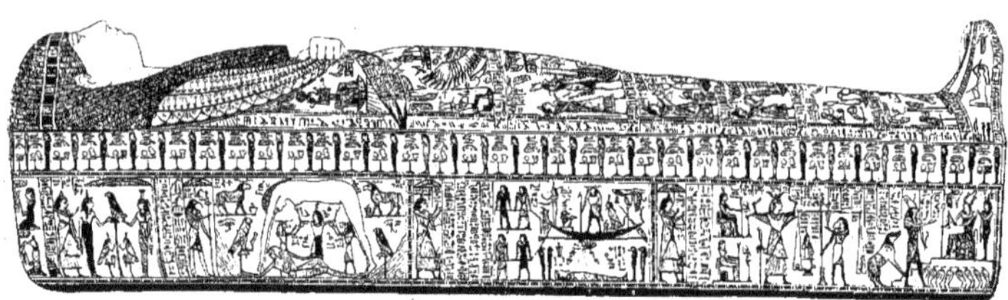

Sarcophage d'Atephinope, scribe attaché au temple d'Ammon a Thèbes [1]

CHAPITRE V

PÉRIODE SAÏTE

DE LA VINGT ET UNIÈME A LA TRENTIÈME DYNASTIE

ETHNOGÉNIE ET ETHNOGRAPHIE

Le centre de gravité politique de l'Egypte, qui après la chute de l'ancien Empire avait été reporté au sud, vers Thèbes, par la conquête de l'Ethiopie et le développement de la puissance des Pharaons dans le Soudan, remonta peu à peu vers le nord. Tanis, Bubaste et Saïs se disputèrent le pouvoir avec des chances à peu près égales, et devinrent, tour à tour, villes royales.

Thèbes était capitale de l'Egypte par habitude, et quand Herihor voulut substituer l'autorité des prêtres d'Ammon aux descendants de Ramsès III, les cités du nord protestèrent. Ce ne fut pas sans difficulté que Si-Menton parvint à se faire reconnaître par tout les pays, et ses successeurs eurent à lutter contre des résistances perpétuelles. L'Ethiopie, trop éloignée du Delta, résista et se rendit indépendante. Les Pharaons, usés par la lutte, en furent bientôt réduits à rechercher l'appui des peuples voisins, à marier leurs filles aux rois juifs, ou leurs fils à des princesses cananéennes. A l'ouest du Delta, pays voisin de la Libye, les Matsiou, les Mashouasha étaient devenus de plus en plus nombreux, et tandis que les Sémites devenaient peu à peu agriculteurs, lettrés, prêtres ou marchands, les tribus libyennes, restées guerrières, constituaient le fonds de l'armée égyptienne et sa force principale. Ces Matsiou étaient devenus des mercenaires par droit héréditaire. Ils étaient campés en Egypte depuis plus de deux mille ans, mais ils ne s'étaient jamais installés. Les chefs libyens finirent par se rendre à peu près indépendants de leur suzerain : les uns s'appuyèrent sur leurs soldats pour arriver au trône, les autres préférèrent user de leur influence pour maintenir le pays dans une certaine anarchie

[1] J.-F.-A. Perrot, *Essai sur les momies*, in-8, Nîmes, 1844.

qui devait l'amener à la ruine. Dès la fin de la XXIe dynastie, l'Egypte se trouvait en proie aux étrangers : elle n'eut plus d'autres maîtres que ceux qu'il leur plut de lui infliger. Il paraît certain toutefois que, durant la XXIe dynastie, alors que le pouvoir était, dans le Delta, aux mains des rois Tinites, une autre dynastie, celle des grands prêtres d'Ammon, régnait concurremment dans la Haute-Egypte. Ce furent eux qui construisirent la fameuse cachette de Déir el-Bahari pour soustraire au pillage les momies les plus riches et les plus célèbres des trois dynasties précédentes, qu'on ne se faisait aucun scrupule de voler. C'est toujours en s'appuyant sur les influences libyennes et surtout sémites que Hor Psioukha-Meïamou se maintint sur le trône, et que s'établit la XXIIe dynastie avec Sheshonq. Celui-ci, d'origine syrienne, bien que fixé depuis longtemps à Bubaste, tout en rendant hommage à Ammon-Ra et à Isis, n'avait jamais oublié ses propres divinités, et il faisait acheter en Palestine des esclaves pour honorer Nimroud à la mode de ses ancêtres. Malgré cela, il sut pourtant ramener les petits chefs à l'obéissance et réunir l'Egypte sous un même sceptre, excepté toutefois les princes d'Ethiopie. Sa politique fut plus heureuse en Syrie, où il sut se servir des dissensions intestines auxquelles était en proie le pays. Il ouvrit l'accès de l'Egypte aux mécontents du royaume de Salomon. Puis, au moment du schisme des Dix Tribus il envahit la Judée, s'empara de Jérusalem, et enleva les trésors amassés par Salomon. Mais cette expédition heureuse ne suffit pas pour enrayer la décadence irrémédiable, et avec ce souverain prirent fin les expéditions lointaines.

Cette dynastie et la suivante, qui fut de courte durée, s'éteignirent sans gloire.

La XXIVe, d'origine saïte, eut Tafnakhet pour premier roi. A peine installé sur le trône, et à peine avait-il achevé de soumettre le pays tout entier, que quelques-uns des petits princes qui étaient devenus nominalement ses vassaux appelèrent les Ethiopiens, c'est-à-dire les Egyptiens qui étaient allés fonder un empire dans le Soudan et la Haute-Nubie. Ceux-ci accoururent, ayant à leur tête Piankhi, et conquirent rapidement toute l'Egypte; mais la mort de leur chef vint bientôt mettre un terme à leurs succès. Son successeur Kaschto, fut obligé de retourner en Ethiopie, laissant le champ libre à Tafnakhet, qui reprit sa puissance première et la conserva jusqu'à sa mort. Son fils, Bokenranef, régna sur la Basse-Egypte; mais ses projets ambitieux excitèrent la jalousie des autres puissances et attirèrent une seconde invasion des Ethiopiens. Le vainqueur Sabaka, le Sabacon des Grecs, prit Bokenranef, le fit brûler vif et conquit tout le Delta. Sabaka, le fondateur de la XXIVe dynastie, mit tous ses soins à réorganiser l'Egypte, et fut aidé dans cette tâche par le concours de la reine Améniristis. Bientôt il conclut une alliance avec les rois de Juda et les Philistins, puis tenta en vain de s'opposer à la conquête de la Syrie par Sargon. Sa défaite fut le signal d'un mouvement général de toute la Basse-Egypte contre les Ethiopiens, qui durent se replier vers le sud, non sans espoir de retour. Sous le règne de son successeur, l'Egypte fut à plusieurs reprises envahie par les Assyriens, qu'eurent à repousser les premiers rois de la XXVIe dynastie. Psametik, le fondateur de cette dernière, eut recours aux mercenaires grecs pour chasser à la fois les Assyriens dans le nord et les Ethiopiens dans le sud. Maître enfin de l'Egypte tout entière, il songea à fermer les plaies causées par la guerre et les invasions, et sachant utiliser les aptitudes des Grecs auxquels il avait ouvert le pays, il parvint, ainsi que ses successeurs, à restaurer le commerce et le culte des arts.

C'est ainsi que la XXVIe dynastie a été appelée la Renaissance saïte, la dernière qu'ait tentée l'art égyptien avant de disparaître définitivement. C'est sous le règne de l'un des derniers rois de cette dynastie que Saïs devint ce qu'avait été Thèbes sous les XVIIIe et XIXe dynasties. Psametik III, son successeur, disparut en face de l'invasion de Cambyse, fils de Cyrus, roi des Perses, qui vint ruiner l'Egypte encore une fois.

La XXVIIe dynastie vit tout entière la domination perse. Après Cambyse, dont le règne ne fut guère marqué que par une suite de folies et de crimes, Darius tâcha, autant qu'il le put, de réparer les fautes de son prédécesseur. Les règnes de Xerxès Ier, d'Artaxerxès Ier, ainsi que celui de Darius II, présentent peu d'intérêt, si ce n'est que les Egyptiens réussirent, sous ce dernier roi, à s'affranchir du joug de l'étranger. La XXVIIIe et la XXIXe dynastie, qui ne comptèrent que trois pharaons, furent assez obscures. La XXXe dynastie, originaire de Sebennytos, vit définitivement la chute de l'empire égyptien avec Nectanebo, le dernier anneau de cette longue chaîne qui commence à Menès. La XXXIe dynastie fut persane, et ne dura que jusqu'à la défaite de Darius III par Alexandre qui établit en Orient la prépondérance de la race grecque. C'est ainsi que prit fin l'antique empire égyptien.

NÉCROPOLES

On a continué durant la période saïte d'inhumer dans les hypogées, et souvent les momies y ont été superposées à celles de la période thébaine. Aussi se trouve-t-on parfois embarrassé pour reconnaître leur ancienneté relative, le mode d'embaumement n'ayant pas changé, au moins pendant la première partie de la période saïte. Mais bientôt des hypogées spéciaux furent creusés, et l'on peut constater qu'ils diffèrent quelque peu de ceux de la période précédente. Tels sont ceux, par exemple, d'El Asasif à Thèbes où la plupart ne remontent pas au delà de la XXVe dynastie. Ces hypogées, auxquels on accède généralement par des puits ou des plans inclinés, comme à ceux de la période thébaine, sont précédés d'une grande cour rectangulaire creusée dans le roc, à 2 ou 3 mètres de profondeur. Ces cours de 25 à 30 mètres de longueur sur 15 à 20 mètres de largeur, étaient entourées d'un mur de pierre ou de brique. Mais à côté de ces hypogées ont été creusées de simples galeries avec ou sans chambres terminales. Le plus important des grands hypogées d'El Asasif, et appartenant à la XXVIe dynastie, est celui de Peteamenôpe, haut fonctionnaire thébain de cette époque. Les dimensions de ce tombeau dépassent celles des tombeaux des rois de Biban el-Molouk.

Cet hypogée a une longueur de 263 mètres et une superficie totale de 2.066 mètres carrés, et plus encore avec les chambres à puits. Ses murs sont couverts d'inscriptions et de représentations en relief travaillées avec soin, malheureusement très dégradées aujourd'hui, et toutes ayant trait à la vie posthume. La visite de cet hypogée est rendue très difficile par la présence d'une quantité de chauves-souris telle qu'elles éteignent à chaque instant les lumières en volant, et, de plus, leur odeur est si forte que peu de personnes sont en état de la supporter.

MORPHOLOGIE ET ANTHROPOMÉTRIE

D'APRÈS LES MOMIES

Les matériaux pouvant servir actuellement à l'étude de la morphologie des Egyptiens de la période saïte sont fort nombreux, surtout dans les hypogées populaires de la XXVIe à la XXXe dynastie. On ne possède pas, il est vrai, de cette période, comme de la précédente, un aussi grand nombre de momies de personnages dont l'identité et, par suite, l'ancienneté soient certaines, mais les séries populaires, qui ne sont composées que d'anonymes, présentent, en revanche, un plus grand intérêt au point de vue de la connaissance du type de la population à cette époque. On a vu précédemment que les monarques étaient souvent d'origine étrangère, ou contractaient, comme ceux de nos jours, des alliances avec les princes ou princesses de races différentes.

Anhapou, reine de la XXIe dynastie. — La momie de cette princesse était fortement imbibée de bitume, et fortement recouverte de bandelettes solidement collées les unes aux autres. Aussi, n'est-ce pas sans difficulté que j'ai pu l'étudier. Elle présente une tête courte et surbaissée. Son diamètre antéro-postérieur est de 180 millimètres, et son diamètre transverse de 141 millimètres. La hauteur auriculo-bregmatique n'est que de 118 millimètres. Son indice céphalique, longueur-largeur, est de 78,33; ceux de la hauteur-longueur et de hauteur-largeur sont de 65,55 et 83,68. La face est moyennement large. Son diamètre bi-zygomatique est de 134 et son diamètre ophrio-mentonnier de 148. Son indice facial est de 90,53. Les yeux sont assez rapprochés : 28 millimètres seulement les séparent. Le diamètre bi-palpébral externe est de 104. L'indice bi-palpébral est de 26,92. Le nez est moyen, sa longueur est de 50 et sa largeur de 34. L'indice nasal est de 68. La taille est petite. Elle n'atteint que 1^m47.

Tiouhator Hanttooui, reine de la XXIe dynastie. — Ce personnage, que l'on croit être la femme du grand prêtre Pinotmou Ier, est en excellent état de conservation. Comme celle d'Anhapou, cette momie est encore complètement enveloppée de ses bandelettes, et sa tête est couverte d'une résille. Elle n'a pu être étudiée qu'avec une certaine difficulté, d'autant plus qu'il n'était pas possible de la sortir de son sarcophage. La tête n'est pas plus longue que la précédente, mais elle est plus étroite. Son diamètre antéro-postérieur est de 180 millimètres, et le tranverse de 135. Sa hauteur auriculo-bregmatique est de 120. L'indice céphalique, longueur-largeur, est de 74,99, et les indices de hauteur-longueur et de hauteur-largeur de 66,66 et 88,88. La face est assez courte. Son indice est de 110,29. Le diamètre ophrio-mentonnier n'est que de 150 et le diamètre bi-zygomatique de 136. Les yeux sont assez rapprochés, 26 millimètres seulement les séparent. Mais le diamètre bi-palpébral externe est de 106. L'indice bi-palpébral est de 24,52. Le nez est court, il n'a que 43 millimètres de longueur, avec une largeur de 28 millimètres. L'indice est de 65,11. La taille atteint 1^m60.

Nesitanebashrou, princesse royale de la XXIIe dynastie. — Cette princesse a été soigneusement embaumée au bitume. D'après une inscription de son sarcophage, en partie effacée, elle serait la fille de Nesi Khonsou et de Pinotmou II. La tête est peu élevée, son diamètre antéro-postérieur est de 185 et son diamètre transverse de 138 millimètres. La hauteur auriculo-bregmatique est de 118 millimètres. L'indice céphalique, longueur-largeur, est de 74,59; les indices de hauteur-largeur et de hauteur-longueur sont 63,78 et 85,50. La face est courte. Son indice est de 107,35. Le diamètre ophrio-mentonnier est de 140 et le bi-zygomatique de 136 millimètres. Les yeux sont plus écartés que chez les momies précédentes, 30 millimètres les séparent. Le diamètre bi-palpébral externe est, en revanche, plus étroit, il ne présente que 102 millimètres. L'indice bi-palpébral est de 29,41. La longueur du nez est de 57 millimètres; la largeur de 33. L'indice nasal est de 57,85. La taille de cette princesse est élevée, car elle atteint 1^{m}75. Toutes ces momies proviennent de Déir el-Bahari et sont conservées au musée de Gizèh.

Hori, prophète de Menton de la XXIIe dynastie. — Ce personnage serait le fils de Roui, seigneur de Thèbes. Sa momie fait partie de la collection que Mariette a envoyée autrefois au Muséum de Paris. Elle provient de Thèbes, ainsi que les deux suivantes, mais on possède peu de renseignements sur les circonstances de leur découverte. Cette momie paraît avoir été préparée exclusivement au bitume, dont elle est complètement imprégnée. Elle a été entièrement dépouillée de ses bandelettes, et n'a conservé aucune trace de cheveux ni de barbe. Les bras sont allongés le long du corps et les mains reposent sur les cuisses. Seule, l'ouverture rituelle du flanc gauche est apparente.

La tête est longue et surbaissée. Le diamètre antéro-postérieur est de 185, et le diamètre transverse de 136. La hauteur auriculo-bregmatique est de 118. Son indice de longueur-largeur est de 73,51. Les indices de hauteur-longueur et de hauteur-largeur sont de 63,78 et 86,76. La face est peu large, avec un diamètre bi-zygomatique de 145, et un diamètre ophrio-mentonnier de 128. Son indice est de 88,27.

Les yeux sont séparés par 23 millimètres seulement. Le diamètre bi-palpébral externe est de 95. L'indice bi-palpébral est de 24,21. Les yeux sont couverts d'une plaque d'émail blanchâtre. Le nez est long, avec un indice de 57,14. Sa hauteur est de 52 millimètres et sa largeur de 32. La taille est élevée : elle atteint 1^{m}76.

Neit Seken, prêtresse de la XXIIe dynastie. — La momie de cette femme, qui d'après les indications de Mariette, serait la fille du prophète Hori, est assez bien conservée. Elle ne paraît pas avoir été préparée au bitume, mais seulement au bain de natron, puis desséchée. Elle a été complètement dépouillée de ses bandelettes. Sa chevelure, abondante, est rougeâtre comme la plupart de celles des momies. Les bras sont étendus le long du corps. La tête est plus courte que celle du personnage précédent. Son indice de longueur-largeur est de 76,83. Ses diamètres antéro-postérieur et transverse sont de 177 et de 136. Celui de hauteur est de 117. Ses indices de hauteur-longueur et de hauteur-largeur sont de 66,63 et de 86,03. L'indice de la face est de 89,07. Le globe oculaire est remplacé par de l'émail grisâtre. Les yeux ne sont séparés que par 22 millimètres et le diamètre bi-palpébral externe est de 96. L'indice bi-palpébral est de 22,91. Le nez présente un indice de 53,36. Sa longueur est de 52 et sa largeur de 28 millimètres. La taille de cette prêtresse est également élevée, elle atteint 1^{m}72.

Roui, seigneur de Thèbes de la XXIIe dynastie. — Cette momie a été préparée au bain de bitume; elle est tout à fait dépouillée de ses bandelettes. Ses bras sont étendus le long du corps; la main gauche repose sur la cuisse et la main droite sur le ventre. Seule, l'ouverture du flanc gauche est apparente. Les cheveux ont en partie disparu. La tête, moyennement longue, présente un indice de 75,55. Son diamètre antéro-postérieur est de 180 et son diamètre transverse de 137. Sa hauteur auriculo-bregmatique est de 120. Ses indices de hauteur-longueur et de hauteur-largeur sont de 66,66 et de 87,50. La face, un peu plus courte que chez les précédents, présente un indice de 86,89. Le diamètre ophrio-mentonnier est de 145 et le diamètre bi-zygomatique de 126. Les yeux présentent les mêmes caractères que les précédents, et ne diffèrent dans leur diamètre que par une ou deux unités. Le nez est plus court, il ne mesure que 48 millimètres de longueur et 26 de largeur. Son indice est de 54,17. Sa taille atteint 1^{m}76.

Prêtres d'Ammon de la XXIe dynastie. — Les momies de ces personnages ont été trouvées en 1891 à Déir el-Bahari par M. Grébaut. Cette découverte doit être considérée comme un complément de celle que M. Maspero fit des momies royales, presque à la même place, dix ans auparavant. Parmi les individus ensevelis dans ces deux cachettes, il en est qui sont peut-être parents au premier degré, mais cela reste à démontrer. Dans tous les cas, ces deux dépôts sont contemporains, et ils ont été accomplis par les prêtres d'Ammon de cette époque. Le nombre de ces momies de prêtres et de prêtresses découvertes à Déir el-Bahari s'élevait à soixante-quinze, mais je n'ai pu en étudier que quatorze (neuf ♂ et cinq ♀). N'ayant trouvé sur ces momies aucune indication précise relative à leur identité individuelle, je les grouperai ici comme des anonymes, en deux catégories suivant les sexes. Elles diffèrent peu d'aspect. La plupart paraissent avoir été embaumées au moyen du natron, et le bitume ne semble avoir été qu'exceptionnellement employé à la surface. Tous ces individus ont encore leurs cheveux, qui passent du blanc au jaune et au rouge clair. Les corps sont restés pour la plupart emmaillotés. Leur âge varie de quarante à soixante ans. M. le Dr Fouquet du Caire, qui a pu étudier cette série de momies au moment de leur découverte, a fait connaître des détails curieux sur leur embaumement[1]. Voici un extrait du mémoire de ce savant :

« Une momie bien conservée des prêtres d'Ammon, quand on l'a privée de toutes ses bandelettes et des deux couches de bitume qui l'enfermaient, comme en deux caisses étanches (si l'opération avait été correctement conduite), apparaît avec les jambes étendues et rapprochées parallèlement, les bras ramenés le long du corps ou légèrement croisés au-dessus du pubis. La peau est partout lisse et propre, absolument rasée, seuls la barbe, les cheveux, les sourcils et les cils sont conservés. La bouche, les narines, les yeux et les oreilles sont recouverts d'une couche de cire vierge hermétiquement collée, saupoudrée de résine de cèdre. Sous la cire, la bouche close, cache les dents, les lèvres sont teintes en rouge, noirci par le temps, mais encore reconnaissable.

« Les sourcils sont peints, les paupières souvent ornées de kheul, le visage fardé ainsi que les pieds et les mains et quelquefois même tout le corps, qui le plus souvent, a gardé une partie des formes replètes qu'il avait pendant la vie. Seuls les seins, chez les femmes, sont très aplatis et fortement appliqués sur le thorax.

« Le cou, relativement maigre, paraît plus maigre encore à côté de la figure fortement distendue.

« Sous les paupières mi-closes et bombées comme si l'œil existait encore avec sa forme,

[1] *Note pour servir à l'histoire de l'embaumement en Egypte*, Institut Egyptien, mars 1896.

se trouve une boulette de chiffon sur lequel le dessin de l'iris est grossièrement représenté.

« Les narines, quand on les débouche, laissent voir le chemin par lequel un crochet, traversant l'ethmoïde, a permis, grâce à un courant d'eau, d'extraire la matière cérébrale suivant l'usage, qu'à de rares exceptions près on observe à toutes les époques. Les bras, les jambes, les mains, l'abdomen ont un embonpoint moyen, celui du corps privé de son tissu adipeux. La peau est sèche, cassante, elle conserve son grain et même sa couleur d'un blanc jaunâtre.

« La plaie classique du flanc gauche, souvent recouverte par un *oudja* en cire, laisse entrevoir en dessous une poudre grise (voir analyse n° 1), tantôt sans mélange, tantôt mêlée à des débris de linge et à des poudres aromatiques.

« Les bras et les jambes n'ont en général aucune souplesse et craquent sous le moindre effort. Lorsque la couche de bitume n'était pas complète, et généralement la partie postérieure du corps en était dépourvue, les insectes nécrophores, *dermestes, corynetes, rufipes* et autres, pénétraient les couches de bandelettes dévoraient les tissus ne laissant que le squelette entouré de sa couche de limon mêlé aux débris de larves. Au contraire, dans les momies irréprochablement façonnées, les tissus ont gardé leur couleur, les éléments anatomiques sont encore très reconnaissables. Quelques-uns de ces tissus et les linges qui les touchaient ont pu fournir au professeur Lacassagne, à qui je les ai envoyés à Lyon, la réaction de l'hémoglobine caractéristique des taches de sang.

« Un fragment de peau d'une autre momie a permis à l'éminent médecin légiste d'affirmer que la mort du sujet avait été causée par l'immersion et que le cadavre avait dû séjourner plus de quinze jours dans l'eau. Ces curieuses constatations permettent de se rendre compte du degré de conservation de pareilles momies.

« L'abdomen contient, au milieu de la poudre grise, les viscères enroulés, après avoir été traités par le bain de natron, autour de statuettes en cire à tête d'homme, de chacal, d'épervier et de cynocéphale qui remplacent les vases canopes des époques antérieures. Le cou, les bras, les jambes sont bourrés de la même composition que le ventre, mais on n'y trouve jamais de débris végétaux. La peau, avec une faible partie du tissu cellulaire, ne contient plus, à part le squelette, que les tendons auxquels adhèrent à peine quelques faisceaux musculaires. Tout le reste a été arraché, lacéré, détruit et remplacé par du limon desséché, dont la peau est remplie de façon à rappeler la forme du corps.

« On comprend aisément que, pour bourrer ainsi le corps d'une façon régulière après l'avoir privé de ses masses masculaires, il fallait des incisions multiples.

« L'examen sommaire des pièces intactes ne permet pas de reconnaître, sans dissection, où elles étaient placées. Le taricheute les faisait habilement en tranchant la peau en biseau, ce qui permettait de fermer hermétiquement les lèvres des plaies et de les dissimuler dans les plis. J'en ai toujours trouvé une à chaque bras et à chaque avant-bras, une pour chaque cuisse et pour chaque jambe, total pour les membres, huit, à la partie latéro-interne. Une de chaque côté de la bouche pour diviser les commissures et permettre de rembourrer les joues, deux dans l'intérieur de la bouche, le long des bords internes du maxillaire inférieur pour bourrer un peu le cou sans l'endommager. Si l'on ajoute à ces douze incisions la perforation de l'ethmoïde, *l'ablation des yeux* et l'ouverture du flanc gauche pour extraire les viscères, nous arrivons à seize ouvertures. La dix-septième, siégeant dans le dos et signalée par le papyrus Rind, m'a paru manquer le plus souvent, mais je l'ai trouvée deux fois, d'une manière très évidente, elle était longitudinale et siégeait à la partie inférieure du sacrum, permettant d'extraire de chaque côté les masses charnues que l'on ne rembourrait pas, car tout ce qui ne devait pas être apparent était systématiquement négligé par les embaumeurs et les saillies inopportunes eussent nécessité, pour égaliser les formes de la momie, de volumineuses compresses de linge qu'on se dispensait volontiers d'employer.

« Le seul point de mes observations qui s'écarte du texte porte sur les ouvertures de la poitrine. Je n'en ai trouvé aucune où le papyrus en décrit quatre. Etaient-elles internes comme celles de la cavité buccale ? La chose n'est pas sans apparence de fondement, car il s'agirait alors des viscères répondant aux quatre statuettes dont j'ai parlé plus haut. Les momies des prêtres auraient alors quatre incisions supplémentaires, celles des avant-bras et des jambes, qui devaient singulièrement faciliter la tâche de l'ouvrier chargé d'arracher les muscles.

« Toutes les momies des prêtres d'Ammon n'étaient pas aussi soignées que celle qui vient d'être décrite ; souvent avec un bourrage sommaire de la cavité abdominale, la poudre était placée sur les premières couches de bandelettes, par conséquent à une petite distance du corps. La couche, épaisse de 2 ou 3 centimètres, était parsemée, le plus souvent, de grains d'orge et maintenue en place par un suaire relié avec des bandelettes. Que venait faire l'orge dans l'embaumement ? S'agit-il d'une pratique religieuse ? Je l'ignore et je laisse à ceux qui ont le bonheur de lire les textes le soin d'en trouver un pour expliquer cette pratique. En attendant, je suppose que ces momies, grossièrement faites (ce sont en général celles d'enfants), n'inspiraient pas, à la famille, une grande confiance pour leur conservation. L'orge en germant aurait indiqué que la momie était menacée de décomposition et qu'il fallait la réparer (analyse n° 2).

« D'autres, plus communes encore, ou peut-être parce qu'il s'agissait d'une mort par maladie contagieuse, ne portent aucune trace des pratiques indiquées plus haut ; seule l'éviscération aurait été faite, quoique cette règle souffre aussi des exceptions. Le corps, dans ce cas, était recouvert de quelques bandelettes, puis d'une épaisse couche saline recouverte elle-même de bandelettes maintenant un suaire ou deux.

« D'après tous les auteurs, cette troisième forme d'embaumement semble classique pour les pauvres à toutes les époques, mais le fait de l'avoir trouvée pour l'une des momies royales de Déir el-Bahari, celle de l'*anonyme*, m'autorise à conclure que la pauvreté seule n'était pas suffisante pour expliquer l'emploi de ce procédé.

« A quelle époque le bourrage a-t-il commencé à être pratiqué ? Certainement pas avant la dix-huitième dynastie, il n'était déjà plus courant sous la vingt-troisième ainsi qu'en témoignent les momies de la famille *Sen Notems*. Il n'en était plus question sous la vingt-sixième dynastie, à l'époque saïte. Je compte revenir ailleurs sur tous ces détails, qui sortent du cadre que j'ai voulu donner à cette note. »

Analyse des produits extraits des momies des prêtres d'Ammon de la XXIe dynastie, par H. Gautier, professeur de chimie à l'École de pharmacie de Paris.

N° 1. — Poudre minérale servant à bourrer les momies de la XXIe dynastie : « Cette poudre, de couleur grisâtre, est en grande partie insoluble dans l'eau.

« La partie soluble dans l'eau contient des sulfates, des chlorures, de la soude, de la chaux et du fer. Dans la partie insoluble se trouvent de la silice, de l'acide phosphorique, de l'acide carbonique, de l'alumine, de la chaux, du fer.

« La présence simultanée de ces différents éléments, aussi bien que l'aspect de la matière, suffisent à montrer que l'on a affaire à une terre végétale qui n'intervenait que pour diminuer le volume de l'air laissé à l'intérieur de la momie.

« On s'est borné à déterminer les proportions relatives d'humidité des matières solubles et insolubles : 6 gr. 215 ont perdu par la dessiccation 0 gr. 580; le produit desséché traité par l'eau laisse un résidu insoluble de 4 gr. 6045.

« Ces chiffres conduisent aux résultats suivants :

« Eau	8,07
« Matières insolubles	74,08
« Matières solubles	17,85
	100 »

N° 2. — Poudre minérale trouvée sur une momie d'enfant : « Même matière que le n° 1. »

N° 3. — Pâte recouvrant une momie d'enfant : « Cette pâte est presque totalement soluble dans l'eau ; elle fond sur une lame de platine en charbonnant légèrement. L'alcool bouillant enlève au produit un corps blanc organique, la solution aqueuse de ce corps blanc est précipitée par l'azotate d'argent et ce précipité noircit rapidement quand on le chauffe en présence de l'eau. C'est le sel de potassium d'un acide liquide qui n'a pu être déterminé faute de substance, mais qui provient vraisemblablement de la saponification d'un corps gras.

« La poudre soluble dans l'eau contient de la soude et de la potasse et ne renferme ni magnésie, ni fer ; elle précipite par le chlorure de baryum et l'azotate d'argent.

« 19 gr. 659 de ce produit ont perdu à 100° 2 gr. 851 ; le résidu cède à l'alcool chaud 3 gr. 24 ; le nouveau résidu a été divisé en deux parties pour doser le chlore dans l'une et l'acide sulfurique dans l'autre : en rapportant au poids initial de 19 gr. 659, on a trouvé 7 gr. 84 de chlorure de sodium et 3 gr. 02 de sulfate de sodium.

« Le résidu insoluble dans l'eau et l'alcool pèse 0 gr. 38, il est formé de matière ligneuse et de carbonate de calcium (0 gr. 27).

« Un dosage d'anhydride carbonique effectué sur 13 gr. 0545 de matière a donné 0 gr. 573 : en retranchant ce qui correspond au carbonate de calcium, il reste 0 gr. 494 qui, calculé en carbonate de potassium, donne 1 gr. 549.

« Si l'on convertit en centièmes ces différents nombres, on obtient finalement pour la composition de cette pâte :

« Eau.	14,50
« Sel de potassium soluble dans l'alcool .	16,48
« Chlorure de sodium.	35,87
« Sulfate de sodium	15,36
« Carbonate de calcium	1,37
« Carbonate de potassium	11,86
« Matière ligneuse.	0,56
	100 »

« Originairement cette pâte était sans doute constituée par un mélange de matières salines riches en chlorure de sodium, de fragments de bois aromatique et de matières grasses. »

Ces personnages ont la tête assez longue. Leur diamètre antéro-postérieur moyen est de 182, mais leur diamètre transverse est grand, car il mesure en moyenne 140. Ces diamètres diffèrent peu dans les deux sexes. L'indice céphalique moyen longueur-largeur, est de 80,21 pour l'ensemble, et se trouve le même pour les deux sexes également (♂ 80,51, ♀ 80,77). La mise en série de cet indice montre qu'il n'existe pas dans le type des membres de cette confrérie une homogénéité aussi grande qu'on pourrait se le figurer. On y voit, en effet, que les extrêmes vont de 74,59 vers la dolichocéphalie jusqu'à 86,11 vers la brachycéphalie.

Le diamètre auriculo-bregmatique, dont la moyenne est de 121 (♂ 122, ♀ 120) n'atteint souvent pas ce chiffre, car il s'en trouve de 115 et de 118, mais il le dépasse en allant jusqu'à 125 et 128. Les indices moyens de hauteur-longueur et de longueur-largeur sont de 66,48 et de 82,27 (♂ 67,13 et 83,56, ♀ 65,93 et 81,63).

Si l'indice céphalique moyen de longueur-largeur diffère peu chez les deux sexes, il n'en est pas de même pour les indices de hauteur. On voit, en effet, que les hommes ont la tête plus haute que les femmes de plus de deux unités. La face n'est pas longue dans l'ensemble, car l'indice moyen est de 86,89. Elle est même large chez les femmes (♂ 85,75, ♀ 88,11). Cela tient plus à la faiblesse du diamètre bi-zygomatique (♂ 126, ♀ 126) qu'à celle du diamètre ophrio-mentonnier (♂ 147, ♀ 143).

Le diamètre bi-palpébral moyen interne est de 27 et le diamètre bi-palpébral externe de 92. L'indice bi-palpébral moyen est 29,35. Le nez est long. Son indice moyen est de 60,78 (♂ 58,49, ♀ 62,50). Il est plus court chez les femmes que chez les hommes (♂ 53, ♀ 48); la largeur étant à peu près la même chez les deux sexes (♂ 31, ♀ 30). La taille de ces personnages est peu élevée, car sa moyenne n'est que de 1^{m}58 (♂ 1^{m}61, ♀ 1^{m}58). En résumé, les prêtres et prêtresses d'Ammon que j'ai étudiés sont mésocéphales avec une mésofacialie réelle et une mésorhinie touchant à la platirhinie. Leur taille est au-dessous de la moyenne. Il me paraît donc difficile d'établir, d'après ces résultats anthropométriques, une parenté étroite entre les prêtres d'Ammon et les monarques dont on a précédemment exposé les caractères morphologiques. Les prêtres présentent une mésaticéphalie avec un indice moyen de 80,21, tandis que les monarques sont réellement dolichocéphales avec un indice moyen de 75. La face des prêtres est plus allongée que celle des monarques. L'indice facial des premiers est de 86,89, et celui des seconds de 90. L'indice nasal des prêtres est de 60,78, tandis que celui des rois est de 66. La taille enfin des premiers est de 1^{m}58 ; celle des seconds de 1^{m}70.

Pek-chou-su, prêtre d'Ammon de la XXVIe dynastie. — Cette momie est celle d'un vieillard, envoyée autrefois au Muséum de Lyon par Mariette. Elle a été préparée avec soin au bitume, et ses traits sont bien conservés. Elle est actuellement dépouillée de ses bandelettes et de ses téguments, mais elle a été mesurée avant cette dernière opération. La tête est longue : son indice de longueur-largeur est de 71,81. Son diamètre antéro-postérieur est de 188 et le diamètre transverse de 135; celui de hauteur (auriculo-bregmatique) est de 120. Les indices de hauteur-longueur et de hauteur-largeur sont de 63,83 et de 88,88. La face est large : son indice est de 107,69 avec un diamètre bi-zygomatique de 130 et un diamètre ophrio-mentonnier de 140. Les yeux sont séparés par 28 millimètres. Le diamètre bi-palpébral externe est de 104 ; l'indice bi-palpébral interne est de 26,92. Le nez est court : son indice est de 65,30, sa longueur de 49 et sa largeur de 32. La taille de Pek-chou-su atteint 1m70.

Hor-son, seigneur memphite de la XXVIe dynastie. — La momie de ce personnage envoyée dans son sarcophage au Muséum de Lyon par Grand pacha, provient de Sakkarah. Elle a été préparée au bitume comme les précédentes, et a été dépouillée de ses bandelettes et de ses téguments, mais mesurée avant cette opération. La tête est longue. L'indice de longueur-largeur est de 74,47 cependant. Le diamètre antéro-postérieur est de 188 et le diamètre transverse de 140. La hauteur auriculo-bregmatique est de 118. Les indices de hauteur-longueur, et de hauteur-largeur sont de 62,76 et de 84,28. La face est plus large que chez le précédent : son indice est de 110. Le diamètre ophrio-mentonnier est de 143, et le diamètre bi-zygomatique de 130. Le diamètre bi-palpébral interne est de 28 et le bi-palpébral externe de 103. L'indice est de 27,18. Le nez est moins court que celui du précédent. Sa largeur est de 51 et sa longueur de 24. L'indice nasal est de 47,05. La taille atteint 1m58.

Kaïf-zart, gardien de l'étang du temple d'Ammon de la XXVIe dynastie. — L'identité de ce personnage est fournie par les inscriptions de son sarcophage, dans lequel sa momie a été envoyée au Muséum de Lyon, il y a fort longtemps. On a peu de renseignements sur son origine : on a la certitude cependant qu'elle provient de Thèbes. Cette momie a été embaumée au moyen du bitume, et d'une autre substance résineuse qui se liquéfie dès que la température s'élève au-dessus de 25 degrés. Le corps et la tête en sont remplis. La couleur de la peau est uniformément noire. Enfin le corps a été dépouillé de ses bandelettes, mais non de ses téguments. Les cheveux, enduits de bitume résineux, sont bouclés ; les sourcils sont très accentués. La bouche et les oreilles sont petites ; les bras sont placés le long du corps. Cette momie porte deux ouvertures rituelles, l'une sur le flanc gauche, qui est bouchée par un tampon de chiffons enduits de résine ; l'autre à droite, au-dessous de la dernière côte, est béante.

La tête est courte : son indice de longueur-largeur est de 77,77. Le diamètre antéro-postérieur est de 185 et le transverse de 139. La hauteur auriculo-bregmatique est de 116. Les indices de hauteur-longueur et de hauteur-largeur sont de 62,60 et de 83,45. La face est courte avec un diamètre ophrio-mentonnier de 138 et une largeur bi-zygomatique de 126. Son indice est de 108,66. Les yeux sont assez rapprochés : 26 millimètres seulement les séparent. Le diamètre bi-palpébral externe est de 105. L'indice bi-palpébral est de 25,61. Le nez est court avec un indice de 63,73. Sa hauteur est de 44 et sa largeur de 28. La taille n'atteint que 1m55.

Thébaine anonyme d'un hypogée populaire de Gournah de la XXVIe dynastie. — Cette momie est une des cinq que j'ai rapportées de Gournah. C'est une femme de trente-cinq à quarante ans. Elle devait être d'une condition assez élevée, car son embaumement a été fait avec le plus grand soin. Préparée au moyen du natron et de quelques substances aromatiques, cette momie se trouve dans un parfait état de conservation. Le bitume a été à peine employé. On n'en trouve des traces que sur la première des onze couches de bandelettes qui entouraient le corps. Voici d'après M. le professeur Florence la morphologie et la composition de deux échantillons de matières conservatrices en poudre extraites de cette momie.

Echantillon n° 1. — « Cette poudre est légère, non homogène, mélangée de débris divers, surtout de morceaux de tissus très altérés. On peut aisément en séparer un produit blanc en fragments assez volumineux, formé de carbonate de chaux, introduit peut-être accidentellement. En examinant à la loupe ce produit, on y constate aisément la présence de grumeaux colorés très diversement, les uns presque blancs, salins, les autres très foncés, bitumineux : ces grumeaux fondent, noircissent et exhalent une odeur de graisse; on y observe, en outre, des grains sphériques, dépolis et blancs, formés de silice roulée. Cette poudre est sèche, fétide, d'odeur cadavérique, et laissant, aux doigts, une forte odeur de vieux fromage. »

Echantillon n° 2. — « Cette poudre contient les mêmes éléments que la précédente, mais en proportions différentes. Elle perd, à 100 degrés, 4,35; traitée par l'eau, elle laisse un résidu de 16,50.

« La partie soluble dans l'eau contient :

« Carbonate de soude	1,55	(évalué à l'état anhydre).
« Chlorure de sodium	34,887	
« Sulfate de sodium	32,948	(calculé comme $SO^4 Na^2$). »

Les cheveux ont disparu, et le nez, dont les cloisons avaient été brisées pour l'extraction du cerveau, était bouché par un tampon résineux. La peau est d'une couleur uniformément jaunâtre. L'ouverture rituelle du flanc gauche était bouchée par un tampon de linge imbibé de cire, recouverte de bitume. Les bras sont ramenés sur la poitrine. Les mains sont longues et étroites. La droite, entr'ouverte, avait dû tenir quelque chose, un rouleau de papyrus peut-être. Aucun objet n'accompagnait cette momie.

Une fenêtre de 15 centimètres de longueur et 10 centimètres de largeur, pratiquée sur l'épigastre, a permis de constater la présence dans l'intérieur du corps d'une série de petits paquets contenant plusieurs organes préparés au natron, et soigneusement pliés dans des linges imprégnés de cette substance. L'un d'eux, placé en haut et à gauche, contenait le cœur; plus bas et à droite, le foie; plus bas encore et à droite, l'utérus. Au fond du bassin, un amas de bitume empâtait les intestins et les reins.

La tête est courte avec un indice céphalique de longueur-largeur de 77,77. Le diamètre antéro-postérieur est de 180 et le diamètre transverse de 140. La hauteur auriculo-bregmatique n'est que de 112. Les indices de hauteur-longueur et de hauteur-largeur sont de 62,22 et de 80. La face large présente un indice de 99,19. Le diamètre ophrio-mentonnier est de 131 et le bi-zygomatique de 123. Les yeux ne sont séparés que par 22 millimètres. Le diamètre bi-palpébral externe est de 97. L'indice est de 22,68.

L'indice nasal est de 48. La longueur du nez n'est que de 50 et sa largeur de 24 millimètres. La bouche et les oreilles sont petites; la dentition est fort belle. La taille de cette femme n'atteint que 1^{m}55.

Thébain anonyme n° 1, d'un hypogée populaire de Gournah de la XXVI° dynastie. — Cet homme, de cinquante à soixante ans, a été embaumé par le même procédé que la momie précédente, c'est-à-dire que le bitume n'a été employé qu'accessoirement. Le cadavre paraît d'abord avoir été salé, puis desséché et entouré ensuite de sept épaisseurs de bandelettes. Une matière huileuse avait été répandue en abondance entre le quatrième et le cinquième tour de bandelettes. La verge, dépourvue de son prépuce, avait été entourée spécialement dans de petites bandes. Les testicules sont coupés et laissent une ouverture de 35 millimètres de longueur, bouchée par un tampon de linge.

L'ouverture rituelle du flanc gauche, longue de 95 millimètres, est bouchée par un tampon de linge imbibé de bitume. Une fenêtre de 20 centimètres carrés, pratiquée au niveau de l'épigastre, a permis de constater qu'on n'avait laissé aucun viscère. Les cavités thoracique et abdominale sont remplies d'une poussière jaunâtre saline et aromatique. Plusieurs sachets contenant cette substance étaient encore en place : un sous la clavicule gauche et trois un peu plus bas à droite. En voici, d'après M. le professeur Florence, la physionomie et la composition étudiées sur deux échantillons :

Echantillon n° 1. — « Poudre jaune foncé, très humide, se tassant aisément, assez fétide et homogène. Entre les doigts, elle donne une sensation grasse, avec grains; ces solutions moussent comme celles des poudres précédentes.

« Cette poudre contient :

« Eau	19,25	
« Résidu insoluble	26,20	
« Carbonate de soude.	3,63	(compté à l'état de CO^3Na^2).
« Chlorure de sodium	22,284	
« Sulfate de soude.	7,2546	— SO^4Na^2). »

Echantillon n° 2. — « C'est une poudre jaune, humide, non tassée, cependant très granuleuse, plus homogène que les précédentes, se massant par pression des doigts, très fétide, odeur de vieux fromage, tenace et pénétrante. A la loupe, on distingue aussi des petits grains salins, des débris de bois.

« Elle contient, comme les précédentes, des substances aromatiques solubles dans l'éther, des savons fétides, etc. :

« Eau.	16,35	
« Résidu insoluble.	27,80	
« Carbonate de soude	2,59	(évalué en CO^3Na^2).
« Chlorure de sodium.	22,288	
« Sulfate de sodium	7,0768 »	

Les yeux, dont les paupières ont été fermées, sont bourrés de chiffons, ainsi que le nez. Les bras, longs et bien musclés, sont ramenés sur la poitrine. La tête, dépourvue de cheveux, est longue : elle mesure 183 millimètres; sa largeur transversale est de 138 millimètres. Son indice est de 75,40. La hauteur auriculo-bregmatique est de 115 seulement; les indices de hauteur-longueur et de hauteur-largeur sont de 62,84 et de 83,33. La face est large, son indice est de 104,73. Le diamètre ophrio-mentonnier est de 124 et le bi-zygomatique de 130 millimètres. La bouche est grande : les oreilles

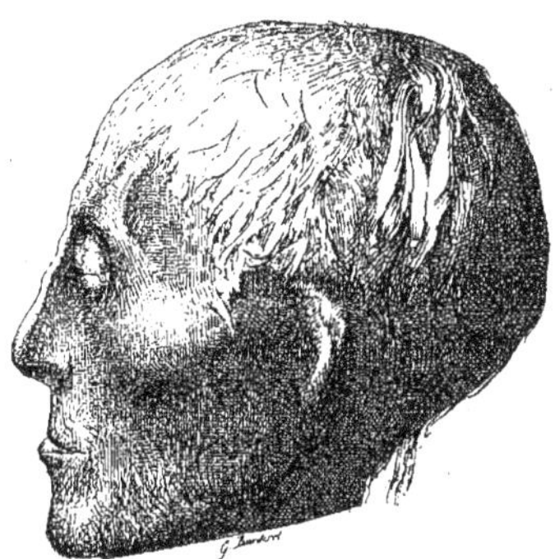

Fig. 76. — Thébain anonyme n° 1 de Gournah.

assez fortes, et la dentition excellente. Les yeux sont séparés par 26 millimètres. Le diamètre bi-palpébral externe est de 100 millimètres. Le nez est court, sa longueur n'est que de 47 et sa largeur de 30. L'indice est de 63,83. La taille de ce Thébain est de 1m65 (fig. 76).

Thébain anonyme n° 2, d'un hypogée populaire de Gournah de la XXVIe dynastie. — Cet homme, paraissant âgé de trente à quarante ans, a été embaumé à peu près dans les mêmes conditions que les précédents, c'est-à-dire salé d'abord, desséché ensuite. A l'intérieur, le corps était rempli de bitume, surtout dans la région inférieure du thorax. La tête séparée du tronc au niveau de l'axis pour l'extraction du cerveau, a été rattachée à la troisième vertèbre cervicale par une cheville de bois, et le tout consolidé au moyen de bandelettes imbibées de bitume. Cette momie n'a conservé aucune trace de cheveux ni de barbe. Sa peau est brunie par l'embaumement, et cassante, mais non cuite comme cela s'observe dans les momies ptolémaïques. Les yeux, le nez et la bouche étaient bourrés de chiffons imbibés d'une substance huileuse autre que le natron. La bouche était remplie de terre bitumeuse. Les bras étendus le long du corps étaient recouverts, comme les jambes et le tronc, d'une grande pièce d'étoffe assez fine et de nombreuses bandelettes (dix-sept tours), dont les trois premières étaient seules imbibées de bitume. Des débris de chiffons et d'herbes fines broyés avec du bitume et formant une sorte de pâte, remplissaient le vide laissé entre les jambes par la dessiccation des tissus. Le trou rituel du flanc gauche, bouché par des chiffons est seul apparent. Cette momie ne renfermait aucun objet pouvant fournir des renseignements sur son identité (fig. 77). Voici d'après M. le professeur Florence la morphologie et la composition des matières employées pour l'embaumement de ce sujet, étudiées sur quatre échantillons :

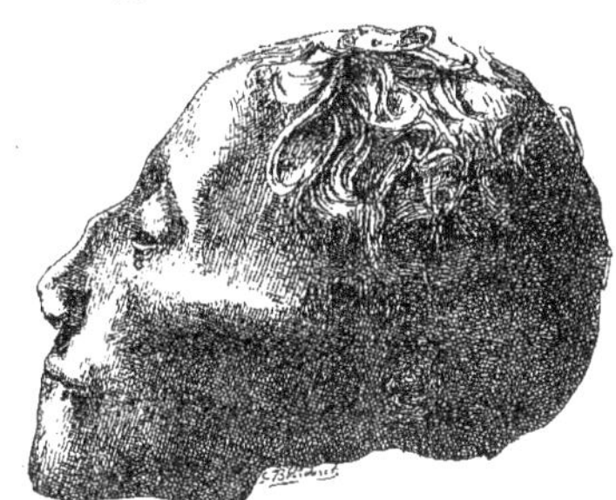

Fig. 77. — Thébain anonyme n° 2 de Gournah

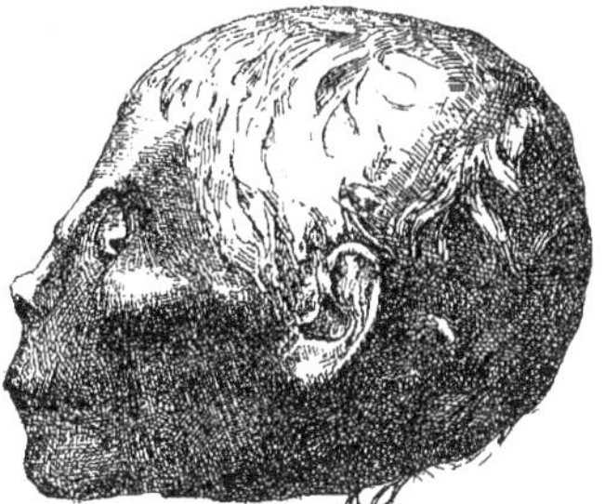

Fig. 78. — Thébain anonyme n° 10 de Gournah

Echantillon n° 1. — « C'est une substance bitumineuse brillante, prise entre des morceaux de tissus : elle est dure, sèche, à odeur bitumineuse, légèrement cadavérique; sa cassure est nette, conchoïdale, brillante, elle brûle, fond aisément, se ramollit assez à la chaleur de la main, pour pouvoir être pétrie entre les doigts avec une certaine force. Elle est insoluble dans l'eau, partiellement soluble dans l'alcool, l'éther, le chloroforme, la benzine. Elle ne laisse que peu de cendres à la calcination, c'est du bitume ordinaire (asphalte). »

Echantillon n° 2. — « Cette substance est noire, friable, à odeur à la fois bitumineuse et cadavérique.

« Traitée par l'eau, elle se dissout partiellement en donnant un liquide jaune brun qui contient un savon de bitume précipitable par décomposition avec les acides, et qui précipite aussi les chlorures concentrés et même étendus si une double décomposition peut se produire, comme avec le chlorure de baryum.

« Par calcination, cette substance laisse des cendres fusibles, très difficiles à débarasser du charbon, et équivalant à 36 pour 100.

« L'eau enlève 76,50 pour 100 et laisse un résidu de 23,50 pour 100.

« La solution contient du savon de bitume moussant abondamment, des traces de sulfate, du chlorure de sodium (5 gr. 25 pour 100) et a une alcalinité qui équivaut à 4 gr. 50 de carbonate de soude cristallisé pour 100 grammes.

« En résumé, cette substance n'est pas autre chose qu'un savon imparfait de bitume, contenant du bitume resté insoluble, du bitume soluble combiné à la soude du chlorure de sodium, du sulfate de soude et enfin les impuretés habituelles du natron, sable siliceux, alumine, etc. Le bitume qui est insoluble dans l'eau se dissout en partie dans l'alcool, dans l'éther, en partie très faible dans la soude. »

Echantillon n° 3. — Cette substance est d'un aspect gras, cireux, se laissant facilement rayer avec l'ongle, en donnant une surface cireuse bien rouge, homogène. Elle est très fétide et a exactement pour densité 16 degrés; elle est insoluble dans l'eau, fusible, brûle avec une flamme fuligineuse et en dégageant une odeur de corne et de graisse brûlée. »

Echantillon n° 4. — « C'est un savon de bitume imparfait donnant pour 100 gr. 77 de partie soluble, et 22 grammes de résidu insoluble; celui-ci est formé de bitume non saponifié, de sable (silice), d'alumine, etc.

« La partie soluble contient du bitume uni à la soude (savon de bitume) et a une alcalinité correspondant à 2 gr. 65 de carbonate de soude net pour 100 de substance bitumineuse et 7 gr. 60 de chlorure de sodium; la partie soluble contient des quantités notables de sulfate de soude. »

La tête de ce Thébain n'est pas très longue, bien que le diamètre antéro-postérieur soit de 183 millimètres; le transverse est de 140. Son indice de longueur-largeur est de 76,92. La hauteur auriculo-bregmatique est de 114. Les indices de hauteur-longueur et de hauteur-largeur sont de 62,29 et de 81,42. La face est longue; le diamètre bi-zygomatique est de 120, et le diamètre ophrio-mentonnier de 133 millimètres. L'indice facial total est de 90,22. Les yeux sont séparés par 25 millimètres; le diamètre bi-palpébral externe est de 98. L'indice bi-palpébral est de 25,51. Le nez, court et large, donne un indice de 61,11, avec une longueur de 54 et une largeur de 33. La bouche et les oreilles sont grandes. La dentition est superbe. La taille de ce sujet, au-dessous de la moyenne, atteint 1m58.

Thébain, anonyme n° 3, d'un hypogée populaire de Gournah de la XXVIe dynastie. — La momie de cet individu a été également très soignée. Elle est celle d'un homme de trente à quarante ans, fort bien musclé. Le bitume ne paraît pas avoir été employé pour la préparation première ; elle semble seulement avoir été salée et puis séchée. Le corps tout entier avait été recouvert d'un linceul de toile fine, puis enroulé dans vingt-trois épaisseurs de bandelettes, dont les dix dernières étaient imbibées de bitume. Les cheveux ont été conservés ; ils sont bouclés et d'une nuance rougeâtre. La peau de la face montrait une barbe forte rasée depuis quelques jours. Le corps ne présentait aucune trace de poils. Le nez, dont les cloisons avaient été brisées, était, ainsi que les yeux et l'ouverture rituelle de gauche, bourré de chiffons. Les testicules énucléés enveloppaient la verge dépourvue de son prépuce ; le tout était soigneusement plié dans de la toile fine. Une seconde ouverture, pratiquée à droite et au-dessous de la dernière côte, avait permis, ainsi que l'ouverture du flanc gauche, d'extraire les viscères. Ceux-ci étaient remplacés par un amas de matière pulvérulente saline, sur laquelle M. le professeur Florence a fait les observations suivantes.

« C'est une poudre humide, se tassant par pression, jaune, fétide, sentant nettement les acides butyrique et valérianique, odeur cadavérique qui se fixe avec tenacité aux doigts, quand on a touché ce produit. Par dessiccation, cette odeur s'atténue, en même temps que la poudre devient d'un jaune plus clair. Elle perd, à l'étuve à 100 degrés, 18,57 pour 100 d'eau.

« L'éther enlève alors à cette poudre une très faible quantité de substance jaunâtre, douée d'une odeur âcre, fétide, nauséabonde, rappelant l'odeur de chauve-souris : elle est sous forme d'un vernis gras dans la capsule, et correspond à 0,95 pour 100 de la substance sèche.

« L'alcool enlève ensuite un savon impur, noirâtre, à odeur cadavérique très prononcée. Si on traite ce savon par de l'acide sulfurique étendu, on sépare une huile noire, mélange très complexe, formé certainement accidentellement par l'action du natron sur les graisses du cadavre, 2,9 pour 100. Le peu de substance dont nous disposions ne nous a pas permis de déterminer plus exactement cette substance. Si on traite par l'eau, on obtient une solution jaune clair et un résidu sablonneux de 28,80 pour 100.

« Ce résidu est formé d'éléments divers : d'abord de grains blancs, arrondis, à surface un peu rugueuse quand on les examine à la loupe, insolubles dans l'acide chlorhydrique ; c'est de la silice roulée ; puis de débris végétaux, très altérés, et de la terre sablonneuse. Si on traite par l'acide chlorhydrique, cette terre fait fortement effervescence : elle contient du carbonate de chaux, du fer à l'état d'oxyde jaune (limonite), de l'argile et un peu de magnésie.

« La partie soluble contient : *3 gr. 37* de carbonate de soude anhydre (soit 9,092 de carbonate de soude cristallisé) ; 26,95 de chlorure de sodium ; 7,63 de sulfate de soude anhydre, soit 17,30 de sel cristallisé.

« En résumé, ce produit contient :

« Partie terreuse insoluble	28,80
« Carbonate de soude cristallisé.	9,092
« Chlorure de sodium.	26,95
« Sulfate de soude cristallisé.	17,30
« Substance impure, soluble dans l'éther	0,95
« Savon	2,90
« Eau et perte	14,008
	100 »

La tête est plus longue et plus basse chez cet individu que chez le sujet précédent. L'indice de longueur–largeur est de 73,77. Le diamètre antéro–postérieur est de 183, et le transverse de 135. La hauteur auriculo–bregmatique est de 112 seulement. Les indices de hauteur–longueur et de hauteur–largeur sont de 61,20 et de 82,96. La face est large avec un indice de 96,09. Son diamètre bi–zygomatique est de 123 et le diamètre ophrio–mentonnier de 128. Les yeux, peu rapprochés, sont séparés l'un de l'autre par 24 millimètres. Le diamètre bi–palpébral externe est de 95. Le nez est long avec un indice de 52,83. Sa largeur est de 28 et sa longueur de 53. La taille de ce sujet est de $1^{m}64$.

Thébain anonyme n° 4, d'un hypogée de Gournah de la XXVIe dynastie. — Parmi les momies que j'ai recueillies dans des hypogées populaires de Gournah, s'en trouvait une, admirable de forme extérieure et de conservation. L'emmaillotage était des plus soignés, et tout pouvait faire supposer qu'elle renfermait un individu de qualité, égaré dans cette nécropole ne renfermant que des gens pauvres ou de condition modeste. A l'ouverture de cette momie, nous avons trouvé des bandelettes fortement imbibées de natron formant 54 tours en épaisseur autour du corps enduit d'une forte couche de bitume. Les yeux, le nez, la bouche et les oreilles étaient remplis de cette substance qui, employée sans doute chaude, avait pénétré profondément les tissus. Le thorax dégagé, les bras apparurent étendus le long du corps et les mains appuyées l'une sur l'autre à la hauteur du bas–ventre. Enfin, en poursuivant notre travail, nous découvrons au lieu et place du bassin et des fémurs des amas de gros chiffons, puis des tiges de feuilles de palmier, et des morceaux de branche d'acacia recouverts eux–mêmes de chiffons. Au bout de ces fémurs artificiels se trouvaient les tibias, puis les pieds soigneusement enveloppés. Ces parties étaient complètement décharnées, ainsi que le bras gauche, qui de plus est désarticulé de l'épaule. Les muscles ont disparu et les tendons sont à jour. Tout fait présumer que l'on est en présence d'un corps qui a macéré et que cette momie est celle d'un noyé. Le corps recueilli en putréfaction a dû être traité tout de suite au bain de bitume, qui a ainsi pénétré rapidement les téguments. Cet individu est un homme de quarante à cinquante ans, de puissante corpulence, ayant des bras très musclés et des mains assez fortes. En revanche, les pieds sont si petits qu'ils semblent ne pas lui appartenir.

La tête est moyennement longue. Son indice longueur–largeur est de 76,92. Son diamètre antéro–postérieur est de 188 et son diamètre transverse de 142. La hauteur auriculo–bregmatique est de 120. Les indices de hauteur–longueur et de hauteur–largeur sont de 65,93 et 80,33. La face assez longue présente un indice de 85,71. Le diamètre bi–zygomatique est de 127 et le diamètre ophrio–mentonnier de 140. Le nez est court : sa longueur est de 46 et sa largeur de 30. L'indice nasal est de 90,71. Les yeux sont très rapprochés, 28 millimètres les séparent. Le diamètre bi-palpébral est de 96. On ne peut s'empêcher d'admirer avec quel soin un si misérable corps incomplet a été momifié.

Thébains anonymes d'un hypogée populaire de Gournah de la XXVIe dynastie, têtes. — En outre des momies entières que j'ai pu me procurer de cet hypogée, j'ai recueilli onze têtes à part. La plupart ont des cheveux et des traces plus ou moins apparentes de barbe. Elles appartiennent toutes à des hommes. Le plus grand nombre ne semble pas avoir subi d'autre préparation que la salaison; le bitume n'a été employé que pour les couches moyennes des bandelettes. Les cloisons du nez, généralement brisées, ont été, ainsi que les yeux, bouchées par des chiffons. Le globe oculaire est quelquefois remplacé par une petite pierre plate blanche ou grise ou de la cire. Bien que n'appartenant pas à

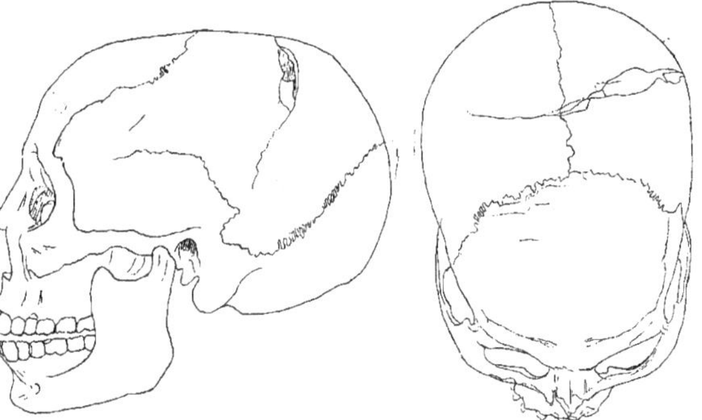

Fig. 79. — Crane n° 8 d'un hypogée de Gournah de la XXVIe dynastie

des gens riches, en général, ces momies avaient eu assez souvent la face recouverte d'une mince feuille d'or dont la peau conserve encore des traces nombreuses. Beaucoup de sujets ont la bouche ouverte, laissant voir la langue et une dentition assez belle.

La tête présente un indice céphalique (longueur largeur) moyen de 72,37. Le diamètre antéro-postérieur moyen est de 181, et le transverse moyen de 139. La hauteur auriculo-bregmatique moyenne est de 118. Quelques sujets (trois cas) dépassent 120. Les indices de hauteur-longueur et de hauteur-largeur sont de 65,19 et de 84,80. Le frontal maximum a une largeur moyenne de 115, et le frontal minimum une largeur de 99. L'indice frontal est de 86,08. La face, allongée, présente un diamètre ophrio-alvéolaire moyen de 93 et un diamètre ophrio-mentonnier de 131. Le diamètre bi-zygomatique est de 133. L'indice facial B est de 70,99 et l'indice facial A de 98,49. Les yeux sont séparés en moyenne par 25 millimètres. Le diamètre bi-palpébral externe moyen est de 93. L'indice bi-palpébral est de 26. Le nez présente une longueur moyenne de 51 et une largeur moyenne de 28. L'indice nasal moyen est de 54,90.

Le tableau ci-après donne les moyennes des diamètres et des indices des momies de de la période saïte.

MOYENNES DES DIAMÈTRES ET DES INDICES DES MOMIES DE LA PÉRIODE SAITE

XXIe, XXIIe ET XXVIe DYNASTIES

MESURES		ANHAPOU XXIe Dynastie	TOUI HATHOR HOUST OOUI XXIe Dynastie	NÉSITANE BASHROU XXIIe Dynastie	ROUI SEIGNEUR DE THÈBES XXIIe Dynastie	HORUS FILS DE ROUI XXIIe Dynastie	NEIT SEKEN XXIIe Dynastie	PRÊTRES D'AMMON XXIe Dynastie			MOYENNES de 20 THÉBAINS de la XXIe et de la XXIIe Dynastie	PEK-CHOU-SU XXVIe Dynastie	HOR-SON XXVIe Dynastie	NAIF-ZABT XXVIe Dynastie	THÉBAINS ANONYMES XXVIe Dynastie					MOYENNES DES THÉBAINS de la XXVIe Dynastie
								9 ♂	5 ♀	14 ♂ et ♀					♀	1 ♂	2 ♂	3 ♂	4 ♂	
Diamètres de la tête	Antéro-post. maximum	180	180	185	180	185	177	182	182	182	181	188	188	183	180	183	183	183	182	183
	Transversal maximum	141	135	138	137	136	136	140	137	138	137	135	140	139	140	138	140	135	140	138
	Auriculo-bregmatique	118	120	118	120	117	117	120	119	119	118	120	118	116	112	115	114	112	120	115
	Indices. Longueur-largeur	78.33	75.00	74.59	76.11	73.51	76.83	76.92	75.27	75.82	75.69	71.81	74.47	75.95	77 77	75.40	76 50	73.77	76.92	75.40
	Indices. Hauteur-longueur	65.55	66.66	63.78	66.66	63.24	66.10	65.93	65.38	65.38	65.19	63 83	62 76	63.38	62.22	62.84	62.29	61 20	65.93	62.84
	Indices. Hauteur-largeur	83 68	88.88	85.50	87.59	86.03	86.03	85.71	86.86	86.23	86.13	88.88	84.28	83 45	80.00	83.83	81.42	82.96	85.71	83.33
Diamètres du front	Frontal maximum	111	109	115	114	112	110	116	112	114	113	114	114	111	»	112	111	111	110	112
	Frontal minimum	96	93	96	94	93	93	98	95	96	95	94	93	91	»	91	94	92	94	94
	Indice frontal	86.49	85.32	83.47	82.46	83.03	84.52	84.48	84.82	84.21	84.07	82.46	81 58	81.98	»	81 24	84.68	84.88	85 45	83 92
Diamètres des yeux	Bipalpébral externe	104	106	102	95	95	96	100	95	98	98	104	103	105	97	100	98	95	96	99
	Bipalpébral interne	28	26	30	24	23	22	28	27	27	26	28	28	27	22	26	25	24	22	25
	Indice bipalpébral	26.92	24.52	29.41	25.26	24.21	22 91	28.00	28.42	27.55	26.53	26.92	27.18	25.71	22.68	26.00	25 51	25.26	22.91	25.25
Diamètres de la face	Ophrio-mentonnier	148	150	146	145	145	148	147	143	145	145	140	143	138	124	124	133	128	140	133
	Bizygomatique	134	136	136	126	128	128	126	126	126	127	130	130	127	123	130	120	123	127	126
	Indice facial	90.59	90.66	93.15	86.89	88.27	86.48	85.71	88.11	86.89	87.58	92.83	90.91	92 02	99.19	104.83	90.22	96.09	90.71	94.73
Diamètres du nez	Longueur	50	43	57	48	56	52	53	48	51	51	49	51	44	50	47	54	58	46	49
	Largeur	34	28	33	26	32	28	31	30	31	30	32	24	28	24	30	33	28	30	28
	Indice nasal	68.00	65.11	57.89	54.17	57.14	53.86	58.49	62,50	60.78	58.82	65.30	47.06	63.63	48.00	63 83	61.11	52 83	65.21	57.14
Taille debout		1m47	1m60	1m75	1m75	1m70	1m72	1m61	1m53	1m58	1m60	1m70	1m58	1m85	1m55	1m65	1m58	1m64	?	1m65

MORPHOLOGIE CRANIOLOGIQUE

Les crânes appartenant sûrement à cette période sont peu nombreux et ne proviennent que de deux localités. Les uns, remontant à la XXIIe dynastie, ont été recueillis à Déir el-Bahari; les autres, datant de la XXVIe dynastie, proviennent de Gournah. Aucune de ces momies n'était enfermée dans un sarcophage, et près d'elles on ne trouve que quelques débris de planches et de vases grossiers, ainsi que des ossements de bœuf. La plupart avaient été préparées au natron et recouvertes ensuite de bitume. Toutes étaient encore pourvues, en partie, de leurs téguments et de leurs cheveux, mais ils sont tombés après leur exhumation. C'est pour cela qu'elles n'ont pu être étudiées qu'à l'état de squelette et non de momie.

Mise en série de l'indice nasal des crânes de Déîr el-Bahari
(XXIIe DYNASTIE)

INDICE NASAL	CRANES DE DÉIR EL-BAHARI (7 ♂)	CRANES DE DÉIR EL-BAHARI (3 ♀)	TOTAUX
—	—	—	—
44	2	»	2
45	»	»	»
46	»	»	»
47	»	»	»
48	»	»	»
49	»	»	»
50	2	1	3
51	1	1	2
52	1	»	1
53	»	»	»
54	»	»	»
55	2	»	2
			10

Mise en série de l'indice céphalique des crânes de Déîr el-Bahari
(XXIIe DYNASTIE)

INDICE CÉPHALIQUE	CRANES DE DÉIR EL-BAHARI (7 ♂)	CRANES DE DÉIR EL-BAHARI (3 ♀)	TOTAUX
—	—	—	—
71	»	1	1
72	1	»	1
73	1	»	1
74	2	2	4
75	1	»	1
76	1	»	1
77	1	»	1
			10

Thébains de Déir el-Bahari de la XXIIe dynastie. — J'ai mesuré au Muséum de Paris dix crânes de Thébains de la XXIIe dynastie recueillis dans un des nombreux hypogées de cette localité, et envoyés par Mariette. Sept appartiennent à des hommes et trois à des femmes. Dans cette série, le crâne est moyennement long : son diamètre moyen est de 184 (♀ 184, ♂ 183) et son diamètre transverse de 137 (♂ 138, ♀ 134). Sa hauteur auriculo-bregmatique moyenne n'est que de 117 et sa hauteur basilo-bregmatique de 133. L'indice céphalique moyen de longueur-largeur est de 74,45 (♂ 75, ♀ 73,22), et ceux de hauteur-longueur et de hauteur-largeur A de 63,93 (♂ 64,13, ♀ 63,38) et de 85,40 (♂ 85,50, ♀ 87,20); celui de B est de 72,08 et de 97,08 (♂ 93,37, ♀ 100). Le peu de hauteur que présentent ces crânes, ainsi que leur largeur assez grande, principalement chez les hommes, s'explique par le développement exagéré des pariétaux. La mise en série de l'indice céphalique de longueur-largeur montre que sept sujets sur dix présentent une dolichocéphalie inférieure à 75, tandis que trois seulement ont une mésocéphalie qui se tient entre 75 et 79. Elle montre aussi que la moyenne de fréquence oscille autour de 74 (2 ♂, 2 ♀), et que les extrêmes vont de 71 (un ♂ et une ♀) à 77 (deux ♂).

L'indice frontal est assez normal, puisqu'il est de 97,15 pour l'ensemble. La face est allongée : l'indice facial moyen ophrio-alvéolaire est de 72,22 (♂ 73,43, ♀ 64,70). Elle est, comme on le voit beaucoup moins allongée chez les femmes que chez les hommes. La hauteur faciale n'est, en effet, chez elle, que de 77 millimètres en moyenne, alors que chez les hommes elle est de 94. Le nez est peu allongé : sa longueur moyenne est de 51 et sa largeur moyenne de 25 (♂ 52, ♀ 47, et ♂ 25, ♀ 25). Son indice moyen est de 50 pour l'ensemble. La mise en série de l'indice nasal de ce groupe montre une certaine hétérogénéité, puisque cet indice court de 44 (2 ♂) à 55 (2 ♀). Les yeux sont assez rapprochés, car 24 millimètres seulement les séparent. Les orbites présentent un indice moyen

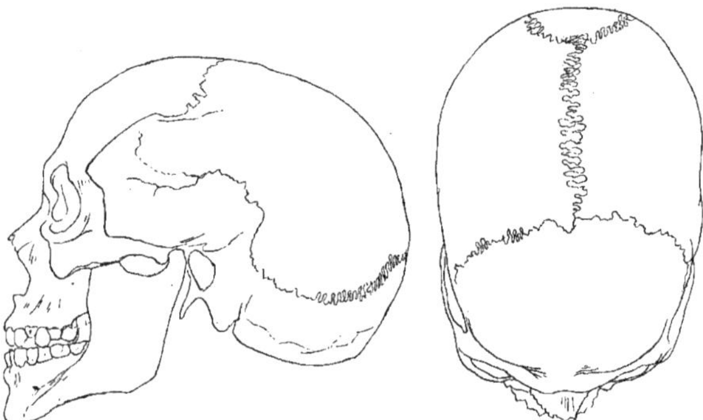

Fig. 80. — Crane n° 27 d'un hypogée de Gournah de la XXVIe dynastie

de 89,20 (♂ 89,20, ♀ 89,50). Le trou occipital est d'un ovale allongé. Son indice moyen est de 82,85 pour l'ensemble et ne diffère pas dans les deux sexes. La voûte palatine est également peu différente chez les hommes et chez les femmes. Son indice moyen est de 78.

Thébains d'un hypogée populaire de Gournah de la XXVIe dynastie. — Cette série que j'ai recueillie en 1898, aidé de quelques fellahin de Gournah, est extraite de l'un des nombreux hypogées dont sont percées les collines qui dominent le Ramesseum. Ces crânes appartiennent à la même série que les dix têtes que j'ai décrites avec les momies de cette localité et de cette époque. Elle se compose de 36 sujets (20 ♂ et 16 ♀), tous adultes et, pour la plupart, d'âge moyen. J'ai laissé de côté les enfants et les vieillards.

Les crânes présentent en général une belle courbure antéro-postérieure (fig. 79 et 80). Le diamètre en est faible, surtout chez les femmes ; la moyenne est de 179 (♂ 182, ♀ 176). Le diamètre transverse moyen est de 134 (♂ 136, ♀ 132). Le diamètre auriculo-bregmatique est de 117 (♂ 120, ♀ 114). L'indice céphalique moyen de longueur-largeur est de 74,85 (♂ 74,74, ♀ 74,99). Ceux de hauteur-longueur et de hauteur-largeur sont de 65,36 et 87,31 (♂ 65,93 et 88,23, ♀ 64,77 et 86,36). La mise en série de l'indice de longueur-largeur montre d'abord que 9 hommes sur 20 et 6 femmes seulement sur 16 présentent des indices inférieurs à 75, puisque 11 hommes et 9 femmes ont des indices variant de 75 à 79,79. Une seule femme dépasse 80. On voit d'autre part, dans cette mise en série que la moyenne de fréquence se trouve entre 77 et 74. Les extrêmes sont 68 (1 ♂) et 79 (1 ♀).

Mise en série de l'indice nasal des crânes de Gournah
(XXVIe DYNASTIE)

INDICE NASAL	CRANES DE GOURNAH (20 ♂)	CRANES DE GOURNAH (16 ♀)	TOTAUX
43	2	»	2
44	2	»	2
45	»	»	»
46	3	1	4
47	»	»	»
48	»	»	»
49	1	»	1
50	5	2	7
51	»	»	»
52	1	1	2
53	1	1	2
54	1	2	3
55	»	2	2
56	1	1	2
57	»	»	»
58	1	2	3
59	»	1	1
60	»	1	1
61	»	»	»
62	1	»	1
63	1	2	3
			36

Mise en série de l'indice céphalique des crânes de Gournah
(XXVIe DYNASTIE)

INDICE CÉPHALIQUE	CRANES DE GOURNAH (20 ♂)	CRANES DE GOURNAH (16 ♀)	TOTAUX
68	1	»	1
69	»	»	»
70	»	»	»
71	2	1	3
72	1	1	2
73	1	3	4
74	4	1	5
75	3	4	7
76	4	2	6
77	2	3	5
78	2	»	2
79	»	1	1
			36

La largeur bi-zygomatique est de 126 (♂ 130, ♀ 121). Elle est, on le voit, beaucoup plus faible chez les femmes que chez les hommes. Le front est plutôt étroit que large, l'indice frontal moyen est de 85,59 (♂ 84,34, ♀ 86,91). Le diamètre interoculaire est faible; 23 millimètres seulement chez les deux sexes. Les orbites ont une largeur moyenne de 39 (♂ 40, ♀ 37) et une hauteur de 33 (♂ 33, ♀ 32). L'indice orbitaire moyen est de 84,61 (♂ 82,50; ♀ 86,49). Le nez est court, sa longueur moyenne est de 49 (♂ 52, ♀ 46) et sa largeur moyenne de 26 (♂ 26, ♀ 25). L'indice nasal moyen est de 53,06 (♂ 50, ♀ 54,35). La mise en série montre que, sur 36 sujets, 5 seulement présentent des indices au-dessous de 60 (18 ♂ et 13 ♀). Elle montre encore que cet indice court de 43 à 63, mais que la moyenne de fréquence se trouve à 50 (5 ♂, 2 ♀). Le trou occipital est ovale avec un indice moyen de 85,29 (♂ 85,29, ♀ 82,35). La voûte palatine est allongée; son diamètre antéro-postérieur moyen est de 48 (♂ 49, ♀ 45), et celui de largeur est de 37 (♂ 39, ♀ 34).

Le tableau ci-dessous résume les diamètres et les indices moyens des deux séries de crânes qui viennent d'être décrites. On voit que leurs caractères morphologiques principaux, aussi bien que leurs mesures absolues, diffèrent peu dans la série de la XXIIe dynastie et dans celle de la XXVIe.

MOYENNE DES DIAMÈTRES ET DES INDICES DES CRANES
DE LA PÉRIODE SAITE

MESURES		DEIR EL-BAHARI XXIIe Dynastie			MEDINET EL GOURNAH XXVIe Dynastie			MOYENNE DES CRANES de la période saïte		
		7 ♂	3 ♀	10 ♂ et ♀	20 ♂	16 ♀	36 ♂ et ♀	27 ♂	19 ♀	46 ♂ et ♀
Diamètres du crâne	Antéro-post. maximum	184	183	184	182	176	179	182	177	180
	Transv. maximum	138	134	137	136	133	134	136	133	134
	Auriculo-bregmatique, A.	118	116	117	120	114	117	119	114	117
	Basilo-bregmatique, B.	133	134	133	»	»	»	»	»	»
	Indices. Longueur, largeur.	75.00	73.22	74.45	74.72	75.56	74.85	74.72	75 14	74.44
	Indices. Hauteur B, longueur	64.13	63.38	63.58	65.93	64.77	65.36	65.38	64.40	65.00
	Indices. Hauteur B, largeur.	85.50	86.56	85.40	88.23	85.71	87·31	87.50	85.71	87.31
Diamètres du front	Frontal maximum	111	104	119	115	107	111	113	106	112
	Frontal minimum	92	92	95	97	97	95	95	96	95
	Indice frontal	82.88	88.46	79.83	84.54	90.65	85.59	84 07	90.56	84.82
Diamètres bi-orbitaires	Bi-orbitaire externe	97	92	95	95	91	93	95	91	93
	Bi-orbitaire interne	23	24	24	23	23	23	23	23	23
	Indice bi-orbitaire	22.71	26.09	25.26	24.21	25.27	24.73	24.21	25.27	24.73
Diamètres de la face	Ophrio-mentonnier A.	135	124	132	142	124	135	140	124	134
	Ophrio-alvéolaire B.	94	77	91	93	87	93	96	85	92
	Bizygomatique	128	119	126	130	121	126	129	120	126
	Indice facial B.	94.81	95.96	95 45	91.55	97.58	93.33	92 14	96.77	94.02
Diamètres de l'orbite	Hauteur ou longueur	33	32	33	33	32	33	33	32	33
	Largeur	37	36	37	40	37	39	39	36	38
	Indice orbitaire	89.19	88.89	89.19	82.50	86.48	84.61	84.61	88.89	86.84
Diamètres du nez	Hauteur ou longueur	52	47	51	52	46	49	52	46	49
	Largeur	26	25	25	26	25	26	26	25	25
	Indice nasal	50.00	53.19	49 02	50.00	54.35	53.06	50.00	54.35	51.02
Diamètres du trou occipital	Hauteur ou longueur	35	35	35	34	34	34	34	34	34
	Largeur	29	29	29	29	28	29	29	28	29
	Indice du trou occipital	82.25	82.85	82.85	85.29	82.35	85.29	85 29	82.35	85.29
Diamètres de la voûte palatine	Longueur	48	46	47	49	45	48	48	45	47
	Largeur	37	34	35	39	34	37	38	34	36
	Indice palatin	77.08	73.91	74.46	79.59	75.55	77.08	79.17	75.55	77.59

Nécropole d'Héliopolis. — Les fouilles que M. le professeur Benedit a pratiquées dans cette nécropole, il y a quelques années, ont montré qu'elle devait appartenir à la fin de la période saïte. Parmi les nombreux crânes exhumés durant ses fouilles, ce savant égyptologue en a recueilli une quinzaine qu'il a bien voulu mettre à ma disposition. Aucun d'eux ne présente de traces de bitume ou autre substance conservatrice. Ils ont l'aspect de crânes modernes dépourvus de leurs téguments; ils sont pourtant assez légers, étant dépourvus de toute matière organique. Dans leur ensemble, ils présentent une belle courbure antéro-postérieure avec des bosses pariétales souvent accentuées. Ils appartiennent tous au sexe masculin et sont adultes ; la plupart sont dépourvus de leur mâchoire inférieure. Les mesures que j'ai prises sur les dix meilleures pièces m'ont donné les résultats suivants : la moyenne du diamètre antéro-postérieur est de 130 millimètres ; celle du diamètre transverse maximum est de 137 ; et celle de leur hauteur auriculo-bregmatique est de 110 millimètres. L'indice céphalique moyen (longueur-largeur) est de 76,11, celui de hauteur-longueur de 61,11, et celui de hauteur-largeur de 80,29. L'indice frontal moyen est de 85,04 et le biorbitraire de 22,32. Le diamètre biorbitaire externe moyen est de 21 millimètres seulement. L'indice orbitaire moyen est de 94,11. L'indice facial ophrio-mentonnier moyen est de 67,31, avec un diamètre bizygomatique moyen de 119. L'indice nasal moyen est de 50, avec une hauteur moyenne de 46 millimètres. L'indice moyen du trou occipital est de 77,14 et celui de la voûte palatine de 77,12. Les caractères morphologiques de ces crânes diffèrent peu, en somme, de ceux que l'on a observés sur les séries des autres nécropoles saïtes de la Haute-Égypte.

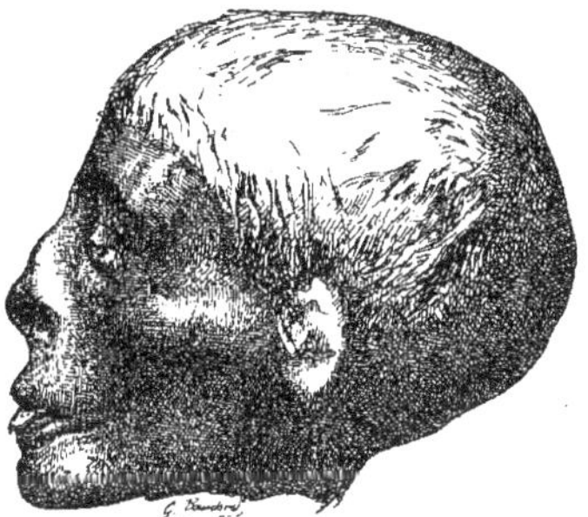

Fig. 81. — Thérain anonyme n° 3 d'un hypogée populaire de Gournah de la XXVIe dynastie.

L'ILE DE PHILÉ ET LE TEMPLE D'ISIS EN 1900

CHAPITRE VI

PÉRIODE GRÉCO-ROMAINE ET BYZANTINE

ETHNOGÉNIE ET ETHNOGRAPHIE

Après la défaite de Darius III, Alexandre le Grand fut accueilli par les Egyptiens comme un véritable libérateur. Il sut gagner rapidement leur confiance, en se montrant zélé pour leur religion, et surtout en se rendant au temple d'Ammon dans la grande oasis. Durant le peu de temps qu'il resta en Egypte, il fonda la ville d'Alexandrie, où bientôt affluèrent les Juifs, les Grecs et les négociants de toutes les nations de l'Orient. Le commerce y grandit, dès lors, d'une façon extraordinaire, et cette nouvelle ville maritime devint, en peu d'années, le centre du commerce du monde entier, ainsi que l'avait prévu son fondateur. A la mort d'Alexandre, l'empire macédonien s'écroule et l'Egypte devient la satrapie de Ptolémée Ier ou Soter, fils de Lagos, qui prend la régence pour Philippe Arrhidée et Alexandre II, fils d'Alexandre le Grand. A la mort de celui-ci, il prend le titre de roi. A partir de ce moment, l'Egypte restera sous le sceptre des Ptolémées jusqu'à la bataille d'Actium et la mort de la célèbre Cléopâtre. Les premiers princes de la dynastie ptolémaïque portèrent, par leur sage administration et leur bonne politique, la puissance de l'Egypte au plus haut degré ; mais il n'en fut pas de même de leurs successeurs. Peu à peu, la trop rapide prospérité amena son cortège de vices et de désordres au milieu desquels naquirent les crimes, dont cette dynastie s'illustra.

Les Romains, qui connaissaient l'Egypte, surent profiter de l'état moral de ses derniers maîtres, et parvinrent, sans peine, à en faire une province romaine. On doit remarquer, toutefois, que si les Ptolémées ont réussi, durant une assez longue période, à ramener la prospérité en Egypte, c'est grâce à cette idée constante, dont ils ne se sont jamais départis, à savoir qu'au lieu de chercher à gréciser l'Egypte, ils travaillèrent toujours à s'égyptianiser eux-mêmes. Ils n'eurent pas de peine à se croire les chefs de la religion égyptienne, au même titre que les anciens pharaons dont ils étaient devenus les successeurs. Ils eurent grand soin de couvrir le sol égyptien de temples qui célébraient leurs vertus officielles, et qui témoignaient de leur religion. Tels sont les temples de Philé, d'Edfou, de Denderah et quelques autres moins importants. Les Ptolémées ne se contentèrent pas de ménager et même de flatter les susceptibilités religieuses des Égyptiens. Par de grands travaux, ils attirèrent à Alexandrie tout le commerce du monde alors connu. Les nouveaux maîtres de l'Egypte encouragèrent encore l'agriculture, les sciences et les arts, tout comme ceux-ci avaient été encouragés aux époques les plus florissantes des dynasties pharaoniques.

On éleva de superbes palais, surtout sous le règne de Cléopâtre. Le vieux style égyptien fut alors remis en honneur, et atteignit même des effets vraiment magnifiques, comme le montre, par exemple, le kiosque de Philé. Soter avait été le disciple d'Aristote, et avait gardé de sa fréquentation un très grand amour des sciences et des arts. Aussi attira-t-il à sa cour des savants, des lettrés et des artistes. C'est par ce groupement extraordinaire que fut constituée cette réunion d'hommes instruits et remarquables, qui est connue dans l'histoire, sous le nom d'Ecole d'Alexandrie. On ne doit pas oublier, non plus, que c'est au même Ptolémée Soter qu'est due la création de la célèbre Bibliothèque, autour de laquelle avaient été groupés des jardins zoologique et botanique, des musées d'art et des laboratoires scientifiques. Au lieu, enfin, de bouleverser l'administration égyptienne, les Ptolémées préférèrent se laisser aller au fil du courant égyptien, tout en prenant leurs précautions en vue de sauvegarder leur influence et leur pouvoir. Ils se contentèrent de conserver toutes les charges et les fonctions administratives de l'Egypte, en leur donnant à côté de leur nom antique un nom correspondant en grec. Ils se réservèrent les premières et les plus importantes de ces charges, laissant les autres aux Egyptiens. Ils avaient adopté l'union du pouvoir civil et du pouvoir religieux sur une même tête, et de même qu'ils élevèrent aux dieux de l'Egypte des temples dans le plus pur style égyptien, ils conservèrent au pays les usages locaux, les coutumes du peuple, comme avant leur arrivée au pouvoir.

L'influence de cette civilisation intense et remarquablement élevée, dont la basse Egypte était devenue rapidement le foyer, s'était répandue sur tout le pays et jusqu'en Nubie. Toutefois, le nombre de ses propagateurs était restreint, et leur action ne put s'exercer que sur une minime partie de la population. Le modeste fellah de la période ptolémaïque resta le fellah du pharaon, toujours travaillant pour le fisc et le maître, comme encore de nos jours. Devenue partie intégrante de l'empire romain, privée de toute autonomie, regardée uniquement comme une province riche où les gouverneurs allaient faire ou refaire leur fortune, l'Egypte est définitivement déchue, et n'a plus d'histoire à proprement parler. Toutefois, vers la fin de cette période, elle exerce encore une immense influence sur le monde civilisé, mais cette influence n'est plus politique; elle est purement religieuse. Quand Octave (30 av. J.-C.) réduisit l'Egypte en province romaine, il ne changea rien à l'administration précédente, mais il remplaça par des Romains les hauts fonctionnaires grecs. On n'oublia pas les grands travaux entrepris sous la dynastie précédente, et l'on poursuivit l'achèvement de plus d'un édifice religieux. Peu à peu, les Romains, se sentant plus forts dans la vallée du Nil, se hasardèrent en Ethiopie.

Tibère et ses successeurs, jusqu'à Constantin, voulurent, comme Auguste et César, conserver leur pouvoir et leur influence, en continuant à administrer le peuple avec douceur et en maintenant l'illusion d'un Etat égyptien national. Le christianisme, qui était apparu de bonne heure en Egypte, s'y répandit rapidement. L'expansion de ce mouvement religieux, dont le foyer réel se trouvait dans le Delta, n'eut d'abord qu'un faible retentissement dans le reste du pays. Il s'y développa cependant plus tard, lentement il est vrai, et eut à subir nombre de persécutions, jusqu'au moment où Théodose le Grand institua le christianisme comme religion d'Etat. A partir de la domination byzantine, le bruit des querelles religieuses qui troublaient tout l'Orient eut un véritable retentissement en Egypte. Tour à tour, l'arianisme et l'eutychianisme se disputèrent la foi des Egyptiens; sous Justinien cette dernière doctrine finit par l'emporter, et les Coptes y sont restés fidèles. Ceux-ci constituent en réalité le fond de la population. Bien qu'ayant embrassé en masse la religion chrétienne, ils ne cessèrent point d'être égyptiens, et leurs idées ne devinrent chrétiennes que de nom. Toutefois, leurs coutumes tendirent à se modifier peu à peu sous l'influence des moines et des cénobites et, en particulier, sous celle de saint Antoine. Le christianisme s'était approprié, par la force des choses, les anciennes idées de la religion du pays, ou plutôt s'y était plié, car on ne change pas du jour au lendemain la mentalité religieuse d'un peuple, vieux de plus de six mille ans, même par les prodiges les plus étonnants.

Le christianisme se distingua en Egypte par une floraison extraordinaire de ce que l'on appelle le monachisme. On vit se multiplier cette multitude de dévots de toutes sortes parmi lesquels se recrutaient les gens qui se consacraient au service de la Divinité. Ceux-ci se retiraient fréquemment en dehors de leurs villages, et ils étaient nourris par leurs concitoyens. Antoine fut le premier de ces anachorètes qui, avec Macaire, Pacôme et d'autres cénobites, couvrirent le pays de couvents où affluèrent nombre de fervents. C'est de ces couvents que sortirent ces innombrables moines coptes qui gagnèrent la confiance du peuple, et apportèrent dans toute la vallée du Nil la plus effroyable immoralité. En général, moines et cénobites appartenaient à la plus basse classe de la population. Et, si l'on en croit les récits de Schnoudi lui-même, un des moines les plus illustres du temps et leur historiographe, ce furent leurs crimes, leurs excès de tous genres et leur fanatisme qui durent entraîner rapidement le pays à la ruine. En proie à un pareil état moral et aux dissensions religieuses qui partageaient le peuple, l'Égypte marchait rapidement à l'anarchie, et allait bientôt tomber dans la servitude des Arabes qui ne devaient pas tarder à arriver.

NÉCROPOLES

Durant les périodes qui ont suivi la période saïte, et notamment durant la période grecque ou ptolémaïque, on a continué, surtout dans la Thébaïde, à inhumer les morts dans les hypogées. C'est ainsi que dans certaines nécropoles on trouve des momies, notoirement ptolémaïques superposées à des momies saïtes. Mais, peu à peu, cette coutume s'est modifiée et, dès l'apparition du christianisme, on a commencé à construire des caveaux en briques. Le mode d'embaumement, qui n'avait pas beaucoup changé d'abord, tend rapidement à se transformer, et cet art qui avait atteint un si haut degré durant les périodes thébaine et saïte, tombe bientôt en décadence. Les procédés se simplifient insensiblement, jusqu'au moment où, sous l'influence des moines, les Romains et les Byzantins n'embaumèrent plus. Durant l'époque ptolémaïque, les incisions rituelles l'éviscèrement et la longue salaison ne sont pas constants, mais en revanche l'emploi du bain de bitume chaud prend une importance de plus en plus considérable. Celui-ci est employé, non plus seulement comme à l'époque saïte, en badigeon à l'extérieur ou en injections partielles à l'intérieur, mais il est répandu à profusion dans le thorax. On l'y a fait pénétrer tantôt par la bouche, tantôt par une ouverture pratiquée à la hauteur de l'épaule, en enlevant la clavicule. Souvent aussi, la tête a été séparée du tronc afin de la mieux remplir du liquide conservateur, puis replacée au moyen d'une cheville de bois. Fréquemment le mort a été plongé tout entier dans un bain de bitume bouillant, de manière à le cuire réellement. Les bandelettes, dont le nombre est toujours considérable (de 15 à 20 tours en moyenne), sont imbibées elles-mêmes de bitume et adhèrent solidement aux cadavres, dont il est difficile de les séparer. Le tout ne forme souvent plus qu'une masse compacte noire et lourde. Le résultat de ces procédés a été d'enfermer dans l'intérieur des os les matières grasses que la salaison et la dessiccation tendaient à faire disparaître. La plupart des squelettes des momies de cette époque sont très hygrométriques et suent la graisse.

Durant les périodes romaine et byzantine, l'emploi du bitume aussi bien que l'éviscèrement tendent à disparaître, et bientôt on se contentera d'une salaison sommaire et de la dessiccation à l'air et au sable. Les momies ne sont presque plus colorées par le bitume, et sont le plus souvent blanches. L'emmaillotage, au lieu de se faire sur le corps même du mort, comme durant les époques pharaoniques, ne s'exécute que par dessus les vêtements dont il est revêtu. Le talent des embaumeurs, qui avaient gardé quelque souvenir des traditions artistiques du passé, consistait à donner au sujet qu'ils préparaient l'apparence momiforme reproduite par les mosaïques byzantines. Les détails des ensevelissements de cette époque ont été minutieusement décrits par M. Gayet, dans son étude des nécropoles gréco-byzantines d'Antinoé, à laquelle je ne puis mieux faire que de renvoyer le lecteur[1].

L'usage des hypogées creusés dans la montagne a persisté durant les époques romaine et byzantine, mais ils sont différents de ceux de la Thébaïde. M. Gayet en a ouvert un certain nombre à Antinoé. Ceux-ci sont généralement précédés d'une chapelle, bâtie en brique cuite, recouverte de stuc et portant des traces de fresques, exécutées dans le style grec. La chambre sépulcrale est de petites dimensions et ne dépasse guère 2 mètres de profondeur, sur 2 mètres de largeur et 0^{m}50 de hauteur. Ces caveaux funéraires sont intermédiaires entre les petites sépultures de la plaine enfouies dans

[1] *L'exploration des nécropoles gréco-byzantines d'Antinoé* (Annales du Musée Guimet, XXX, Paris, 1902 et 1903).

le sable et, consistant en un simple berceau de briques crues abritant juste un corps, et les grandes sépultures maçonnées, formées de dalles et composées de trois ou quatre salles avec plafonds portés par des pilastres. Ceux-ci ont jusqu'à 3 mètres de hauteur, tandis que certaines pièces ont jusqu'à 40 et 60 mètres de longueur, par 20 et 40 mètres de largeur.

D'après M. Gayet[1], deux types d'ensevelissements sont à noter dans ces caveaux. Dans l'un, « le corps, non embaumé, a été plongé dans un bain de bitume. Des feuilles d'or mesurant 4 centimètres sont appliquées sur le front, les avant-bras, les mains, les genoux et les pieds. L'or est le plus souvent jaune pâle, quelquefois, par exception, argenté. Les yeux, les narines, la bouche, les oreilles et les organes sexuels sont pareillement dorés..... »

Ces corps ainsi préparés sont ceints ensuite de nombreux réseaux de bandelettes analogues à ceux qui recouvrent les momies pharaoniques.

Pour quelques-uns des morts, cet appareil se recouvre, à son tour, de toiles plus fines, collées ensemble et décorées de peintures, de reliefs stuqués et coloriés ou de dorures. D'autres portent un masque de plâtre sur le visage, fixé au moyen de cordons. Pour ce type d'embaumement, aucun vêtement ne recouvre le corps sous les bandelettes. Ces sépultures exclusivement gréco-romaines doivent être considérées comme les plus anciennes, et nombre d'entre elles datent, à n'en pas douter, du premier siècle de la fondation d'Antinoé. Rien n'indique encore le christianisme : tout au contraire, les quelques indices qu'il a été possible de recueillir annoncent les cultes olympiens.

Le second type de sépulture est celui des tombeaux maçonnés en forme de sépulcre. Ils sont purement romains et ne renferment que des « momies blanches ». Celles-ci, non embaumées et non baignées dans le bitume, ont conservé la teinte de l'épiderme. Les morts sont vêtus et non emmaillotés, et leur mobilier funéraire prouve que leur religion était gréco-égyptienne.

Les morts de cette nécropole d'Antinoé étaient sans doute des Égyptiens pour la plupart, mais beaucoup de Grecs et de Romains doivent se trouver parmi eux. Le mélange est certain et, par suite, l'étude de ces momies perd de son intérêt au point de vue de la connaissance du type égyptien de la fin de cette période. C'est ainsi qu'un grand nombre de tombeaux portent des inscriptions grecques et des noms grecs, ce qui tendrait à prouver que beaucoup de personnages inhumés dans cette nécropole n'étaient pas des Égyptiens.

MORPHOLOGIE ET ANTHROPOMÉTRIE

D'APRÈS LES MOMIES

Momies de la Thébaïde. — Les momies de l'époque grecque ou ptolémaïque sont les plus répandues, et ce sont aussi les moins bien conservées. Il est vrai qu'elles n'ont pas été embaumées avec le même soin que celles des périodes précédentes. Aucune ne présente les traces de ces diverses ouvertures rituelles qui avaient été pratiquées, surtout

[1] Gayet, *loc. cit.*

de la XVIIIe à la XXVIe dynastie, dans le but, soit de permettre aux liquides de s'écouler lentement, soit de faciliter l'eviscération des corps. D'autre part, le procédé le plus employé à cette époque pour la conservation des morts, le bain de bitume, ayant eu pour résultat d'enfermer les matières grasses, celles-ci apparaissent rapidement à la surface dès qu'elles sont privées de leurs enveloppes extérieures et qu'elles se trouvent au contact de l'air, surtout hors de l'Egypte. J'ai eu l'occasion d'étudier une cinquantaine de ces momies, soit au Musée du Caire, soit au Muséum de Paris ou au Muséum de Lyon, où j'en ai apporté une bonne série. Voici les caractères morphologiques et anthropométriques les plus importants.

Thébains anonymes d'un hypogée populaire de Gournah. — Ces sujets sont au nombre de 12 (6 ♂ et 6 ♀). Dans leur ensemble, ces momies présentent une assez grande homogénéité. La moyenne du diamètre antéro-postérieur est de 182 millimètres (♂ 183; ♀ 180 millimètres). Le diamètre transverse moyen est assez élevé, car il atteint 142 millimètres (♂ 145; ♀ 140). La hauteur des crânes est relativement forte, car ils mesurent 125 millimètres (♂ 126; ♀ 124). L'indice céphalique moyen (longueur-largeur) est de 78,02 (♂ 79,23; ♀ 77,77). L'indice céphalique moyen de hauteur-longueur est de 68,68 (♂ 68,65; ♀ 68,88) et celui de hauteur-largeur de 88,02 (♂ 88,89; ♀ 88,57). La mise en série de l'indice céphalique (longueur-largeur) montre que les extrêmes vont de 75 à 82, et que la moyenne de fréquence se trouve autour de 77. Le frontal maximum moyen des douze sujets est de 109 millimètres (♂ 112; ♀ 106); et le frontal minimum n'est que de 98 (♂ 99; ♀ 97). L'indice frontal moyen est de 89,91. L'indice bipalpébral moyen de l'ensemble est de 28,76 avec un diamètre moyen interoculaire de 27 millimètres et un diamètre moyen bipalpébral externe de 94. La face n'est pas aussi longue dans ce groupe que dans ceux des époques précédentes. L'indice facial moyen est de 98,45 (♂ 100; ♀ 97,61). Il est vrai que le bizygomatique moyen est de 129 millimètres, tandis que l'ophrio-mentonnier n'est que de 127 millimètres. Le nez de ces momies est court, car la moyenne de sa longueur n'est que de 46 millimètres (♂ 48; ♀ 44). L'indice nasal moyen de la série est de 58,69 (♂ 60,41; ♀ 59,09). La taille moyenne de ces sujets est de 1^{m}59 (♂ 1^{m}60; ♀ 1^{m}58).

Comme complément à cette étude d'ensemble, je crois devoir décrire en détail deux momies, l'une d'une jeune femme, l'autre d'un homme, à cause des particularités qu'elles présentent.

Anonyme n° 7 d'un hypogée populaire de Gournah. — Par son aspect extérieur, cette momie, qui est celle d'une femme de trente-cinq à quarante ans, diffère peu de celles de la fin de la période saïte. Comme ces dernières, elle est noire et ses bandelettes sont adhérentes à la peau, en partie brûlée. Le bitume bouillant paraît avoir été la seule substance employée pour la préparation de cette momie. Les bras étaient étendus le long du corps, et les mains avaient été emmaillotées séparément avec le plus grand soin. Les jambes, emmaillotées aussi séparément, avaient été réunies au moyen d'une grande pièce d'étoffe faisant onze tours; les interstices avaient été comblés par des fibres végétales et des chiffons. Le tout avait été imprégné de bitume chaud, de façon à constituer un seul bloc compact et solide.

La tête, soigneusement recouverte de sept épaisseurs de toile fine, légèrement imprégnée de bitume, porte encore ses cheveux. Sur le front avait été fixée l'image d'un oiseau découpée dans une feuille mince d'or. Afin de faciliter son opération, qu'il a simplifiée singulièrement, l'embaumeur avait décapité le sujet. Une solution chaude de bitume avait pris la place du cerveau enlevé par le trou occipital. La cage thoracique tout entière fut remplie ensuite de la même substance, grâce à une ouverture pratiquée au sommet droit, par l'ablation de la clavicule. Cette opération eut pour résultat d'empâter les viscères et de les réunir en un paquet compact, au bas et à gauche de l'épigastre. Une cheville en bois traversant l'atlas et l'axis reliait la tête au tronc. Les bandelettes et pièces de toile enveloppant la tête avaient été ramenées, avec art, sur les épaules et sous le menton, de manière à dissimuler les mutilations que lui avaient fait subir les embaumeurs.

La tête de ce sujet est longue, car son diamètre antéro-postérieur maximum est de 187 millimètres et son diamètre transverse maximum est de 141 millimètres. Son indice céphalique moyen est de 75,40. Sa hauteur auriculo-bregmatique est de 121, ce qui donne un indice de hauteur-longueur de 64,70, et un indice de hauteur-largeur de 85,81. Le frontal maximum est de 106, et le frontal minimum de 94. L'indice frontal est de 88,67. Les yeux sont peu écartés l'un de l'autre, 25 millimètres les séparent; mais le diamètre bipalpébral externe est cependant de 100. L'indice bipalpébral est de 25. La face est plutôt large qu'étroite. Sa longueur totale est de 128, et sa largeur bizygomatique est de 130 millimètres. L'indice facial est de 101,56. Le nez est d'une longueur moyenne, atteignant 53 millimètres, et sa largeur est assez faible; elle n'atteint que 30 millimètres. L'indice nasal de ce sujet est de 56,60. Sa taille est de 1m54, c'est-à-dire qu'elle est inférieure à celle de la plupart des autres individus de cette époque que nous avons étudiés précédemment.

Anonyme n° 8 d'un hypogée populaire de Gournah. — Cette momie, qui est celle d'un jeune homme de vingt-cinq à trente ans, présente le type de l'embaumement par le bain de bitume, sans aucune trace d'autre préparation, ni incisions rituelles, ni salaison. Les téguments extérieurs sont attaqués par la substance employée, sans doute, bouillante : on ne trouve aucun débris de cheveux, ni de poils. A l'intérieur, les viscères se trouvent réunis en une masse solide dans le bassin. Le liquide conservateur semble avoir été introduit par la bouche. Cette momie est d'un ton noir foncé. Les bras sont étendus le long du corps, et chaque membre a été enveloppé séparément. La verge, encore pourvue de son prépuce, et enveloppée dans le scrotum, avait reçu un emmaillotage spécial.

Ce sujet est moins dolichocéphale que le précédent, car son indice céphalique longueur-largeur est de 76,34. Le diamètre antéro-postérieur maximum est de 186, et le diamètre transverse est de 142. La hauteur du crâne auriculo-bregmatique est de 118. L'indice de hauteur-longueur est de 63,44, et celui de hauteur-largeur de 83,09. Le frontal maximum et le frontal minimum diffèrent des précédents. L'indice frontal est pourtant de 91,43 au lieu de 88,37. L'indice bipalpébral est de 35, car le diamètre interne est de 33, et le diamètre externe de 94. La face est un peu plus large que celle du n° 7. L'indice facial est de 100,78, avec un diamètre ophrio-mentonnier de 127, et un diamètre bizygomatique de 128. Le nez est plus large chez ce sujet que chez le n° 7, car l'indice nasal est de 68,63. Sa longueur totale est de 51 et sa largeur de 35. La taille atteint 1m60.

Gardien des crocodiles sacrés du temple de Monfalout. — Cet individu a été embaumé par le seul procédé du bain de bitume. Sa couleur est d'un brun foncé; il ne présente pas de trace de cheveux ni de poils. La tête est forte : sa longueur est de 188 millimètres et son diamètre transverse maximum est de 138. Sa hauteur auriculo-bregmatique est considérable, car elle est de 120 millimètres. L'indice céphalique (longueur-largeur) est de 73,40. Celui de hauteur-longueur de 63,83, et celui de hauteur-largeur de 86,95. Le frontal maximum est grand, il mesure 106 millimètres et le frontal minimum atteint à peine 98. L'indice frontal est 92,44. Les yeux ne sont séparés que par 28 millimètres. L'indice bipalpébral est de 25,45. La face est large : le diamètre ophrio-mentonnier est de 124 millimètres et le bizygomatique de 128. L'indice facial est de 96,87. Le nez est assez long et étroit : l'indice nasal est de 52,08. Sa taille est de 1m68.

Gardienne des crocodiles sacrés de Monfalout. — Ce sujet, la femme sans doute du précédent, présente la même physionomie. La tête beaucoup plus courte que celle du gardien ne mesure que 178 millimètres dans son grand diamètre et 137 seulement dans son diamètre transverse maximum. Sa hauteur est assez grande ; elle atteint 120 millimètres. L'indice céphalique de longueur-largeur est de 76,96; celui de hauteur-longueur est de 67,41, et celui de hauteur-largeur de 87,59. Le frontal maximum est de 102 millimètres seulement, et le minimum de 88 : l'indice frontal est de 86,27. Les yeux sont très peu distants l'un de l'autre, puisque 28 millimètres seulement les séparent. Le diamètre bipalpébral externe est cependant presque identique à celui du gardien. L'indice bipalpébral est de 24,07. La face est tout autre que celle du précédent : l'indice facial est de 93,75, car le diamètre bizygomatique n'est que 128 millimètres et l'ophrio-mentonnier de 120. Le nez est aussi long que celui du gardien, mais il est un peu plus large. L'indice nasal est de 51,92. La taille est de 1m64.

Mise en série de l'indice céphalique de 14 momies ptolémaïques

INDICE CÉPHALIQUE	THÉBAINS ANOYMES DE GOURNAH (6 ♂ et 6 ♀)	GARDIENS DES CROCODILES SACRÉS DE MONFALOUT (1 ♂ et 1 ♀)	TOTAUX
—	—	—	—
73	»	1	1
74	»	»	»
75	2	»	2
76	2	1	3
77	1	»	1
78	2	»	2
79	2	»	2
80	1	»	1
81	1	»	1
82	1	»	1
			14

Mise en série de l'indice nasal de 14 momies ptolémaïques

INDICE NASAL	THÉBAINS ANONYMES DE GOURNAH (6 ♂ et 6 ♀)	GARDIENS DES CROCODILES SACRÉS DE MONFALOUT (1 ♂ et 1 ♀)	TOTAUX
—	—	—	—
51	2	1	3
52	1	1	2
57	1	»	1
58	2	»	2
60	»	»	»
61	»	»	»
62	2	»	2
63	1	»	1
64	2	»	2
65	1	»	1
			14

MOYENNES DES DIAMÈTRES ET DES INDICES DES MOMIES

DE LA PÉRIODE PTOLÉMAÏQUE

MESURES		THÉBAINS ANONYMES DE GOURNAH			GARDIENS DES CROCODILES SACRÉS DE MONFALOUT			MOYENNE de 14 momies ptolémaïques
		6 ♂	6 ♀	12 ♂ et ♀	1 ♂	1 ♀	2 ♂ et ♀	
Diamètres de la tête	Antéro-post. maximum	183	180	182	188	178	183	182
	Transversal maximum	145	140	142	138	137	137	142
	Auriculo-bregmatique	126	124	125	120	120	180	124
	Indices. Longueur-largeur	79.23	77.77	78 02	73.40	76.96	74.86	78.02
	Indices. Hauteur B, longueur	68.65	67.88	68.68	63.83	67.41	65 57	68 13
	Indices. Hauteur B, largeur	86.89	88.57	88.02	86.95	87.59	87.59	86.32
Diamètres du front	Frontal maximum	112	106	109	106	102	104	108
	Frontal minimum	99	97	98	98	88	93	97
	Indice frontal	88.39	91.50	91.50	92.44	86.27	89.42	89.81
Diamètres des yeux	Bipalpébral externe	93	95	95	110	108	109	96
	Bipalpébral interne	27	27	27	28	26	27	27
	Indice bipalpébral	29.03	28.42	28.76	25.45	24.07	24.77	27.08
Diamètres de la face	Ophrio-mentonnier	131	123	127	124	120	122	126
	Bizygomatique	131	126	129	128	128	128	128
	Indice facial	100.00	97.61	98.45	96.87	93.75	95.41	98.43
Diamètres du nez	Longueur	48	44	46	48	52	50	47
	Largeur	29	26	27	25	27	26	27
	Indice nasal	60.41	59.09	58.69	52.08	51.92	52 00	57.44
Largeur de la bouche		»	»	»	»	»	»	»
Taille debout		1.60	1.58	1.59	1.68	1.64	1.46	1.60
Grande envergure		»	»	»	»	»	»	»

En résumé, les Thébains de l'époque ptolémaïque étaient beaucoup moins dolichocéphales que ceux de la période précédente, à en juger par les quatorze sujets que j'ai pu étudier. L'indice céphalique moyen de longueur-largeur est de 78,02. Le frontal est moyen avec un indice de 89,81. Le bipalpébral n'est que de 27,08. La face est plus courte que celle des Thébains saïtes : elle présente un indice moyen de 98,43. Leur nez est également court, avec un indice moyen de 57,44. Leur taille moyenne est de 1m60.

Momies de la nécropole d'Antinoé. — Je n'ai pu étudier que quinze momies provenant de cette nécropole. M. Gayet en a pourtant exhumé des centaines, mais il n'a généralement envoyé en France que leurs vêtements ou celles qui présentaient un intérêt soit archéologique, soit historique. Cette nécropole, dont le plus grand développement date de l'époque gréco-romaine et byzantine, a reçu des inhumations dès les périodes saïte et thébaine ; aussi nombre de sépultures présentent-elles des mélanges incontestables. Ce n'est guère que par la forme des tombeaux qu'il est possible de les rapporter à des époques déterminées, quand elles ne sont pas accompagnées de mobiliers funéraires ou d'inscriptions donnant des indications précises sur leur ancienneté et leur identité. Ces renseignements ont fourni, d'autre part, des jalons précieux sur les différents modes de momification usités à chaque époque. Parmi ces momies, on en trouve quelques-unes qui offrent un véritable intérêt aux divers points de vue historique et ethnographique. Telles sont celles, entre autres, d'un centurion romain et d'un groupe de dames romaines; puis celles d'un anachorète gréco-byzantin et de deux dames grecques.

Centurion romain. — Ce corps (n° 6) portait sur son dernier linceul une inscription grossièrement tracée à l'encre noire. Celle-ci donnait son nom, devenu illisible; puis le titre de centurion et sans doute, le numéro de sa légion. Il était enfermé dans un caveau étroit de 2 mètres de profondeur, creusé dans la montagne, à 100 mètres de la lisière du désert. Le mode de sépulture est celui qui était le plus usité à Antinoé à l'époque gréco-romaine : bandelettes enduites de substance saline et bitumineuse, roulées en spirales et entrecroisées, séparées de distance en distance par des linceuls. Le défunt était chaussé de bottes en cuir naturel; son mobilier funéraire se composait de poteries diverses et de figurines égypto-grecques. Il porte encore toute sa chevelure et une forte barbe d'un brun foncé à reflets rougeâtres. Sa tête, allongée comme celle d'un Egyptien pharaonique, présente un indice de longueur-largeur de 76,83. Celui de hauteur-longueur est de 65,53 et celui de hauteur-largeur de 87,81. Le diamètre bipalpébral n'est que de 28,12, car le diamètre interorbitaire n'est que de 27 millimètres. La face est courte, ou plutôt large avec un indice de 97,60, car le diamètre bizygomatique est de 122 millimètres. L'indice nasal est de 70,45, et la largeur de la bouche de 54 millimètres. La taille est de 1^{m}68 et la grande envergure de 1^{m}70.

Anonymes romaines. — Cette série se compose de huit femmes (n°s 3, 4, 5, 9, 10, 11, 12 et 13), de condition moyenne, car les suaires dont elles sont encore revêtues rappellent les costumes des dames romaines. En outre des grandes robes brunes ou rouges qui les enveloppaient, lesquelles sont pourvues de longues et larges manches, la plupart de ces dames portaient une sorte de mantelet ou de châle généralement orné de broderies. Leur tête, souvent encore pourvue de longs cheveux bruns bouclés, était couverte d'une résille en filet, tandis qu'une coiffure haute et ronde, en forme de bourrelet, couronnait le visage, un peu à la façon du *Kakochnik* des femmes russes. Parfois aussi, elles sont coiffées en tresses retombant sur la poitrine et les épaules. Par dessus les vêtements étaient accumulées des masses énormes de vieux linge retenues par de nombreuses bandelettes, de façon à donner au corps la forme qu'affectent les momies des époques antérieures.

Ces femmes sont moins dolichocéphales que le centurion. Leur indice céphalique moyen de longueur-largeur est de 77,45; celui de hauteur-largeur de 66,85, et celui de hauteur-longueur de 85,82. L'une d'elles, n° 10, est mésocéphale avec un indice de 80,46, tandis que le n° 3 est franchement dolichocéphale avec un indice de 74.43. L'indice frontal moyen est de 90,65, et l'indice bipalpébral de 29,72 seulement. La face est courte avec un indice moyen de 95,12. Mais on trouve chez le n° 4 l'indice de 92,18 avec un diamètre ophrio-mentonnier de 128 millimètres. Le nez est court et étroit avec un indice moyen de 63,04; celui du n° 13 n'est que de 54,16, mais celui du n° 10 est de 79,17.

La largeur moyenne de la bouche, chez ces sujets, est de 51 millimètres. La taille est de 1^{m}56 pour l'ensemble et la grande envergure de 1^{m}59.

Anachorète gréco-byzantin n° 14. — On a désigné ainsi un individu dont la tête est couverte d'une puissante chevelure et d'une longue barbe rousses et bouclées. La figure allongée et très régulière offre une physionomie caractéristique de l'anachorète tel qu'on se le représente en imagination. On ne possède d'ailleurs que la tête de cette momie qui peut aussi bien être celle d'un Copte. La peau est blanche et ne porte aucune trace de préparation au bitume. Tel quel, ce personnage est manifestement dolichocéphale avec un indice céphalique de longueur-largeur de 72,62. Celui de hauteur-longueur est de 62,57 et celui de hauteur-largeur de 86,15. Son indice frontal n'atteint que 87,92 et son indice bipalpébral 29,72 seulement. La face est étroite avec un indice de 94,81 et le nez est long et étroit avec un indice de 50.

Anonyme gréco-byzantin n° 15. — Ce sujet, dont on ne possède également que la tête, présente les mêmes caractères généraux que l'anachorète. Il est moins dolichocéphale : l'indice céphalique de longueur-largeur est de 76,66, celui de hauteur-longueur de 66,66, et celui de hauteur-largeur de 86,95. L'indice frontal est de 92,73 et l'indice bipalpébral de 27,08. Sa face est tout aussi allongée que celle de l'anachorète, car son indice est de 94,02. Son nez, moins long et moins fin, donne l'indice de 56,52.

Anonyme byzantin n° 16. — Comme les deux précédentes, cette momie n'a pas été traitée au bitume. Le corps était encore revêtu d'un suaire rappelant celui du centurion romain, à part les broderies dont les motifs sont franchement byzantins. Ce n'est pas à dire que le défunt n'était pas d'origine sémitique, ainsi que sembleraient l'indiquer ses indices céphaliques et faciaux. Il est le plus dolichocéphale de toute la série, avec un indice céphalique de longueur-largeur de 70,78. Son indice de hauteur-longueur est de 64,04 et celui de hauteur-largeur de 90,47. L'indice frontal est de 92,59, et l'indice bipalpébral de 28,09. La face et le nez sont sensiblement voisins de ceux des précédents. L'indice facial est de 93,18, et l'indice nasal de 56,66. La taille est de 1m54 et la grande envergure de 1m60.

Leukyònè. — Cette momie, dont le nom a été donné par une inscription peinte, est celle d'une femme grecque de trente à trente-cinq ans. Son tombeau, creusé dans la montagne, était précédé d'une chapelle composée d'une chambre et d'un vestibule. Le corps, vêtu d'une tunique et d'une écharpe, se trouvait déposé, sans cercueil, sur le sol, enveloppé seulement d'un linceul selon la coutume en usage dans la nécropole gréco-romaine. Les chaussures, au lieu d'être aux pieds, se trouvaient dans les plis de la jupe, à la hauteur des genoux. Sur la tête, un bonnet en dentelle de laine maintenait ses cheveux, entourés d'une épaisse couronne de feuillage de cédratier *(citrus cedrata)*. Sur la poitrine avait été déposé un bouquet enveloppé de même feuillage et composé de masses globuleuses compactes, d'un rameau et de feuilles de vigne[1]. Dans les orbites, des yeux d'or aux prunelles d'émail noir étaient sertis et, sur le front, un petit disque d'or se trouvait encore collé. Ce sujet est probablement d'origine grecque. Il est possible aussi qu'il appartienne à la race autochtone qui est devenue la race copte, et que le nom de Leukyònè lui ait été donné par les missionnaires chrétiens de cette époque dont la langue était le grec. M. Gayet pense que cette femme était réellement une dame grecque du temps d'Héliogabale. Son

[1] E. Bonnet, Plantes antiques des nécropoles d'Antinoé *(Ann. du Musée Guimet*, t. XXX, 3me partie.)

corps, très bien conservé, ne parait pas avoir subi d'autre préparation qu'une légère salaison après une dessiccation générale et peut-être une éviscération partielle [1].

Les tissus des vêtements de Leukyôné n'ont été imprégnés d'aucune substance bitumineuse ou résineuse. Elle offre un type excellent des momies blanches, qui diffèrent tellement de celles des périodes précédentes et de celles de l'époque ptolémaïque en Thébaïde, qui sont toujours plus ou moins noirâtres. Antinoé renferme beaucoup de ces momies gréco-romaines dites blanches. Aussi toutes celles qui ne présentent pas cet aspect doivent être rapportées à des époques antérieures, d'autant plus que cette localité a été habitée dès la plus haute antiquité, et qu'on y a découvert des sépultures nombreuses des XIIe, XVIIIe et XXVIe dynasties.

Telle qu'elle nous apparaît, cette femme semble avoir été fort belle. Les chairs paraissent encore fermes, ainsi que les seins qui sont à peine déformés. Les cheveux, bouclés, sont d'un blond ardent; la bouche petite et les dents superbes. Elle est mésaticéphale avec un indice céphalique de longueur-largeur de 78,65; celui de hauteur-longueur est de 62,92 et celui de hauteur-largeur de 80. Le front est moyennement large; l'indice frontal est de 94,44. L'indice bipalpébral est de 30,61, avec un diamètre bipalpébral interne de 30 millimètres. La face est courte sans être large cependant; son indice est de 96,18 avec un diamètre bizygomatique de 128 millimètres. Le nez est court avec un indice de 68,15. La bouche a 55 millimètres. La taille n'atteint que 1^{m}57 et la grande envergure 1^{m}60.

Le mobilier funéraire de cette Grecque se composait de douze figurines égypto-grecques, d'un petit naos, de deux lampes en verre, d'un vase à fleurs et d'une corbeille renfermant des plantes; d'un collier phallique composé de quinze têtes de Vénus isiaques, enfin de toute une série d'amulettes égyptiennes : cynocéphale en bronze, figurine du dieu Bès, fleurs de lotus, chat de la déesse Mout, œil mystique et cœur émaillé de vert, collier de pâte de verre rouge, quatre boucles de cornaline, une perle rouge représentant peut-être une gouttelette du sang d'Isis et une petite pierre rouge phallique.

Thaïs. — La momie, que quelques archéologues ont cru pouvoir identifier avec le personnage plus ou moins historique de ce nom, présente les mêmes caractères extérieurs que la précédente. Son origine ethnique est tout aussi problématique, sinon plus. Son tombeau mis au jour par M. Gayet [2] consistait, en un caveau étroit mesurant 2 mètres de long sur 0^{m}80 de largeur, bâti en briques crues et voûté en plein cintre. A la tête, côté de l'est, une niche extérieure portait une inscription maladroitement tracée en rouge sur le stuc qui en revêtait les parois. Cette inscription a été traduite par ces mots : « Ici repose la bienheureuse Thaïs, etc., etc. » Aux pieds, du côté de l'ouest, une croix assez grande était tracée également sur le stuc. A l'intérieur, un cercueil vermoulu et disjoint renfermait un corps vêtu de l'appareil habituel de bandelettes, passées sur le costume même de la morte. Son mobilier funéraire se composait de corbeilles de jonc tressé, d'un chapelet de bois et d'ivoire, d'une croix ansée, de palmes et d'une rose de Jéricho. Cette momie, comme celle de Leukyôné, est blanche. Elle montre une femme de quarante à cinquante

[1] Gayet, Exploration des nécropoles d'Antinoé *(loc. cit.)*.

[2] Exploration des nécropoles gréco-byzantines d'Antinoé, etc. *(Annales du Musée Guimet*, t. XXX, 1902-1903).

ans. Ses cheveux bouclés sont gris et sa dentition est médiocre. Si donc ce corps est bien celui de Thaïs, la célèbre courtisane alexandrine convertie au christianisme par le moine Serapion, connu également sous le nom de Besarion et de Paphnus, il lui restait peu de ses charmes séducteurs quand elle alla prendre possession de la place qui lui avait été promise dans le séjour des bienheureux.

Thaïs, comme Leukyôné, est mésaticéphale avec un indice céphalique longueur-largeur de 78,88 ; celui de hauteur-longueur est de 63,33 et celui de hauteur-largeur de 80,28. L'indice frontal est de 83,05 et l'indice bipalpébral de 26,37. L'indice facial est de 90,60 et l'indice nasal de 59,09. La bouche n'a que 52 millimètres. La taille est de $1^{m}64$.

On peut ajouter à cette série un groupe de momies, blanches pour la plupart, récemment découvertes par M. Gayet, et présentant les mêmes caractères morphologiques que les précédentes. Ces momies, parmi lesquelles on remarque celle de la magicienne grecque Myritis et celle de la patricienne romaine Sabine, puis celles de deux hauts dignitaires romains, sont revêtues de superbes costumes en soie brodée et sont accompagnées de riches mobiliers funéraires.

En résumé, le groupe gréco-byzantin qui vient d'être décrit est un peu plus dolichocéphale que le groupe romain de la même localité ainsi que ceux de la haute Egypte appartenant à la même période. L'indice bipalpébral moyen diffère peu dans ces divers groupes, mais il n'en est pas de même de l'indice facial. Celui-ci est beaucoup plus élevé dans les groupes de la Thébaïde que dans ceux d'Antinoé, car de 98,13, que l'on constate chez les Ptolémaïques de Gournah et de Montfalout cet indice descend à 95,12 chez les dames romaines d'Antinoé et à 93 chez les Gréco-Byzantins de la même nécropole.

Il en est autrement pour l'indice nasal moyen, car alors que les Ptolémaïques de la Thébaïde donnent le chiffre de 57,44, on trouve celui de 58,69 chez les Gréco-Byzantins d'Antinoé et celui de 63,04 chez les dames romaines. La taille est sensiblement la même chez ces divers groupes : la moyenne ne dépasse pas $1^{m}60$.

MORPHOLOGIE CRANIOLOGIQUE

Les crânes égyptiens anciens de la période ptolémaïque sont ceux dont on possède le plus grand nombre dans les collections. Je n'en ai étudié pourtant que soixante-dix-neuf exemplaires choisis dans les importantes séries de Paris et de Lyon. Ceux de la première série font partie de la collection Mariette et proviennent, les uns de Sakkarah (vingt sujets), les autres de Monfalout (quinze sujets). Ceux de la seconde ont été recueillis par moi dans une nécropole populaire de Médinet-el-Gournah (quarante-cinq sujets). La plupart de ces crânes, de couleur brun plus ou moins foncé, ont un aspect gras et sont souvent encore imprégnés de bitume.

Nécropole populaire de Sakkarah. — Les crânes de cette nécropole, que j'ai étudiés, appartiennent au nombre de treize à des hommes, et au nombre de sept à des femmes. Ils sont tous adultes et ne présentent aucune anomalie congénitale ou pathologique. Par leur aspect général, ils diffèrent peu de ceux des séries saïtes. Comme chez eux, la courbe antéro-postérieure est plus souvent normale. Le front est rarement déprimé et l'occipital est souvent globuleux et fort. La moyenne du diamètre antéro-postérieur maximum est pour la série entière de 180 millimètres (♂ 181 ; ♀ 178). La moyenne du diamètre transverse maximum est pour l'ensemble de 137 millimètres (♂ 139 millimètres, ♀ 138). L'indice céphalique moyen, longueur-largeur, est de 76,11 (♂ 76,79 ; ♀ 74,72). La mise en série de cet indice montre que la moyenne de fréquence oscille autour de 76 centimètres. Huit sujets présentent un indice variant de 75 à 77 ; chez les huit autres sujets ils sont inférieurs à 75, et neuf dépassent ce chiffre.

Le front est moyennement large : le frontal minimum moyen atteint seulement 97 millimètres. L'indice frontal moyen de l'ensemble est de 85,84. En revanche, les pariétaux sont souvent assez développés ; les bosses sont parfois saillantes. Les yeux sont assez rapprochés, car leur écartement est de 23 millimètres en moyenne. L'indice biorbitaire est de 24,47.

La face est plutôt longue que large, avec un diamètre ophrio-mentonnier moyen de 131 millimètres (♂ 133, ♀ 128) et un diamètre bizygomatique de 124 millimètres. L'indice facial moyen de l'ensemble est de 94,05 (♂ 94,73, ♀ 93,75). Les orbites sont assez larges et régulières. L'indice orbitaire moyen est de 84,21. Le nez, dont l'épine inférieure est souvent forte, et dont les cloisons sont presque toujours intactes, est court ; sa longueur moyenne n'est que de 50 millimètres. L'indice nasal moyen de l'ensemble est de 48. La mise en série de l'indice nasal montre une grande hétérogénéité, dans la forme du nez de ce groupe, puisque les extrêmes sont de 42 et 56. Ce fait, que l'on a déjà constaté dans d'autres groupes, prouve qu'à côté des influences sémitiques, qui ont dû laisser des traces dans le type égyptien de cette époque, se trouvent aussi, d'une façon certaine, des influences d'origine négroïde.

L'occipital est fréquemment globuleux et des os wormiens ne sont pas rares dans cette région, dont les sutures sont généralement fines et compliquées.

Nécropole populaire de Monfalout. — La série des crânes provenant de cette nécropole se compose de quatorze sujets, huit hommes et six femmes, tous adultes et exempts de malformations. Les crânes présentent la même physionomie extérieure que ceux de Sakkarah : comme eux, ils sont gras. Leur diamètre moyen antéro-postérieur est de 179 millimètres (♂ 188 ; ♀ 172), et le transverse maximum de 139 (♂ 140 ; ♀ 137). L'indice céphalique moyen, longueur-largeur, est de 77,65 pour l'ensemble (♂ 75,50 ; ♀ 79,65). Cet indice qui, pour les hommes, se rapproche de celui de Sakkarah, s'en éloigne pour les femmes et influence, d'une façon notable, la moyenne de l'ensemble. Ce fait est dû à la présence de quelques sujets dont le diamètre antéro-postérieur est si court, par rapport à leur diamètre transverse, qu'ils doivent être rangés parmi les sous-brachycéphales (82,11 ; 81,27 ; 81,17). Au reste, le peu de longueur de ces crânes (165, 168 et 170 millimètres), dû à l'aplatissement marqué de l'écaille occipitale, suffit pour expliquer cette particularité qui disparaîtrait, sans doute, si l'on se trouvait en présence d'un groupe plus considérable de sujets. Le front est plus étroit dans cette série que dans celle de Sakkarah. L'indice frontal moyen de l'ensemble est de 89,61 (♂ 88,17 ; ♀ 91,09).

MOYENNES DES DIAMÈTRES ET DES INDICES DES MOMIES

ROMAINES, GRECQUES, BYZANTINES ET D'ANTINOÉ

MESURES		N° 6 Centurion Romain ♂	N° 5 ♂	N° 3 ♀	N° 4 ♀	N° 9 ♀	N° 10 ♀	N° 11 ♀	N° 12 ♀	N° 13 ♀	MOYENNE des 9 ♂ et ♀ réunis	LEUKYONÉ ♀	THAÏS ♀	ANACHORÈTE Byzantin ♂	ANONYME Byzantin ♂	ANONYME Byzantin ♂	Moyenne générale des 5 ♂ et ♀ réunis
Diamètres de la tête	Antéro-post. maximum	177	176	176	170	178	174	172	168	170	173	178	180	179	180	178	179
	Transversal maximum	136	140	131	135	136	140	138	120	133	134	140	142	130	138	126	135
	Auriculo-bregmatique	116	114	110	114	114	114	120	114	118	115	112	114	112	120	114	114
	Indices. Longueur-largeur	76.83	79.54	74.43	79.41	76.40	80.46	80.23	71.42	78.23	77.45	78.60	78.88	72.62	76.66	70.78	75.41
	Indices. Hauteur-longueur	65.53	64.77	62.50	67.06	64.04	65.51	69.76	67.85	69.41	66.86	62.92	63.33	62.57	66.66	64.04	63.68
	Indices. Hauteur-largeur	85.29	84.42	83.97	84.44	83.82	81.42	86.95	95.00	88.72	85.82	80.00	80.28	86.15	86.95	90.47	84.44
Diamètres du front	Frontal maximum	108	109	116	106	110	104	102	106	110	107	108	118	116	110	108	112
	Frontal minimum	93	98	98	96	108	100	94	88	98	97	102	98	102	102	100	100
	Indice frontal	89.81	89.91	84.48	90.56	98.17	96.15	92.16	83.01	89.08	90.65	94.44	83.05	87.92	92.73	92.59	89.28
Diamètres des yeux	Bipalpébral externe	96	98	96	100	98	95	82	90	98	94	98	91	94	96	89	93
	Bipalpébral interne	27	30	24	28	27	28	30	30	30	28	30	24	28	26	25	26
	Indice bipalpébral	28.12	30.61	25.00	28.00	27.55	29.47	36.58	33.33	30.61	29.72	30.61	26.37	29.72	27.08	28.09	27.96
Diamètres de la face	Ophrio-mentonnier	125	132	128	128	118	118	»	112	»	123	131	131	135	134	132	132
	Bizygomatique	122	118	120	118	122	114	»	108	»	117	126	120	128	126	123	124
	Indice facial	97.60	89.39	93.75	92.18	103.38	96.60	»	96.42	»	95.12	96.18	91.60	94.81	94.02	93.18	93.93
Diamètres du nez	Longueur	44	50	46	47	48	48	46	40	48	46	44	44	52	46	45	46
	Largeur	31	30	28	28	32	38	26	26	26	29	30	26	26	26	26	27
	Indice nasal	70.45	60.00	60.87	59.57	66.67	79.17	56.52	65.00	54.16	63.04	68.18	59.09	50.00	56.52	56.66	58.69
Largeur de la bouche		54	58	54	56	50	48	»	»	»	53	55	52	56	54	50	53
Taille debout		168	158	158	154	»	»	»	»	»	159	157	164	»	»	159	160
Grande envergure		170	160	160	158	»	»	»	»	»	162	160	164	»	»	160	162

L'indice bi-orbitaire est de 23,65 pour l'ensemble (♂ 24,21 ; ♀ 23,08). L'écartement interoculaire n'est, en moyenne, que de 22 millimètres.

La face est plus courte dans cette série que dans la précédente : l'indice facial moyen ophrio-mentonnier est de 96,09 (♂ 95,52; ♀ 98,30). Un léger prognathisme est fré-

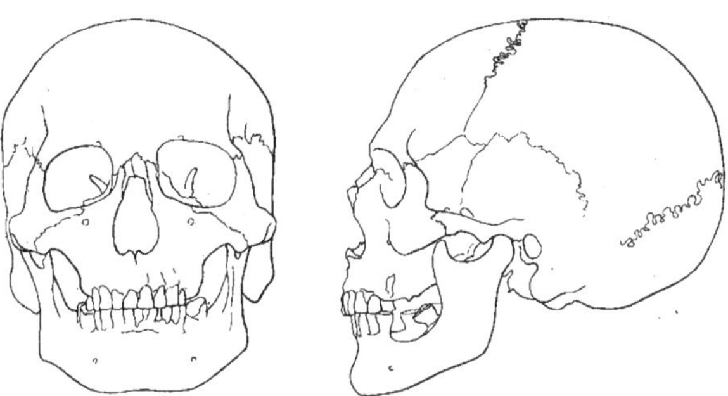

Fig. 82. — Crâne ♂ n° 3 d'un hypogée de Gournah de la période ptolémaïque.

quent, surtout chez les femmes. Les orbites, légèrement plus larges que hauts, présentent un indice moyen de 91,89.

Le nez est plus court dans ce groupe que dans le précédent. L'indice nasal moyen

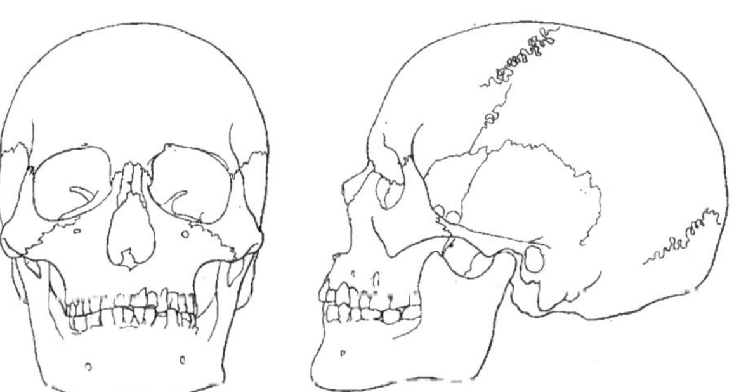

Fig. 83 — Crâne ♂ n° 7 d'un hypogée de Gournah de la période ptolémaïque.

est de 49,02 au lieu de 48 (♂ 50; ♀ 46,94). La différence entre les deux sexes, que l'on a remarquée dans les autres diamètres, se manifeste également pour ceux du nez. Celui-ci présente, en effet, une longueur beaucoup plus grande chez les hommes que chez les femmes (♂ 52; ♀ 49). Ne doit-on pas voir, dans ce fait, la preuve de la présence dans ce groupe de quelques individus négroïdes ? La mise en série de l'indice nasal montre, au reste, que cette population est divisée en deux parties presque égales. On voit que huit hommes sont leptorhiniens, avec des indices inférieurs à 46, tandis que les six femmes sont mésorhiniennes, voisines de la platyrhinie, avec des indices en partie supérieurs à 48.

Le trou occipital présente, dans cette série, des variations assez grandes dans les deux sexes. Son indice moyen étant de 85,29, on trouve un écart de plus de 5 unités entre ceux des hommes et ceux des femmes (♂ 82,85; ♀ 87,50). Cette particularité vient confirmer l'origine exotique des femmes de ce groupe.

Nécropole populaire de Medinet-el-Gournah. — La série des crânes que j'ai recueillis dans cette nécropole provient d'un hypogée où la plupart des momies, pour ne pas dire toutes, présentent le même aspect bitumineux propre à cette période. J'ai mesuré vingt-cinq hommes et vingt femmes de cet hypogée, tous adultes et sans malformations. J'ai laissé de côté les enfants et les vieillards.

La courbure antéro-postérieure est généralement belle et ne présente que de rares anomalies. Quelquefois, comme le montre le n° 3 (fig. 82), on observe une légère dépression postbregmatique ou sublambdoïque (n° 7, fig. 83). L'indice céphalique moyen longueur-largeur est de 76,26 variant peu d'un sexe à l'autre (♂ 76,11; ♀ 76,57). Le diamètre antéro-postérieur maximum moyen de l'ensemble est peu considérable : il est de 177 seulement (♂ 180; ♀ 175). Le diamètre transverse maximum moyen est de 135 (♂ 137; ♀ 134). La hauteur auriculo-bregmatique est en moyenne de 116 millimètres, ce qui donne un indice moyen de hauteur-longueur de 65,50 et un indice moyen de hauteur-largeur de 85,92 avec des différences d'un sexe à l'autre à peine apparentes. La mise en série de l'indice céphalique longueur-largeur montre une grande homogénéité dans ce groupe, qui doit représenter vraiment la population thébaine de cette époque. On voit, en effet, se dessiner un type assez marqué entre les indices de 73 et 77, avec le maximum de fréquence à 76 (huit sujets). Les extrêmes sont vers la dolichocéphalie absolue de 72 à 69 (cinq sujets), et vers la brachycéphalie depuis 78 jusqu'à 83 (dix sujets). Le frontal est bien développé sur ces crânes; chez les hommes, les arcades sourcilières sont quelquefois fortes, mais bien proportionnées. Le frontal maximum est de 110 chez les hommes et de 111 chez les femmes. Mais le frontal minimum diffère davantage entre les deux sexes; chez les premiers, il est de 94 millimètres, et chez les seconds, de 91. L'indice frontal moyen est de 83,78 (♂ 84,68; ♀ 72,72).

L'indice biorbitaire est plus homogène : sa moyenne est de 24,73 (♂ 24,47, ♀ 24,73). La moyenne du diamètre interorbitaire est de 23. La face des Thébains ptolémaïques diffère peu de celle des gens de Sakkarah et de Monfalout, en laissant de côté toutefois les femmes de cette dernière localité, sans doute étrangères ou esclaves. L'indice facial moyen ophrio-mentonnier est de 93,93 (♂ 94,77, ♀ 93,75). Les hommes ont manifestement la face plus longue que les femmes; leur diamètre ophrio-mentonnier est de 134, alors que celui des femmes ne présente que 128 millimètres. Un certain nombre de sujets, notamment des femmes, présentent un certain prognathisme (fig. 84 et 85).

Le diamètre bizygomatique est relativement peu développé, surtout chez les femmes, car il n'atteint en moyenne que 120 millimètres, tandis que chez les hommes il est en moyenne de 127. Les orbites sont légèrement plus larges que hauts, et beaucoup moins que dans le groupe de Monfalout. L'indice orbitaire est de

84,21 (♂ 81,05; ♀ 86,48). Le nez est court : l'indice moyen est de 53,19 (♂ 51,02; ♀ 54,54).

Le trou occipital, beaucoup plus long que large, présente un indice moyen de 88,23 et la voûte palatine celui de 79,72.

La mise en série de l'indice nasal montre une assez grande hétérogénéité. Toutefois,

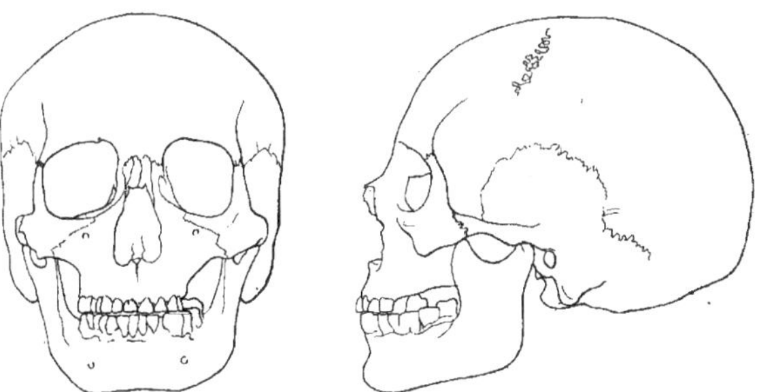

Fig. 84. — Crane ♀ n° 39 d'un hypogée de Gournah de la période ptolémaïque.

si les extrêmes sont de 63 et 41, c'est autour de 52, c'est-à-dire entre 50 et 54 que se trouve la moyenne de fréquence.

En résumé, les soixante-dix-neuf ptolémaïques qui viennent d'être étudiés sont sous-dolichocéphales avec un indice céphalique moyen de 76,40. Leur face est assez

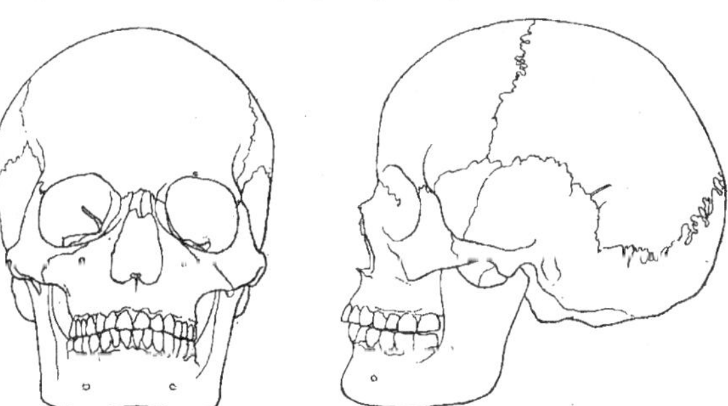

Fig. 85 — Crane ♀ n° 47 d'un hypogée de Gournah de la période ptolémaïque.

large avec un indice moyen de 93,89. Ils étaient leptorhiniens : l'indice nasal moyen est de 50. Il est à remarquer que les indices moyens diffèrent peu, en général, d'un sexe à l'autre, et que ces séries, notamment celle de Médinet-el-Gournah, présentent une assez grande homogénéité dans les types qu'elles renferment.

L'indice céphalique moyen de 76,40, établi sur soixante-dix-neuf crânes, montre une fois de plus que, prise isolément, cette moyenne ne donne pas une idée juste du type, et que les mises en série sont indispensables pour montrer autour de quels chiffres il se trouve. On voit ici, en effet, que sur la totalité des sujets observés, onze présentent l'indice de 77, treize celui de 76, neuf celui de 75, et enfin neuf celui de 73. On remarque douze sujets offrant des indices allant de 72 à 67, du côté de la dolichocéphalie, tandis qu'on en voit vingt s'échelonnant de 78 à 84 vers la brachycéphalie. Ce fait semble faire entrevoir qu'à cette époque un élément brachycéphale est venu modifier le type de la période saïte qui était plus dolichocéphale (74,44).

MOYENNES DES DIAMÈTRES ET DES INDICES DES CRANES

DE LA PÉRIODE PTOLÉMAÏQUE

MESURES		SAKKARAH			MONFALOUT			MEDINET EL-GOURNAH			MOYENNE DES CRANES De la période ptolémaïque		
		13 ♂	7 ♀	20 ♂ et ♀	8 ♂	6 ♀	14 ♂ et ♀	25 ♂	20 ♀	45 ♂ et ♀	46 ♂	33 ♀	79 ♂ et ♀
Diamètres du crâne	Antéro-post-maximum	181	178	180	183	172	179	180	175	177	180	175	178
	Transv. maximum	139	133	137	140	137	139	137	134	135	138	134	136
	Auriculo-bregmatique. A.	»	»	»	»	»	»	118	114	116	118	114	116
	Basilo-bregmatique. B	136	135	136	133	127	131	»	»	»	134	131	133
	Indices. Longueur-largeur	76.79	74.72	76.11	76.50	79.65	77.65	76.11	76.57	76.26	76.66	76.57	76.40
	Indices. Hauteur A. longeur.	»	»	»	»	»	»	65.55	65.14	65.53	65.55	64.14	65.17
	Indices. Hauteur A. largeur.	»	»	»	»	»	»	86.13	85.07	85 92	85 50	85.07	85.29
Diamètres du front	Frontal maximum	113	113	113	110	101	106	111	110	111	111	108	110
	Frontal minimum	97	96	97	97	92	95	94	91	93	95	92	94
	Indice frontal	85.84	84 95	85.84	88 17	91.09	89.61	84 68	72.72	83 78	85.59	85.18	85.45
Diamètres bi-orbitaire	Biorbitaire externe	96	91	94	95	91	93	94	93	93	94	92	93
	Biorbitaire interne	23	24	23	23	21	22	23	23	23	23	22	22
	Indice biorbitaire	23 96	26.37	24.47	24.21	23.08	23.65	24.47	24.73	24.73	24.47	23.91	23.65
Diamètres de la face	Ophrio-mentonnier A.	133	128	131	134	118	128	134	128	132	133	126	131
	Ophrio-alvéolaire B.	88	87	88	»	»	»	95	90	92	92	89	90
	Bizygomatique	126	120	124	128	116	125	127	120	124	126	119	123
	Indice facial A.	94.73	93.75	94.65	95.52	98.30	96.09	94.77	93.75	93.93	94.73	94.44	93.89
Diamètres de l'orbite	Hauteur ou longueur	33	30	32	35	33	34	32	32	32	32	31	31
	Largeur	39	37	38	38	35	37	39	37	38	38	36	37
	Indice orbitaire	84 61	81.08	84 21	92.10	94.28	91.89	81.05	86.48	84 21	84 21	86.09	83.78
Diamètres du nez	Hauteur ou longueur	50	47	50	52	49	51	49	44	47	49	45	48
	Largeur	24	23	24	26	23	25	25	24	25	24	23	24
	Indice nasal	48 00	48.93	48.00	50.00	46.94	49.02	51.02	54.54	53.19	48.98	51.10	50.00
Diamètres du trou occipital	Hauteur ou longueur	35	33	35	35	32	34	34	31	34	31	33	34
	Largeur	29	28	20	29	28	29	30	29	30	29	28	29
	Indice du trou occipital	82.85	84.84	82.85	82.85	87 50	85.29	88.23	85.29	88 23	85.29	84.84	85.29
Diamètres de la voûte palatine	Longueur	»	»	»	»	»	»	47	47	47	47	47	47
	Largeur	»	»	»	»	»	»	38	35	37	38	35	37
	Indice palatin	»	»	»	»	»	»	81.85	74.46	79.72	81.85	74.46	79.72

Pour les autres caractères morphologiques, les indices donnent peu de différence entre les gens de ces deux périodes. Les indices facial et nasal sont ici inférieurs d'une

Mise en série de l'indice céphalique des crânes de la période ptolémaïque

INDICE CÉPHALIQUE	CRANES DE SAKKARAH (13 ♂, 7 ♀)	CRANES DE MONFALOUT (8 ♂, 6 ♀)	CRANES DE GOURNAH (24 ♂, 20 ♀)	RÉCAPITULATION (79 ♂ et ♀)
68	»	»	»	»
69	1	»	1	2
70	»	1	1	2
71	1	1	2	4
72	2	1	1	4
73	2	»	7	9
74	2	»	3	5
75	3	1	5	9
76	2	3	8	13
77	3	1	7	11
78	»	»	1	1
79	1	»	3	4
80	»	1	2	3
81	1	2	»	3
82	2	1	3	6
83	»	1	»	2
84	»	1	»	1
			Total. . .	79

Mise en série de l'indice nasal des crânes de la période ptolémaïque.

INDICE NASAL	CRANES DE SAKKARAH (13 ♂, 7 ♀)	CRANES DE MONFALOUT (8 ♂, 6 ♀)	CRANES DE GOURNAH (25 ♂, 20 ♀)	RÉCAPITULATION (79 ♂ et ♀)
42	»	»	2	2
43	»	2	2	4
44	»	»	2	2
45	3	»	»	3
46	1	2	»	3
47	2	2	»	4
48	2	1	4	7
49	2	»	»	2
50	3	3	7	13
51	1	»	5	6
52	1	1	5	7
53	»	1	»	1
54	1	1	2	4
55	»	»	1	1
56	»	1	4	5
57	»	»	1	1
58	»	»	4	4
59	1	»	»	1
60	»	»	2	2
61	»	»	3	3
62	»	»	2	2
			Total. . .	79

unité en général sur ceux de la période saïte, mais ils ne montrent pas moins l'existence à cette époque, comme à celle qui l'a précédée, d'une grande hétérogénéité dans la physionomie de la population de la vallée du Nil.

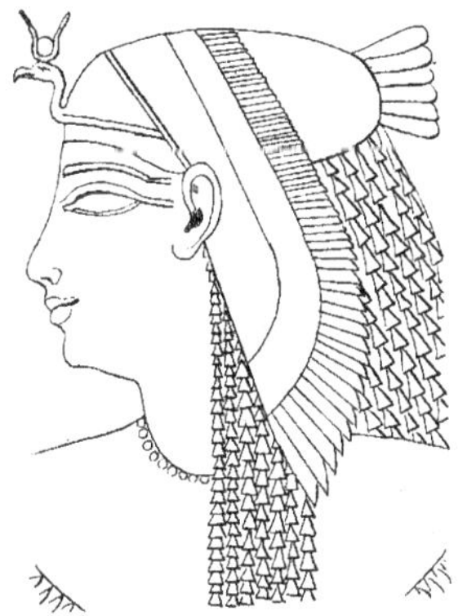

Fig. 86. — Bérénice, épouse de Ptolémée Evergette.

Les tombeaux des Kalifes au Caire.

CHAPITRE VII

PÉRIODE DU MOYEN AGE ET AURORE DE L'ÉPOQUE MODERNE

ETHNOGÉNIE ET ETHNOGRAPHIE

Justinien, dont le règne assez glorieux semblait avoir apporté quelque trêve aux maux dont l'Egypte souffrait, en retarda quelque temps encore la ruine définitive. Les chrétiens le portent aux nues, parce qu'il ne renouvela pas les traités avec les Blemyes et les Bedjah. Il fit transporter à Constantinople les statues d'Isis de Philé où chaque année cependant les nomades venaient célébrer les fêtes en l'honneur de la déesse et recevoir le tribut que leur payait l'empire.

Les prêtres d'Isis furent jetés en prison ; Blemyes et Bedjah fondirent de nouveau sur la haute Egypte, où, d'ailleurs ils n'avaient point cessé de faire des incursions. Le pays tout entier, en proie à des séditions continuelles, était livré à tous les maux, les Coptes, lassés du joug des Grecs, ne trouvèrent rien de mieux que d'appeler à leur aide les Arabes, leur promettant de leur payer tribut.

Mohamed, obligé de s'enfuir de l'Arabie où il avait commencé à prêcher sa doctrine, s'avança d'abord vers la Syrie qu'il n'eut pas de peine à conquérir. Les autres ne tardèrent pas à jeter les yeux sur cette Egypte regardée déjà comme une terre merveilleuse.

Ce fut Am'ribn d'El As, général du kalife Omar, qui entra en Egypte à la tête de 4.000 hommes armés. Les Grecs, partout vaincus, furent massacrés ainsi que bon nombre de Coptes; beaucoup d'entre eux passèrent à l'Islam. Se laissant guider par les Coptes, qui restèrent chargés de l'administration du pays, les nouveaux arrivants cherchèrent à se faire pardonner leurs excès de conquérants. Ils s'engagèrent à chasser les Grecs, à assurer aux Egyptiens la libre pratique de leur religion moyennant un assez lourd tribut. On s'occupa d'entretenir les canaux et les digues que les Grecs avaient négligés.

A la mort d'Omar, les choses changèrent en Egypte et, sous le kalifat d'Othmann, une ère nouvelle allait s'ouvrir, ère de souffrances et de persécutions beaucoup plus grandes que celles qu'elle avait éprouvées jusqu'alors.

Puis se succédèrent, avec des alternatives de calme et de révolutions, les kalifats des Ommeiades, des Abbassides, des Toulounides, des Fatimites et des Ayoubites, jusqu'à Mélikes-Saleh qui fonda la domination des Mamelouks. Les plus illustres de ceux-ci tels que Kâlaoûn, Barkoûk, Farag et Kaït bey, eurent à lutter contre les Mongols et les Turcs, mais laissèrent retomber de nouveau l'Egypte dans la misère.

Bientôt, le dernier des Mamelouks, Toaman bey, est battu et détrôné par Selim Ier, sultan des Ottomans, et l'Egypte forme dès lors, pour son malheur, un pachalik turc.

Selim force Moutaouakkil, le dernier descendant des kalifes abbassides, à lui céder ses droits de suzeraineté afin de devenir kalife, c'est-à-dire chef temporel et spirituel de tous les fidèles de l'Islam.

Les sultans ottomans perdirent rapidement tout prestige et l'autorité de leur gouvernement s'affaiblit rapidement aussi. Avec les derniers mamelouks, les beys Ali, Mourâd et Hibrâhim qui s'étaient emparés du pouvoir, se rendirent indépendants. Mais les choses changèrent en Egypte, avec Mohammed Ali, lorsque celui-ci entra en scène, peu après la campagne de Bonaparte. Le pays reprit alors son ancienne prospérité, que développèrent encore ses successeurs : Hibrâhim, Saïd, Abbas I, Ismaïl, Tewfik et Abbas II.

Toutefois, les événements si considérables qui caractérisèrent cette longue période du moyen âge, et qui eurent une influence si marquée sur l'ethnologie de l'Egypte, n'eurent guère de retentissement immédiat que dans le Delta. Tout au plus le Fayoum et la basse Thébaïde reçurent-ils le contre-coup de l'invasion islamique. Les grands centres et la capitale du pays furent naturellement le théâtre de la plupart des événements qui viennent d'être succinctement rappelés. Ce n'est que peu à peu que les prédications firent pénétrer vers le sud la foi de Mohammed, et que s'établirent les distinctions religieuses qui séparent les Coptes et les Fellahin. Grâce à des persécutions continuelles, nombre de Coptes se rendirent à l'Islam, et purent ainsi s'allier aux Arabes par la suite. Mais la conquête n'a pas augmenté beaucoup le nombre des nomades libyens et asiatiques qui campaient déjà, sous la puissance des pharaons, aux voisinages du territoire si envié du Nil moyen et inférieur.

Partout où des mélanges de sang ont eu lieu, le type autochtone a bientôt repris le dessus, comme au temps des Ramsès et de nos jours encore.

MORPHOLOGIE CRANIOLOGIQUE

On ne connait qu'un petit nombre de crânes appartenant à cette époque on ne peut plus troublée. Ceux qui ont pu être étudiés proviennent d'un ancien cimetière du Vieux Caire, et on ne possède aucun renseignement sur leurs origines. Appartiennent-ils à des Coptes, à des Fellahin, à des Grecs ou à des Arabes ? Nul ne le sait ! Il y a tout lieu de croire cependant que c'est à des Coptes qu'il faut les rapporter, car non loin dudit cimetière subsiste encore un couvent Copte.

Ces crânes, au nombre de quarante-trois, forment deux collections. L'une que j'ai étudiée en 1881, au Musée de Boulak, se compose de vingt-six sujets (14 ♂ et 12 ♀) et l'autre, qui comprend dix-sept sujets, est conservée au Musée anatomique de l'université de Berlin. Elle a été étudiée sommairement par M. le professeur Hartmann[1], dans le catalogue de ce musée.

Voici les principales mesures qui ont été relevées sur ces crânes.

Série du Musée de Boulak. — La moyenne de l'indice céphalique (longueur-largeur) est de 79,07 (14 ♂ 77,79 et 12 ♀ 77,90). La moyenne du diamètre antéro-postérieur maximum est de 171 millimètres et celle du diamètre transverse maximum de 132 millimètres. La moyenne de la hauteur auriculo-bregmatique est de 120 millimètres. Ce diamètre et les deux autres donnent les indices de hauteur-longueur et de hauteur-largeur de 69 (14 ♂ 69 et 12 ♀ 69,76) et de 89,36 (14 ♂ 69,76 et 12 ♀ 89,85).

Série de l'université de Berlin. — La moyenne de l'indice céphalique (longueur-largeur) des dix-sept sujets réunis est de 77,78.

La moyenne du diamètre antéro-postérieur maximum est de 171 millimètres, et celle du diamètre transverse maximum de 133 millimètres.

Les indices du nez, de la face et des yeux de ces deux séries montrent une population peu différente de celle de la période ptolémaïque ou gréco-romaine.

La moyenne de l'indice céphalique des quarante-trois sujets réunis est de 77,30.

[1] Das anthropologische Material des anatomisches Museum für Königlichen Universität zu Berlin *(Die anthropologischen Sammlungen*, Brunschweig, 1893).

Fig. 87. — Chandelier du sultan Kalaoun (1/5 gr. nat.)

Tableau ethnologique du Tombeau de Seti Ier (d'après Rosellini)

RÉSUMÉ ET CONCLUSIONS

Après avoir exposé l'état des connaissances acquises sur l'anthropologie des populations anciennes de l'Egypte, il importe de résumer les faits les plus saillants qui s'en dégagent et de présenter quelques conclusions relatives à leurs origines et à leurs filiations.

On a constaté qu'antérieurement au développement des dynasties pharaoniques, une civilisation lithique s'était montrée en Egypte comme dans les autres pays, en suivant les mêmes phases évolutives. Des vestiges nombreux de la période paléolithique, et spécialement de types Mesvinien et Chelléen ont été découverts sur divers points de la vallée du Nil, et bien qu'ils n'aient été nulle part recueillis dans des dépôts dont l'ancienneté puisse être déterminée par des débris paléontologiques, il y a tout lieu de croire qu'ils remontent, en partie, à l'époque quaternaire, et que cette civilisation primitive est autochtone. Tout permet de penser qu'en Egypte, comme ailleurs, les industries paléolithiques ont progressé lentement et sans transitions brusques, pour arriver à l'époque néolithique durant laquelle ont apparu les métaux.

L'Egypte a donc eu véritablement un âge paléolithique, mais on n'a jusqu'ici aucune autre trace de la population de cette époque que les vestiges de son industrie.

La civilisation néolithique qui lui a succédé a laissé des preuves innombrables de son extraordinaire développement. Toutefois, les stations néolithiques sans mélanges sont rares, et il semble que la population de cette époque ait été rapidement pénétrée par des civilisations plus avancées.

La plupart, en effet, des nécropoles les plus célèbres, telles que celles de Négadah, d'Abydos et d'autres que l'on a voulu rattacher à cette civilisation, renferment, associés à des mobiliers funéraires en apparence purement néolithiques, des objets nombreux, sûrement plus récents, témoin certains ustensiles en bronze et en ivoire, de la céramique peinte, etc. On y trouve ausssi des vestiges vraiment historiques, comme des stèles et des sceaux de rois, de Ménès entre autres. Ces nécropoles ne peuvent donc plus être considérées comme préhistoriques et, dès lors, les restes de la population à laquelle elles ont appartenu comme prédynastiques.

La présence, dans ces milieux dits préhistoriques, de nombreux objets néolithiques ne pouvant plus les dater, prouve simplement que l'art de tailler la pierre et l'emploi de ces sortes d'objets a persisté fort longtemps dans la vallée du Nil, comme tant d'autres usages.

Quant à l'époque des métaux, elle semble ne pas avoir eu en Egypte les mêmes phases évolutives qu'en Europe. Le cuivre, le bronze et le fer même paraissent s'y être montrés de très bonne heure, et par importation d'une ou de plusieurs régions à déterminer.

Mais vouloir leur assigner en bloc aussi bien qu'au peuple qui les a importés ou développés, une origine asiatique, c'est une théorie que les faits ne sont pas encore venus appuyer. Tout au plus est-il possible d'admettre que, par leurs formes et leurs compositions, certaines petites hachettes de bronze semblent provenir de la basse Chaldée. Ce n'est là qu'une hypothèse qui demande confirmation; les pièces de cette nature qui ont été étudiées jusqu'ici sont encore trop peu nombreuses.

Quant au fer, on est généralement d'accord pour lui attribuer une origine africaine et peut-être négritique.

Après la période Memphite, l'on assiste durant les trois ou quatre premières dynasties à l'entrée en scène de la civilisation pharaonique dans un milieu encore en partie néolithique. C'est durant la première partie de cette période, qui est vraiment une époque de transition entre les temps préhistoriques et les temps historiques, que s'est en réalité constituée la nation égyptienne. C'est dans l'étude des matériaux archéologiques et anatomiques des nécropoles de cette époque que l'on peut espérer découvrir les éléments capables de montrer les origines et de la civilisation et de la race des Egyptiens.

Plusieurs théories ont été émises, on l'a vu, au sujet des origines de cette race importante. Je ne reviendrai pas sur les détails de la discussion à laquelle elles ont donné lieu; je désire cependant rappeler encore que si une partie de la civilisation égyptienne primitive a pu être importée d'Asie durant l'époque néolithique, aucun fait ne permet de rattacher le type des Egyptiens de cette époque à une race asiatique, comme l'a démontré l'étude de leurs crânes. Quant à la théorie de la *New Race*, qui les faisait lybiens par leurs industries et par le type de leurs crânes, elle n'est pas plus acceptable, car elle est établie sur la comparaison de faits qui ne sont pas comparables. On ne connaît pas encore, en effet, les produits des civilisations préhistoriques des Berbères du nord de l'Afrique. On ne peut pas admettre ensuite que, de quelques ressemblances qui peuvent exister entre la céramique et les crânes des gens de Négadah, par exemple, et ceux des Berbères actuels on puisse conclure à une origine commune[1]. Que l'on compare entre elles des civilisations contemporaines et des crânes de races différentes mais de même époque, cela se conçoit, mais comment peut-on attacher quelque valeur à de prétendues ressemblances que séparent sept à huit mille ans? Quels changements et quelles modifications ethniques dont on ignore, et dont on soupçonne à peine l'étendue, se sont opérés durant cet immense laps de temps, aussi bien en Lybie que dans la vallée du Nil! Au reste, l'étude des crânes de ces nécropoles, au sujet desquels il y a lieu de faire des réserves, ne montre nullement ces superpositions de types sur lesquelles MM. Fouquet *(in* de Morgan), Pétrie[2], Myers[3] et d'autres s'étaient appuyés pour soutenir soit la théorie asiatique, soit la théorie libyenne. Il faut ajouter que nos tableaux de moyennes montrent d'une façon précise que les distinctions que l'on a voulu établir entre les gens dits préhistoriques et ceux des temps pharaoniques, d'après leurs caractères craniologiques, sont moins grandes qu'on ne l'a dit. On trouve, en effet, chez des Nubiens d'Eléphantine de la XIIe dynastie et des Thébains de la XVIIIe dynastie, des indices céphaliques moyens variant de 72 à 74, tout comme à El-Khozan, à Négadah et dans d'autres nécropoles de la même époque.

Nos tableaux de moyennes et de mises en série montrent assurément des variations nombreuses dans les indices céphalique et nasal, mais rien ne permet d'établir entre les groupes de populations des temps archaïques de la vallée du Nil et celles de telles ou telles autres régions de l'Afrique ou de l'Asie, d'autres rapports et différences que ceux que l'on peut constater de nos jours entre les divers peuples qui habitent ces mêmes pays.

Les mises en série de ces crânes ont appris que l'indice céphalique varie, dans les divers groupes de cette catégorie, de 70 à 83 et 91. Cet écart extraordinaire que l'on constate ainsi est loin de prouver l'homogénéité absolue que quelques observateurs ont voulu y trouver.

Quel était donc le type moyen des habitants de l'Égypte à l'époque memphite? Les documents que nous avons pu étudier montrent une population dolichocéphale avec un indice de longueur-largeur de 72.97; méso-faciale avec l'indice facial ophrio-mentonnier de 70,02; mésorhinienne avec un indice de 50,00; son indice biorbitaire est de 21,21.

Les mises en série des moyennes et des indices semblent prouver qu'à cette époque deux types principaux, peut-être trois ou quatre, vivaient côte à côte, dans la vallée du Nil. L'un est caractérisé par un crâne long et élevé, une face souvent allongée et un nez moyennement long et saillant. L'autre pourrait être subdivisé en deux groupes d'égale importance : chez le premier, le crâne est long et peu élevé, la face peu allongée et le nez souvent court; chez le second, le crâne est également allongé, la face est courte et le nez large. Mais dans quelle proportion s'est effectué ce mélange de sang ou de type, soit dans l'ensemble de la population, soit chez les individus? A quel type actuel, enfin, est-il possible de le rattacher? Sans oser espérer arriver à des rapprochements aussi précis que

[1] Randall-Maciver, On a fabric of Kabyle pottery *(Anthropolog. Institute,* v. XXXII, 1902).
[2] Flinders Petrie, the Races of early Egypt *(Journal of anthropological Institute,* v. XXXI, 1901).
[3] Ch. S. Myers, Note on the early period of Egypt *(the Man,* 1902, n° 51).

ceux qu'ont proposés MM. Emile Schmidt[1], David Randall-Maciver[2] et Kolmann[3], et surtout sans vouloir établir d'une façon aussi nette qu'ils l'ont fait, dans quelles proportions chacun des six types africains a pu entrer dans la composition du peuple dit préhistorique, je crois qu'il sera possible d'approcher de la vérité, ainsi que je l'ai exposé précédemment. Mais pour rester dans l'esprit vraiment scientifique, on ne peut présenter en cette matière, je tiens à le déclarer dès à présent, que des approximations. Quoi qu'il en soit, on ne saurait chercher utilement des liens de parenté entre les Égyptiens primitifs et les populations actuelles de l'Afrique lybienne, d'abord parce qu'on les connaît assez mal, et puis ensuite parce qu'on ne connaît pas du tout leurs ancêtres contemporains des gens dits préhistoriques de la vallée du Nil. Nous ne reviendrons donc sur cette question qu'après avoir épuisé les matériaux qui font l'objet de la seconde partie de cet ouvrage.

Les Egyptiens de l'antiquité eux-mêmes avaient soigneusement distingué les divers types de peuples qui vivaient parmi eux ou avec lesquels ils se trouvaient en relation, et cela dès la XVIIIe dynastie. On a vu comment ils ont représenté ces divers types en montrant avec une vérité remarquable les caractères propres à chacun de ces peuples. On reconnaît très bien les Égyptiens d'abord; puis les Asiatiques, Juifs ou Assyriens; les Nubiens ou Éthiopiens du Nil ou de la mer Rouge; les nègres du Soudan; enfin les Libyens et les Européens à peau blanche et à cheveux bouclés. Ces admirables reproductions ethnologiques sont pour nous des jalons précieux pour nous indiquer les relations extérieures des Égyptiens et le type des autres races avec lesquels ils ont vécu dans leur pays. Parviendrons-nous, par la méthode scientifique à retrouver, parmi leurs dépouilles les divers types qu'ils ont pu présenter, et cela avec la même précision que l'ont fait les vieux Égyptiens grâce à leur merveilleux génie artistique? On peut se le demander et même en douter.

La question importante de l'ancienneté relative des nécropoles antiques a préoccupé les égyptologues, et les anthropologistes ne peuvent pas s'en désintéresser; aussi a-t-on dû chercher dans les éléments ethnographiques propres à chaque période un critérium à peu près constant. Ce critérium se trouve d'abord dans l'apparition de l'usage de la momification, et dans ses étapes évolutives qui sont marquées par des particularités spéciales à chacune des grandes périodes historiques, telles que nous les admettons; elles coïncident du moins dans une certaine mesure avec les événements d'après lesquels ces divisions ont été établies. C'est ainsi que les pratiques de l'embaumement si compliquées durant l'époque saïte et surtout l'époque thébaïne tombent en désuétude avant de disparaître, tandis qu'elles ne prennent réellement naissance que vers la fin de l'époque memphite.

On a vu également à quel degré de perfection cet art est arrivé, principalement chez les momies d'un certain nombre de rois et sur de belles séries de Thébains dont il a été

[1] *Archiv für Anthropol.*, Band XVII, 1888.
[2] Recent anthropometrical work in Egypt (*Journal of the Antrop. Instit. of Great Britain and Ireland*, V. 30, 1901. — *Libyan notes*, in-4°, London, 1901.— *The earliest Inhabitants of Abydos, A craniological study*, Oxford (1901).
[3] Die Gräber von Abydos (*Correspondenz-Blatt, loc. cit.*, n° 11 et 12, 1902).

possible de prendre le signalement anthropométrique. Durant la première partie de cette période, c'est-à-dire pendant les trois ou quatre premières dynasties, tout comme durant les temps préhistoriques, les cadavres ne subissaient aucune préparation ; ils étaient purement et simplement desséchés à l'air libre, et placés ensuite dans des tombeaux de types divers.

Quant aux cadavres accroupis que l'on a découverts dans quelques-unes des nécropoles archaïques prématurément rattachées à l'époque néolithique, il n'est pas démontré, malgré les récentes et fort importantes découvertes de M. Reisner à Girgeh, qu'ils appartiennent tous à la première moitié de la période memphite. Ils n'ont pas plus subi de préparation que les autres sujets de la même époque et si, quelques-uns portent des traces de bitume ou d'emmaillotement, c'est qu'ils sont plus récents, ou qu'ils ont été trouvés en contact avec des momies moins anciennes.

L'emploi du bitume qui, plus tard, vers le déclin de la puissance pharaonique, faisait à peu près, à lui seul, tous les frais de l'embaumement, n'est courant qu'à partir de la XIIe dynastie.

Les véritables tombeaux avec mastaba ou pyramide ne remontent, en réalité, qu'à la IVe dynastie, et leur usage se continue, en se développant, jusqu'à la fin de la période thébaine, époque de leur apogée.

On s'est demandé pendant longtemps si les nombreuses représentations humaines, dont les Egyptiens ont décoré leurs monuments, particulièrement leurs hypogées, pouvaient fournir des renseignements suffisamment exacts au point de vue de leur morphologie. N'ont-ils pas voulu représenter plutôt des types conventionnels et des portraits schématiques de races que des portraits d'individus? Cette hypothèse est acceptable pour certains bas-reliefs et pour un grand nombre de peintures murales, ainsi qu'on l'a vu pour les tableaux ethnologiques, si vrais pourtant. Mais quand il s'agit de personnages en ronde bosse comme, par exemple, les statues des grands rois, on se trouve en présence de véritables portraits d'individus dont l'exactitude paraît assurée par les sentiments mêmes qui en avaient dicté l'exécution.

Les statues de Ra-Hotpou, de Nefert-la-Belle, de Khéphrèn, de Kéops, de Nemhotep, puis celles du Scribe et du Scheikh-el-Bolod, pour ne parler que des plus belles parmi les plus anciennes, sont très probablement de véritables portraits. Je ne les crois cependant pas assez rigoureusement exactes pour que l'on puisse relever sur elles des observations anthropométriques, utilement comparables à celles des momies et des crânes. Mais elles ne sont pourtant pas à dédaigner, au point de vue de l'étude générale de la morphologie humaine de ces époques reculées. Ces morceaux de sculpture donnent une idée assez juste de la physionomie des Egyptiens de la période memphite, et montrent l'ampleur du talent des artistes du temps. Il en est de même des effigies des Ousirtassen Ier, des Aménomaït III, des Ramsès, de Taïa et de tant d'autres personnages illustres appartenant aux périodes Thébaine, Saïte et Ptolémaïque.

Si la période Memphite a montré une population hétérogène, celle de la période Thébaine ne l'est pas moins. On voit, en effet, que la moyenne de l'indice céphalique (longueur-largeur) des momies de cette époque est de 76,08, la moyenne de l'indice facial ophrio-mentonnier est de 94,87 et celle de l'indice nasal de 56,80; mais on remarquera que, dans cet ensemble, figure le groupe d'Eléphantine ou d'Assouan, de la XIIe dynastie, qui paraît autochtone et dont l'indice céphalique (longueur-largeur), sur les momies, est de 74,73 et de 72,90 sur les crânes. L'indice facial de ce même groupe est de 74,16 sur les momies et de 74,15 sur les crânes; pour l'indice nasal, il est de 54,72 sur les momies et de 46,94 sur les crânes.

La mise en série des indices céphaliques de longueur-largeur place à côté de ces groupes, qu'il faut rapprocher des Ethiopiens orientaux, des Memphites primitifs — peut-être de même origine — une partie de la population de Thèbes à la XVIIIe dynastie et quelques souverains thébains. Tels sont Ramsès IIIe, Ramsès IIe, Seti Ier et Nofertari, dont les indices varient de 73,96 à 74,99.

Les Thébains des Deir el-Médineh de la XIIe dynastie (4 momies) et ceux de Drah Abou'l Nègga (cinq crânes de la même époque) peuvent être rangés dans la même catégorie de méridionaux. L'indice des premiers, qui sont encore recouverts de leurs téguments, est de 74,73 et celui des seconds, qui en sont dépourvus, est de 74,30. Une série de cinq crânes provenant également de Deir el-Medineh, dont l'indice est de 77,04, doit être écartée de ce groupe, son identité n'étant pas certaine. Quant aux autres, ils présentent tous un léger prognathisme, qui accompagne, chez les momies, d'autres caractères négroïdes, tels que les cheveux laineux, et une mésorhinie proche de la platyrhinie les ferait prendre pour des Soudanais. Il est probable toutefois que ce sont plutôt des Ethiopiens ou des Nubiens que des nègres proprement dits. Il est bon toutefois de rappeler que Mariette a fait remarquer que, parmi les gens de Thèbes que l'on enterrait à Drah Abou'l Nègga, se trouvaient souvent des nègres [1].

Un autre fait que les mises en série de l'indice céphalique font ressortir, c'est le groupement de cet indice chez les souverains thébains, tels que Ahmosis Ier, Ramsès XII, Toutmosis Ier et les prêtres d'Ammon, autour de 75 et de 76. Ce n'est qu'exceptionnellement qu'ils dépassent ces chiffres, tels que Touthomosis III et Toutmosis II qui arrivent, le premier à 78,23 et le second à 79,05.

Cette mésocéphalie n'a rien de très surprenant si l'on admet, suivant quelque probabilité, que ces rois avaient du sang étranger, sans doute sémite.

L'ethnogénie de l'Egypte qui, durant la période thébaine, avait étendu sa puissance vers le sud par la conquête de l'Ethiopie et du Soudan, avait dû se ressentir de cette situation politique aussi bien, du reste, que de l'invasion des Hiksos dans le Nord.

Aussi, n'avons-nous pas été trop surpris de constater que les types de la population du Saïd avaient subi, à cette époque, une influence réelle, aussi bien du Nord que du Sud. Durant la période Saïte, les influences du Nord semblent particulièrement s'être accentuées, car si l'on en croit l'histoire, le pays se trouvait, dès la fin de la XXIe dynastie, en proie aux étrangers. Et, en effet, alors que le pouvoir était, dans le Delta, aux mains des rois

[1] *Itinéraire de la Haute-Egypte*, p. 123.

Tinites, les Libyens d'Afrique ainsi que les Sémites d'Asie : Juifs et Syriens d'abord, puis Assyriens et Perses ensuite, dominèrent, tour à tour, jusqu'au moment où les Grecs établirent enfin leur prépondérance.

Quoique l'on puisse affirmer, d'une façon générale, et pour l'Egypte, plus que pour tout autre pays, que les conquêtes militaires ont rarement modifié le type de la race d'une contrée — car le sol de la vallée du Nil paraît s'assimiler à peu près toutes les formes exotiques — l'influence des Asiatiques s'y est fait sentir quelque peu, durant cette période Saïte si agitée. On constate, en effet, une élévation notable dans l'indice céphalique (longueur–largeur) de l'ensemble qui monte à 75,40 pour les momies seulement, avec des indices individuels arrivant fréquemment de 76 à 78. On remarque, entre autres, Roui avec 76,11 ; Net–Seken avec 76,83 ; puis une série de femmes anonymes de la XXVIe dynastie de Gournah, avec 77,77 et enfin Anha–Pon, avec 78,33.

Quant aux indices relevés sur des crânes de la même époque, principalement celui de longueur–largeur, le chiffre de la moyenne est supérieur à celui de la période précédente de plus de deux unités, puisqu'il est de 74,44. L'indice de hauteur-largeur est de 65, alors que celui des Thébains est de 71,66. Dans cette série cranienne, ce sont les femmes de Médinet el–Gournah qui sont les moins dolichocéphales avec 75,56, tandis que les hommes donnent le chiffre de 74,72.

Faudrait–il encore attribuer cette tendance à la mésocéphalie que présente la population de cette époque à l'introduction, en masses de plus en plus nombreuses, des Sémites qui sont, on le sait, en Syrie, manifestement brachycéphales ? Cette hypothèse est fort vraisemblable. Car en faisant abstraction de l'influence peu durable des invasions asiatiques, on ne doit pas oublier que les Pharaons, usés par les luttes, en furent réduits à un moment à rechercher l'appui des peuples voisins, à marier leur filles aux rois juifs et leurs fils à des princesses cananéennes.

Durant la période gréco–romaine et byzantine, l'ethnogénie de l'Egypte devient encore plus complexe, dans le Delta principalement où, après les Sémites asiatiques, affluèrent à leur tour les Grecs et les Romains.

Dans le Saïd et en Nubie, la population moins exposée aux relations avec les gens du Nord garda plus longtemps son type dans toute sa pureté. Pourtant, on voit peu à peu l'indice cranien de longueur–largeur monter de 74,44 à 76,40 et même à Montfalout à 77,65.

Tels furent les types divers que les Egyptiens anciens ont présentés. Ceux-ci devaient être assurément différents, suivant les régions, comme cela se constate de nos jours, et ces types durent se modifier sur certains points, sous des influences multiples. Mais ces modifications ne furent que locales et surtout temporaires. Ainsi que le montrera l'étude des peuples actuels, le retour aux formes anciennes n'est plus un fait exceptionnel. C'est une loi générale que la comparaison des moyennes des indices de la tête, de la face et du nez des populations anciennes et modernes achèvera de démontrer.

Dans le tableau ci–joint on trouvera la mise en série de l'indice céphalique moyen de longueur-largeur observé sur les crânes et les momies de près d'un millier d'individus d'origine généralement connue. La moyenne de l'ensemble est de 75,25.

Mise en série générale de l'indice céphalique des Egyptiens anciens.

ORIGINES ET ANCIENNETÉ DES SUJETS	NOMBRE DE SUJETS	♂	♀	OBSERVATEURS	INDICES
Pek-chou-su thébain de la XXVIe Dynastie	1 momie	1	»	Chantre	71.81
Memphites de Guébelein dits préhistoriques	1 crâne	»	1	—	72.28
— de Beitt-Allam —	25 —	13	12	Dr Fouquet	72.43
— d'El-Amrah —	11 —	8	3	—	72.72
Thébains d'Assouan de la XIIe Dynastie	6 —	3	3	Chantre	72.92
Memphites de Négadah dits préhistoriques	400 —	»	»	Fawcette	72.99
— de Kawanil —	30 —	19	11	Dr Fouqnet	73.37
— d'El-Khozan —	35 —	24	11	Chantre	73.47
Orus fils de Roui, Saïte de la XXIIe Dynastie	1 momie	1	»	—	73.51
Memphites de Négadah dits préhistoriques	43 crânes	28	15	Dr Fouquet	73.62
Thébains de Gournah de la XVIIIe Dynastie	35 —	20	15	Chantre	73.62
Ramsès III, roi de la XIXe Dynastie	1 momie	1	»	—	73.96
Mirineri Sokarimsof, Memphite de la VIe Dynastie	1 —	1	»	—	74.00
Ramsès II, roi de la XIXe Dynastie	1 —	1	»	—	74.07
Thébains de Drah Abou'l Négga de la XIe Dynastie	40 crânes	18	22	—	74.30
— de Thèbes de la XVIIIe Dynastie	27 —	18	9	Broca	74.44
Saïte de Deir-El-Bahari de la XXIIe Dynastie	10 momies	7	3	Chantre	74.45
Horson Saïte de la XXVIe Dynastie	1 —	1	»	—	74.47
Nessi-Tam-Bas-rou, Saïte de la XXIIe Dynastie	1 —	1	»	—	74.59
Thébains de Deir-el-Medineh de la XIIe Dynastie	4 —	4	»	—	74.73
Séti Ier, roi de la XIXe Dynastie	1 —	1	»	—	74.74
Saïte de Médineh-el Gournah de la XXVIe Dynastie	36 crânes	20	16	—	74.85
Ptolémaïque de Montfalout, XXXe Dynastie	2 momies	1	1	—	74.86
Ahamès Nofertari, reine de la XVIIIe Dynastie	1 —	»	1	—	74.99
Nib-Soni, Saïte scribe de la XXe Dynastie	1 —	1	»	—	75.00
Thoui-Atoir, Saïte de la XXIe Dynastie	1 —	1	»	—	75.00
Ahamosis Ier, roi de la XVIIIe Dynastie	1 —	1	»	—	75.12
Ramsès XII, roi de la XXe Dynastie	1 —	1	»	—	75.27
Thoutmosis Ier, roi de la XVIIIe Dynastie	1 —	1	»	—	75.28
Saïtes de Thèbes de la XXVIe Dynastie	5 —	5	»	—	75.40
Gréco-Byzantins d'Antinoé	5 —	3	2	—	75.41
Egyptiens de Dendérah, époques diverses	11 crânes	6	5	Schmidt	75.58
— de Thèbes, —	247 —	170	77	—	75.61
Saïtes de Gournah de la XXIe et XXIIe Dynasties	20 momies	15	5	Chantre	75.69
— de Thèbes, XXIe et XXIIe Dynasties	20 —	»	»	—	75.69
Prêtres d'Ammon, XXIe Dynastie	14 —	9	5	—	75.82
Naif Sart, Saïte de Thèbes de la XXVIe Dynastie	1 —	1	»	—	75.95
Egyptiens d'Abydos, époques diverses	54 crânes	34	20	Schmidt	76.07
Thébains de Deir-el-Bahari de la XIIe à la XXe Dynastie	25 momies	24	1	Chantre	76.08
Ptolémaïque de Sakkarah	20 crânes	13	7	Broca	76.11
Roui, seigneur de Thèbes, de la XXIIe Dynastie	1 momie	1	»	Chantre	76.11
Thébains de Médineh-el-Gournah Ptolémaïque	45 crânes	25	20	—	76.26
— de Thèbes de la XVIIIe Dynastie	10 momies	10	»	—	76.37
Neit Seken, Saïte de la XXIIe Dynastie	1 —	1	»	—	76.83
Thébains de Deir el-Médineh de la XIIe Dynastie	5 crânes	5	»	—	77.09
Memphites de Sakkarah de la IVe Dynastie	51 —	31	20	Broca	77.22
Romains d'Antinoé	9 momies	1	8	Chantre	77.45
Pinotmou Ier, de la XXe Dynastie	1 —	1	»	—	77.47
Ptolémaïque de Montfalout	14 crânes	8	6	—	77.65
— de Gournah	12 momies	6	6	—	78.02
Thoutmosis III, roi de la XVIIIe Dynastie	1 —	1	»	—	78.23
Anha-Pou, Saïte de la XXIe Dynastie	1 —	1	»	—	78.33
Thoutmosis II, roi de la XVIIIe Dynastie	1 —	1	»	—	79.05
Egyptiens du moyen âge, vieux Caire	26 crânes	14	12	—	79.07

On remarquera ensuite que tous ces sujets sont de la Haute-Egypte, et spécialement de la région thébaine, et que les plus méridionaux présentent l'indice céphalique le plus bas, — 72,92 — lequel se place dans la catégorie des groupes des premières dynasties, dites préhistoriques, qui oscillent entre 72,43 et 73,62; que les bas indices n'appartiennent pas seulement aux plus anciennes dynasties, puisqu'on les trouve encore à Thèbes à la XXVIe dynastie avec 74,85 et 75,40. On voit, au contraire, des indices touchant à la mésocéphalie, soit de 76,26 à Deir el-Médinet, à la XIIe dynastie, et de 77,09 à Sakkarah, à la IVe. Que conclure de ces faits, sinon qu'à certaines époques il y eut dans le Saïd, comme dans le reste de la vallée du Nil, un apport de brachycéphales, au milieu d'une population originellement dolichocéphale. La moyenne de l'indice facial ophrio-mentonnier est de 99 et celui de l'indice nasal de 90.

On a bien souvent essayé, en se basant sur les innombrables documents artistiques laissés par les anciens Egyptiens, ainsi que sur l'observation de leurs momies, de reconstituer leur physionomie générale, le type moyen purement morphologique de la population de la vallée du Nil, au temps des Pharaons. Les portraits schématiques les plus vrais qui en ont été retracés, et qui concordent, du reste, assez bien avec nos observations anthropométriques et craniologiques, sont ceux de MM. Maspero[1], Hamy[2] et Virchow[3]. Les éléments de ces portraits peuvent se résumer de la manière suivante :

On remarquera tout d'abord que deux types doivent être distingués parmi les Egyptiens de l'antiquité comme dans la plupart des populations anciennes ou modernes. L'un est fin et l'autre grossier.

Le premier était grand et élancé avec une attitude fière et impérieuse. Il avait les épaules larges, les pectoraux saillants, les bras nerveux, les mains fines et longues, les hanches peu développées, les jambes sèches : les détails du genou et des muscles du mollet s'accusent fortement sous la peau ; les pieds allongés, minces, cambrés faiblement et s'aplatissant, à l'extrémité, par suite de l'habitude d'aller sans chaussures. La tête est relativement courte, le visage est ovale ; le front est légèrement fuyant ; les yeux sont largement ouverts ; les pommettes peu saillantes ; le nez est fort, droit ou légèrement aquilin ; la bouche est large avec des lèvres charnues et bordées ; les dents sont petites, égales, bien plantées et saines ; les oreilles sont élevées.

La peau, blanche à la naissance, brunit plus ou moins rapidement suivant qu'elle est plus ou moins attaquée par le soleil, et par conséquent suivant la région. Les hommes ont été généralement représentés de couleur rouge. Les femmes moins exposées à la grande lumière sont peintes en jaune dans les tableaux; leur teint était d'autant plus clair qu'elles appartenaient à une classe plus élevée et qu'elles étaient originaires du Sud ou du Delta. Leurs cheveux tendaient à onduler et même à friser en petits anneaux, surtout dans le Sud, sans jamais tourner à la laine des nègres. La barbe était clairsemée et n'était épaisse qu'au menton.

[1] *Histoire ancienne des peuples de l'Orient*, t. I, p. 47.

[2] Aperçu sur les races de la basse vallée du Nil (*Bull. Soc. anthr. Paris*, 1886).

[3] Anthropologie Egyptiens (*Correspond.-Bl. der Deutschen anthropolog. Gesell.*, 1888, n° 10, p. 107).

Le second type, plus vulgaire mais moins fréquent, était trapu, courtaud et lourd. La poitrine et les épaules sont plus larges proportionnellement au bassin, une disproportion choquante et apparente régnait entre le haut et le bas du corps. Le bassin est étroit et les jambes sont grêles. La tête est allongée, légèrement refoulée en arrière et surbaissée au sommet ; le visage est plus long que dans le type fin et fréquemment un peu prognathe ; le nez est droit ou légèrement concave et court, avec des narines largement ouvertes ; les yeux sont petits et parfois un peu bridés ; les joues sont rondes ; le menton carré et les lèvres épaisses mais non renversées. Les traits de ce type sont en général grossiers et comme taillés à grands coups d'ébauchoir.

Les caractères extérieurs de ces deux types d'Egyptiens dont les variétés infinies passent des unes aux autres, se rencontrent avec des nuances, dans les mêmes régions, depuis les temps préhistoriques jusqu'à nos jours.

Fig. 88. — Amenémhait III

Pigeonniers a Medinet-el-Fayoum.
(Photographie de M. René Dreux.)

DEUXIÈME PARTIE

POPULATIONS ACTUELLES

Après avoir décrit les populations anciennes de l'Egypte, aux divers points de vue anthropologiques, depuis les temps préhistoriques jusqu'à l'aurore de l'époque moderne, nous devons aborder l'étude des populations actuelles de ce merveilleux pays. Celles-ci se composent d'une quinzaine de races d'origines différentes se rattachant aux Africains, aux Asiatiques, aux Européens et aux Américains.

Le groupe africain comprend : 1° les Egyptiens (Coptes et Fellahin); 2° les Bedjah (Nubiens ou Ethiopiens) ; 3° les Soudanais Nilotiques.

Le groupe asiatique est composé : 1° des Arabes-Bédouins; 2° des Syriens; 3° des Arméniens; 4° des Juifs; 5° des Turcs; 6° des Caucasiens, etc.

Le groupe européen est constitué par des représentants de la plupart des grandes nations du Continent et de la Grande-Bretagne.

Le groupe américain est composé pour la plus grande partie de citoyens des Etats-Unis.

Les nationalités des habitants de l'Egypte ont été divisées en quatre groupes :

Le premier, constitué par les indigènes proprement dits, englobe tous les habitants qui se sont déclarés égyptiens, quelles que soient leur race et leur religion.

Le deuxième groupe comprend les originaires de l'Empire Ottoman dont la déclaration de nationalité porte la mention « Turquie » ou la désignation d'une province turque.

Le troisième groupe se compose des Bédouins habitant l'Egypte soit agglomérés en tribus, soit isolément. Dans ce groupe sont confondus les Bedjah.

Le quatrième groupe comprend les étrangers qui ont fait la déclaration, pour leur nationalité, d'un pays étranger quelconque. Les déclarations portent sur vingt-trois pays différents.

Le recensement officiel de 1897 a constaté, en Egypte, l'existence de 9.734.405 habitants, qu'il divise au point de vue administratif de la façon suivante :

Indigènes proprement dits.	8.980.278
Originaires de l'Empire Ottoman	40.126
Bédouins	601.427
	9.621.831
Etrangers administrés de divers pays	112.574
	9.734.405

Notre étude, ne devant comprendre que les populations de la vallée égyptienne du Nil, nous laisserons de côté les Européens et les Américains, puis la plus grande partie des Asiatiques. Ceux-ci, à part les Arabes-Bédouins qui se sont en quelque sorte incorporés aux Egyptiens, ne doivent être considérés que comme sporadiques sur l'ancien domaine des Pharaons. Nous allons néanmoins en donner un rapide aperçu ethnographique.

Le nombre des Européens établis en Egypte est de plus en plus considérable. On en compte actuellement 112.000 environ. Les différentes nations auxquelles ils appartiennent se classent dans l'ordre suivant, d'après le nombre de leurs représentants : Grecs, Italiens, Français, Anglais, Autrichiens, Allemands, Russes, Belges, Suisses, Suédois, Norvégiens, Hollandais, Espagnols, Portugais, etc.

Les Grecs constituent la colonie la plus nombreuse (38.000 environ) ; c'est dans leurs mains que se trouvent le commerce le plus élevé et les métiers les plus infimes. Dans toutes les villes d'Egypte, les banques et les magasins de comestibles *(bakals)* sont tenus par des Grecs. La plupart d'entre eux sont originaires des Iles, et présentent une pureté de race assez rare partout ailleurs.

Les Italiens, au nombre de 24.454, s'adonnent pour la plupart aux petits métiers de la vie journalière; tels que tailleurs, cordonniers, marchands, etc. La langue italienne comme la langue grecque à Alexandrie, à Port-Saïd et au Caire, sont presque autant parlées que l'arabe.

Les Anglais, jadis peu nombreux, ont vu leur colonie s'augmenter beaucoup dans ces dernières années : de 6.118 en 1882; ils sont actuellement 19.513, y compris l'armée d'occupation, les Indous et les Maltais. Ces derniers sont fort nombreux au Caire et surtout dans le Delta. Les Anglais partagent avec les Français les postes les plus élevés parmi les fonctionnaires européens de l'Etat Khédivial.

Les Français, au nombre de 14.172, constituent la partie la plus relevée de la population étrangère. Après avoir créé et organisé comme savants, jurisconsultes, médecins, architectes ou ingénieurs, la plupart des grandes administrations du pays, ils en ont généralement conservé la direction.

Les Autrichiens (7115); les Russes (3192); les Allemands (1281), ainsi que la plupart des représentants des autres nations moins nombreuses, se livrent au commerce.

Parmi les races asiatiques habitant l'Egypte, on doit citer les Arméniens, les Juifs, les Syriens, les Turcs et les Caucasiens (Géorgiens et Tcherkesses divers).

Les Arméniens émigrés de l'Asie occidentale se sont depuis longtemps fait une place importante sur le sol égyptien. Par leur intelligence, leur instruction, ainsi que par leurs qualités de travailleurs, d'hommes d'ordre et d'économie, beaucoup ont été appelés à occuper des emplois élevés dans l'administration. Un certain nombre sont de riches joailliers ou sont à la tête de grandes industries. On en compte 2500 environ répartis à Alexandrie, au Caire, et dans quelques autres grands centres.

Les Juifs, dont 12.695 se disent Egyptiens et 12.527 sont d'origine palestinienne ou roumaine, vivent surtout dans la Basse-Egypte où ils exercent avec succès leurs métiers de prédilection : de courtier, de changeur, etc. C'est parmi eux que se trouvent les plus opulents banquiers d'Alexandrie. Les Juifs ont conservé en Egypte, où ils ont été si nombreux dans l'antiquité, plus que partout ailleurs, leur physionomie primitive. Au milieu d'une population brune, ils se distinguent par la blancheur de leur teint; leurs yeux bleus ou gris avec des cheveux châtains.

Les Syriens, au nombre de 2000 environ, se rencontrent surtout à Alexandrie où ils viennent généralement se livrer au commerce de détail.

Les Turcs, jadis fort nombreux en Egypte, puisque la dynastie des vice-rois était d'origine turque, tendent à diminuer chaque jour davantage. On n'en compte guère plus de 15.000 actuellement, et encore sont-ils loin d'être de race pure. Les Ottomans de l'Egypte sont presque tous des employés civils ou militaires ; il en est pourtant quelques-uns qui sont marchands au bazar. En Egypte, comme en Turquie, les fonctionnaires turcs sont en partie la cause du désordre administratif qui a nui pendant si longtemps à la prospérité du pays.

Les Caucasiens, Géorgiens ou Tcherkesses, importés jadis en assez grand nombre, comme les Abyssins du reste, pour en faire des esclaves, tendent à diminuer aussi de nos jours. Il n'y a pas longtemps qu'ils étaient encore vendus publiquement pour le service des harems royaux ou des riches particuliers concurremment avec des serviteurs soudanais.

A côté des divers peuples étrangers à l'Egypte, et qui sont venus s'y fixer depuis longtemps, se place un groupe de populations émigrées, depuis plusieurs générations, de diverses régions de la Méditerranée. Les gens qui représentent ce groupe, composé surtout de Syriens et de Grecs ont reçu le nom de Levantins. Ils parlent généralement, outre l'arabe, la langue du pays de leurs aïeux. De plus, au contact des Européens, ils apprennent les langues de ces derniers, et ils les parlent avec autant de perfection que de volubilité. Ils possèdent en général une grande routine des affaires, et, dans beaucoup d'importantes maisons de commerce, on emploie volontiers ces Levantins habiles et polyglottes en qualité d'acheteurs ou de magasiniers. Il y a parmi eux des gens fort riches. Ils ont su également se rendre indispensables aux consulats qui les emploient comme interprètes avec les autorités locales.

Les populations habitant la vallée égyptienne du Nil se rapportent à quatre grands groupes :

1° Les Egyptiens comprenant les Coptes et les Fellahin.

2° Les Arabes-Bédouins comprenant un très grand nombre de tribus parmi lesquelles on peut citer : les Ouled-Ayadeh ; les Ouled-Touarah ; les Ouled-Harabi ; les Ouled-Aly ; les Ouled-Ma'azeh ; les Ouled-Aouetat ; les Ouled-Khawazi, etc., etc.

3° Les Bedjah (Nubiens ou Ethiopiens Nilotiques) comprenant les Bicharieh, les Ababdeh et les Barabra.

4° Les Soudanais Nilotiques comprenant les Chillloucks, les Dinkas, les Nouers, etc., etc.

Ces quatre groupes de populations constitueront les quatre chapitres de cette seconde partie.

Fig. 89.— Jeunes Bicharieh.

Une Sakieyh des environs de Bédrachein.
(Photographie de M. René Dreux.)

CHAPITRE PREMIER

ÉGYPTIENS

Sous la dénomination d'Egyptiens, la statistique officielle, on vient de le voir, comprend tous les habitants qui se sont déclarés comme tels, lors du recensement du 1er juin 1897, quelles que soient leur race et leur religion. Pour l'administration, ce sont les indigènes propreménts dits ce sont les véritables Egyptiens, les sujets imposables, etc.

Mais cette distinction, qui a une importance incontestable au point de vue légal, n'a rien d'ethnique, et il ne nous est pas possible de l'admettre au point de vue scientifique, car elle englobe des groupes de populations qui diffèrent les unes des autres autant par l'origine que par le type.

Pour nous, les Egyptiens sont les habitants de la vallée inférieure et moyenne du Nil, soit de la première cataracte à la mer, et qui, sous les noms de Coptes et de Fellahin, sont les successeurs des sujets des Pharaons.

COPTES

ETHNOGÉNIE ET ETHNOGRAPHIE

Les Coptes représentent avec les Fellahin la population égyptienne actuelle. On leur donne quelquefois le nom de « peuple de Faroûm », c'est-à-dire peuple de Pharaon. Ils ont, d'autre part, plus que les autres éléments ethniques de la région, le droit de se dire Égyptiens. Leur nom même de Copte, Cophte ou Koubt, semble n'être qu'une corruption de l'ancien nom de Memphis : *Haïkouphtah*, demeure du double de Phtah, dont les Grecs ont fait le mot Αἰγυπτὸς, et les latins celui de *Aegyptus*, Égyptien. On sait qu'ils ont appliqué ce mot en même temps au peuple et à la contrée qu'il habitait.

On a prétendu que l'appellation de Copte vient du nom de Coptos où cette population se retira, lors de la persécution des Grecs, et qui devint l'une de leurs cités les plus importantes. Suivant Savary[1], qui voyageait en Égypte vers 1777, ce nom viendrait de *Cobtos*, coupés, car ils ont toujours conservé l'usage de la circoncision qui est sans aucun doute antérieur à l'invasion arabe. Volney[2], de son côté, pense que Copte vient de *Quoubti*, nom qui est purement et simplement la traduction en arabe du mot égyptien. Ce serait pour lui, par suite d'une altération évidente du mot grec *ti-goupti* en égyptien que ce nom se serait formé. Il fait remarquer en effet que la lettre *y* étant prononcée *ou* chez les Grecs anciens, et que les Arabes n'ayant ni la lettre *g*, devant *a*, *o*, *u*, ni la lettre *p*, ils remplaçaient ces lettres par *q* et *b*. Les Coptes sont donc proprement les descendants et les représentants des autochtones de l'Égypte et les véritables Égyptiens. Volney[3] prétendait, du reste, que la morphologie de ce peuple vient confirmer cette manière de voir basée sur la philologie (fig. 90 à 94).

Les appréciations les plus diverses et même les plus étranges ont été énoncées au sujet du dénombrement des Coptes. D'après les documents les plus authentiques, on sait qu'ils étaient environ six millions au moment de la conquête arabe. Le R. P. Macaire estime même, d'après Eutychim, que la population copte pouvait monter à dix-huit millions[4]. Depuis lors, cette population a eu de fréquentes fluctuations, car écrasés par la cruauté de leurs oppresseurs étrangers, ils ont en maintes circonstances cédé à la tentation d'échanger, en reniant leur religion, beaucoup d'humiliations et de souffrances contre la sécurité d'une vie tranquille. Et, du reste, en Égypte, comme partout en dehors de l'Europe, quelle valeur peut-on attribuer aux évaluations démographiques?

Depuis 1882, cependant, le recensement officiel paraît avoir trouvé des chiffres authentiques. A cette époque, l'Égypte comptait 400.000 Coptes. Mais ce nombre, malgré les fréquents mariages entre Coptes et Musulmans, « lesquels vont à l'encontre de la prospérité numérique de la nation copte », a augmenté et augmentera encore, par suite

[1] *Lettres sur l'Egypte*, in-8°, Paris, 1785.
[2] *Voyage en Syrie et en Egypte*, 3e édition, t. I, p. 7, Paris, in-8°, an VIII.
[3] *Loc. cit.*
[4] *Histoire de l'Eglise d'Alexandrie*, in-8°, le Caire, 1894, p. 232.

de l'excédent constant des naissances sur les décès. Les Coptes se marient en effet un peu plus tardivement que leurs voisins non chrétiens ; ils sont rigoureusement monogames, respectent davantage les liens du mariage, sont sédentaires, se nourrissent mieux, quoique plus économes, et soignent mieux leurs enfants qu'ils élèvent presque tous. C'est ainsi que le recencement de 1898 a compté 609.511 Coptes, dont 484.770 habitent la Haute-Égypte et 124.741 habitent la Basse-Égypte. Ils forment le 6,26 pour 100 de la population totale de l'Égypte. Ils vivent au Caire au nombre de 10.000 environ.

Fig. 90. — COPTE DE SIOUT.

Il ressort encore de la statistique générale qui a été dressée à la suite de ce dernier recensement qu'il y a 1 Copte pour 16 habitants pour tout le pays ; mais dans la Haute-Égypte, où ils sont plus nombreux qu'ailleurs, on en compte 1 pour 8 habitants. Les Coptes se rencontrent, comme on l'a vu, surtout dans la Haute-Égypte. Leur centre de densité se trouve à Louqsor, Esneh, Girgeh et surtout à Akhmim, à Siout, puis dans le Fayoum. Actuellement, leur capitale paraît être El Médinet-Fayoum. Ils possèdent, dans cette région, des villages entiers ; sur certains points, ils ont pris pour demeures d'anciens couvents plus ou moins fortifiés, dont les habitants primitifs étaient voués au célibat. Dans ces sortes de retraites, éloignées en général des chemins de conquérants, ils ont pu garder intactes leurs mœurs et leur foi monophysite qu'ils ont reçues de Byzance.

Cantonnés jadis dans certains centres où ils exerçaient leurs métiers de prédilection, ils ont actuellement le droit de s'établir dans toutes les parties de l'Égypte. Ils deviennent quelquefois fonctionnaires, mais ils ne sont qu'exceptionnellement appelés à remplir des rôles politiques comme les Arabes, les Arméniens ou même les Juifs. Avant leur assimilation aux Musulmans pour les droits civils, les empiètements de l'islam étaient continuels, surtout à l'occasion les mariages pour lesquels les parents, et même les jeunes filles, n'étaient souvent pas consultés.

Par suite de leur contact avec les Fellahin et les Arabes, ils partagent nombre d'usages avec leurs voisins. Le costume, qui jadis était une marque distinctive, ne diffère plus : le Copte porte maintenant la même galabieh que le Fellah, et le voile est le même chez les femmes des deux groupes. Il en est de même du turban, dont la couleur sombre distinguait de loin un Copte d'un Fellah. Jadis, on voyait les citadins enrouler autour de leurs têtes le turban blanc des laboureurs et se vêtir comme eux afin d'accroître, a-t-on dit, leur dignité, mais sans doute aussi afin de dissimuler le plus possible leur présence dans les pays où ils ne sont pas en majorité.

Fig. 91. — Copte de Louqsor.

Les Coptes se circoncisent, conformément à l'ancienne coutume égyptienne bien antérieure à Mohamed, ainsi que nous en a informés Hérodote. Cet usage, de même que nombre d'autres, qu'ils partagent avec les Musulmans, fait que ceux-ci les accueillent maintenant volontiers parmi eux, notamment à la mosquée. Comme les Fellahin, les Coptes, les femmes surtout, se tatouent en bleu, le visage, les mains, etc., sauf qu'ils font entrer la croix parmi les ornements dont ils décorent leur peau généralement plus blanche que celle des Fellahin. La plupart se noircissent le bord des paupières avec le kohol.

A l'exception d'un petit nombre qui professent la religion grecque ou romaine (4.630) ou qui ont répondu aux prédications des missionnaires de l'Église réformée anglaise ou américaine (12.507), les Coptes se rattachent par leur culte aux chrétiens jacobites, eutichiens, monophysites ou monothélites (592.374). On sait que la secte à laquelle Eutichès a donné son nom ne reconnaît dans Jésus-Christ qu'une seule nature, la nature divine.

Fig. 92. — Copte de Louqsor.

Aucun autre peuple de l'Asie ou de l'Afrique n'a embrassé le christianisme aussi vite et avec autant de ferveur que les Coptes. Habitués de tout temps à considérer la vie comme un pèlerinage et la mort comme une préparation à celle de l'autre monde, ils trouvèrent dans le pessimisme chrétien, renonçant au monde pour songer à la mort, de grandes affinités avec leurs conceptions religieuses primitives. Las de cette foule nombreuse et confuse de divinités, grâce à laquelle les prêtres intéressés les tenaient éloignés de toute croyance plus pure et plus profonde, ils devaient tout naturellement rattacher à leur propre génie la doctrine de la rédemption comme leur apportant la délivrance et le salut. Ils se firent rapidement du christianisme une conception plus austère et plus lugubre que celle d'aucun autre peuple; c'est pourquoi la pénitence se transforma pour la première fois chez eux en ascétisme, et le désir de mourir au monde conduisit de pieux zélateurs dans les retraites des anachorètes. Pour ces fanatiques, la question de foi l'emportait sur les affaires politiques et celles de la vie civile.

Les luttes terribles et sanglantes, qui anéantirent au VIe siècle la vie et les biens de milliers de personnes, étaient dues à des causes de telle nature que la plupart des combattants ne les comprenaient pas. De subtiles différences d'opinions dogmatiques faisaient alors prendre les armes, et la haine qui animait, les uns contre les autres, les fidèles d'une religion d'amour a été assez forte pour pousser les vaincus, c'est-à-dire les monophysites à faire bon accueil aux armées de l'Islam, peut-être même à les appeler dans leur propre patrie.

Les Coptes ont un clergé autonome et de nombreux moines. Le patriarche est élu par les moines des cinq plus grands couvents de l'Égypte : ceux de Saint-Paul, dans le désert Occidental, puis les deux couvents de la vallée du Natron, et celui de Madagh près de Montfalout, ont seuls ce privilège. Ils ont de nombreuses écoles, mais pour les garçons seulement. On leur apprend à lire en copte et en arabe les psaumes, les évangiles et les épîtres. La langue copte ne leur est presque jamais enseignée grammaticalement, aussi est-il rare de trouver un Copte sachant parler et écrire sa langue correctement.

Le culte, ni édifiant, ni solennel, offre un spectacle qui ne manque cependant pas d'intérêt. Le Copte fréquente beaucoup l'église, mais que peut-il gagner à cette fréquentation et comment s'y conduit-il ? Dans la *Keniseh*, on prie et on chante en langue copte, c'est-à-dire dans la langue des Égyptiens, telle qu'on la parlait au IIIe siècle. Personne ne comprend ce vénérable idiome, pas même la petite fraction des prêtres qui, d'ordinaire, savent le lire. Depuis le VIe siècle, la doctrine des Jacobites est dans un état de léthargie qui ne lui a pas permis de tenter le moindre progrès. Dans aucune autre communauté religieuse le jeûne n'est plus fréquent que chez les chrétiens de l'Égypte et de l'Abyssinie. A l'entrée de l'église, les fidèles s'agenouillent en passant devant les images des saints pendues aux murs ou devant l'autel; ils baisent la main du prêtre. Le culte, auquel la communauté assiste debout, dure souvent trois heures comme chez les Arméniens. Il consiste surtout en la lecture ou le récitatif de prières et de fragments d'évangiles, soit en copte, soit en arabe. Le prêtre y est assisté par un maître d'école et un chœur de jeunes garçons. Pendant toute la cérémonie, les fidèles s'entretiennent sans aucune gêne, comme s'ils étaient chez eux. Au bout d'un certain temps, le prêtre, balançant un encensoir brûlant, sort du *he-kel* (sanctuaire), se mêle aux fidèles et leur donne sa bénédiction en posant sa main sur la tête de quelques-uns d'entre eux. La cérémonie de la cène, qui a lieu assez fréquemment, succède au culte ordinaire. A la fête de la naissance du Christ, le 6 janvier, hommes et jeunes garçons se plongent dans le puits des fonts baptismaux, dont le prêtre bénit l'eau, ou même dans le Nil où il verse de l'eau bénite.

Actuellement, le nombre de leurs églises dépasse cent-vingt et celui de leurs couvents qui tendent à disparaitre est encore considérable. De nombreuses ruines d'édifices religieux, que l'on rencontre maintenant sur des points où il n'existe pas de Coptes, témoignent que la population y était encore chrétienne, il y a quelques siècles.

Après la conquête de l'Egypte par Am'r, les Coptes, traités d'abord avec clémence, occupèrent, pendant assez longtemps, les premiers emplois dans l'administration du pays. Toutefois, ils eurent bientôt à souffrir de persécutions de toutes sortes, qu'ils durent surtout à leur ambition sans bornes et à leurs continuelles conspirations contre leurs nouveaux maitres. Les Mahométans les ont souvent accusés d'avoir été les auteurs de ces fréquents et terribles incendies qui ravagèrent le pays.

Habitués de tout temps à se considérer comme le premier des peuples civilisés et à ne voir, dans les Grecs, que leurs élèves qu'ils regardaient avec mépris, les Coptes crurent trouver dans les Arabes le moyen désiré de se débarrasser de la domination grecque. Ils eurent le tort de croire que, une fois délivrés des Byzantins, ils sauraient bien vaincre les sauvages fils du désert. Mais leur orgueil et leur vanité nationale eurent à subir la plus honteuse des défaites, et ils tombèrent sous le joug de l'Islam qu'ils avaient cru repousser à jamais.

Fig. 93. — Georges Gattas, interprète à Louqsor.

Cette nation a conservé d'anciennes pratiques bien antérieures à l'invasion des religions étrangères. C'est ainsi qu'ils construisent encore leurs tombeaux en forme de maisons, comme les Barabra du reste, et chaque famille s'y réunit chaque année une fois pour un repas funéraire. Ils donnent à leurs enfants des noms de baptême qui rappellent les plus anciens personnages de l'antique Egypte, tels que celui de Ménus qui vient sûrement de Menas ou Menès, le prétendu fondateur de la première dynastie égyptienne.

Les Coptes n'ont pas tout à fait perdu leur ancienne langue. Ils l'ont conservée dans leurs livres religieux et dans leur liturgie; de fait, elle est devenue une langue morte comme le latin, et très peu de personnes la comprennent. L'Arabe l'a remplacée en dehors de l'église, partout dans l'usage courant. La langue copte tomba en désuétude peu après l'envahissement de l'Egypte par les Arabes. Au milieu du IXe siècle, soit 200 après la conquête, elle était encore comprise par la généralité des Coptes, mais le Xe siècle ne s'était pas écoulé que la majorité des habitants de la Basse-Egypte avait cessé de la parler et de la comprendre. Elle paraît s'être maintenue beaucoup plus longtemps dans le Saïd. Georges Gattas, mon interprète, m'a assuré qu'à Zénieh, village peu éloigné de Louqsor, quelques prêtres du couvent de Saint-Pacôme ont réussi à la maintenir encore de nos jours comme idiome usuel. Mon ami, M. Legrain, qui a bien voulu vérifier le fait, a écrit en arabe au patriarche de Saint-Pacôme en le priant de lui répondre en copte. Celui-ci s'est exécuté de très bonne grâce et s'est empressé d'adresser à M. Legrain plusieurs lettres en langue copte accompagnées d'une traduction, en regard, en langue arabe. Au rapport de Makrizi, les femmes et les enfants ne parlaient guère de son temps, c'est-à-dire vers la fin du XIVe siècle, d'autre langue que le copte-saïdi. Mais, ici comme dans la Basse-Egypte, l'Arabe le supplanta bientôt d'une façon définitive.

On sait que c'est par l'étude de la langue copte que l'on est parvenu à comprendre le démotique et, par suite, les hiéroglyphes.

Au point de vue du caractère des Coptes, on peut dire que la gravité des sujets des pharaons s'est changée en tristesse morose, et leur zèle au travail en cupidité. Si, grâce à leurs talents héréditaires pour l'arithmétique, ils excellent à calculer, ce qui les fait rechercher comme caissiers et comptables, en revanche, la noblesse des sentiments et la générosité, si propre à leurs voisins les Arabes, leur font un peu défaut. Ils respectent la loi qui leur

Fig. 94. — Femmes coptes du vieux Caire préparant du combustible.

interdit la polygamie, mais ils abusent souvent, dit-on, de l'alcool qui ne leur est pas interdit.

Un autre trait des plus saillants du caractère des Coptes, c'est la haine profonde qu'ils professent pour les autres sectes chrétiennes : l'aversion des Musulmans pour les infidèles n'en donne qu'une faible idée. Ils ont passé longtemps pour être économes jusqu'à l'avarice, dissimulés, sombres, souvent fourbes et peu scrupuleux, rempants ou insolents, suivant leur fortune et la position sociale qu'ils ont acquise.

Ils sont généralement intelligents, travailleurs, très aptes à l'instruction. Les femmes, toutefois, restent encore, de même que toutes les femmes de l'Egypte, en dehors de la civilisation et plongées dans la plus profonde ignorance. Il ne faut pas perdre de vue qu'ayant été placés, durant de longues années, sous un régime d'oppression et même d'esclavage, le caractère des Coptes a dû acquérir les défauts et les qualités des autres races qui ont eu à subir les mêmes traitements, telles que les Arméniens et les Juifs. On doit reconnaître aussi qu'au contact des Européens qui fréquentent de plus en plus leur pays, la plupart des défauts que l'on pouvait leur reprocher ont maintenant disparu.

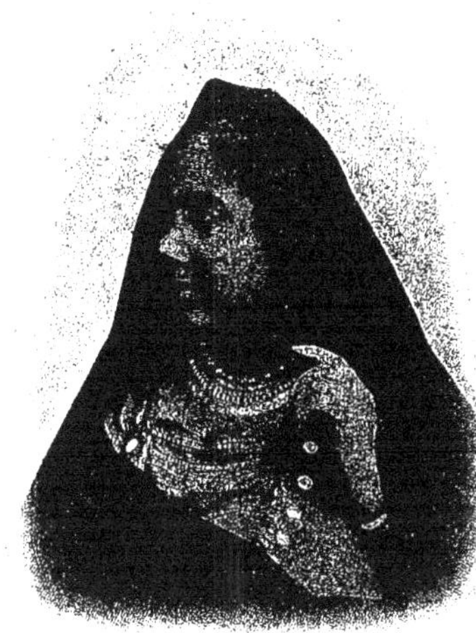

Fig. 95. — JEUNE FILLE COPTE DU VIEUX CAIRE.

C'est parmi les Coptes que l'on recrute les écrivains et les comptables des administrations ainsi que les interprètes ou drogmans.

Comme les Arméniens et les Juifs, ils sont surtout changeurs, banquiers, courtiers et marchands. Ils sont quelquefois industriels, mais rarement agriculteurs. Ils excellent dans la tissanderie, l'horlogerie et la bijouterie. Ce sont eux qui fabriquent, en Egypte, les fausses antiquités, comme les Arméniens fabriquent celles de la Turquie.

MORPHOLOGIE ANTHROPOMÉTRIQUE

Le type copte a été bien souvent décrit et les versions les plus contradictoires ont été émises sur ses caractères. Il n'est qu'un point sur lequel tous les auteurs sont d'accord, qui est toutefois discutable, c'est la ressemblance qu'il présente avec celui de l'Egyptien ancien, tel que nous le montrent les monuments de l'antiquité. Parmi les auteurs qui se sont le plus occupés de la morphologie des Coptes, je citerai tout d'abord Samuel Georges Morton[1]. Suivant ce savant anthropologiste, ils doivent être considérés comme un groupe mixte dérivé, dans diverses proportions, des types caucasique et nègre; et ces origines peuvent expliquer les caractères différents que les voyageurs leur ont attribués.

« Denon, par exemple, les décrit comme ayant des fronts plats, des yeux mi-clos, une bouche tombante, placée à une grande distance du nez, de grosses lèvres, peu de barbe, un corps informe, des jambes arquées et des orteils longs et plats. Denon pense même que ces traits correspondent, d'une manière remarquable, à ceux de la figure humaine telle que la représentent la peinture et la sculpture égyptiennes! »

« Et Sonnini, après les avoir décrits dans des termes presque analogues, ajoute ce

[1] Samuel Morton, *Crania Egyptiaca, or Observations on Egyptian ethnography*, in-4°, Philadelphia, 1844, p. 55.

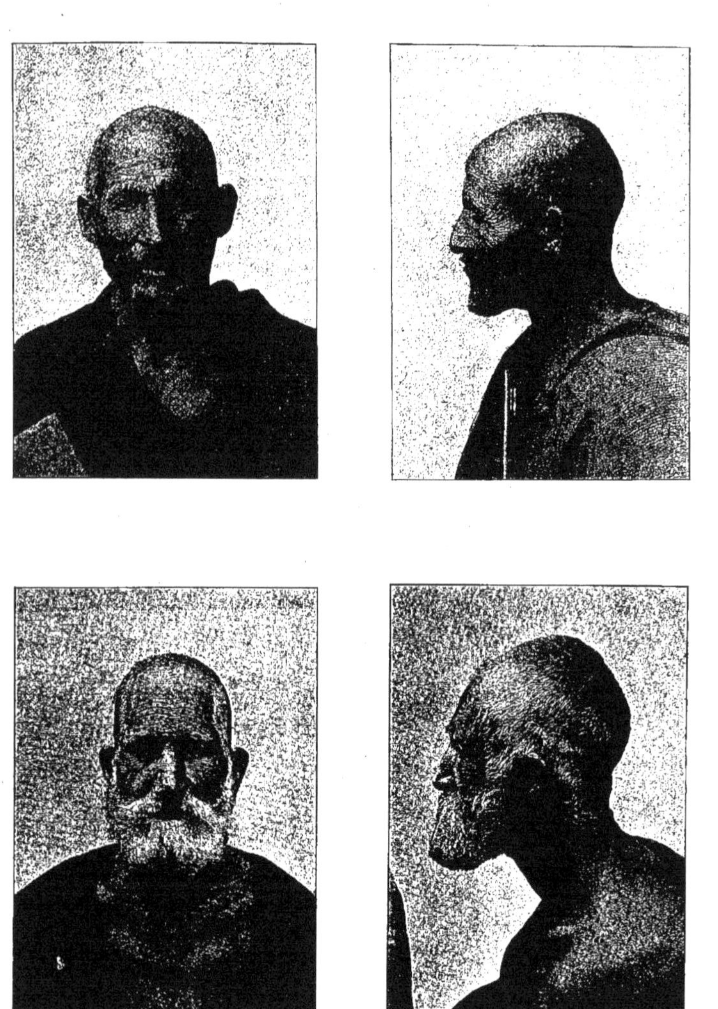

Fig. 96. — Coptes de Louqsor.

reproche que, tandis qu'ils sont les plus laids des hommes, ils sont les plus corrompus et les plus dégoûtants. Si nous comparons ces descriptions vraisemblablement exagérées avec celles de Brown, Lane et quelques autres voyageurs, la différence est, à première vue, si grande qu'elle dispense de toute autre explication. »

« Brown, par exemple, ne fut frappé par aucune ressemblance avec le type nègre » ; et il ne vit rien d'anormal dans la texture des cheveux. « Les yeux des Coptes, dit M. Lane, sont généralement grands et allongés, légèrement obliques et toujours noirs. Le nez est droit, sauf que le bout est gros et rond ; les lèvres plutôt épaisses, et les cheveux noirs et bouclés. Madden ajoute qu'ils sont caractérisés par une distance remarquable entre les yeux. Belzoni a observé des Coptes aussi blonds que des Européens. Rosellini nous assure qu'ils sont largement mêlés de sang juif et romain, et d'Avezac, comme Depauw, découvre en eux une descendance chinoise. »

« Ces opinions ainsi que beaucoup d'autres que l'on pourrait citer, ajoute Morton, prouvent que les Coptes diffèrent beaucoup entre eux, et qu'ils sont physiquement et moralement un mélange de toutes les nations qui ont successivement dominé en Egypte ou grossi sa population variée : Egyptiens de diverses castes, Grecs, Romains, Arabes, Hébreux, Nègres et quelques autres. Telle était, du moins en partie, l'opinion de Pugnet. Mais, après tout, les traits qui sont les plus invariables chez le Copte viennent peut-être du nègre, et ils sont manifestes dans l'ossature de la tête et de la face. »

« Les habitants des villes d'Arabie et d'Egypte, dit Burkhardt, sont accoutumés à prendre en mariage des esclaves abyssiniennes ou des négresses » et, dans une autre partie de ses voyages, le même auteur décrit une classe de peuple en Nubie qui est le produit direct de ce mélange de races et qui semble, d'après sa description, répondre aux caractères des Coptes eux-mêmes. Les esclaves Nouba (parmi lesquels il faut distinguer ceux qui sont nés au Senaar de mâles nègres et d'Abyssiniennes) forment une classe moyenne entre les noirs et les Abyssins. Leurs traits, quoiqu'ils gardent quelque chose de leur origine nègre, ont encore quelque chose de régulier ; leur nez, quoique plus petit que celui des Européens, est moins plat que celui des nègres ; leurs lèvres sont moins épaisses et leurs pommettes moins proéminentes. Quelques-uns ont les cheveux laineux, mais, chez la plupart, ils sont semblables aux cheveux des Européens, mais plus grossiers et souvent bouclés. »

Après l'énoncé de pareilles assertions, il est temps d'arriver à des appréciations basées sur des observations précises, telles que celles de Larrey[1]. Aucun tableau de cette race ne paraît plus exact, en effet, et n'a été plus fréquemment[2] reproduit que celui qu'en a tracé ce savant anatomiste.

« Tous les Coptes, dit-il, ont le ton de la peau jaunâtre et fumeux comme les Abyssins ; leur visage est plein sans être bouffi ; les yeux sont beaux, limpides, coupés en amande et d'un regard languissant ; les pommettes saillantes ; le nez presque droit, arrondi à son sommet ; les narines dilatées, la bouche moyenne, les lèvres épaisses, les dents blanches symétriques et peu saillantes ; la barbe et les cheveux rasés et crépus. »

[1] Notice sur la conformation physiologique des Egyptiens, etc. *(Description de l'Egypte*, t. II, p. 3). — *Relation historique et chirurgicale de l'expéd. de l'armée d'Orient*, p. 404, Paris, 1803.

[2] Pritchar, *Hist. nat. de l'homme*, trad. fr., Roulin, t. I, p. 214. Paris, 1843.— Ritter, *loc. cit.*, p. 121. — Perrier, sur l'Ethnogénie Egyptienne *(Mém. Soc. anthr. de Paris*, t. I, p. 448).

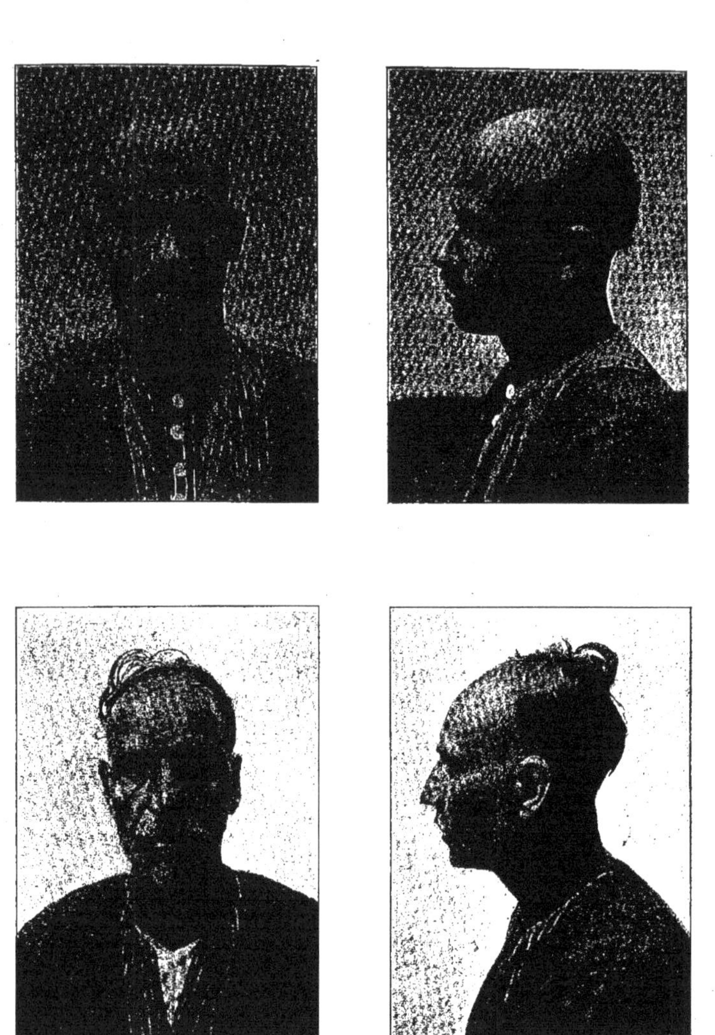

Fig. 97. — Coptes de Siout.

Bien que ce signalement descriptif des Coptes laisse peu à désirer comme exactitude, et qu'il donne une idée assez juste du type de cette race, il ne répond pas aux exigences actuelles de la science, et l'on n'y trouve pas les renseignements précis que fournit l'anthropométrie.

Toutefois, avant d'entrer dans l'étude des mensurations que j'ai relevées sur cent cinquante Coptes, dont vingt-trois femmes, je crois devoir donner un aperçu de la morphologie de ces sujets d'après mes propres observations.

La nuance de la peau des Coptes varie comme celle des Fellahin, suivant la latitude : elle passe du blanc mat, quelquefois jaune pâle, au bronze et au brun. Le Copte citadin lui-même, qu'on l'observe à Alexandrie, à Siout ou à Louqsor, sans parler d'Assouan, présente ces diverses nuances. Chez les cultivateurs, on trouve cette même gamme, mais les tons en sont plus foncés et se rapprochent de ceux des Fellahin.

Les cheveux et les yeux. — Les Coptes ont presque tous les cheveux brun foncé, durs et frisés ou bouclés. Beaucoup se rasent la tête comme les Musulmans et portent toute la barbe, laquelle est d'une teinte généralement moins foncée que celle des cheveux.

Les yeux toujours bruns, sont allongés et légèrement relevés aux angles externes comme chez certains Bédouins et quelques statues antiques. Ils sont assez rapprochés, car la moyenne de leur écartement bipalpébral interne est de 29 millimètres avec un diamètre bipalpébral externe de 93 millimètres. L'indice bipalpébral moyen est de 30,52. On doit remarquer toutefois en lisant la mise en série de cet indice que quatre-vingt-quatorze sujets présentent des indices inférieurs à 29, tandis que l'on en voit cinquante-six qui dépassent l'indice de 33. La moyenne de fréquence se trouve donc entre 29 et 34, car soixante-dix-sept sujets, parmi lesquels se trouvent presque tous les gens d'Assiout, présentent des indices oscillant entre ces deux chiffres.

Mise en série de l'indice bipalpébral des Coptes.

INDICES	DE LOUQSOR (96♂ et 17♀)	LOCALITÉS DIVERSES (31♂ et 6♀)	TOTAUX
—	—	—	—
25	3	1	4
26	2	5	7
27	7	2	9
28	10	5	15
29	14	6	20
30	20	7	27
31	12	5	17
32	8	3	11
33	12	2	14
34	13	1	14
35	4	»	4
36	3	»	3
37	2	»	2
38	1	»	1
39	2	»	2
			150

Mise en série de l'indice céphalique des Coptes.

INDICES	DE LOUQSOR (96♂ et 17♀)	LOCALITÉS DIVERSES (31♂ et 6♀)	TOTAUX
67	»	1	1
68	»	»	»
69	5	»	5
70	5	3	8
71	14	2	16
72	4	6	10
73	12	5	17
74	6	2	8
75	14	8	22
76	15	4	19
77	11	3	14
78	9	1	10
79	9	1	10
80	6	1	7
81	1	»	1
82	1	»	1
83	1	»	1
			150

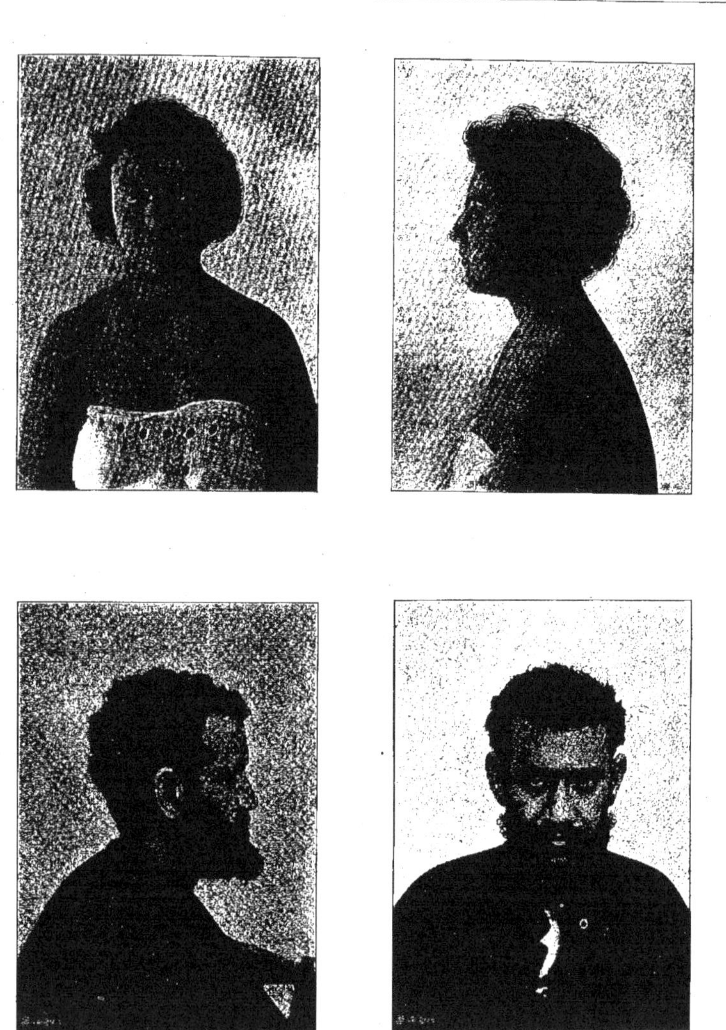

Fig. 98. — Coptes de Beni-Souef.

Le nez, la face, les oreilles et la bouche. — Le nez des Coptes est droit, souvent court et moins abaissé que chez les Fellahin; le bout est arrondi généralement et les narines fréquemment dilatées. Sa longueur ou hauteur moyenne est de 46 millimètres et sa largeur moyenne de 35 millimètres, ce qui conduit à un indice moyen de 76,80. Les Coptes sont donc mésorhiniens.

La mise en série de l'indice nasal qui fournit un caractère ethnique si constant en général montre chez les Coptes une hétérogénéité déconcertante. Elle fait songer aux opinions extraordinaires que Morton a relatées au sujet de l'origine et de la formation de cette race. On voit, en effet, cet indice courir de 52 à 108 avec des groupements de fréquence autour de 72 (dix sujets), de 75 (neuf sujets), de 76 (six sujets), de 79 (sept sujets), de 82(huit sujets) et de 86 (sept sujets). Ces groupements montrent encore que, sur cent cinquante Coptes, il s'en trouve trois au-dessous de l'indice de 60; vingt-trois de 60 à 69,9; cinquante-six de 70 à 79,9 et cinquante-six de 80 et au-dessus. On rencontre donc parmi ces Coptes un peu plus d'un tiers de platyrhiniens, et c'est à Assiout qu'ils sont le plus nombreux car on en trouve la moitié dépassant l'indice de 80. A Louqsor et dans la région on en voit guère que 20 0/0. Il est à remarquer que les femmes sont beaucoup moins souvent platyrhiniennes que les hommes, car on n'en compte de ce type que trois sur dix-sept à Louqsor, tandis que sept sur dix-sept présentent dans cette même localité des indices de 60 à 69,9 et six de 70 à 79,9.

Par l'indice nasal, les Coptes se rapprochent des Ouled-Harabi du Fayoum (vingt-neuf sujets: 76,59); des Fellahin (cent-six sujets: 77) et des Ouled-Touarah du Sinaï (dix-huit sujets: 75,55). Les autres populations de l'Egypte, les Barabra exceptés (quarante-huit sujets: 82,22) et les Ouled-Ma-azeh (vingt-deux: 83,70) ainsi que la plupart des Berbères de Tunisie et d'Algérie sont toutes plus leptorhiniennes que les Coptes.

La face est large avec une hauteur totale (ophrio-mentonnière) de 128 millimètres et un diamètre bizigomatique maximum de 131 millimètres. L'indice facial moyen est donc de 102,34. Cet indice élevé est dû autant à la faiblesse du diamètre vertical qu'à l'exagération du diamètre transverse qui depasse 130 millimètres chez plus de la moitié des sujets. Au reste, chez les Coptes comme chez les Ouled-Touarah du Sinaï — qui par suite d'une coïncidence singulière présentent le même indice facial — on trouve sur la totalité des individus observés une forte proportion de faces eurignates.

La mise en série de l'indice facial montre que quarante-neuf sujets sur cent cinquante ont des indices supérieurs à 105; puis cinquante-huit de 105,9 à 100; vingt et un de 99,9 à 95 et enfin quinze au-dessous de 95. L'hétérogénéité de l'indice facial des Coptes est aussi grande que celle de son indice nasal, puisque les extrêmes se trouvent à 89 et 123. Ils peuvent être groupés cependant en trois séries dont l'une (quarante-trois sujets) n'atteint que 100; la seconde (trente-trois sujets) s'arrête à 101 et la troisième, la plus forte (cinquante-sept sujets), descend à 106.

Les femmes sont plus brachifaciales que les hommes, car on en voit à Louqsor douze sur dix-sept dont l'indice dépasse 105, alors que dans la même localité on ne voit que vingt-six hommes sur soixante et onze sujets de ce sexe atteignant ce chiffre Ce sont les gens d'Assiout qui viennent ensuite avec des indices de 100 à 104,9, au nombre de huit sur seize. De la même localité, on trouve d'autre part quatre hommes sur seize présentant des indices inférieurs à 95. L'indice facial des Coptes est comparable à celui de leurs voisins et parents tels que les Fellahin (cent six sujets : 103,93) ; les Ouled-Ayaïdeh (vingt-sept sujets : 100); les Barabra (quarante-sept sujets : 100), mais il est inférieur comme chez les Fellahin, à ceux des Bicharieh (quatre-vingt-onze sujets : 104,12) et à celui des nègres Nilotiques qui dépassent l'indice de 107.

Mise en série de l'indice nasal des Coptes.

INDICES	DE LOUQSOR (96♂ et 17♀)	LOCALITÉS DIVERSES (31♂ et 6♀)	TOTAUX
52	1	»	1
56	2	»	2
60	3	»	3
62	3	»	3
64	3	»	3
65	4	»	4
66	2	»	2
67	1	1	2
68	3	2	5
69	3	»	3
70	5	2	7
71	5	1	6
72	5	5	10
73	4	3	7
74	2	»	2
75	7	2	9
76	4	2	6
77	6	1	7
78	4	1	5
79	7	»	7
80	1	4	5
81	5	1	6
82	3	5	8
83	5	»	5
84	2	1	3
85	3	2	5
86	6	1	7
87	3	»	3
88	1	1	2
89	1	1	2
90	1	1	2
92	1	»	1
93	1	»	1
95	1	»	1
96	1	»	1
97	1	»	1
100	2	»	2
108	1	»	1
			150

Mise en série de l'indice facial des Coptes.

INDICES	DE LOUQSOR (96♂ et 17♀)	LOCALITÉS DIVERSES (31♂ et 6♀)	TOTAUX
89	»	1	1
90	1	1	2
91	2	»	2
92	2	1	3
93	6	»	6
94	6	2	8
95	2	»	2
96	5	»	5
97	2	1	3
98	4	3	7
99	4	»	4
100	13	6	19
101	7	1	8
102	2	»	2
103	5	2	8
104	8	7	15
105	5	1	6
106	7	5	12
107	5	2	7
108	7	2	9
109	4	»	4
110	4	»	4
111	3	»	3
112	1	1	2
113	2	»	2
114	1	»	1
115	»	»	»
116	1	1	2
117	»	»	»
118	1	»	1
119	»	»	»
120	»	»	»
121	1	»	1
122	»	»	»
123	1	»	1
			150

La bouche est moyenne; les lèvres sont charnues en général et les dents belles et bien placées. La moyenne du diamètre de la bouche est de 51 millimètres.

Les oreilles sont grandes, bien faites et le plus souvent écartées de la tête.

La taille et la grande envergure. — Les Coptes sont rarement d'une taille élevée, la moyenne des cent cinquante sujets que j'ai observés est de $1^{m}66$. Toutefois, si l'on trouve vingt-huit sujets, dont la taille varie de $1^{m}60$ à $1^{m}64$, tandis que quarante-quatre ont de $1^{m}65$ à $1^{m}69$, on en voit trente-six qui arrivent à $1^{m}70$ et au-dessus. En revanche, on constate que dix-huit individus n'atteignent pas même $1^{m}60$.

Mise en série de la grande envergure des Coptes

GRANDE ENVERGURE	DE LOUQSOR (96 ♂ et 17 ♀)	LOCALITÉS DIVERSES (31 ♂ et 6 ♀)	TOTAUX
153	»	1	1
154	4	»	4
155	2	2	4
158	»	1	1
160	5	2	7
161	2	»	2
162	»	1	1
163	2	»	2
164	4	4	8
165	4	2	6
166	5	3	8
167	2	»	2
168	4	»	4
169	2	»	2
170	9	5	14
171	2	3	5
172	6	3	9
173	1	»	1
174	6	1	7
175	6	2	8
176	4	»	4
177	»	2	2
178	6	»	6
180	9	1	10
181	2	»	2
182	3	»	3
183	1	1	2
184	3	»	3
185	4	1	5
186	1	2	3
187	1	»	1
190	1	»	1
			150

Mise en série de la taille debout des Coptes

TAILLE DEBOUT	DE LOUQSOR (96 ♂ et 17 ♀)	LOCALITÉS DIVERSES (31 ♂ et 6 ♀)	TOTAUX
151	1	»	1
153	3	1	4
154	1	»	1
155	2	2	4
156	1	»	1
157	1	1	2
158	2	2	4
159	1	»	1
160	5	3	8
161	3	»	3
162	3	»	3
163	6	4	10
164	7	4	11
165	9	2	11
166	15	2	17
167	3	3	6
168	10	4	14
169	2	1	3
170	8	»	8
171	7	1	8
172	2	»	2
173	1	1	2
174	1	2	3
175	2	«	2
176	3	1	4
178	2	1	3
180	2	»	2
181	1	»	1
182	1	»	1
184	»	1	1
			141

Ce sont les hommes d'Assiout qui sont les plus grands : six sur seize vont jusqu'à $1^{m}70$ et au-dessus. Ceux de Louqsor sont moins grands, car vingt-huit sujets sur soixante et onze ne dépassent pas $1^{m}69$, dix-neuf atteignent à peine $1^{m}64$, et dix-neuf seulement arrivent à $1^{m}10$ et au-dessus. Les femmes de Louqsor présentent toutes des tailles inférieures à $1^{m}69$, deux seulement sur dix-sept ont cette taille; trois ont de $1^{m}64$ à $1^{m}68$ et toutes les autres atteignent à peine $1^{m}60$. La moyenne est de $1^{m}65$.

La taille des Coptes se rapproche de celle des Fellahin (cent six sujets : 1m66), des Ouled-Touarah du Sinaï (dix-huit sujets : 1m66), des Ouled-Mà-azeh de Kosseir (vingt-sept sujets : 1m67), et des divers groupes de Berbères de Tunisie et d'Algérie, variant de 1m65 à 1m66.

La grande envergure est grande chez les Coptes, sa moyenne est de 1m71. Elle dépasse soixante-deux fois 1m70 ; elle va dix-neuf fois de 1m65 à 1m69, treize fois de 1m60 à 1m64 et sept fois elle n'atteint pas 1m60. Chez les gens d'Assiout, elle dépasse neuf fois sur seize 1m70, et quarante-six fois chez ceux de Louqsor. Comparée à la taille, la grande envergure lui est quatre-vingt-deux fois supérieure ; huit fois seulement égale et onze fois inférieure. C'est à Assiout qu'elle dépasse au plus haut degré la taille, car treize sujets sur seize sont dans ce cas.

La tête et ses diamètres. — Les Coptes sont des dolichocéphales avec un indice moyen (largeur-longueur) de 75,40. On trouve, parmi les cent cinquante sujets étudiés, soixante et quinze mésocéphales, dont les indices varient de 75 à 79,9 et dix brachycéphales avec des indices de 80 à 82, dont soixante et onze sont de Louqsor. En revanche, on en rencontre soixante-cinq dont les indices sont inférieurs à 75. Dans cette catégorie, neuf sur seize sont d'Assiout.

La mise en série montre encore que ces cent cinquante Coptes se groupent, par l'indice céphalique, en quatre séries principales de fréquence. La première série composée de quatre-vingt-huit sujets monte à l'indice de 76; la seconde composée de vingt-deux sujets est caractérisée par l'indice de 75; la troisième, composée de cinquante-sept sujets, ne va que jusqu'à l'indice de 73 et la quatrième, composée de trente sujets, n'atteint que l'indice 71. L'indice moyen de fréquence se trouve, en somme, entre les indices 71 à 77. Les indices de hauteur montrent des têtes moyennement élevées. L'indice de hauteur-largeur-auriculo-bregmatique est de 86,52 et l'indice de hauteur-longueur est de 65,24.

Les Coptes présentent, on le voit, comme on pouvait s'y attendre, de grands rapports avec les Fellahin. Au point de vue de l'indice céphalique, ils diffèrent peu, puisqu'il n'y a entre eux qu'un écart de treize millimètres. Il en est de même des autres indices ainsi que de la taille.

Il faut ajouter que les Coptes, comme les Fellahin, se rapprochent à divers points de vue de la plupart des Arabes, venus dans la vallée du Nil à différentes époques, mais surtout des Barabra de la Nubie, ainsi que des Berbères de la Tunisie et de la Tripolitaine.

FELLAHIN

ETHNOGÉNIE ET ETHNOGRAPHIE

Les *Fellahin*[1] réprésentent la partie la plus considérable de la population de l'Égypte, les trois quarts peut-être. Le mot de Fellah veut dire paysan, rustre, laboureur de la racine arabe *falah* (labourer). Ils représentent avec les Coptes, beaucoup moins nombreux, la population aborigène du pays ou du moins les descendants, plus ou moins purs des Égyptiens des temps pharaoniques, eux-mêmes mêlés de bien des peuples différents. Les Fellahin, lors de la première conquête musulmane, durent forcément perdre une partie de leur pureté ethnique. A ce moment, en effet, un grand nombre de tribus arabes envahissant le territoire, s'emparèrent, non seulement des terres des premiers occupants, mais aussi de leurs femmes. Du mélange partiel qui dut s'établir de ce fait, se forma une race mixte, laquelle adopta rapidement l'usage exclusif de la langue arabe et la religion de Mohamed. Ceux qui ne tombèrent pas sous le joug du vainqueur, c'est-à-dire la minorité, gardèrent leur type primitif et leurs croyances anciennes. Ils s'isolèrent du reste de la population pour former la petite nation copte, qui s'est peu modifiée depuis. La population rurale des Fellahin habite, au nombre de 6.350.000 environ, 3389 villages répandus dans la vallée du Nil, de la mer à la première cataracte, soit dans la haute, la moyenne et la basse Égypte.

Le territoire du fellah est celui que l'inondation atteint : ses pieds ne foulent que le limon laissé par le fleuve. Ses maisons, ou plutôt ses cabanes en terre, bordent cette limite. Le limon du fleuve mêlé à un peu de paille, voilà les matériaux de ce gîte rustique dont la toiture est faite de roseaux, de tiges de maïs et autres frêles herbes sèches. Dans certaines régions, comme à Gournah par exemple les Fellahin se sont établis dans quelques-uns des innombrables hypogées creusés par les Thébains. Au-devant de la plupart de ces demeures souterraines sont élevées des enceintes en pierres sèches formant des cours plus ou moins vastes où est parqué le bétail. Dans ces enceintes se trouvent également un four et de petites constructions en terre mêlée de paille hachée destinées à contenir leurs provisions. Ces constructions, généralement de forme cylindrique, ressemblent souvent aussi à d'énormes champignons. Les parois extérieures en sont ornées parfois de motifs en relief représentant des animaux ou d'autres sujets. Pour ouverture, ces demeures, aussi bien que les cabanes en terre, n'ont que la porte, qui seule éclaire et aère l'espace où s'entasse la famille, une partie du bétail et de la basse-cour, espace restreint, de quelques mètres carrés seulement. La vermine, la malpropreté, les relents de cette agglomération n'y laissent rien à désirer. Et pourtant, comme le fait remarquer Piot bey[2], il est étonnant que dans des milieux si favorables à l'extension des contagions les épidémies si fréquentes dans les villages arabes ne soient pas plus meurtrières. Cela est dû à l'influence atténuante et destructive que

[1] Pluriel de Fellah.
[2] *Loc. cit*, p. 22.

la chaleur et la lumière solaires, si intenses en Égypte, exercent sur les agents pathogènes. L'habitant d'une telle demeure vit de peu. Sa sobriété peut rivaliser avec celle du chameau et de l'âne. Mais il ne semble pas que ce soit tout à fait par goût que les pauvres Fellahin se contentent de leur pain de sorgho assaisonné de fèves bouillies, de riz, de dattes, de lait caillé et de fromage aigre. Si l'occasion se présente d'un festin, le Fellah oublie vite sa tempérance et il se gave littéralement. Ceux qui jouissent de quelque aisance ont une table abondamment servie. La viande est, comme le pain de blé, un article de luxe. La plus commune est celle du buffle et du mouton, puis celle de la chèvre et du chameau, enfin la viande de bœuf vient en dernière ligne, non parce qu'elle est moins appréciée, mais parce qu'elle est la plus chère[1]. L'eau du Nil, vantée, non sans raison, par les poètes, est la seule boisson du paysan égyptien. Mais il attache peu d'importance à son filtrage, et la boit à peine déposée. Ils ont pourtant un ustensile appelé *zir*, grand vase en terre poreuse, en usage en Égypte depuis l'antiquité, et qui filtre bien l'eau. Mais les Fellahin aiment mieux puiser à même l'eau boueuse qui y est renfermée que de recueillir celle filtrée par ses parois, d'où elle sort limpide. C'est une des principales occupations de la femme d'Égypte que d'aller puiser l'eau, soit au Nil, soit au canal voisin, et c'est un des tableaux classiques de cette terre antique, un des émerveillements auxquels succombent tous les étrangers, que celui de ces femmes isolées ou en groupes, allant et venant, à l'aube ou vers la fin du jour, chargées de la lourde cruche posée sur la tête. Elles s'empressent, les mains libres, dans le frou-frou de leur robe de cotonnade bleue, droites, sveltes, belles de lignes, et d'élégance fière. Dans les grands centres, comme à Louqsor par exemple où la consommation d'eau est considérable, ce sont les hommes qui vont puiser l'eau au fleuve au moyen de grandes outres.

Fig. 99. — Jeunes filles Fellahin de Louqsor.

Le Fellah n'est chez lui qu'au bord du Nil ; il ne le quitte jamais, et on ne le trouve pas ailleurs. C'est, au contraire, au delà du fleuve, sur le sable du désert, que le Bédouin plante sa tente.

Le Fellah est rarement propriétaire de tout le sol qu'il cultive. Il a peu ou point de chameaux, encore moins de chevaux ; il élève quelques rares bêtes à cornes : bœufs, vaches, buffles, ainsi que des moutons et des chèvres. Il est peu de familles qui ne possèdent au moins un âne : cet animal, patient par excellence, sobre, soumis, ressemble en tous points à son maître.

[1] Piot bey, *loc. cit.*

Une des ressources de ces paysans est dans l'élevage de la volaille : dindons, oies, canards, poulets, pigeons. Les fours à poulets, connus en Egypte dès la plus haute antiquité, paraissent avoir été importés par les Iramiens, qui eux-mêmes auraient appris des Chinois l'incubation artificielle[1]. Cette industrie se pratique encore couramment dans le pays. « La production artificielle des poulets constitue pour ainsi dire la seule industrie du Fellah ; aussi y est-il passé maître. Deux rangées de fours en briques crues, séparés par une galerie centrale, chauffés à peu de frais avec des détritus organiques, surveillés par un ou deux ouvriers maigrement rétribués, et produisant de 5000 à 6000 poulets par chaque deux mois de fonctionnement, tel est le bilan de cette industrie qui mériterait d'être encouragée dans le pays, et qui menace, au contraire, de disparaître à bref délai[2]. »

Fig. 100. — Porteurs d'eau a Louqsor.

L'étranger qui visite l'Egypte pour la première fois est très frappé par la vue, dans les villages, de véritables édifices, singuliers de forme, mais pittoresques, qui ne sont autre chose que des pigeonniers. On ne peut s'imaginer quelle place les pigeons tiennent dans la vallée du Nil. Ces colombiers sont constitués par des vases en terre cuite agencés très ingénieusement et facilitant l'entrée et la sortie des pigeons qui vont chercher leur nourriture au dehors.

L'outillage agricole du Fellah est peu différent de celui de ses ancêtres pharaoniques. Comme eux, il cultive au moyen de la houe et de la charrue. Celle-ci, la simple araire des anciens, est attelée d'un buffle ou d'un chameau et plus souvent d'un âne. A ce matériel il faut ajouter la *norag*, sorte de herse composée d'une série de petites roues, et ces appareils d'irrigation, si particuliers à l'Egypte, connus sous le nom de *sakieyh* (sorte de noria) et de *chadouf*. La meule dormante à moudre le grain et le métier à tisser, ainsi

[1] Yacoub Artin pacha, *Bull. de l'Inst. Égypt.*, 1891.

[2] Piot bey, *loc. cit.*, p. 26.

que la plupart des autres ustensiles, plus ou moins primitifs, de son ménage et de sa ferme sont également peu différents de ceux de l'antiquité. Comme ses ancêtres, le Fellah file au fuseau, teint et tisse, durant ses rares moments de loisir, la laine et le coton dont il doit faire ses vêtements. Ceux-ci sont aussi simples qu'uniformes pour les deux sexes. Ils se composent d'un caleçon de cotonnade bleue ou blanche et d'une grande robe dite *galabieh*. Leur coiffure consiste, chez les hommes, en une calotte en feutre brun ou blanc, la *bibdah*, ou en un bonnet en coton, quelquefois brodé, la *takieh*. C'est autour de cette coiffure légère qu'ils enroulent, à l'exemple des Turcs et des Arabes, le turban fait d'une pièce d'étoffe mince ou d'un simple mouchoir. Chez les femmes, le turban est remplacé par une pièce d'étoffe bleu foncé qu'elles portent généralement rejetée en arrière, mais qu'elles ramènent à volonté sur le visage, lorsqu'elles veulent se voiler aux regards des hommes étrangers. Les deux sexes vont entièrement nus jusque vers l'âge de cinq ou six ans.

Les femmes recherchent fort les bijoux : colliers, bracelets, bagues, pendants d'oreille, boutons de nez, sans compter diverses amulettes et des pièces de monnaie cousues aux vêtements ou à la coiffure, sont les compléments de rigueur de leur toilette. Leur nombre et leur valeur varient avec la position de chacune, mais on ne voit pas une femme sans le moindre bijou. Il en est peu qui ne possèdent au moins un bracelet ou deux en argent, ainsi qu'un bouton de nez et un collier de grosses perles en verroterie.

Les hommes se rasent la tête, comme les musulmans en général, et la plupart portent la barbe. Il est rare de trouver une femme avec une belle chevelure, car elles ignorent absolument les soins que nécessite cet ornement, que la nature ne leur a pourtant pas donné avec plus de parcimonie qu'aux autres femmes. Elles savent cependant faire usage du henné. Elles tressent leurs cheveux en petites nattes avec des fils de laine ou de soie et y attachent des amulettes et des pièces de monnaie. L'usage du kohol (antimoine) est très répandu parmi les Égyptiennes, qui rehaussent ainsi l'éclat et la grandeur de leurs yeux, déjà fort beaux, mais il les préserve aussi des affections oculaires, si fréquentes dans ce pays. Trop pauvre pour acheter des parfums, la Fellah parfume cependant volontiers son linge avec une poudre composée de plantes odoriférantes pulvérisées, telles que l'aspic, le fenouil, la rose, etc. Enfin, la coquetterie féminine ne se borne pas encore à ces modestes usages. Afin de se durcir les ongles des mains et des pieds, sans doute aussi pour les embellir, elle les teint à l'aide de ce même henné dont elle colore ses cheveux. Souvent même les paumes des mains en sont entièrement couvertes. Cette habitude, commune à tous les peuples musulmans, a dû leur être apportée par les Arabes, aussi bien du reste que le tatouage. Les femmes se font tatouer de préférence le front, les tempes, les pommettes, le menton, la poitrine, le poignet et la face dorsale de la main ; les hommes se contentent de se faire orner les bras et le haut de la poitrine. Ce ne sont généralement que des pointillés circulaires, des traits verticaux ou des dessins irréguliers qui font les frais de ces tatouages exécutés en bleu et à l'aiguille. C'est aux tziganes nomades appelés *Khawazi* en Egypte qu'est réservé l'exercice de cet art du tatouage qui, chez les Fellahin comme chez beaucoup d'autres peuples, même européens, est un reste de fétichisme et de pratiques propres aux races primitives.

La jeune Fellah de douze à vingt ans est très souvent belle et même fort jolie, grande, svelte ; ses épaules sont larges, les seins bien placés, et sa physionomie est des plus expressives. Ses yeux étincelants, longs, à demi voilés de cils noirs, sont superbes. Sa démarche est fière, vive, élégante. Il est impossible de porter avec plus de grâce un fardeau sur la tête, tel que la cruche lorsqu'elle va puiser l'eau au Nil ou lorsqu'elle porte un jeune enfant sur l'épaule. Enfin, il ne faut pas omettre de dire que, chez les deux sexes, les dents sont belles et éblouissantes.

Les Fellahin sont tenus en mépris par les Bédouins, qui seuls ont, comme on l'a vu,

Fig. 101. — Un chadouf a trois étages des environs de Louqsor.
(Photographie de M. René Dreux.)

gardé le sang et surtout les mœurs des Arabes. Un Bédouin prend quelquefois la fille d'un Fellah, mais généralement il ne lui donne pas la sienne.

Ils ont gardé toute la susceptibilité des Arabes en ce qui concerne la chasteté de leurs épouses. Polygames comme tous les musulmans, ils prennent autant de femmes que leur fortune le leur permet. Beaucoup, du reste, ne désirent devenir riches que pour courir à un nouvel hyménée, car outre l'attrait — non à dédaigner — d'une jeune épouse, le mari trouve dans une nouvelle femme et dans ses enfants autant d'ouvriers qui travailleront pour lui en se contentant de leur nourriture et de leur entretien. Il est guidé, en cela, bien plus par l'intérêt que par le désir de voir augmenter sa descendance. Il n'est pas rare de voir des Fellahin aisés se remarier huit et dix fois. Piot bey[1] cite le fait, qu'il ne considère pas comme exceptionnel, d'un cheikh de village âgé d'une soixantaine d'années, l'invitant à son dix-septième ou dix-huitième mariage ; il possédait déjà soixante-douze enfants, nombre qui a dû s'accroître encore après sa nouvelle union.

La fécondité de la femme est, il est vrai, prodigieuse, et Piot bey[2] raconte, d'après une enquête faite par Yacoub Artin pacha dans un village de la basse Egypte, que la

Fig. 102. — Jeune femme Fellah du Caire.

moyenne des naissances parmi la population rurale de cette région était de quinze par ménage. Mais il constate aussi qu'un tiers à peine arrive à l'âge adulte. C'est que l'habitude que l'on a de faire travailler les enfants dès l'âge le plus tendre, les privations et le manque absolu d'hygiène font naître chez eux des maladies fréquentes, qui ont une influence des plus funestes sur leur développement.

L'âge de travailler vient vite chez l'enfant fellah. Dès qu'il peut marcher, il est associé aux travaux de la ferme. D'abord berger du petit troupeau de chèvres ou de moutons qu'il mène paître, parfois assez loin de la maison, il mène plus tard le baudet qui

[1] Causerie ethnographique sur le Fellah (*Bull. Soc. khédiviale de géographie*, 1899).
[2] Piot bey, *loc. cit.*

transporte au champ l'engrais *(sebah)* préparé ou recueilli par ses aînés. C'est à lui qu'on confiera — en partie — les semailles du coton; c'est lui qui en fera la récolte, et jouera un rôle prépondérant dans l'égrenage. Quand le petit Fellah n'est pas utile à la maison, on l'envoie travailler dehors, comme manœuvre, et cela dès l'âge de huit ans et même avant. On voit fréquemment dans les chantiers de construction des garçons et des filles de huit à dix ans transporter sur leur tête, dans de petits couffins, de la terre, des briques, de la pierre ou du mortier. Ils travaillent le plus souvent en bandes, en chantant de leur voix fluette les versets du Coran, et sous la direction d'un surveillant armé de la gaule impitoyable. Le déblaiement de la plupart des grands monuments pharaoniques de

Fig. 103. — DÉCORTICAGE DU BLÉ AU FAYOUM.
(Photographie de M. René DREUX.)

l'Egypte ne s'est guère opéré que grâce à la multitude des petits travailleurs employés de cette sorte. Durant les hivers de 1897, 1898, 1899, les travaux de Karnak occupaient journellement de deux à trois cents enfants.

J'ai vu, il y a quelques années, aux abords d'une grande exploitation agricole, une bande d'une vingtaine de jeunes filles, âgées de douze à quatorze ans, au teint blême et à peine vêtues, décharger des wagons de charbon aggloméré, tout comme de solides et vigoureux manœuvres. Aucune ne songeait à se plaindre de ce dur métier. Le salaire de ces malheureux enfants est pourtant bien maigre! La moyenne actuelle pour eux est d'une demi-piastre, alors que celui d'une femme est d'une piastre, et celui d'un homme de trois piastres. La piastre est de 26 centimes. Comme on le voit, depuis la plus haute antiquité jusqu'à nos jours, le pauvre Égyptien n'a eu d'autre lot que de travailler sans merci pour ses maitres. Les scènes gravées sur les monuments des pharaons montrent le peuple, troupeau de travailleurs doux et résignés, courbé sous la menace du fouet des surveillants.

Rien n'est changé. L'Égypte est immuable dans ses aspects physiques autant que dans la destinée cruelle de ses enfants.

Le Fellah adulte est travailleur, mais il lui manque cette activité propre aux races européennes. Livré à lui-même, sans surveillance, il ne développe qu'une somme d'énergie assez restreinte : c'est l'enfant nonchalant qu'il faut rappeler souvent au travail. Son bonheur suprême est le repos, et il ne travaille que quand il y est contraint; malheureusement cette obligation ne se présente que trop pour lui. D'ailleurs, le grand ressort de l'activité humaine lui manque, c'est-à-dire la certitude de jouir de ses peines et de posséder quelque chose par lui-même. Pourtant, il est juste de remarquer, avec Piot bey, le Dr Abbate pacha et d'autres observateurs, que cette apathie est propre aux adultes seulement. Le petit Égyptien est, au contraire, d'une vivacité remarquable, espiègle, intelligent; il s'assimile avec la plus grande facilité tout ce qu'on lui enseigne, notamment les arts mécaniques, pour lesquels il semble avoir une prédilection et une aptitude toutes spéciales. Il comprend et retient vite, et il possède, en outre, une remarquable faculté d'imitation. Mais, passé l'adolescence, il y a arrêt dans le développement du jeune Fellah, et même régression. Les soucis et les charges de la vie de famille opèrent une véritable métamorphose dans l'enfant qui se montrait si brillant et, comme il a été dit, la chrysalide, au lieu de devenir un beau papillon, retourne à l'état de chenille. Ce singulier phénomène a préoccupé maints esprits. Piot bey s'est demandé aussi comment on pouvait expliquer cette métamorphose régressive sur l'individu au moment précis où, cessant en quelque sorte d'être asexué, le Fellah commence à vivre pour l'espèce. Et, à ce sujet, il propose d'avoir recours à la psychologie comparée des animaux, pour éclairer les questions si complexes des phénomènes intellectuels chez l'homme :

« Sans nous arrêter, dit-il, à d'autres espèces animales, prenons l'exemple de l'âne, ce pauvre calomnié, ce précieux auxiliaire du Fellah, dont il partage le dur labeur sans en être mieux récompensé. Le jeune baudet a toutes les vivacités de l'enfant, son air éveillé et mutin, ses gambades malicieuses, ses brusques emportements, ses câlineries, ses mignardises auprès de sa mère, son abord caressant pour tous, font l'objet de notre admiration. Avec l'âge adulte, qui marque pour lui l'ère d'assujétissement à de pénibles travaux, à de mauvais traitements, à une alimentation moins complète que le lait maternel pris à satiété, commence la déchéance *morale* de l'animal. Peut-on ne voir qu'une pure coïncidence dans cette évolution morale si constamment parallèle de deux êtres vivants côte à côte, parfois de la même nourriture. Pour ma part, je crois fermement à une corrélation entre ces deux ordres de faits. »

En principe, tout Égyptien doit le service militaire, et le Fellah a la plus grande répugnance à s'y soumettre. Une fois sous les drapeaux, c'est un soldat sobre, patient, discipliné et brave, mais sujet à la nostalgie. De là, viennent tant de désertions et tant d'hommes à la chaîne. On comprend leur désespoir, puisque le temps du service militaire est indéterminé, et que celui qui part ne peut pas prévoir son retour. Aussi, rien n'est plus triste que le moment de la levée du contingent. La désolation des familles est affreuse. Lorsque les soldats sont embarqués, soit dans le train, soit sur le bateau qui les emmène, l'air est déchiré des cris, des hurlements de leurs mères, de leurs femmes, de leurs parents. Les femmes arrachent leurs vêtements, se couvrent de boue, de poussière, se lamentent jusqu'à ce qu'elles tombent de lassitude, en leur tendant encore les bras, bien que les pauvres soldats ne soient plus à portée de leur vue. Comment, en présence du désespoir de sa famille qu'il laisse sans ressource, le soldat peut-il accepter de gaîté de cœur le sacrifice énorme qu'on lui demande, à lui, pauvre paysan ignorant et dénué de la moindre notion du devoir, de l'honneur et de la patrie?

Le Fellah est illettré d'une façon absolue; il sait à peine compter de mémoire. Ce que nous avons dit précédemment du travail des enfants explique cette ignorance. D'après les documents officiels, un septième à peine des enfants en âge de fréquenter la classe reçoit un rudiment d'instruction dont la base est la lecture du Coran. C'est dans ce livre, dont il ânonne durant des heures entières quelques versets, que l'Égyptien, comme l'Arabe et le Turc, puise ses connaissances religieuses. Il n'apprend guère, du reste, de la religion, que

Fig. 104. — Charrette-Omnibus des Fellahin du Caire.

les pratiques extérieures : jeûnes, prières, etc. Il faut faire exception cependant pour ceux qui arrivent à l'Université. A part sa haine invétérée du chrétien, le Fellah n'a pas de fanatisme. Il est charitable autant que le lui permet sa profonde misère, mais il n'est point serviable. Ecrasé sous l'oppression séculaire qui l'accable, il est méfiant et soupçonneux. On ne doit pas compter sur l'exactitude ou la vérité des renseignements qu'il peut fournir.

Les Fellahin sont des musulmans peu pratiquants, en général, mais ils ne sont pas moins superstitieux que leurs coréligionnaires arabes ou turcs. Comme eux, leurs mosquées et leurs tombeaux ne sont pas riches. En dehors du Caire et de quelques bourgs, on ne trouve que quelques petites mosquées et de modestes tombeaux.

Parmi les pratiques superstitieuses les moins connues et les plus répandues, notamment dans la Thébaïde, on doit signaler la forme des offrandes aux saints dont on demande l'intervention pour obtenir la guérison de quelques maux ou quelques autres grâces.

Jusque-là, la coutume des offrandes, qui est commune aux chrétiens et aux musulmans, n'a rien de trop étrange : c'est la manière de les présenter qui est spéciale. Celles-ci, composées de luminaires et d'aliments divers, sont déposées dans de petites cabanes en terre pétrie avec de la bouse de vache et séchée au soleil et dont les dimensions varient de 25 à 30 centimètres. Ces petites cabanes, assez bien décorées de motifs variés, rappellent les urnes funéraires ou cinéraires, dites *à cabanes*, découvertes autrefois dans le Latium et la Cappadoce[1].

Ces cabanes à offrandes sont placées sur les tombeaux de certains saints, ou à proximité de mosquées dédiées à tel ou tel cheikh. La première fois que j'en ai vu dans la haute Egypte, c'est sur le tombeau du cheikh Benet Beri, près de Kozan, au nord de Karnak, où je pratiquais des fouilles en 1899. On pouvait voir à l'époque, sur ce tombeau, une quarantaine de ces petits monuments plus ou moins bien conservés, et dont plusieurs, les plus récemment déposés, contenaient encore des lampes grossières pourvues de mèches et d'huile, puis des œufs, des fruits et d'autres objets.

Comme ces petites chapelles ressemblent, par leur forme générale, aux bâtiments construits pour l'élevage des pigeons, les rares Européens qui les ont aperçues leur ont attribué le même usage. Or, on n'y a jamais vu nicher des pigeons, et on y trouve toujours des restes de lampes ou d'offrandes diverses.

Le cheikh Benet Beri n'est pas le seul lieu sacré qui possède de ces cabanes à offrandes. Mon ami, M. Georges Legrain, m'a montré à Karnak, près de la porte de la mosquée d'Abou Touat, située à côté du temple d'Apet, une petite cabane du genre de celles dont il est question. Elle repose sur l'arasement du mur d'enceinte de la mosquée, près de laquelle il n'y a pas, du reste, de tombeau. Ce monument, également d'argile, porte le nom de cheikh el-Gedim *(le vieux saint)*.

Des réparations au temple d'Apet que devait entreprendre M. Legrain ayant nécessité le déplacement de la mosquée d'Abou Touat et de son mur d'enceinte, les travaux furent décidés d'un commun accord avec le mudir, mais quand il fut question de déplacer aussi le cheikh el-Gedim et de le transporter dans la nouvelle mosquée, il n'en fut plus de même. Il fallut parlementer longuement : le *vieux saint* ne pouvait pas changer de place, il devait rester toujours à la disposition des personnes pieuses qui peuvent avoir besoin de son intervention, alors que la mosquée est fermée, car on n'est pas assez riche pour avoir un portier. Il faut qu'en tout temps, jour et nuit, on puisse lui présenter des offrandes propitiatoires et la cabane dite *cheikh el-Gedim* — le monument étant pris pour le saint — doit être à portée des mains dévotes. La coutume est, en effet, très répandue que les proches parents, la femme surtout, tandis que son mari râle sur son grabat, aillent allumer une lampe — le cierge de l'endroit — en l'honneur du saint protecteur. Ces cabanes ne doivent donc être considérées que comme des chapelles extérieures ou, comme à Karnak, une dépendance de la mosquée.

Dans sa conduite envers les animaux, le Fellah montre l'un des côtés les plus singuliers de son caractère. Alors qu'il roue de coups son chameau, son âne ou son bœuf, il se garde bien de chasser ou de détruire les animaux sauvages de toute espèce : carnassiers, rongeurs, oiseaux, reptiles ou insectes qui attaquent sa basse-cour, ravagent ses récoltes ou troublent son propre repos.

[1] Ernest Chantre, *Recherches archéologiques en Cappadoce*, in-4°, Paris, 1898.

L'insensibilité du Fellah aux souffrances physiques comme aux émotions est des plus grandes. On le voit supporter des opérations réputées parmi les plus douloureuses ou des punitions corporelles des plus humiliantes et des plus cruelles avec un stoïcisme extraordinaire. Il s'abstient de toute plainte, de toute manifestation de vive souffrance.

A propos des travers et des bizarreries de son caractère, Piot bey[1] rapporte, d'après l'une des plus hautes et plus sympathiques personnalités égyptiennes, comment ce caractère peut être synthétisé par les trois expressions qui reviennent sans cesse dans la conversation : *malèche* (cela ne fait rien); *boukra* (demain, plus tard), et *hadère* (c'est entendu, c'est compris).

Le Fellah adulte, homme ou femme, est peu porté — de sa nature — vers le chant. Son impassibilité émotionnelle ne l'y dispose pas. Mais lorsque les enfants se trouvent réu-

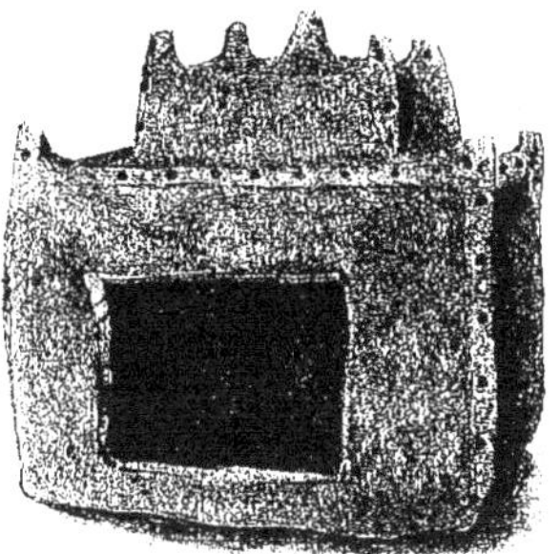

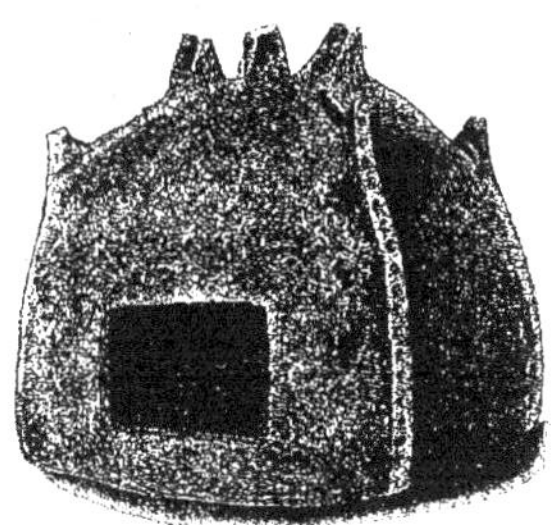

Fig. 105. — Cabanes a offrandes des Fellahin de la haute Égypte (au 1/6 de grandeur réelle).

nis en certain nombre pour travailler, ou dans les jours de réjouissance, l'un d'eux, de préférence une fillette, entonne une chanson. Le refrain, qui revient fréquemment, est repris en chœur par toute la troupe, qui en même temps bat des mains en cadence. Les paroles de ces chansons se rapportent à des sujets divers : les saisons, les récoltes, et surtout l'amour. M. Bourriant a recueilli un assez grand nombre de ces chansons populaires, dont il a publié un fort intéressant volume. Le Fellah ne danse pas plus qu'il ne chante. Lors des fêtes qui sont données à l'occasion des mariages, il fait venir des *owalin* ou almées, danseuses de profession qui se recrutent surtout chez les *Gawazi*.

Comme les Arabes, les Fellahin sont très amateurs de contes. Ceux-ci cadrent, d'ailleurs, assez bien avec la rusticité de leur intelligence, par leur naïveté et leur sens généralement comique. Leur nombre est considérable et S. E. Yacoub Artin pacha en a publié, ainsi que Spitta bey, toute une série. La plupart ont trait à des aventures extra-conjugales.

De tout ce qui précède il ressort clairement que le sort fait au Fellah n'est pas celui qu'il mérite. Et il semblerait que tant de siècles de dure servitude devraient lui faire trouver grâce devant ses maîtres du xxe siècle. Malheureusement, la bonne terre d'Égypte est toujours là avec ses trésors de fécondité, et la cupidité des hommes est la même aussi,

[1] Piot bey, *loc. cit.*, p. 40.

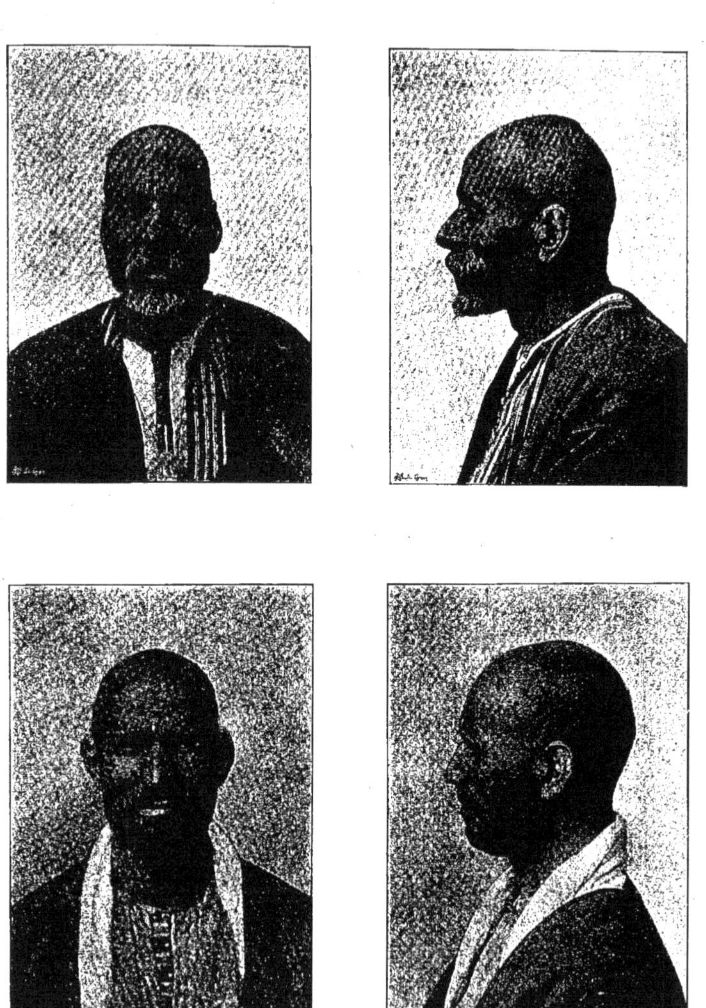

Fig. 106. — Fellahin de Korachia (Basse Egypte).

en dépit du temps, des progrès, de la philanthropie et de l'évolution des idées relatives à la société. Tant que le paysan d'Égypte sera tenu dans l'ignorance et écrasé d'impôts et de charges qui l'obligent à plier sous le travail, on le verra dans cet état de déchéance *morale* de l'âne, à qui Piot bey le compare si justement.

MORPHOLOGIE ANTHROPOMÉTRIQUE

Le type des Fellahin a été bien souvent décrit, mais les portraits que l'on en a faits sont rarement empreints d'un caractère scientifique. Jonard[1] pourtant, l'un des membres de l'expédition de Bonaparte, en a donné une description assez juste, qui a été reprise plus tard par le Dr Hamy[2].

Voici, d'après Jonard, comment est caractérisé le type des Égyptiens actuels de la région du Saïd qu'il considère comme les plus purs : « Le visage ovale, allongé ; le front haut et large, découvert et un peu fuyant, le nez prononcé, droit et un peu aquilin ; les sourcils longs et droits ; l'œil noir, enfoncé, brillant ; les pommettes saillantes ; l'oreille bien faite ; la bouche grande, régulière, bien formée ; la lèvre légèrement bordée ; le menton carré ; les cheveux naturellement frisés mais non laineux ; les dents blanches, égales et bien rangées ; le cou fort ; la peau sèche ; enfin la taille médiocre et le corps souvent grêle. »

Le savant professeur du Muséum qui a eu, à son tour, l'occasion d'étudier les Fellahin, ajoute à cette description les observations suivantes que je résumerai ainsi :

L'Égyptien est d'une taille qui s'élève au-dessus de la moyenne. L'examen des proportions du corps fait ressortir un certain degré d'allongement du tronc par rapport aux membres. La poitrine, largement développée en travers, est généralement superbe. Les épaules sont larges, les bras musculeux ; les hanches, au contraire, sont étroites ; les jambes, plutôt sèches, n'offrent que fort peu de mollet. Il résulte de cette disproportion entre le tronc et les membres supérieurs d'une part, les membres inférieurs de l'autre, un contraste parfois choquant. Le pied est, comme la main, proportionnellement un peu long ; sa cambrure est faible, mais son talon est rarement saillant. Le crâne de l'Égyptien, jusqu'ici peu connu, paraît moyennement allongé (sous-dolichocéphale). Il est, en outre, moins haut que large, souvent un peu surbaissé du bregma.

Fig. 107. — Fellau de Gournah.

En ce qui concerne la couleur de la peau et celle des yeux, ainsi que celle des cheveux et leur disposition, la description du Dr Hamy diffère peu de celle de Jonard ; il en est de même de la forme du nez, de la face, et enfin de l'ensemble de la physionomie.

[1] Description des hypogées de Thèbes, dans la *Description de l'Egypte antiq.*, t. I, p. 342.

[2] Aperçu sur les races humaines de la basse vallée du Nil *(Bull. Soc. anthrop. Paris*, t. IXe, 3e série, p. 718).

Fig. 108. — Fellah de Gizeh.

J'ajouterai à ces détails, qui donnent une idée fort exacte de la morphologie des Fellahin, que la nuance de leur peau varie d'une façon surprenante, suivant qu'on l'observe dans le nord ou dans le sud du pays égyptien. De jaunâtre ou presque blanche dans le Delta, elle passe dans la moyenne et la haute Égypte à la couleur chocolat plus ou moins foncé ; mais dans la région du Saïd surtout, en avançant vers la Nubie, elle passe au brun et ressemble à celle des Barabras des Cataractes. Ces observations ont été faites sur un nombre considérable d'individus et sur un grand nombre de points. Quant aux recherches anthropométriques, je n'ai pu les opérer que sur cent trente-huit sujets appartenant aux localités suivantes : Louqsor et ses environs (haute Égypte); Gizeh, près du Caire (moyenne Egypte); Korachia dans la basse Égypte.

Les cheveux et les yeux. — Dans le nord comme dans le sud de la vallée égyptienne du Nil, les Fellahin ont les cheveux généralement brun plus ou moins foncé, souvent frisés ou bouclés, mais jamais laineux ni crépus. Comme tous les musulmans, ils se rasent le plus souvent entièrement la tête, moins une mèche qu'ils conservent au lambda. La barbe est légèrement moins foncée que les cheveux, et la plupart ne se la rasent jamais ; ils la portent volontiers assez longue au menton.

Mise en série de l'indice bipalpébral des Fellahin.

INDICES	DE LOUQSOR 58♂ et 10♀	DE KORACHIA 10♂ et 10♀	DE GIZEH 5♂ et 8♀	LOCALITÉS DIVERSES 19♀	BAÏADIEH ET ZEINIEH 4♂	DE KARNAK 14♂	TOTAUX
26	1	»	2	»	»	»	3
27	»	1	1	4	1	»	7
28	3	1	1	6	»	1	12
29	4	2	1	2	»	»	9
30	9	5	1	2	»	1	18
31	14	5	4	2	1	2	28
32	9	2	2	1	1	1	16
33	8	2	»	1	1	5	17
34	5	2	1	»	»	1	9
35	4	»	»	1	»	3	8
36	5	»	»	»	»	»	5
37	3	»	»	»	»	»	3
38	3	»	»	»	»	»	3
				Total.			138

Leurs yeux sont, comme leurs cheveux, tous foncés, brillants, souvent enfoncés et abrités sous de beaux cils longs. Leur écartement est plutôt grand, car l'indice bipalpébral est de 31,95 pour cent trente-huit sujets, la moyenne du diamètre bipalpébral interne étant de 30 millimètres et celle du diamètre bipalpébral externe de 9 millimètres. Ce caractère est assez homogène. La mise en série montre que cet indice varie chez quatre-vingt-huit sujets entre 30 et 34,9 ; dix-neuf seulement se trouvent au-dessus et trente et un sont au-dessous. On remarquera que cet indice est élevé, surtout chez les

Mise en série de l'indice nasal des Fellahin

INDICES	DE LOUQSOR 58♂ et 10♀	DE KORACHIA 10♂ et 10♀	DE GIZEH 5♂ et 8♀	LOCALITÉS DIVERSES 10♀	BAÏADIEH ET ZEINIEH 4♂	DE KARNAK 14♂	TOTAUX
60	1	1	»	»	»	»	2
61	»	»	»	»	»	1	1
62	»	»	»	»	»	»	»
63	»	2	»	»	»	»	2
64	2	»	1	»	»	1	4
66	1	1	»	»	»	»	2
67	»	1	»	»	»	»	1
68	2	2	»	»	»	2	6
69	1	»	1	1	»	»	3
70	4	»	1	1	»	1	7
71	2	»	»	1	»	»	3
72	2	1	»	1	»	»	4
73	1	2	»	»	»	»	3
74	»	1	2	»	»	»	3
75	2	1	»	3	1	1	8
76	2	»	»	1	1	1	5
77	3	»	1	5	»	»	9
78	4	2	»	»	1	1	8
79	4	»	»	»	»	3	7
80	7	1	»	»	1	»	9
81	6	»	1	1	»	»	8
82	2	2	»	1	»	1	6
83	6	»	»	»	»	»	6
84	1	2	1	»	»	1	5
85	1	»	1	»	»	»	2
86	3	»	»	»	»	1	4
87	3	»	»	2	»	»	5
88	1	»	»	»	»	»	1
90	2	»	1	»	»	»	3
91	»	1	1	1	»	»	3
92	1	»	1	»	»	»	2
93	1	»	1	1	»	»	3
94	1	»	»	»	»	»	1
95	1	»	»	»	»	»	1
100	1	»	»	»	»	»	1
					Total		138

Fellahin de Louqsor, car quinze individus sur soixante-huit présentent des indices supérieurs à 34,9 et neuf seulement inférieurs à 30. La majorité, soit cinquante-deux, oscille entre 30 et 34,9. L'indice moyen de ce groupe est de 32,61. C'est à Gizeh que l'on trouve le diamètre bipalpébral interne le plus faible, car il est en moyenne de 29 millimètres (28 chez huit femmes et 31 chez cinq hommes). Le diamètre externe est également fort (101 chez les hommes et 94 chez les femmes). L'indice bipalpébral de ce groupe est de 29,89.

Le nez, la face, les oreilles et la bouche. — Le nez du Fellah est généralement droit, quelquefois aquilin et légèrement abaissé, mais jamais plat ou concave.

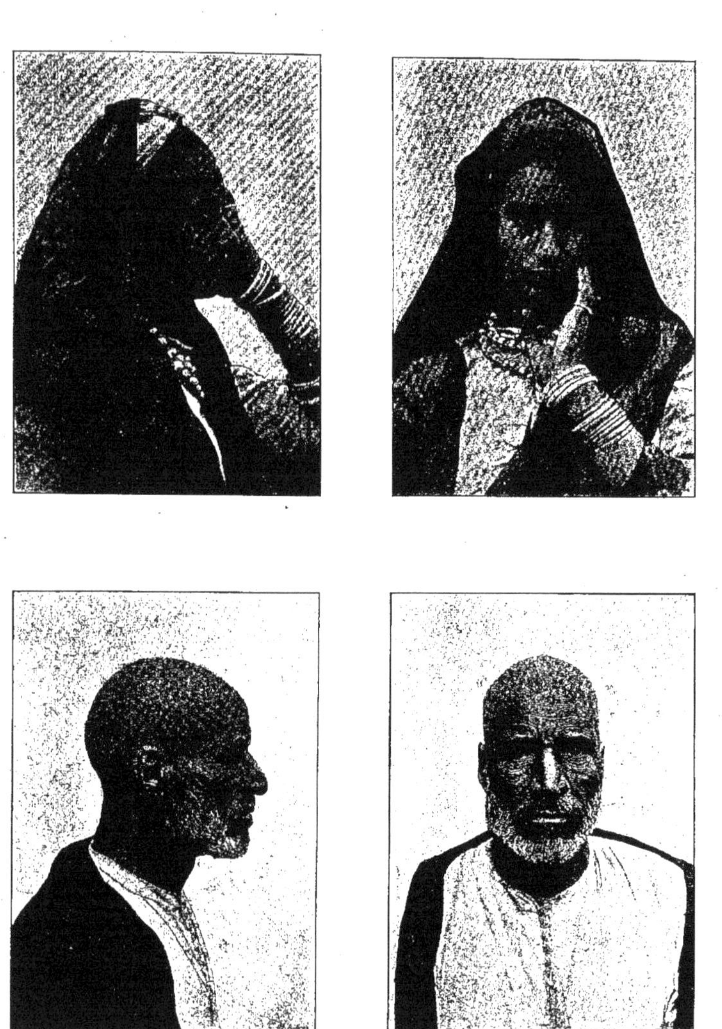

Fig. 109. — Fellahin de Gizeh.

Les moyennes de ses diamètres montrent qu'il est mésorhinien avec un indice de 77,77. La hauteur totale est relativement faible, car elle n'est que de 45 millimètres en moyenne, et sa largeur maximum est de 35 millimètres. Toutefois ces diamètres varient un peu d'un sexe à l'autre. Chez les femmes, le premier indice (hauteur) n'atteint que 43 millimètres, alors que celui des hommes arrive à 46 millimètres ; mais le second indice (largeur) ne diffère que de 1 millimètre. Il résulte de cela que l'indice nasal est de 76,08 pour les hommes et de 79,07 pour les femmes. Les hommes sont donc plus lepto–

Mise en série de l'indice facial des Fellahin

INDICES	DE LOUQSOR 58♂ et 10♀	DE KORACHIA 10♂ et 10♀	DE GIZEH 5♂ et 8♀	LOCALITÉS DIVERSES 19♀	BAÏADIEH ET ZEINIEH 4♂	DE KARNAK 14♂	TOTAUX
87	»	»	»	»	1	»	1
88	»	1	»	»	»	»	1
92	2	»	1	»	»	»	3
93	1	»	»	»	»	1	2
94	1	»	»	»	»	1	2
95	3	1	»	»	»	1	5
96	»	2	»	»	1	»	3
97	3	1	»	1	»	»	5
98	2	»	2	»	»	»	4
99	1	»	»	»	»	»	1
100	8	1	1	1	»	»	11
101	3	1	»	4	»	1	9
102	5	2	1	1	»	1	10
103	8	1	1	»	»	1	11
104	3	2	»	»	»	»	5
105	2	1	2	1	»	2	8
106	9	»	2	1	»	»	12
107	7	3	»	1	»	2	13
108	3	1	2	2	1	2	11
109	5	1	»	»	»	»	6
110	»	»	»	2	»	»	2
111	1	»	»	»	»	»	1
112	»	1	»	3	»	1	5
113	»	»	»	1	»	1	2
114	»	»	»	»	1	»	1
115	1	»	»	»	»	»	1
116	»	1	1	1	»	»	3
					Total		138

rhiniens que les femmes. Pour l'ensemble, la mise en série montre que cinquante-sept sujets sur cent trente-huit ont des indices variant de 70 à 79,9, et que soixante en présentent de supérieurs à 80, tandis que vingt et un seulement n'atteignent pas le chiffre de 70 et varient de 69,6 à 60.

Ces particularités se voient aussi bien dans le groupe de Gizeh et de Korachia que dans celui de Louqsor. A Korachia, la leptorhinie serait peut-être un peu plus apparente, car sur vingt sujets sept ont des indices qui restent au-dessous de 69,9.

Mais si l'on jette un coup d'œil sur la mise en série verticale, on remarquera que, sous le rapport de l'indice nasal, les Fellahin présentent la plus grande hétérogénéité. On voit, en effet, que dans la série de quatre-vingts individus qui dépassent 80, il en est qui montent jusqu'à 94, en passant par les indices de 81 et 86. Cette mésorhinie, voisine de la platyrhinie, se rencontre surtout chez les Fellahin de Louqsor, dont l'indice moyen est de 77,77. On trouve souvent des indices de 85, de 87 et même de 90, notamment chez des femmes qui descendent évidemment de quelques Soudanais. Mais il faut remarquer qu'à côté on trouve, dans le même groupe, des sujets dont les indices varient de 60 à 64 et 68 : ceux-ci doivent compter alors parmi les vrais leptorhiniens. Dans le groupe de Korachia, la mésorhinie est plus proche de la leptorhinie, car l'indice moyen de ce groupe est de 73,32. On constate, en effet, dans ce groupe, l'indice nasal de 72,91 pour dix hommes et celui de 76,19 pour dix femmes. A Gizeh, la mésorhinie est plus élevée qu'à Louqsor, car l'indice nasal moyen est 79,71. La différence est à peine sensible entre les deux sexes, mais on trouve pourtant des écarts notables entre les indices individuels de chacune de ces séries. Chez les femmes de Gizeh, cet indice varie de 64,81 à 92,30, et chez les hommes il oscille de 69,81 à 93,48.

L'indice nasal des Fellahin n'est comparable qu'à ceux des Coptes (cent cinquante sujets donnent 77,59) ; des Berbères Tozeur du Djerid, en Tunisie (vingt-sept sujets donnent 76,79); des Ouled-Harabi du Fayoum (vingt-neuf sujets donnent 76,59) ; enfin à celui des Ouled-Touarah du Sinaï (dix-huit sujets donnent l'indice de 75,55). Tous les autres peuples de l'Afrique, les Barabras exceptés, dont l'indice nasal dépasse 80, n'atteignent pas celui de 75.

La face des Fellahin est généralement d'un bel ovale plus ou moins allongé. L'indice facial total moyen est pourtant de 103,96 pour cent trente-huit sujets, mais on doit reconnaître que cinquante-six d'entre eux présentent des indices supérieurs à 105. On en voit trente-cinq allant de 100 à 104,9 ; puis dix-huit de 95 à 99,9 et neuf au-dessous de 95. Cette mésofacialie, touchant à la brachyfacialie, se voit surtout dans le groupe de Louqsor, dont l'indice moyen est de 103,15 (cinquante-huit ♂ 103,90; dix ♀ 101,23). On y trouve des individus présentant des indices de 108 et de 111, à côté d'autres qui ne montent qu'à 93 et 95. Les femmes ont donc la face de même longueur que les hommes.

A Gizeh, on observe un autre fait de mésofacialie plus grande chez les femmes que chez les hommes. On voit, en effet, dans ce groupe, huit femmes avec l'indice moyen de 105,73, et cinq hommes avec celui de 100. Cette différence peut être attribuée dans ce groupe, comme dans celui de Louqsor, à la grandeur relativement considérable du diamètre bizygomatique (122 millimètres) des femmes, comparée à celle de la hauteur (129 millimètres) ophrio-mentonnière des mêmes sujets. Chez les hommes, ces mêmes diamètres sont égaux (137 millimètres — 137 millimètres).

A Korachia, le même fait se reproduit. On voit dans ce groupe, dont l'indice moyen est de 102, 32, dix hommes avec l'indice de 100, 72 et dix femmes avec celui de 105, 88. Cet indice est donc loin d'être homogène, comme le montre du reste, la mise en série.

Les oreilles des Fellahin sont bien faites et moyennement grandes. La bouche est bien dessinée et grande; les lèvres sont généralement fortes, laissant voir une belle denture.

La taille et la grande envergure. — La moyenne de la taille de ce groupe est de

1^m63. Les hommes atteignent 1^m68, mais les femmes n'atteignent que 1^m56. Sur soixante-trois hommes mesurés à Louqsor et à Gournah, vingt-trois présentent une taille au-dessous de 1^m70, et chez vingt-trois elle oscille entre 1^m69 et 1^m65; chez treize elle varie entre 1^m64 et 1^m60. Quatre seulement atteignent ce dernier chiffre. Sept femmes

Mise en série de la taille debout des Fellahin

TAILLE DEBOUT	DE LOUQSOR 58 ♂ et 10 ♀	DE KORACHIA 10 ♂ et 10 ♀	DE GIZEH 5 ♂ et 8 ♀	LOCALITÉS DIVERSES 19 ♀	BAÏADIEH ET ZEINIEH 4 ♂	DE KARNAK 14 ⚥	TOTAUX
—	—	—	—	—	—	—	—
146	»	1	»	1	»	»	2
149	1	1	1	»	»	»	8
150	»	»	»	5	»	»	5
152	2	1	»	»	»	»	3
153	»	»	»	1	»	»	1
154	»	»	1	2	»	»	3
155	4	»	1	»	1	»	6
156	2	1	»	2	»	»	5
157	»	»	»	»	»	»	»
153	1	»	»	»	»	»	1
159	»	»	»	1	»	»	1
160	5	»	1	4	»	2	12
161	1	»	»	»	»	»	1
162	2	»	»	»	»	»	2
163	1	1	»	1	1	1	5
164	4	»	1	»	1	»	6
165	1	»	2	»	»	»	3
166	1	»	»	1	»	2	4
167	2	»	»	1	»	2	4
168	8	»	2	»	1	3	14
169	7	»	»	»	»	1	8
170	4	4	2	»	»	2	12
171	4	»	»	»	»	»	4
172	2	»	»	»	»	»	2
173	2	1	1	»	»	»	4
174	3	1	»	»	»	»	4
175	5	»	1	»	»	»	6
176	1	1	»	»	»	»	2
177	1	»	»	»	»	»	1
178	»	2	»	»	»	1	3
179	1	»	»	»	»	1	2
180	2	1	»	»	»	»	3
181	1	»	»	»	»	»	1
					Total		138

sur dix de la même région ont moins de 1^m50. A Korachia, les hommes sont plus grands que dans le Saïd, car les dix sujets mesurés dans cette localité dépassent 1^m70. Les femmes y sont aussi petites que dans le Saïd; mais à Gizeh, au contraire, elles sont aussi grandes que les hommes : trois sur huit dépassent 1^m65.

La grande envergure est élevée, car soixante-dix sujets sur cent trente-huit, les deux sexes réunis, dépassent 1^m70. On doit remarquer toutefois, que treize femmes sur vingt-huit n'atteignent qu'un diamètre inférieur à 1^m60. Ce diamètre est, dans l'en-

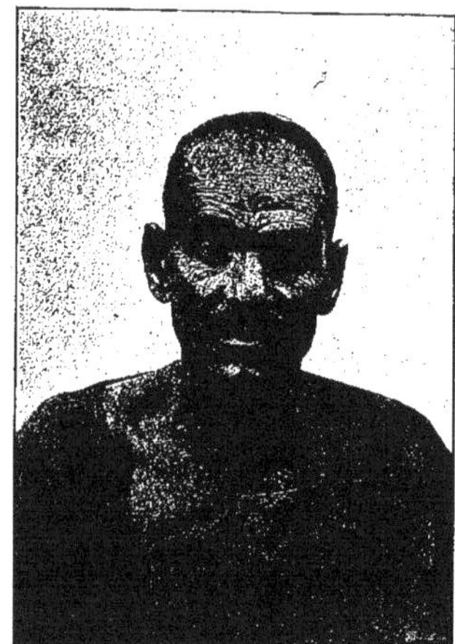

Fig. 110. — Fellah de Louqsor.

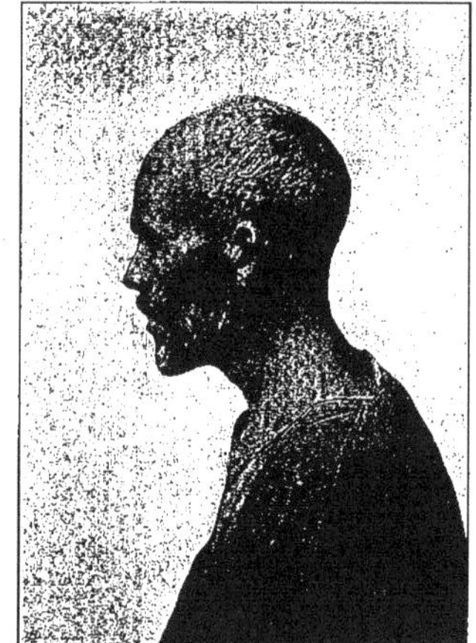

Fig. 111. — Fellah de Gournah (Thèbes.)

semble, presque toujours supérieur à la taille. La taille et la grande envergure des Fellahin sont comparables à celles des Coptes (t. 1m65, g. e. 1m71); des Ouled-Touarah du

Mise en série de la grande envergure des Fellahin

GRANDE ENVERGURE	DE LOUQSOR 58♂ et 10♀	DE KORACHIA 10♂ et 10♀	DE GIZEH 5♂ et 8♀	LOCALITÉS DIVERSES 19♀	BAÏADIEH ET ZEINIEH 4♂	DE KARNAK 14♂	TOTAUX
145	»	1	»	»	»	»	1
147	»	1	»	»	»	»	1
148	»	»	»	1	»	»	1
150	2	»	»	»	»	»	2
151	1	»	»	»	»	»	1
152	2	»	1	2	»	»	5
153	»	»	»	1	»	»	1
154	»	1	»	1	»	»	2
155	1	»	1	1	»	»	3
156	»	»	»	2	»	»	2
158	2	»	»	»	»	»	2
160	1	»	1	1	»	»	3
161	1	»	»	1	»	»	2
162	1	1	»	»	»	»	2
163	»	»	1	1	1	»	3
164	»	»	»	1	»	»	1
165	5	»	1	2	»	1	9
166	»	»	1	2	»	»	3
167	»	1	»	»	»	»	1
168	1	»	»	2	»	»	3
169	1	»	1	»	1	1	4
170	7	»	1	1	»	2	11
171	3	»	»	»	»	»	3
172	1	»	»	»	»	»	1
173	»	1	1	»	»	2	4
174	5	»	»	»	»	»	5
175	6	»	1	»	»	2	9
176	»	2	»	»	2	»	4
177	2	»	»	»	»	»	2
178	1	»	»	»	»	»	1
180	10	1	1	»	»	2	14
181	2	1	»	»	»	»	3
182	1	»	»	»	»	«	1
183	»	»	1	»	»	»	1
184	1	1	»	»	»	1	4
185	4	»	1	»	»	3	8
186	4	1	»	»	»	»	5
188	1	»	»	»	»	»	1
190	1	»	»	»	»	»	1
194	1	»	»	»	»	»	1
195	»	2	»	»	»	»	2
					Total		138

Sinaï (t. 1m66, g. e. 1m67); à celles des Ouled-Ma'azeh du désert de Kosseir (t. 1m66, g. e. 1m68), ainsi qu'à celles de quelques Berbères de Tunisie ou d'Algérie. Ces diamètres diffèrent de quelques centièmes seulement de ceux des Ouled-Ayaïdeh de Menzaleh, des Barabras des cataractes du Nil, et de la plupart, du reste, des autres peuples de l'Afrique septentrionale.

La tête et ses dimensions. — Les Fellahin sont dolichocéphales dans leur ensemble avec un indice moyen (diam. antéro-postérieur max. et diam. transv. max.) de 75,53. La mise en série montre que sur cent trente-huit sujets dont vingt-huit femmes, trente-cinq présentent une dolichocéphalie inférieure à 75; et cinquante-trois, une mésocéphalie de 75 à 79,09; puis onze sujets une brachycéphalie dépassant 80. D'après la mise

Mise en série de l'indice céphalique des Fellahin

INDICES	DE LOUQSOR 58♂ et 10♀	DE KORACHIA 10♂ et 10♀	DE GIZEH 5♂ et 8♀	LOCALITÉS DIVERSES 19♀	BAÏADIEH ET ZEINIEH 4♂	DE KARNAK 14♂	TOTAUX
—	—	—	—	—	—	—	—
63	»	»	»	»	»	»	»
64	»	»	»	»	»	»	»
65	»	»	»	»	»	»	»
66	»	»	»	»	»	»	»
67	»	»	»	»	»	»	»
68	1	»	»	»	»	»	1
68	4	»	1	»	»	»	5
70	6	1	4	»	»	»	11
71	6	1	1	2	1	2	13
72	6	2	»	1	»	»	9
73	11	3	1	1	»	2	18
74	3	3	»	1	1	1	9
75	2	1	1	2	»	1	8
76	9	5	2	3	»	2	21
77	7	1	1	3	»	5	17
78	2	1	»	3	1	»	7
79	3	2	1	1	1	»	8
80	3	»	»	1	»	1	5
81	1	»	1	1	»	»	3
82	2	»	»	»	»	»	2
83	»	»	»	»	»	»	»
84	1	»	»	»	»	»	1
					Total		138

en série verticale, la moyenne de fréquence se trouve entre 73 (dix-huit sujets) et 76 (vingt et un sujets). On voit, d'autre part, onze sujets présenter l'indice de 70, notamment à Louqsor (six cas), à Gizeh (quatre cas), à Korachia (un cas), et treize sujets donner celui de 71. Malgré ces écarts, on peut affirmer que, par l'indice céphalique, les Fellahin sont plus homogènes que beaucoup d'autres peuples africains. Bien qu'ils forment quatre séries, l'une se groupant autour de 70 et les autres autour de 73, de 76 et de 77, ils ne constituent en réalité que deux séries assez homogènes. On voit encore dans la mise en série, que Louqsor renferme deux groupes, l'un dolichocéphale de trente-huit sujets, avec des indices inférieurs à 75, et l'autre mésocéphale de cinquante-trois sujets, dont les indices varient de 75 à 79,9.

Les Fellahin ont la tête peu élevée, car l'indice moyen de hauteur-largeur (auriculo-bregmatique et transverse maximum) est de 85,21. Mais l'indice de hauteur-longueur

MOYENNES DES DIAMÈTRES ET DES INDICES DES ÉGYPTIENS

MESURES		COPTES						FELLAHIN											Moyenne des Égyptiens Fellahin et Coptes 288 ♂ et ♀
		de Louqsor 96 ♂	de Louqsor 47 ♀	de Louqsor 113 ♂ et ♀ réunis	Localités diverses 31 ♂	Localités diverses 6 ♀	Moyenne des Coptes 127 ♂ et 23 ♀	de Louqsor 58 ♂	de Louqsor 10 ♀	Moyenne des 68 ♂ et 10 ♀	de Korachia 10 ♂	de Korachia 10 ♀	de Gizeh 5 ♂	de Gizeh 8 ♀	de Baiadieh et Zeinieh 4 ♂	de Karnak 14 ♂	de Localités diverses 19 ♀	Moyenne des Fellahin 91 ♂ et 47 ♀	
Diamètres de la tête	Antéro-post. maximum	188	178	187	190	182	187	190	184	189	193	182	194	191	192	186	184	188	188
	Transv. maximum	142	125	141	141	137	141	142	140	142	143	139	141	143	145	140	141	142	141
	Auriculo-bregmatique	122	117	122	122	119	122	120	116	120	125	120	124	128	124	120	121	121	121
	Indices. Longueur-largeur	75.53	75.84	75.40	74.21	75 27	75.40	74.73	76.08	75.13	74.09	76.37	72.68	74.87	75.52	75.27	73.63	75.53	75.00
	Indices. Hauteur-longueur	85.91	86.66	86.52	86.52	86.86	86.52	84.50	82.85	84.50	87.41	86.83	87.94	89.51	85.51	85.71	85.81	85.21	85.81
	Indices. Hauteur-largeur	64.89	65.17	65 24	64.21	65.38	65.24	63.15	63 04	63.07	64.76	65.93	63.91	67.01	64.58	64.51	65.76	64.36	64 36
Diamètres du front	Frontal maximum	»	»	»	»	»	»	»	»	»	»	»	»	»	»	»	»	»	»
	Frontal minimum	»	»	»	»	»	»	»	»	»	»	»	»	»	»	»	»	»	»
	Indice frontal	»	»	»	»	»	»	»	»	»	»	»	»	»	»	»	»	»	»
Diamètres des yeux	Bipalpébral externe	94	93	94	98	94	95	92	91	92	99	95	101	94	95	95	91	94	94
	Bipalpébral interne	29	29	29	29	28	29	30	29	30	31	28	31	28	30	31	28	30	29
	Indice bipalpébral	30.88	31.52	30.88	29.59	29.72	30.52	32.61	31.87	32.61	31.31	29.47	30.69	29.72	31.58	32.63	30.77	31.95	30.88
Diamètres de la face	Ophrio-mentonnier	131	113	128	129	120	128	128	118	127	138	119	137	122	124	127	121	126	127
	Bizygomatique	133	123	131	131	127	131	133	123	131	139	126	137	129	134	133	129	131	131
	Indice facial	101.52	108.84	102.34	101.55	105.83	102.34	103.90	104.23	103.15	100.72	105.88	100.00	105.73	108.06	104.72	106.60	103 96	103 15
Diamètres du nez	Longueur	47	45	47	47	46	47	45	42	45	48	42	49	45	43	47	44	45	46
	Largeur	36	32	36	36	35	36	38	34	36	35	32	39	36	34	35	34	35	36
	Indice nasal	77.59	74 10	77.59	77.59	76.08	77.59	84.44	80.95	80.00	72.91	76.19	79.59	79.99	79.05	74.46	77 27	77.77	78.26
Largeur de la bouche		52	49	51	52	51	51	51	47	49	51	51	51	49	48	50	51	49	51
Taille debout		166	159	166	166	160	165	168	155	166	173	153	170	160	162	168	156	163	165
Grande envergure		173	154	172	170	160	171	176	154	173	184	155	178	163	170	174	160	170	170

est de 64,36. Chez les hommes, le premier indice est de 85,81 et le second de 63,68, tandis que chez les femmes le premier est de 85,71 et le second de 64,86. Par l'indice céphalique, les Fellahin doivent être rapprochés des Coptes (75,40), des Ouled-Ayaïdeh (74,34), des Ouled-Ma'azeh (74,09), ainsi que d'un certain nombre de groupes berbères de Tunisie dont les indices varient entre 73 et 74. Ils s'éloignent au contraire de la plupart des autres Berbères, dont les indices dépassent 75 d'une part, ou qui sont loin d'atteindre 74.

MORPHOLOGIE CRANIOMÉTRIQUE

On ne connait qu'un nombre assez restreint de crânes d'Egyptiens modernes de provenance certaine, et encore ignore-t-on, pour la plupart, s'ils appartiennent à des Coptes ou à des Fellahin.

Morton[1], l'auteur le plus ancien qui se soit occupé des Egyptiens, après Blumenbach toutefois, cite huit crânes, sans doute Fellahin, qu'il a reçus, du Caire, par l'intermédiaire de Gliddon. Bien que trois de ces crânes seulement soient adultes, il en a figuré cinq qui, selon lui, montrent leurs caractères principaux. Tous sont petits et présentent un certain prognathisme. Le front est haut, large et fuyant; le nez est long et saillant. Aucune autre observation, ni aucune mesure ne complètent ce tableau succinct.

Fig. 112. — Fellah de Gournah.

Morton a figuré et décrit encore trois autres crânes de même provenance et qu'il croit coptes. Deux seulement sont adultes A et B, sans doute un homme et une femme. « Le crâne A, dit-il, est allongé, mais moyennement développé en haut, avec une grande largeur et une grande capacité de toute la partie postérieure. Les os du nez, quoique proéminents, sont larges, courts et concaves... » Le crâne B est long et étroit, avec un front fuyant; son nez est plat ou concave... Un coup d'œil jeté sur ces deux crânes évoque, d'après Morton, l'aspect de la conformation nègre. Ils viennent confirmer, selon lui, sa théorie de la descendance nègre des Coptes.

Cranes d'un cimetière moderne de Suez : série Léon Vaillant. — Cette série, dont l'origine n'est guère plus certaine que celle des précédentes, a été rapportée en 1862, au Muséum de Paris, par Léon Vaillant. Elle a été décrite par MM. de Quatrefages et Hamy[2].

Elle se compose de neuf sujets parmi lesquels se trouvent confondus, sans doute avec

[1] *Crania Egyptiaca*, in-4°, Philadelphia, 1844, p. 43.
[2] *Ibid.*, p. 569.

des Egyptiens coptes ou fellahin, des Arabes ou des Syriens. Malgré ces défectuosités, la collection Vaillant se tient souvent à peu de distance de celle des Egyptiens anciens. Voici, d'après ces savants auteurs, les caractères principaux de ce petit groupe.

L'indice céphalique moyen longueur–largeur est de 75,40. L'indice facial ophrio-alvéolaire de 69,92 ; l'indice nasal de 48,60 et l'indice orbitaire de 86,84.

Cranes d'un cimetière fellah moderne du Caire : série Virchow. — Cette série, composée de deux sujets adultes A et B, un homme et une femme, est petite mais d'origine certaine. Voici les principaux indices de ces deux crânes, décrits en 1888 par le professeur Virchow[1].

Le crâne moyen A présente un indice céphalique longueur-largeur de 74,09, un indice facial ophrio–mentonnier de 35,04, un indice nasal de 43,08, et un indice orbitaire de 84,06.

Le crâne B présente un indice céphalique longueur–largeur de 75, un indice facial de 92,07, un indice nasal de 40,70, et un indice orbitaire de 87,50.

Cranes d'un cimetière du Caire : série Schmidt[2]. — Cette série se compose de soixante-treize individus (sans doute fellahin), quarante-cinq ♂ et vingt-huit ♀.

L'indice nasal moyen des sujets mâles de cette série est de 48,86, et celui des sujets femelles de 54,05. La moyenne de l'ensemble est de 56,05. Les orbites présentent chez les hommes l'indice de 85,20, et chez les femmes celui de 87,82. La moyenne des deux sexes réunis est de 88,08. L'indice facial (ophrio–mentonnier) moyen de cette série tout entière est de 93,13 (♂ 90,35 ; ♀ 87,40).

L'indice céphalique moyen longueur–largeur est de 76,98 pour les soixante-treize sujets réunis (♂ 78,11 ; ♀ 77,27). Ces crânes sont assez élevés, car leur indice moyen de hauteur–longueur est de 78,17 pour la totalité (♂ 74,10, ♀ 77,60). L'indice de hauteur–largeur est de 99,14 (♂ 100,27 ; ♀ 92,95). Parmi ces crânes, M. Schmidt a trouvé plusieurs types différents ; parmi lesquels il distingue d'abord des négroïdes. D'autres, à face allongée, au nez étroit et à tête courte, paraissent constituer un groupe à part qu'il appelle *brachycéphale du crâne*. Il remarque ensuite un groupe dolichocéphale aux pommettes saillantes, avec une face courte et un certain prognathisme, qu'il rapproche du type nubien.

Cranes d'un cimetière moderne de Gizeh. : série Schmidt. — Cette série se compose de huit sujets (sans doute des Fellahin), 4 ♂ et 4 ♀.

Le nez est plus court chez ces gens que chez les précédents ; leur indice nasal moyen est de 44,01 pour l'ensemble. Il est de 45,02 chez les hommes et de 42 chez les femmes.

Les orbites diffèrent peu de ceux des autres séries. L'indice orbitaire moyen est de 89,83 (♂ 89,52 ; ♀ 90,45).

L'indice céphalique moyen de longueur–largeur des huit sujets est de 77,87

[1] *Académie de Berlin*, 1888.

[2] Catalogue de la collection de l'Université de Leipzig, *loc. cit.*

(♂ 77,45; ♀ 78,43), celui de hauteur-longeur est de 76,44 (♂ 76,07 ; ♀ 76,93) et celui de hauteur-largeur de 98,14 (♂ 98,22; ♀ 98,03).

Il ressort de l'étude qui vient d'être faite de ces diverses séries de crânes qu'elles appartiennent en général à des groupes moins dolichocéphales que ceux des Coptes et des Fellahin vivants. Cette dissemblance est surtout sensible pour la série du Caire, décrite par M. Schmidt, dans laquelle se trouvent des brachycéphales; celles de MM. Vaillant et Virchow présentent des indices plus comparables à ceux des sujets actuels.

Fig. 113. — Fellah de Sakkarah.

Bédouins Ouled-Touarah du Sinaï.

CHAPITRE II

BÉDOUINS

ETHNOGÉNIE ET ETHNOGRAPHIE

Les Arabes, depuis leur conquête de 640, furent pendant six cents ans les maîtres de tout le pays égyptien. Et bien que l'usurpation des Mamelouks d'abord, puis la conquête turque de 1517 leur aient enlevé la prépondérance politique, ils n'en sont pas moins restés la partie principale de la population, par l'intelligence et les aptitudes.

Aussi a-t-on pu dire que l'Egypte tout entière est arabe. Si l'on devait considérer comme arabes toutes les parties de la population qui parlent la langue du Koran ou qui sont devenues musulmanes, cette manière de voir pourrait être soutenue, mais on doit reconnaître qu'une grande masse des habitants de la vallée inférieure et moyenne du Nil, notamment celle qui se livre à l'agriculture, et qui s'appelle les Fellahin (pluriel de fellah), appartient à une tout autre race. Elle a perdu son idiome national, qu'elle partageait avec les Coptes; elle est devenue musulmane, et ne parle plus que l'arabe, mais elle n'est pas arabe.

Parmi ceux que l'on peut considérer comme de véritables Arabes, il en est un assez grand nombre qui ont abandonné la vie nomade. Ceux-ci sont devenus négociants, fonctionnaires, employés, ou bons agriculteurs, comme les anciens maîtres du sol. Ce sont les Arabes sédentaires des villes et des villages; ils sont généralement classés actuellement comme Egyptiens. Mais il en est d'autres, et ils sont encore nombreux, qui ont conservé la vie pastorale, et auxquels le nom de Bédouins doit être réservé.

C'est de ceux-là, seulement, que nous avons à nous occuper ici. Ces Bédouins constituent un certain nombre de tribus plus ou moins nomades, et venues en Égypte à des époques diverses.

Makrizi, le savant chroniqueur arabe du XVe siècle, a consacré à ces tribus un traité spécial, que Quatremère a traduit et analysé dans ses *Mémoires historiques et géographiques sur l'Egypte* (1811, t. II, p. 190), et qui a été traduit en allemand par Winterfeld (1847). Dans la liste des noms des tribus citées par Makrizi, il ne s'en trouve que quelques-unes de celles qui vivent actuellement en Egypte. C'est probablement par suite de la fusion avec les possesseurs aborigènes du sol, ou de la dépossession violente d'une partie de ceux-ci par les premiers envahisseurs que leurs caractères propres ont disparu. C'est par suite des mêmes circonstances aussi que la langue arabe et le culte de Mahomet sont devenus prépondérants chez la population rurale de l'Egypte.

D'autres tribus arabes se sont établies dans le pays à des époques postérieures, et y ont — en partie — adopté la vie sédentaire. Mais ces nouveaux venus, quoique ayant pris la plupart des usages de leurs voisins, ont conservé leur individualité. Ils ont grand soin de ne pas se mêler avec les Fellahin.

Les Arabes qui sont restés nomades et ont gardé leur vie pastorale tiennent pourtant ces derniers et les Fellahin à peu près en égal mépris. Leurs villages sont plus prospères ; ils cultivent et irriguent mieux leurs terres, qui s'étendent en bandes — parfois assez étroites — entre le Nil et la montagne. Ils possèdent habituellement des chevaux et des chameaux, comme en avaient leurs ancêtres avant de s'adonner à l'agriculture. Il y a peu de temps encore, on voyait, au premier signal de guerre, ces paysans monter à cheval, s'armer de la grande lance des Bédouins et camper à quelque distance de leurs maisons. Le sang arabe s'est bien perpétué chez eux : en armes et revêtus de leurs burnous, il est difficile de les distinguer de leurs frères nomades et guerriers. Ils en ont conservé la physionomie et les caractères moraux : on retrouve chez eux ces petits yeux brillants, et l'esprit de rapacité toute sémitique du vrai Bédouin du désert. Ce sont de terribles voisins pour les paisibles Fellahin. Tels sont les Ouled-Ma'azeh, entre autres, qui parcourent — avec leurs troupeaux — le désert compris de l'est à l'ouest, entre Kosséir sur la mer Rouge et Keneh sur le Nil, et du nord au sud à peu près sous le parallèle de Suez au Caire, et qu'ils considèrent comme leur territoire propre. A côté d'eux se trouvent les Beni-Ouassel, qui ont eu la prépondérance dans le désert avant les Ma'azeh. Ils ont abandonné la vie nomade pour se fixer près du fleuve, dans la province de Beni-Souef.

Wilkinson, et avant lui Jomard, Amédé Joubert, Dubois Aymé et quelques autres savants ont dressé des listes des tribus arabes fréquentant l'Egypte inférieure et moyenne, mais elles sont toutes plus ou moins erronées, ainsi que le montre la nouvelle statistique officielle qui a été dressée de la population de l'Egypte. On peut citer pourtant, parmi ces nomades, les Ouled-Amarin et les Ouled-Haoueitat du désert entre le Caire et Suez ; les Ouled-Ayaideh et les Ouled-Béli au nord-est du Caire, près de Mataryeh ; les Ouled-Terrabin au sud-est du Caire, etc.

On doit encore citer les Ouled-Aly et les Ouled-Goumat, campés à l'ouest d'Alexandrie ; les Ouled-Souleiman, les Ouled-Harabi, les Ouled-Fergan et les Ouled-Faoueb au

Fayoum; puis une quinzaine d'autres tribus qui peuvent mettre sur pied plus de 10.000 cavaliers. Il est à remarquer que quelques-unes de ces tribus se donnent une origine plutôt berbère qu'arabe ; telles celles de la région des Sirths.

En Egypte, le nom de Bédouin est celui que l'on donne généralement aux Arabes nomades. Il vient de *Bedou* (sing. *Bedoui*), tandis que le nom d'Arabe est plutôt réservé aux émigrés devenus sédentaires. Ils se divisent en tribus ou *kabeileh*, dont on a fait *Kabyle*, nom donné à tort à une partie des Bédouins d'Algérie, et plus particulièrement aux Berbères. Mais en Egypte, on a malheureusement donné le nom de Bédouins, et classé sous cette dénomination, dans les statistiques officielles, tous les émigrés d'Arabie et de Syrie, ainsi que la plupart des Ethiopiens ou des Nubiens de la vallée du Nil, des Berbères du désert de Libye, de la Tripolitaine, de la Tunisie et de l'Algérie.

Des innombrables tribus arabes répandues en Egypte, je n'ai pu étudier utilement, durant les années 1897, 1898, 1899 et 1904, qu'un certain nombre d'individus appartenant aux huit groupes suivants :

1° Les Ouled-Ayaideh ; 2° Les Ouled-Touarah ; 3° Les Ouled-Ma'azeh ; 4° Les Ouled-Harabi ; 5° Les Ouled-Aly ; 6° Les Ouled-Nagama ; 7° Les Ouled-Haouatat ; 8° Les Ouled-Khawazi.

OULED AYAIDEH DU LAC MENZALEH ET DE LA RÉGION DU CAIRE

ETHNOGÉNIE ET ETHNOGRAPHIE

La population des côtes et des îles du lac Menzaleh *(le Taniticus)*, qui n'est ni nomade ni agricole, doit être rattachée, cependant, plutôt aux Arabes qu'aux Egyptiens, bien que la statistique officielle les ait classés ainsi. Cette population présente un très grand intérêt, non seulement par elle-même, son type et ses usages, mais encore et surtout parce qu'elle a été considérée comme représentant les descendants directs et à peine mélangés des Hyksos. Cet élément ethnique, étranger assurément aux autochtones de la vallée du Nil, est sans doute asiatique, mais l'origine en est encore discutée. D'après Mariette et d'autres savants, il se serait conservé depuis son introduction en Egypte, c'est-à-dire depuis plus de quarante siècles, dans toute la région voisine de la capitale de ces Hyksos, l'ancienne Ha-ouar, San ou Tanis, où l'on a trouvé des sphinx dont le type est, a-t-on dit, celui de cette nation. Ces fils d'Asiatiques peuplent, sous le nom peu connu d'Ayaideh, les bourgs de Salkieh, de Menzaleh et de Mataryeh. On en compte sept à huit mille environ : la statistique est très incomplète pour cette région.

C'est à Mataryeh, village situé dans l'île la plus éloignée de la côte, au milieu du lac, et reliée depuis peu de temps à la presqu'île de Menzaleh, que j'ai pu étudier ces Bédouins devenus pêcheurs. La population de ces villages, exclusivement adonnée à la pêche, se compose d'un millier d'individus.

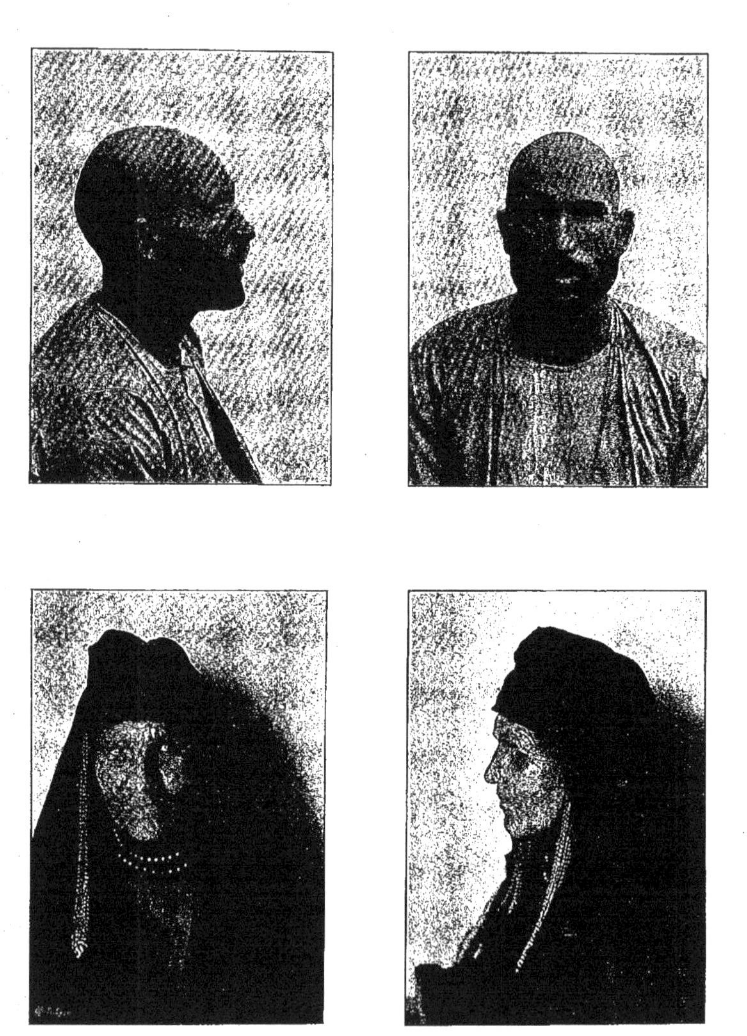

Fig. 114. — Ouled-Ayaideh de Mataryeh (lac Menzaleh).

Installé pendant quelques jours, en 1899, chez le cheikh, j'ai pu en observer un certain nombre au point de vue anthropométrique, les photographier et étudier leurs mœurs et coutumes. La richesse proverbiale des eaux du lac est vraiment prodigieuse, car durant à peu près la moitié la moins chaude de l'année, la gare terminus de la ligne ferrée qui relie le lac à Mansourah emporte journellement, de Mataryeh seulement, cinq à six tonnes de poisson.

Mataryeh, dont le sol n'est composé que de sable et de coquillages, ne produit aucun végétal. Les habitants doivent y importer tout ce qui est nécessaire à leur existence. Aussi le poisson entre-t-il pour une part prépondérante dans leur alimentation, et même celle des rares animaux domestiques qu'ils entretiennent autour d'eux. C'est ainsi que les chiens et même les chèvres mangent du poisson, ce qui donne un goût très particulier au lait de ces herbivores par excellence. Tous les êtres du règne animal sont donc ichtyophages, et, en ce qui concerne les hommes, cette alimentation a une action très marquée sur leur fécondité. Peu de villages présentent une population aussi nombreuse et paraissant se multiplier aussi rapidement. Les adultes ne vieillissent pas beaucoup, mais on compte couramment huit et dix enfants par famille.

Les pêcheries du lac Menzaleh, affermées par l'Etat, donnent un revenu colossal, mais elles n'enrichissent pas les pauvres pêcheurs, car le plus clair de leur revenu passe en impôts.

Les Ouled-Ayaideh sont musulmans comme tous les Bédouins, mais ils sont peu pratiquants. Au contact des Grecs de Mansourah et de Damiette, qui pour réagir contre l'énorme humidité de la région absorbent pas mal de vin ou d'alcool, ils ont pris aussi l'habitude d'en user. Au reste, l'eau douce est rare à Mataryeh. En hiver, elle est apportée d'Asafra, aux environs de Damiette. En été, on va la chercher à Port-Saïd. Elle coûte une demi-piastre (0 fr. 13) le bidon de 32 litres, et encore est-elle souvent saumâtre.

Le costume des Ouled-Ayaideh n'est pas celui des Fellahin de l'Egypte, ni celui des autres Bédouins de l'Afrique ; il rappelle plutôt celui des Syriens, surtout chez les femmes.

J'ai appris à Mataryeh, que Saïd, le grand cheikh de cette tribu, lequel réside à Salkieh, est originaire du Mont Sinaï. Il pense que toute la population dont il est le chef nominal est également originaire de ce pays. On trouve aussi des Ouled-Ayaideh dans le désert au nord-est du Caire, notamment à Mataryeh, près d'Héliopolis.

MORPHOLOGIE ANTHROPOMÉTRIQUE

Les traits de la physionomie des sphinx de San et, par analogie, ceux des pêcheurs du lac Menzaleh qui leur ressemblent tant, a-t-on dit, ont été souvent décrits. Le Dr Hamy[1], le plus autorisé des observateurs qui ont parlé de ce type, le définit ainsi :

« Le front est bas, d'un relief tourmenté ; les yeux sont petits ; les pommettes saillantes en dehors et haut placées dans l'ossature de la face ; le nez est droit et court,

[1] Les Races humaines de la basse vallée du Nil (*Bull. Soc. d'anthrop.*, t. IX, p. 718, 1886).

au lobule carré, aux narines basses et larges; enfin, la bouche est grande et les commissures labiales sont particulièrement empâtées.»

La physionomie composée par ces traits, assez peu harmonieux d'ailleurs, a quelque chose de mongoloïde, et Mariette, après avoir tenté de rattacher le sphinx d'*Apopi* à quelque tribu sémitique, avait fini par croire plutôt à une parenté mongolique, que semblaient mettre en évidence divers rapprochements qu'il avait pu faire au Muséum de Paris. L'origine mongoloïde des rois pasteurs n'est encore, ajoute-t-il du reste, on doit le reconnaître, qu'une hypothèse.

Quoi qu'il en soit, voici les résultats des observations et des mensurations que j'ai relevées soit à Menzaleh, soit à Mataryeh, sur quarante et un individus, trente-cinq ♂ et six ♀.

Les cheveux et les yeux. — On peut dire que les Ouled-Ayaideh sont bruns. Presque tous ont les cheveux noirs et la barbe plus ou moins foncée. Quelques-uns ont les cheveux clairs, quatorze pour cent environ.

Les yeux, tous noirs, sont rarement grands, généralement vifs et clignotants, quelquefois obliques, mais jamais bridés comme ceux des mongoloïdes. Ils sont moins rapprochés que cela ne s'observe en général chez les Arabes. Le diamètre bipalpébral externe est, en moyenne, de 96 millimètres et le diamètre bipalpébral interne est de 29 millimètres. L'indice interoculaire est donc de 30,20.

Le nez, la face, les oreilles et la bouche. — Le nez est petit, toujours droit et rarement abaissé: il est peu saillant et plus long que chez les Bédouins en général.

La hauteur totale moyenne est de 49 millimètres, bien que quinze sujets présentent une hauteur de plus de 50 millimètres. La largeur maximum moyenne est de 36 millimètres. L'indice nasal moyen est donc de 73,04. Ce sont des mésorhiniens francs, comparés aux Bédouins Harabi et Ma'azeh, puis aux Egyptiens actuels dont les mêmes indices dépassent 76. Mais ils s'écartent considérablement de ceux des Berbères de la Tunisie, des Arabes de Syrie et des autres peuples de l'Asie antérieure, qui n'atteignent ce chiffre qu'exceptionnellement.

La mise en série de l'indice nasal de nos quarante et un sujets montre que onze individus présentent des indices de 60 à 69,9, et vingt-trois de 70 à 79,9. La moyenne de fréquence se rencontre entre 64 et 79.

Le trait caractéristique des Ayaideh est la forme en losange de leur face, qui est cependant moins large qu'on ne s'est plu à le dire. On remarque, en effet, que sa largeur bizygomatique moyenne est de 135 millimètres, et sa hauteur totale (diam. ophrio-mentonnier) de 133 millimètres, ce qui donne un indice facial moyen de 101,50 pour les quarante et un sujets. Il se trouve pourtant parmi ces individus dix-huit sujets dont le diamètre bizygomatique dépasse 100 millimètres, ce qui leur donne un indice supérieur à 100, comme le montre la mise en série. Ils ont les pommettes très saillantes, ainsi que je l'ai observé chez d'autres Bédouins.

La bouche est moyennement large et les lèvres rarement charnues. Les oreilles, assez grandes, sont souvent aplaties contre la tête; leur indice moyen est de 56.

La taille et la grande envergure. — Chez les Ouled-Ayaideh, la taille est au-dessus de la moyenne. Elle n'est pourtant pas très élevée, puisque la moyenne des quarante et un sujets est de 1m68. Ces Bédouins sont, ainsi que les Ouled-Ma'azeh (vingt-deux hommes 1m66), moins grands que les Ouled-Harabi du Fayoum (dix-neuf hommes 1m73). Cette taille se rapproche de celle de la plupart des Arabes et des Berbères de Tunisie, puis des Fellahin et des Coptes, mais elle est inférieure à celle des Arabes de Syrie et des autres peuples de l'Asie antérieure.

La mise en série montre que neuf sujets présentent des tailles variant entre 1m60 et 1m64, et vingt de 1m70 et au-dessus.

La grande envergure moyenne est de 1m75. Elle est supérieure à la taille de six centimètres, ce qui est peu, si on compare cette différence avec celle que l'on constate chez les nègres.

La tête et ses diamètres. — Bien que large en apparence, la tête des Ayaideh est longue comme chez tous les Arabes. L'indice céphalique moyen (ant. post. max. et transv. max.) est de 74,48 pour les quarante et un sujets (trente-cinq hommes 74,30; deux femmes 75,13). Ainsi que le montre la mise en série, le maximum de fréquence se trouve entre les indices 71 et 74.

L'indice céphalique de hauteur (hauteur, longueur) est de 64,06. L'indice moyen de hauteur (hauteur-largeur) est de 86,01. Au seul point de vue de l'indice céphalique, si l'on compare les Ouled-Ayaideh de Mataryeh aux autres Bédouins de l'Égypte et aux Égyptiens, ainsi qu'aux Bédouins de Syrie et à quelques autres peuples asiatiques ou africains, on verra qu'ils doivent être rattachés aux premiers plutôt qu'aux seconds.

Il est rare de trouver chez un peuple une homogénéité aussi grande, dans les indices céphaliques, que celle que l'on constate chez cette population.

Au point de vue des autres indices et à celui des caractères morphologiques extérieurs, les Ayaideh sont aussi plutôt comparables aux Bédouins d'Égypte qu'à ceux de Syrie, par exemple, lesquels peuvent être mêlés d'Arméniens, de Kurdes, et de divers mongoloïdes plus ou moins errants, en Asie Mineure.

L'obliquité des yeux qui — avec la largeur démesurée des pommettes — disait-on, imposait aux habitants de la région du lac Menzaleh un type mongoloïde, est rare à Mataryeh. Je l'ai trouvée quelquefois à Mansourah et sur d'autres points de l'Égypte. Au reste, cette sorte d'obliquité des yeux, assez fréquente en Orient, n'est pas pour moi un caractère ethnique aussi mongoloïde qu'on le croit. Je l'attribue plus volontiers à l'habitude qu'ont les gens de cligner les yeux, en présence de la réverbération fatigante du soleil sur l'eau ou sur le sable du désert. Toutefois, si nos observations anthropologiques nous permettent de rattacher les Ouled-Ayaideh, non pas à un peuple mongoloïde, mais aux Arabes, quelle est l'origine de cette théorie, et quels sont les documents archéologiques qui se présentent en faveur ou contre notre manière de voir?

Les Hyksos paraissent avoir une origine asiatique incontestable, car les Égyptiens les ont appelés d'une façon générale *Amouou*, les Asiatiques; ou *Monatiou*, les hommes du désert. Ils avaient infligé aux Bédouins le sobriquet injurieux de *Schaousou*, les pillards, les voleurs, qui leur convenait à merveille. Ils l'appliquèrent par la suite à ces intrus, et le chef qui dominait sur eux, ils le saluèrent dans leur langue, *roi des Schaousou* ou *Ibig Schaousou*, dont les Grecs ont fait le mot Hyksos. Mais les chroniqueurs de l'époque classique n'ont pas réussi à s'accorder sur le nom réel de ce peuple, sur son

Fig. 115. — Ouled-Touarah du Sinaï.

idiome et encore moins sur son origine. Les uns ont confondu les Hyksos avec les Phéniciens, les autres avec les Arabes. Les modernes n'ont pas été plus heureux en la circonstance, car — d'après Maspero[1] — ils ont émis une douzaine d'hypothèses sur ce sujet.

Les Hyksos ont été, en effet, tantôt des Cananéens, tantôt des Élamites; puis on en a fait des Hittites, des Acadiens et des Scythes. Étant admis, enfin, que la puissance des Hyksos avait dû laisser des traces quelque part dans la basse Égypte, on leur a tout naturellement attribué les ruines de San ou Tanis. Les sphinx de San étaient des monuments hyksos, et même des œuvres d'art exécutées sur les ordres du roi hyksos Apopi, dont le nom était, du reste, gravé sur leur épaule droite.

On avait constaté que les traits du visage de ces sphinx différaient assez sensiblement de ceux que l'on s'était habitué à retrouver sur la plupart des monuments égyptiens. Les uns leur avaient reconnu tous les caractères des races sémitiques, tandis que les autres y trouvaient, au contraire, une physionomie mongoloïde : les petits yeux bridés, le nez vigoureux et arqué en même temps que plat, les joues à la fois fortes et osseuses, le menton saillant, la bouche charnue et abaissée aux extrémités[2]. On avait constaté encore ces particularités sur trois têtes provenant de Damanhour, sur un torse colossal déterré à Mit-Farés dans le Fayoum, sur deux figures de Nils jumeaux, transportées de Tanis au Caire, et sur divers autres débris de statues conservés dans des collections de Paris, de Rome et de Saint-Pétersbourg.

Cette théorie, toute séduisante qu'elle fût, et quoique admise par la majorité des égyptologues et des anthropologistes, s'écroula cependant le jour où l'on apprit que les sphinx de San avaient été sculptés pour le roi Amenemhaït III de la XIIe dynastie (1800 avant Jésus-Christ), qu'ils étaient par conséquent antérieurs de bien des siècles à l'invasion des Hyksos. Ce fut le savant orientaliste M. Golenischeff[3] qui fit cette découverte, en 1892, sur des monuments qui se trouvent au musée de l'Ermitage, à Saint-Pétersbourg. Ce sont deux statues, dont l'une est en basalte et l'autre en granit noir. Cette dernière, la plus importante, mesure 865 millimètres de hauteur. Le pharaon est assis sur un trône et tient ses bras posés sur ses genoux. La tête est coiffée d'un nemès rayé, avec l'ureus royal sur le devant.

Cette découverte a le mérite de remettre à leur place deux faits historiques, et de réduire à sa juste valeur une interprétation ethnologique hasardée d'après des observations trop peu nombreuses[4].

Au reste, M. Maspero a, dès 1887, abandonné cette idée que les sphinx de San aient appartenu aux Hyksos, car voici ce qu'il en dit dans son *Archéologie égyptienne*, p. 226 et 227 : « En les examinant de plus près, on voit qu'ils ont été dédiés à un pharaon d'une des dynasties précédentes, et qu'Apopi se les ait seulement appropriés. Rien ne prouve que ce pharaon ait été postérieur à l'invasion asiatique. »

On peut donc conclure que, s'il n'est plus possible de reconnaître les Hyksos comme

[1] *Histoire ancienne des peuples de l'Orient classique. Les premières mêlées des peuples,* t. II, p. 54.

[2] De Rougé, *Revue arch.*, nouvelle série, t. III, p. 250. — Maspero, *Guide du visiteur au Musée de Boulaq*, 1883. — *Bull. Soc. d'anthrop.*, t. IX, 3e série, p. 164-65 séance du 9 décembre 1886.

[3] *Amenemhaït III et les sphinx de San*, in-4° avec cinq planches, Saint-Pétersbourg, octobre 1892.

[4] Von Kremer, *Ægypten*, t. I, p. 138.

auteurs des sphinx de San, il n'est pas davantage admissible de rattacher à ce même peuple l'origine des habitants actuels des rives du lac Menzaleh, en se basant seulement sur la ressemblance des traits de leur visage avec ceux des sphinx.

Il est permis de penser — et M. Golenischeff est de cet avis — que ces mêmes habitants de la région du Menzaleh ont une ancienneté plus grande que celle des Hyksos, et qu'ils devaient se trouver déjà en Egypte au moment de l'invasion de ceux-ci. Je ferai remarquer enfin que le type plus ou moins mongoloïde que l'on a voulu voir chez les prétendus descendants des Hyksos se retrouve chez beaucoup d'autres habitants de l'Égypte. Ce fait peut être constaté notamment chez les Bédouins et chez les Ababdeh, comme l'a observé M. Golenischeff lui-même, durant son voyage sur les bords de la mer Rouge, à Bérénice. Si donc la plupart des caractères morphologiques que l'on a reconnus chez les riverains du lac Menzaleh sont communs à un grand nombre de Bédouins, et s'il est démontré que les sphinx n'appartiennent pas aux Hyksos, il n'y a aucune raison pour ne pas rattacher les Ouled-Ayaideh aux groupes de tribus Arabes nomades qui ont émigré, à une époque plus ou moins reculée, de la Syrie ou des contrées voisines.

OULED-TOUARAH DU SINAÏ

ETHNOGÉNIE ET ETHNOGRAPHIE

Le nom de Touarah (au singulier Touri) est celui que l'on donne aux Bédouins de la péninsule sinaïtique. Il vient de Tor, nom du principal port de la côte; on a fait Touarah de Touri ou gens de Tor, les principaux habitants de la région. Ces Bédouins sont tous nomades, et un grand nombre font le métier de chameliers; ce sont eux qui constituent les caravanes entre le Caire, Suez et Tor.

La race est ici, sans doute, mêlée; cependant quelques familles habitant surtout la montagne peuvent être considérées comme de bons représentants, plus ou moins purs, des descendants des anciens aborigènes. La masse toutefois de cette population ne parait être venue dans ce pays qu'au moment de la conquête de l'Egypte par les Arabes.

Actuellement, les Ouled-Touarah sont très attachés à leur sol natal, et, quoique qualifiés de nomades, ils ne changent de résidence que lorsqu'ils y sont contraints par la sécheresse, parfois longue et terrible dans leurs montagnes. Ceux qui sont nés au pied du Sinaï aiment leurs rochers avec passion, et dépérissent de nostalgie dès qu'ils s'en éloignent pour quelque temps. Au Caire, où ils viennent conduire des caravanes, on les voit errer, tristes et l'air malheureux, en quête de voyageurs ou de marchandises à transporter sur les rives de la mer Rouge. On les rencontre fréquemment sur la promenade de l'Esbekieh, offrant aux passants des saucissons de dattes ou des poissons desséchés, les rares produits de leur pays dont ils peuvent tirer quelque argent.

Durant leur séjour au Caire, ils vivent dans de misérables khans du quartier des tombeaux des khalifes ou dans le voisinage des couvents des moines du Sinaï. Ceux-ci sont en quelque sorte les protecteurs de ces nomades en pays civilisé, comme eux-mêmes sont les leurs dans leurs sauvages montagnes. C'est à ces moines que l'on doit

Fig. 116. — Ouled-Touarah du Sinaï.

s'adresser lorsqu'on veut utiliser les services des Touarah, soit pour des transports de marchandises, soit pour aller visiter la montagne sainte. Les conventions faites au couvent sont toujours exécutées. Les Ouled-Touarah, on doit le reconnaître, ne manquent jamais à leur parole, aussi bien pour les conditions des transports que pour la protection qu'ils s'engagent à fournir aux caravanes contre les tribus pillardes du voisinage. Au reste, ces

Bédouins passent pour être plus sociables et plus honnêtes que la plupart des autres nomades de la région. Palmer, qui a beaucoup voyagé dans ces parages et qui a beaucoup fréquenté les Touarah, assure que, malgré leur pauvreté, la fraude et le vol sont inconnus chez eux. La vie qu'ils mènent est fort misérable, et un cheikh qui possède trois ou quatre chameaux est considéré comme un homme riche.

Ces Bédouins se subdivisent en un certain nombre de tribus, dont les principales sont celles des Ouled-Guebalieh, des Ouled-Saïd, des Ouled-Eleigat, et celle des Ouled-Sawala. L'ensemble de ces tribus constitue une population de neuf à dix mille individus. C'est à la tribu des Ouled-Eleigat qu'appartiennent la plupart des Touarah que j'ai étudiés au Caire, au nombre de vingt et un, tous adultes.

Les Touarah sont musulmans sunnites, et ont à peu près les mêmes mœurs que les autres Bédouins ; on rencontre cependant chez eux plus d'un usage qui paraît propre aux Arabes de Syrie. La plupart portent toute la barbe, généralement assez clairsemée ; ils se rasent entièrement la tête, moins la partie lambdoïdale sur laquelle ils laissent pousser une longue mèche. Le plus grand nombre portent des amulettes musulmanes de tous modèles.

MORPHOLOGIE ANTHROPOMÉTRIQUE

Les Bédouins du Sinaï diffèrent sensiblement, dans leur aspect général, de leurs frères des déserts arabique et lybique. Ils présentent, au contraire, certains rapports avec ceux de la région du lac Menzaleh. Comme eux, ils ont les yeux petits, les pommettes saillantes et haut placées, le nez court et droit. Leur physionomie est moins anguleuse que celle des Bédouins des grands déserts ; ils sont, comme la plupart d'entre eux, secs et bien musclés. Tout respire en eux une énergie et une endurance remarquables.

Les cheveux et les yeux. — Les Touarah ont tous les cheveux noirs, ainsi que la barbe. Les yeux, noirs chez tous, sont moyennement grands, assez vifs et jamais obliques. Ils sont un peu plus rapprochés que ceux des Ayaideh. Le diamètre bipalpébral externe est en moyenne de 91 millimètres, et le diamètre bipalpébral interne est de 28 millimètres. L'indice interoculaire est donc de 30,77.

Le nez, la face, les oreilles et la bouche. — Le nez des Ouled-Touarah est droit, court et peu saillant. Sa hauteur totale moyenne est de 45 millimètres, et sa largeur moyenne de 34 millimètres. L'indice nasal moyen des dix-huit Touarah est de 75,55. La mise en série de ces Bédouins montre que six sujets présentent des indices de 70 à 79,9, et sept de 80 et au-dessus. Ils se rapprochent à ce point de vue des Ma'azeh, dont l'indice nasal monte à 83,70, sans être pour cela platyrhiniens.

Les Ouled-Touarah s'éloignent considérablement, sous le rapport de l'indice nasal, des Berbères de Tunisie ainsi que des Arabes du même pays et de Syrie, dont les indices sont tous inférieurs à 75. Les Fellahin et les Coptes présentent au contraire des indices supérieurs.

La face est large, car sa hauteur totale (diamètre ophrio-mentonnier) étant de 127 millimètres, sa largeur maximum bizygomatique est de 131 millimètres, ce qui donne l'indice extraordinaire de 103,15. Il est dû, comme on le voit, d'abord au peu de hauteur que présente la face totale, et puis au développement exagéré du diamètre bizygomatique, qui dépasse 130 millimètres chez près de la moitié des sujets; ce qui fait que douze individus ont un indice facial supérieur à 100, tandis que six seulement ne dépassent pas celui de 99,9. Les Touarah sont donc plus eurignémiques que les Ayaideh, qui ont passé jusqu'à ces jours pour mongoloïdes, à cause du grand développement de leur diamètre bizygomatique.

La bouche est moyennement large. Les lèvres sont peu charnues et laissent voir les dents, le plus souvent superbes. Les oreilles, généralement grandes et bien faites, sont presque toujours écartées de la tête; leur indice moyen est de 57,14.

La taille et la grande envergure. — Les Ouled-Touarah ont une taille au-dessus de la moyenne. Les dix-huit sujets présentent une moyenne de 1m66. Comme les Ayaideh, ces Bédouins sont moins grands que les Harabi du Fayoum. La mise en série montre que onze sujets sur dix-huit varient de 1m55 à 1m69; trois seulement dépassent 1m70 et quatre n'atteignent pas 1m55. Comme les Ouled-Ayaideh, les Ouled-Touarah se rapprochent par la taille des Egyptiens actuels, ainsi que de la plupart des Arabes et des Berbères de Tunisie et d'Algérie. Ils sont moins grands que les Arabes de Syrie.

Fig. 117. — Hussan Nossar, Cheikh des Touarah du Sinaï.

La grande envergure totale moyenne est de 1m67, et ne se trouve supérieure à la taille que de 10 millimètres, ce qui est fort peu en comparaison de ce que l'on constate chez la plupart des autres groupes que nous étudions ici.

La tête et ses diamètres. — Vue de face, la tête des Ouled-Touarah paraît courte, et cependant elle est plus longue que celle des Ayaideh et des Ma'azeh. L'indice céphalique moyen (ant.-post. max. et transv. max.) est de 73,30. Toutefois, sur dix-huit sujets, douze seulement ont des indices inférieurs à 75, tandis que six en présentent de supérieurs. La mise en série verticale montre que l'indice moyen de fréquence se trouve entre 70 et 75. On doit remarquer encore que la dolichocéphalie des Touarah doit être attribuée à la longueur considérable du diamètre antéro-postérieur maximum, qui est en moyenne de 190 millimètres et qui dépasse souvent ce chiffre, plutôt qu'au diamètre transverse maximum, dont la moyenne est de 140 millimètres.

De l'ensemble des caractères qui viennent d'être exposés, il résulte que les Ouled-Touarah peuvent être rapprochés des Ouled-Ayaideh et des Ouled-Ma'azeh plutôt que des autres groupes de Bédouins. Ils diffèrent au contraire sensiblement des Berbères de Tunisie et des Arabes du nord de l'Afrique et de l'Asie.

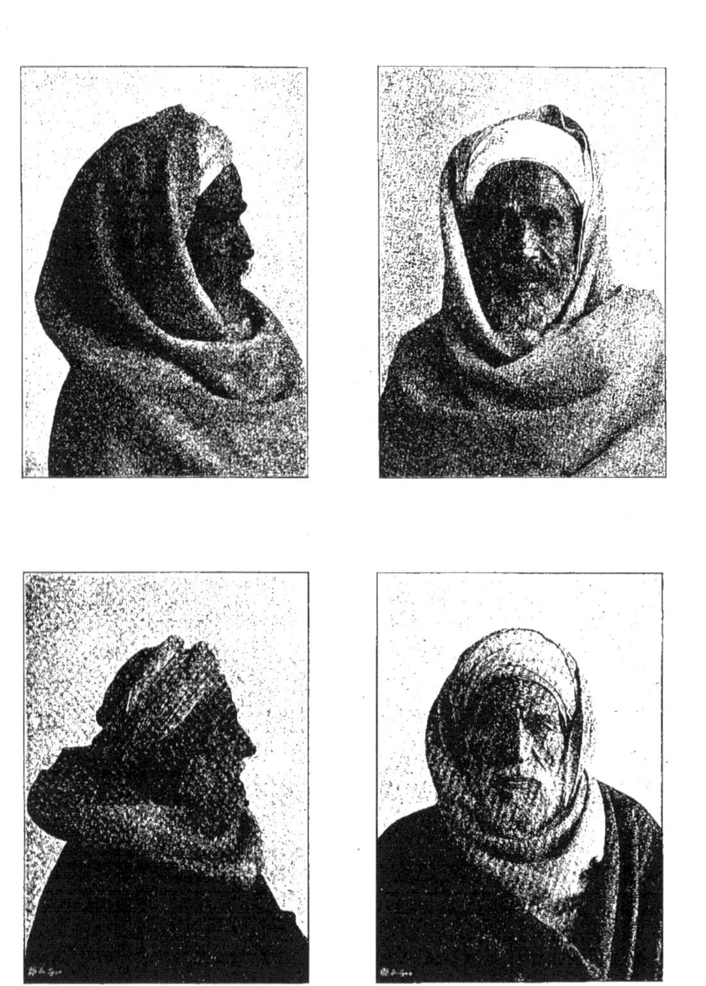

Fig. 118. — Harabi de Kasr-el-Guebaleh (Fayoum).

OULED-HARABI DU FAYOUM ET DU DÉSERT TRIPOLITAIN

ETHNOGÉNIE ET ETHNOGRAPHIE

Sous le nom de Bédouins du Fayoum, on désigne, en Egypte, une population de 61.500 individus environ, devenue en partie sédentaire dans cette région, et qui se rattache à celle qui parcourt le désert libyque. Ces Bédouins se disent originaires de l'Arabie, d'où ils seraient venus à une époque immémoriale. Suivant eux, une première émigration leur aurait fait traverser l'Egypte, et plusieurs de leurs tribus, absolument nomades, seraient venues se fixer sur les confins de la Tripolitaine. On remarquait, parmi les noms de ces tribus, ceux des Ouled-Harabi, des Ouled-Faoueb, des Ouled-Baraza et des Ouled-Remah encore existants dans le pays. Ces tribus habitaient exclusivement sous la tente, et ne vivaient que de l'élevage des moutons, des chevaux et des chameaux, et quelquefois aussi de pillage. Elles voyageaient déjà, pour leur commerce, entre les montagnes ou le désert libyque et les ports de Benghazi et de Dernah. Constamment en guerre, elles se pillaient journellement et même se massacraient avec acharnement. La tribu la plus importante de ces Bédouins est celle des Ouled-Harabi. Voici, au dire de leur cheikh actuel, Abdallah bey Mogawer-el-Guebali, de qui je tiens ces renseignements, quelle est l'origine de cette tribu, et comment elle s'est installée dans cette région.

Il y a près d'un siècle, c'est-à-dire sous le règne de Mohammed-Ali, un vieux cheikh très instruit et natif d'une localité nommée Djebel-el-Guebali, aux confins de la Tunisie, vint habiter chez les Ouled-Harabi. Ayant gagné la confiance de ces Bédouins, il y resta en qualité de professeur, et bientôt s'y maria avec des filles de la tribu dont il eut de nombreux enfants. Puis, à la suite d'un massacre durant lequel tous les anciens de la tribu furent tués, le vieux professeur, en raison de sa grande instruction, et malgré son origine, fut choisi comme cheikh des Ouled-Harabi. C'est ainsi que le nom de El-Guebali fut ajouté à celui de tous ses descendants, qui le portent encore. La tribu des Harabi d'abord cantonnée dans la partie nord-ouest de l'Egypte, sous la conduite du chef Sadaoui-el-Guebali, se divisa en deux branches. L'une resta aux environs de Kasr-el-Zayat, localité peu éloignée de Tantah ; l'autre est venue se fixer, au nombre de 25.000 environ, au Fayoum, dans la région du lac Karoum. On en trouve également autour de Senhourès environ 6.000, et à Tamiyeh 4.000 ; puis un millier à Kasr-el-Guebaleh, près de Nesleh, où j'ai eu l'occasion d'en étudier une assez belle série, et de rencontrer le cheikh Mogawer-el-Guebali.

Sous le règne de Saïd-Pacha (1854), le gouvernement égyptien voulut assimiler les Bédouins d'Egypte aux autres habitants du pays, Fellahin ou Coptes, et en faire des soldats. Mais, soutenues par l'énergie de leurs chefs respectifs, aucune des tribus n'accepta de se soumettre. Le khédive Saïd ayant attiré leurs chefs près de lui, sous prétexte d'entamer des pourparlers, les fit traîtreusement massacrer après leur avoir fait déposer les armes. Le gros des Ouled-Harabi émigrèrent alors vers la montagne, du côté de la

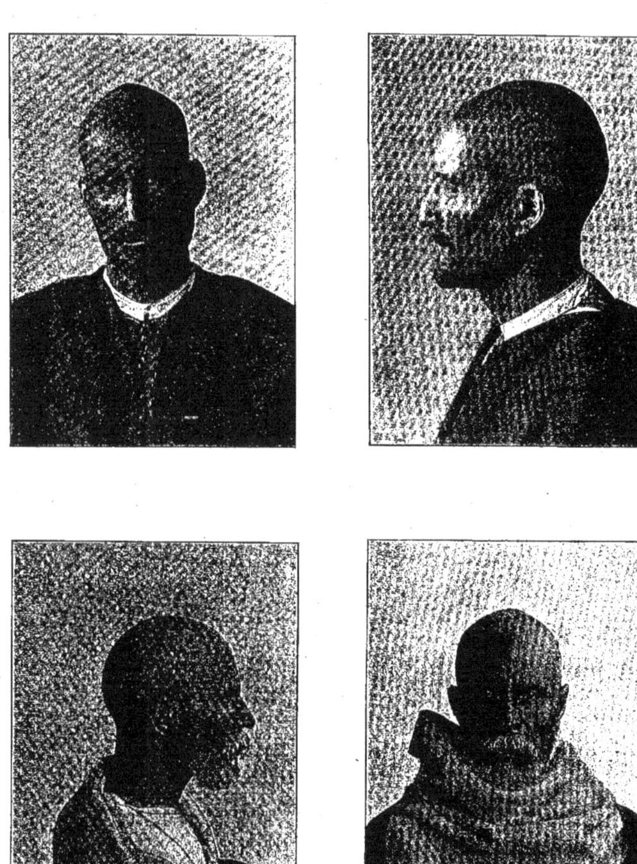

Fig. 119. — Harabi de Kasr-el-Guebaleh (Fayoum.)

Tripolitaine, et y restèrent neuf ans. Durant leur séjour hors de l'Egypte, le cheikh Sadaoui-el-Guebali fut remplacé par Smoede-el-Guebali. C'est ce dernier qui obtint du khédive Ismaïl une convention spéciale d'après laquelle, l'indépendance des Bédouins étant reconnue, ils pourraient rentrer en Egypte. Ils bénéficient encore de cette indépendance, et ne sont pas astreints à fournir des soldats. A la mort de Smoede-el-Guebali, Sadaoui-el-Guebali redevint cheikh de la tribu pour la seconde fois, et fut, à sa mort, remplacé par Abd-el-Gaoui-el-Guebali, qui habitait Kasr-Zayat, et garda le pouvoir jusqu'en 1900.

Actuellement, le chef des Harabi est Abdallah bey Mogawer-el-Guebali, le beau-frère d'Abd-el-Gaoui ; il est le *homdeh* (chef du village) de Kasr-el-Guebali, où, comme tel, il m'a fait les honneurs du pays en 1899.

Fig. 120. — Bédouins Ouled-Harabi du Fayoum.
(Photographie de M. René Dreux.)

Le reste de la tribu des Ouled-Harabi, dont le quart à peine habite le territoire égyptien, occupe, au nombre de plus de 100.000, le territoire libyque ou tripolitain.

Les Ouled-Harabi-el-Guebali ont conservé l'usage d'envoyer tous les ans en Tripolitaine quelques-uns des leurs. Ils tiennent à conserver des relations avec ceux de leurs parents qui ne les ont pas accompagnés et à maintenir leur commerce de moutons, de chevaux et de chameaux. Du Fayoum, ce voyage s'effectue à dos de chameau, et dure un mois environ, avec deux ou trois points d'eau seulement. Ceux de la basse Egypte le font, soit à chameau, soit en barque, en suivant la côte, et se rendent aux ports de Benghazi et de Dernah. Ce sont surtout ceux qui n'ont pas de propriété bâtie en Egypte qui entreprennent ce long voyage.

Les Bédouins Harabi se considèrent, en général, comme très supérieurs aux Fellahin qui les entourent. Ils ont gardé la plupart des caractères physiques et moraux des Arabes. Excellents cavaliers, ils étaient jadis pillards et aventuriers, et paraissaient plutôt guerriers qu'agriculteurs. Actuellement, ils sont tout au plus pasteurs. Quand ils cultivent la terre, ce n'est que par intermittence, et pendant la saison des pluies, mais jamais deux fois au même endroit. Ils sont restés en partie nomades. Les choses tendent pourtant à se modifier, surtout depuis qu'ils ont la certitude de conserver leur indépendance. Ils se fixent plus volontiers sur les lieux qu'ils cultivent ou plutôt qu'ils font cultiver par les Fellahin. Ceux qui sont devenus propriétaires du sol, et surtout ceux de Kasr-Zayat, de Senhoures et de Tamiyeh, ont construit des maisons en pierre ou en briques cuites. Les autres continuent à habiter sous la tente ou construisent des maisons en terre crue recouvertes de roseaux, qu'ils abandonnent après en avoir retiré les boiseries, lorsqu'ils changent de localité.

La langue des Ouled-Harabi est l'arabe. Ils possèdent également un patois spécial qu'ils parlent entre eux.

Ils appartiennent à quatre sectes principales qui sont : celles des Hanafi, des Chafki, des Malki (Malekita) et des Humbali. C'est aux Malki qu'appartient la plus grande partie des Bédouins qui nous occupent ici. La plupart des mœurs des Ouled-Harabi sont celles des autres musulmans de l'Egypte.

Ils sont peu fanatiques et ont peu ou point de mosquées. Les femmes de cette grande tribu ne se voilent pas et se distinguent des Fellahin par une ceinture qui serre leur galabieh à la taille.

Un de leurs usages les plus curieux est relatif au mariage. Lorsqu'une jeune fille nubile, c'est-à-dire de treize ou quatorze ans, n'est pas demandée en mariage, elle fait la *veillée*, c'est-à-dire que chaque soir, après avoir placé une lanterne devant sa porte, elle danse devant les jeunes gens du village, jusqu'à ce qu'elle ait trouvé un mari. Elle est accompagnée dans sa danse par l'assistance mâle qui frappe des mains en cadence, en poussant des cris gutturaux.

En somme, les Harabi, d'origine arabe, sont mêlés de Tunisiens, de Tripolitains, de Fellahin, et même quelquefois de nègres : ils ne s'en croient pas moins de purs Bédouins. C'est à Nazeleh et à Kasr-el-Guebali, hameau de ce village, que j'ai mesuré et photographié vingt-neuf Harabi.

MORPHOLOGIE ANTHROPOMÉTRIQUE

Ces Bédouins qui habitent le grand désert libyque, sur les confins orientaux duquel j'ai pu les étudier, présentent une tout autre physionomie que celle des montagnards Touarah ou des Ayaideh pêcheurs. Bien que devenus — en partie — cultivateurs, ils rappellent par leur aspect général et par plus d'un caractère physique les nomades d'Arabie et du Sahara.

Les cheveux et les yeux. — Les Ouled-Harabi sont en général bruns ; un tiers pourtant ont les cheveux moyens ou moins foncés que la plupart des Bédouins. La couleur de leurs yeux présente les mêmes particularités. Leur écartement est, à peu de chose près, le même que celui que l'on constate dans les autres groupes de Bédouins d'Égypte. Le diamètre bipalpébral interne est de 29 à 30 millimètres. L'indice bipalpébral moyen est de 31,58 chez les Harabi du Fayoum. La mise en série verticale montre que l'indice de fréquence se trouve entre 29 et 32.

Le nez, la face, les oreilles et la bouche. — Les Harabi du Fayoum ont le nez généralement droit, quelquefois abaissé, et souvent concave. Il est, en somme, plus long dans ce groupe que dans les précédents. Sa largeur moyenne est de 36 millimètres, pour une hauteur maximum totale de 47 millimètres. L'indice nasal moyen est, de ce fait, de 76,59. Ces chiffres montrent que, chez les Bédouins de cette catégorie, le nez est beaucoup plus court et plus souvent concave que dans le groupe précédent. Au reste, l'indice nasal, comme le montrent les mises en série, n'est pas plus homogène chez ceux du Fayoum ou du désert tripolitain qu'il ne l'est chez les autres Bédouins d'Égypte.

Si on le compare à celui des Berbères de Tunisie, on verra qu'il en diffère sensiblement. L'indice de ceux-ci, comme celui des Arabes de cette même région et celui des Arabes de Syrie, sont tous inférieurs à 74. Ceux du Fayoum se rapprochent au contraire, à cet égard, des Égyptiens actuels et des Ouled-Touarah du Sinaï.

Fig. 121. — Abdalah bey Mogawer-el-Guebali, cheikh des Harabi du Fayoum.

D'une façon générale, la face est moyennement allongée chez les Ouled-Harabi du Fayoum : l'indice facial moyen est de 102,22. La hauteur totale (diamètre ophrio-mentonnier) n'est guère plus grande chez les uns que chez les autres, mais le diamètre bizygomatique est de 138 millimètres chez les Harabi du Fayoum.

De même que l'indice nasal, l'indice facial est loin d'être homogène chez ces Bédouins. La moyenne de fréquence se rencontre en effet entre 95 et 107 pour ceux du Fayoum. La mise en série montre que, sur vingt-neuf sujets du premier groupe, quatre ont des indices inférieurs à 95, six vont de 95 à 99,9, dix de 100 à 104,9, et neuf de 105 et au-dessus.

Les oreilles sont bien faites et moyennement grandes. La bouche est également moyenne, avec des lèvres généralement minces.

La taille et la grande envergure. — Les Ouled-Harabi du Fayoum sont grands, puisque vingt sujets sur vingt-neuf ont des tailles de 1^{m}70 et au-dessus. On en voit cependant sept avec des tailles de 1^{m}65 à 1^{m}69 et deux seulement n'atteignent que 1^{m}60 et 1^{m}64. La taille moyenne de ces Bédouins est de 1^{m}73.

Le diamètre de la grande envergure est considérable : il est de 1^{m}79. Deux Harabi du Fayoum ont la grande envergure inférieure à la taille ; un seul l'a égale à la taille et vingt-six l'ont supérieure.

La tête et ses diamètres. — Les Harabi du Fayoum sont des dolichocéphales vrais, en général, car leur indice céphalique moyen (ant.-post. max. et transv. max.) est de 72,82. Dix-neuf sujets présentent des indices inférieurs à 75, mais on en trouve dix avec des indices de 75 à 79,9.

L'indice de hauteur-largeur est de 64,10 et celui de hauteur-largeur de 88,02.

OULED-NAGAMA DES PYRAMIDES DE GIZEH

ETHNOGÉNIE ET ETHNOGRAPHIE

Ces Bédouins, devenus sédentaires depuis une trentaine d'années, vivent au nombre de 14.277 individus : 7245 ♂ et 7031 ♀, dans les provinces de Gizeh et de Gharbieh. On en compte 4559 dans les villages égyptiens et 9718 groupés dans leurs propres villages, tels, par exemple, ceux qu'ils ont fondés aux environs des pyramides de Gizeh,

Fig. 122. — Ouled-Nagama des Pyramides de Gizeh.

au nombre de cinq, et qui sont habités par 3000 individus. La plupart sont de bons cultivateurs, mais beaucoup sont attirés près des monuments pharaoniques par la présence des touristes qui y affluent chaque hiver. Ils sont chameliers, guides ou gardiens des pyramides. C'est là que j'ai eu l'occasion d'étudier une série de vingt et un sujets adultes.

Comme les Ouled-Harabi, leurs voisins, ils sont vêtus du burnous blanc qu'ils recouvrent généralement d'un manteau noir. Ils se coiffent du grand tarbouch orné d'un long gland, sans turban, en hiver du moins. Comme ces derniers, ils se disent originaires de la Tunisie. Ils se donnent volontiers comme sujets français, mais aucun n'est considéré ainsi par l'administration, aucun n'est protégé français.

MORPHOLOGIE ANTHROPOMÉTRIQUE

Les cheveux et les yeux. — La physionomie des Ouled-Nagama rappelle celle des Ouled-Harabi. Tous ont les cheveux et la barbe foncés, et beaucoup, tout en se rasant la tête, gardent la mèche d'Allah au lambda.

Les yeux, toujours foncés, sont grands et souvent clignotants. Le diamètre bipalpébral interne moyen est de 29 millimètres et le bipalpébral externe de 98 millimètres. L'indice bipalpébral est de 29,59. Il est plus élevé que celui des Ouled-Aly qui n'est que de 28, mais il est inférieur à celui des Ouled-Harabi du Fayoum chez qui on le voit monter à 31,58.

Fig. 123. — Ouled-Nagama des Pyramides de Gizeh.

Le nez, la face, les oreilles et la bouche. — Le nez est généralement droit, abaissé, court et peu saillant avec des ailes larges. La hauteur moyenne est de 47 millimètres. Leur indice nasal moyen est de 83,94. Ces Bédouins comptent parmi les plus mésorhiniens que j'ai observés. Cela doit être attribué à la largeur exagérée des ailes du nez chez quelques-uns ; neuf sujets présentent des indices supérieurs à 84. La face est en revanche étroite comparée à celle des autres tribus : l'indice facial moyen est de 98,53. Six sujets seulement dépassent cette moyenne.

Les oreilles sont rapprochées de la tête. La bouche présente un indice moyen de 51.

La taille et la grande envergure. — Les Ouled-Nagama sont avec les Ouled-Harabi les Bédouins les plus grands de l'Egypte. La moyenne de la taille est de 1 m. 72. Celle des Ouled-Harabi est de 1 m. 73. Onze sujets sur vingt et un ont une taille inférieure à 1 m. 73 et dix l'ont supérieure. Deux sujets atteignent 1 m. 82 et cinq n'arrivent pas à 1 m. 68.

La grande envergure suit la taille et ne lui est supérieure que de 5 centimètres. La moyenne est de 1 m. 77. La mise en série de ce diamètre montre que onze sujets sur vingt et un dépassent ce chiffre.

La tête et ses diamètres. — Les Ouled-Nagama sont dolichocéphales comme les Ouled-Aly et les Ouled-Ma'azeh, c'est-à-dire que leur indice céphalique de longueur-largeur est de 75,26. La moyenne de la longueur antéro-postérieure maximum est de 190 millimètres, et celle de la largeur transverse maximum est de 143 millimètres.

L'indice céphalique moyen de hauteur-longueur est de 61,31 avec une hauteur auriculo-bregmatique moyenne de 126 millimètres. L'indice céphalique moyen de hauteur-largeur est de 88,11. La mise en série montre que la moyenne de fréquence de l'indice céphalique moyen de longueur-largeur est entre 72 et 75. Dix sujets présentent des indices inférieurs à 74, tandis que onze dépassent ce chiffre. Les extrêmes sont à 69 et à 80.

OULED-ALY DE MARIOUT

Ces Bédouins devenus sédentaires pour la plupart, depuis un assez grand nombre d'années, vivent surtout dans la Basse-Egypte, et spécialement dans la province de Béhéra. On on compte actuellement 45.261, parmi lesquels 24.253 (12.467 ♂ et 11.78 ♀) sont disséminés dans des villages indigènes, et 26.041 (13.380 ♂ et 12.661 ♀) sont groupés dans leurs propres villages. Un petit nombre — 3967 individus seulement — (2632 ♂ et 1335 ♀) habitent des campements. C'est au village d'Ekingi, dans la contrée de Mariout que j'ai étudié — grâce à l'obligeance de M. Winterstein — une vingtaine d'Ouled-Aly, tous adultes et du sexe masculin, dont il occupe un grand nombre dans ses propriétés. Beaucoup sont devenus laboureurs, mais la plupart sont encore pasteurs. Ils possèdent — en outre, des maisons qu'ils se construisent dans les villages — des tentes qu'ils habitent, quand ils conduisent — en hiver — leurs troupeaux de moutons et de chameaux dans les parties herbeuses du désert.

Le costume des Ouled-Aly est celui des Bédouins du Fayoum et des Pyramides. Les femmes portent des robes de teintes sombres, garnies de bandes d'étoffes jaune et rouge. Elles se voilent à peine devant les étrangers.

MORPHOLOGIE ANTHROPOMÉTRIQUE

Les cheveux et les yeux. — Comme les autres Bédouins, les Ouled-Aly ont les cheveux foncés et rasés, sauf la mèche d'Allah. La plupart portent la barbe. Leurs yeux sont foncés, souvent clignotants, mais non obliques. L'indice bipalpébral moyen est de 28, tandis que celui des Ouled-Harabi est de 31,58. Sept sujets seulement présentent des indices au-dessus de ce chiffre, et sept n'y arrivent pas.

Le nez, la face, les oreilles et la bouche. — L'indice nasal moyen des Ouled-Aly est bas, 72,34, mais il est des plus hétérogènes. La mise en séries montre que dix sujets ne l'ont pas atteint ; neuf ont mesuré 65; dix l'ont dépassé. On voit aussi quatre sujets ayant plus de 76.

La face est moins courte que celle de la plupart des autres Bédouins. Son indice moyen est de 100. Il est inférieur chez sept sujets, et, par contre, treize dépassent 100 avec des extrêmes allant à 107 et même 111. Les oreilles sont — comme celles des autres Bédouins — rapprochées de la tête et assez grandes. La bouche est normale : son indice est de 51.

La taille et la grande envergure. — Les Ouled-Aly sont moins grands que les

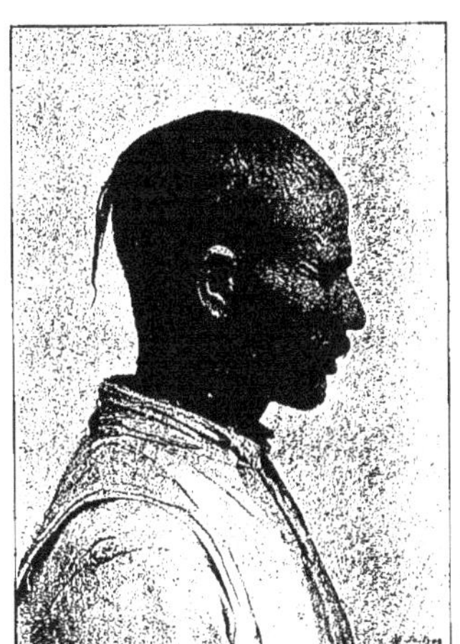

Fig. 124. — Ouled-Aly de Mariout.

Harabi. Leur taille n'est que de 1m70. On ne voit que huit sujets sur vingt qui n'arrivent pas à ce chiffre, tandis que 6 le dépassent.

La grande envergure présente les mêmes particularités que chez les Harabi et les Nagama. La moyenne est de 1m75, et douze sujets dépassent ce chiffre. Chez tous, excepté un, ce diamètre est supérieur à la taille de 2 à 5 centimètres.

La tête et ses diamètres. — Les Ouled-Aly sont moins dolichocéphales que les Houled-Harabi. Leur indice céphalique moyen, longueur-largeur, est de 75,39. La mise en série montre que treize sujets sur vingt présentent des indices inférieurs à ce chiffre, et que 7 seulement le dépassent.

L'indice de hauteur-longueur est de 65,44 et celui de hauteur-largeur de 86,80. Par ces derniers indices, les Ouled-Aly se rapprochent davantage des Ayaideh et des Touarah que des autres tribus.

OULED-MA'AZEH

ETHNOGÉNIE ET ETHNOGRAPHIE

Ces Bédouins, pour la plupart nomades, occupent surtout le désert montagneux compris entre Keneh, sur le Nil, et Kosseïr, sur la mer Rouge, puis tout le désert qui s'étend de Suez à Beni-Souef. Les Ouled-Ma'azeh, dont le nom signifie « chevriers », parcourent avec leurs troupeaux les ouady de cette région, dont ils se considèrent comme les seuls maîtres. On sait peu de chose sur leurs origines ; ils ont été considérés cependant comme les descendants des anciens Libyens Maziou, arabisés à une époque relativement récente.

Fig. 125. — OULED-MA'AZEH DE BENI-SOUEF.

Le dernier recensement officiel compte 7686 Ma'azeh, 4006 hommes et 3680 femmes.

C'est dans la province de Minieh (2381), de Girgeh (1050), et dans celle de Beni-Souef (2572) que se trouvent surtout les Ma'azeh. Un certain nombre habitent également à Suez et dans la région.

Un très grand nombre d'individus de cette tribu sont chameliers, et forment des caravanes pour le transport des marchandises entre Keneh et Kosseïr. On sait que c'est entre ces deux points que le désert qui sépare le Nil de la mer Rouge est le plus étroit. En attendant qu'une route ou un chemin de fer relie ces deux villes, importantes au point de vue commercial, tout le trafic est entre les mains des Ma'azeh.

Les Ouled-Ma'azeh de Beni-Souef et de Bouch ou Bayad sont les convoyeurs entre ces points et la mer Rouge, en passant par les couvents coptes de Saint-Antoine et de Saint-Paul. C'est dans cette région qu'ils ont eu jadis de sanglants combats avec les Beni-Ouassel. A Beni-Souef, où réside le grand cheikh du Ma'azah, Rochaïed, j'ai pu mesurer et photographier, grâce à son obligeant intermédiaire douze hommes et six femmes. J'avais précédemment étudié, à Keneh, vingt-deux hommes.

Fig. 126. — ROCHAIED, CHEIKH DES OULED-MA'AZEH.

J'ai constaté parmi ces gens des traces manifestes de mélanges avec des Soudanais, mais chez ceux que j'ai mesurés et photographiés, non sans de très grandes difficultés, le type arabe paraît dominer.

Les Ouled-Ma'azeh sont musulmans, mais sans fanatisme, comme le plus grand nombre de leurs voisins. Ils en ont les coutumes et sont, comme eux, très pauvres. Ceux qui possèdent quelques chameaux passent pour fort riches et achètent assez souvent des esclaves pour les aider dans leurs travaux de caravanes.

Quoique pour la plupart nomades, beaucoup de familles tendent à se fixer sur certains points, durant une partie de l'année au moins, et commencent à cultiver le sol à la manière des Fellahin.

L'armement des Ouled-Ma'azeh est simple : contrairement à ce qui se passe chez les Touarah du Sinaï qui portent le sabre et rarement un fusil, ils sont tous armés, sinon d'un fusil, le plus souvent à mèche ou à pierre, tout au moins d'une paire de pistolets de fabrication plus ou moins récente. Ils se taillent avec les rejets du *Tamarix mannifera* très commun dans certaines parties du désert, des bâtons qui ressemblent absolument au sceptre des anciens Egyptiens. Ceux qui habitent le Galalla-el-Kibbieh se fabriquent avec le calcaire siliceux de l'ouady Oum-Damarana des pipes sans tuyaux, dans lesquelles ils fument le tabac vert qu'ils récoltent[1].

MORPHOLOGIE ANTHROPOMÉTRIQUE

Véritables enfants du désert, ces Bédouins présentent une physionomie bien spéciale, qui se rapproche plus de celle des Touarah que de celle des autres Bédouins. Comme eux, ils passent la plus grande partie de leur existence sur des déserts rocheux, et ils sont, comme eux, chameliers. Durant leurs voyages continuels entre la mer Rouge et le Nil, ils ont à subir les rigueurs du climat ainsi que des fatigues et des privations nombreuses.

Les cheveux et les yeux. — Tous les Ouled-Ma'azeh sont brun foncé ; le peu de

[1] Fourtau, Voyage dans la partie septentrionale du désert arabique (*Bull. Soc. Khed. de Géographie* V^e^ série, n° 9, 1900).

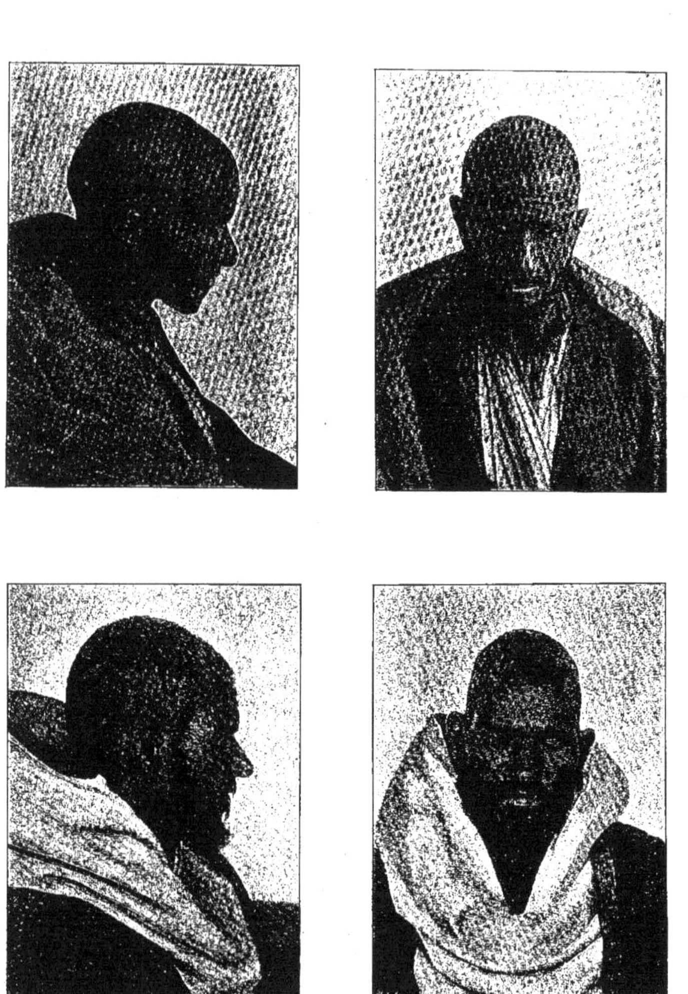

Fig. 127. — Ouled-Ma'azeh du désert de Kosséir.

cheveux qu'ils ne rasent pas et leur barbe clairsemée sont d'un beau noir. Leurs yeux, petits et brillants, parfois légèrement obliques et clignotants, sont toujours noirs ou marron foncé. Ils sont assez rapprochés, car la moyenne du diamètre bipalpébral interne est de 28 millimètres. Le diamètre bipalpébral externe étant de 95 millimètres, l'indice de ces diamètres est de 29,42. On remarque toutefois, dans la mise en série, que sur quarante individus, vingt-trois présentent des indices de 30 à 34,9, mais que dix-sept en ont de 25 à 29,9. La mise en série verticale donne la moyenne de fréquence entre 29 et 31.

Seuls, les Ouled-Harabi ont un indice bipalpébral inférieur à celui-ci. Chez les autres, au contraire, il lui est supérieur, comme celui des Fellahin et des Coptes qui dépasse l'indice de 30, lequel est encore dépassé par celui des Berbères et des Arabes en Tunisie.

Le nez, la face, les oreilles et la bouche.— Les Ouled-Ma'azeh ont le nez réellement court mais non plat; il est fréquemment concave, et la moyenne de sa hauteur totale est de 45 millimètres. Sa largeur maximum moyenne est de 37 millimètres. Aussi son indice est-il de 82,22. La mise en série montre que vingt-trois sujets sur quarante présentent des indices supérieurs à 80, et dix-sept des indices variant de 70 à 79,9; deux offrent un chiffre inférieur à 70. Leur nez est le plus court que l'on ait observé chez des Arabes ou des Berbères. Tous, à part les Ouled-Harabi du Fayoum et les Ouled-Touarah du Sinaï, présentent des indices de beaucoup inférieurs à 75. Seuls, les Égyptiens actuels, parmi les peuples qui les avoisinent, s'en rapprochent avec des indices de 77.

La face est relativement courte, puisque la hauteur totale (diam. ophrio-mentonnier) n'est que de 127 millimètres, avec une largeur bizygomatique de 130 millimètres. Aussi l'indice facial moyen est-il de 102,36. La mise en série montre que dix-huit sujets sur quarante ont des indices allant de 100 à 104,9; huit seulement les ont au-dessous, et quatorze au-dessus.

Les oreilles sont grandes et écartées de la tête. La bouche est moyennement large (52 millimètres) avec des lèvres fortes.

La taille et la grande envergure. — La taille des Ouled-Ma'azeh est au-dessus de la moyenne, puisqu'elle donne 1^{m}66 pour l'ensemble. La mise en série montre quinze sujets dépassant ce chiffre, mais quatorze varient entre 1^{m}65 et 1^{m}69, et onze entre 1^{m}64 et 1^{m}60. Ces Bédouins ne sont pas plus grands que les Fellahin et les Coptes. La plupart des Berbères de Tunisie, des Arabes du nord de l'Afrique et de l'Asie antérieure ont une taille pourtant un peu plus élevée.

Leur grande envergure est, comme chez les Touarah, assez courte : la moyenne de ce diamètre est de 1^{m}69. La mise en série montre cependant quatorze sujets dépassant 1^{m}70; six se trouvent entre 1^{m}65 et 1^{m}69, enfin douze entre 1^{m}60 et 1^{m}64.

La tête et ses dimensions. — Les Ouled-Ma'azeh sont dolichocéphales, car leur indice céphalique moyen (diam. ant.-post. max. et transv. max.) est de 75. Mais cette dolichocéphalie est due plus à la longueur antéro-postérieure, qui est en moyenne de 192 millimètres, qu'à la largeur, qui n'est en moyenne que de 143 millimètres.

La mise en série montre que vingt-trois sujets sur quarante présentent des indices inférieurs à 75, et quatorze des indices variant entre 75 et 79,9. Trois seulement touchent à la brachycéphalie avec des indices supérieurs à 80. La moyenne de fréquence se rencontre entre 69 et 75. Sous le rapport de l'indice céphalique, les Ouled-Ma'azeh sont beaucoup plus homogènes que les autres Bédouins d'Égypte. Ils se rapprochent du reste à cet égard, comme la plupart d'entre eux, des Egyptiens actuels et de quelques Berbères de Tunisie. Ils s'éloignent au contraire des Arabes de Syrie, de Tunisie et d'Algérie.

OULED-HAOUATAT

ETHNOGÉNIE ET ETHNOGRAPHIE

Ces Bédouins sont peu connus et ne sont plus actuellement entièrement nomades que dans la Haute-Egypte, où ils sont peu nombreux. On en compte en tout 10.108, dont 9631, dans la Basse-Egypte, parmi lesquels 3395 sont disséminés dans les villages égyptiens et 6303 agglomérés dans leurs propres villages, puis 410 dans leurs campements.

D'après Fourtau[1], le géologue français bien connu par ses travaux sur la géologie et la paléontologie de l'Egypte, les Haouatat, dont il a récemment visité le territoire, habitent la partie septentrionale de la chaîne du Mokattam. Quelques-uns — devenus cultivateurs — ont des terres et des villages dans le bassin de l'Ouady Ramich, au sud de l'Attaka. Ils ont, du reste, la majeure partie de leur tribu installée à l'est du canal de Suez, entre Suez et l'Ouady El-Arich. Ce sont eux qui, au dire des Touarah, ont assassiné Palmer au Gebel Sidr, en 1882. On les rencontre souvent au Caire, et principalement aux environs du Marg et de Mattarich. C'est dans cette dernière localité que j'ai pu étudier sept sujets de ce genre (trois ♂ et quatre ♀). Ils paraissent être établis depuis très longtemps dans la région ou en dehors des villes; leurs principaux campements sont: Menchachet-el-Foul, Giaffra et les environs de l'ancien fort d'Aggerout, au sud du Géneffé.

Les Haouatat — comme les Ma'azeh — ont des moyens d'existence assez peu productifs: c'est l'élevage des troupeaux, la culture des céréales, et le transport des marchandises. Mais, comme ils ne les pratiquent que sur une petite échelle, il s'ensuit que — pour vivre — ils doivent ajouter à leurs occupations ordinaires pas mal de rapines et de vols, et surtout beaucoup de contrebande : celle-ci a principalement pour objet le sel, le tabac et le hachiche. Leurs usages sont peu différents de ceux des Ouled-Touarah et des Ouled-Ma'azeh.

MORPHOLOGIE ANTHROPOMÉTRIQUE

Les cheveux et les yeux. — Les Ouled-Haouatat ont la barbe et les cheveux foncés. La tête est le plus souvent rasée chez les hommes, moins la mèche d'Allah; les femmes portent leurs cheveux en petites tresses.

[1] Voyage dans la partie septentrionale du désert arabique (*Bull. Soc. Khéd. de Géographie*, Ve série, n° 9, 1900).

Les yeux toujours foncés sont petits, généralement clignotants comme ceux des Touarah et de quelques autres Bédouins. Ils sont plus rapprochés chez les hommes que chez les femmes. Le diamètre bipalpébral interne moyen est de 30 millimètres chez les premiers, et de 28 chez ces dernières. L'indice bipalpébral moyen est de 29,29.

Le nez, la face, les oreilles et la bouche. — Le nez est étroit chez ces Bédouins. L'indice nasal moyen des hommes est de 86,63, avec une hauteur moyenne de 47 millimètres et une largeur moyenne de 38 millimètres. Il est, chez les femmes, de 86,36, avec 44 de hauteur moyenne et 38 de largeur. L'indice nasal moyen est de 84,44. La face est à peu près celle des Ouled-Touarah et des Ouled-Ma'azeh, mais plus courte. L'indice facial moyen est de 105,13, avec des diamètres ophrio-mentonniers moyens de 123 millimètres, et des diamètres bizigomatiques moyens de 133 millimètres. Les oreilles et la bouche offrent les mêmes particularités que les autres tribus bédouines.

La taille et la grande envergure. — La taille est de 1 m. 68 chez les hommes, et de 1 m. 58 chez les femmes. La grande envergure donne chez les premiers 1 m. 78 et 1 m. 61, chez les secondes.

La tête et ses diamètres. — Les Haouatat sont dolichocéphales avec un indice céphalique moyen (longueur-largeur) de 74,21 (trois ♂ 75,75 et quatre ♀ 72,97). L'indice de hauteur-longueur est de 62,63 (trois ♂ 60,60 et quatre ♀ 64,32). L'indice de hauteur-largeur est de 84,39 (trois ♂ 79,89 et quatre ♀ 88,14).

OULED-KHAWAZI

A côté des Bédouins se rattachant de près ou de loin à telles ou telles tribus arabes, on trouve dans la haute Egypte un certain nombre de familles nomades, métis de Tziganes et de Bédouins. Ces familles, que j'ai rencontrées surtout à Minich, à Siout, à Keneh et aux environs du Caire et de Louqsor, à Karnak, se livrent pour la plupart à des occupations autres que celles des Tziganes en général. Dans la haute Egypte, au lieu de montrer des ours ou de faire le métier de chaudronniers ambulants, ils sont chanteurs, danseurs et tatoueurs. Allant de village en village, ils ne se mêlent pas à la population ; ils habitent sous leurs tentes, en dehors des bourgs, et n'y pénètrent que pour y exercer leur art. En partie d'origine arabe, ils ont tous les usages des Bédouins de la région, et fréquentent plutôt ceux-ci que les Fellahin, quoique aux yeux des uns et des autres ils passent pour des parias. Ils sont connus sous le nom de Khawazi et appartiennent à la peuplade errante des Ghagar. Ils se donnent comme de purs Arabes et prétendent avoir émigré d'abord vers l'Afrique occidentale, d'où ils seraient venus depuis des siècles[1].

La statistique officielle accorde à cette population le chiffre total, hommes et femmes réunis, de 5,266.

[1] Alfred von Kremer, *Egyptien*.

J'ai pu mesurer et photographier cinq hommes et sept femmes d'un groupe de ce gens campé à Karnak.

MORPHOLOGIE ANTHROPOMÉTRIQUE

Ces nomades, assurément fort mêlés, se rattachent aux Bédouins par l'ensemble de leur physionomie. Plusieurs individus de cette catégorie rappellent par leur taille, leur nez et leur face en général, soit les Ouled-Ma'azeh, soit les Ouled-Touarah. Il n'est pas impossible qu'une partie de ces Tziganes soient originaires de ces tribus.

Les cheveux et les yeux. — Tous ont les cheveux et les yeux noirs. Ceux-ci,

Fig. 128. — Bédouine khawasi.

assez grands et d'un vif éclat, sont moyennement rapprochés, puisque le diamètre bipalpébral interne est de 29 millimètres. Le diamètre bipalpébral externe est, au contraire, assez faible. Il en résulte que l'indice bipalpébral est de 30,88. La mise en série montre que six sujets sur douze ont des indices de 30 à 34,9; que deux dépassent le chiffre de 35, et qu'au contraire, quatre restent en dessous de 29,9.

Le nez, la face, les oreilles et la bouche. — Le nez, peu saillant, est droit, souvent concave, mais non aplati. Il est plutôt gros avec le bout rond. La moyenne de sa hauteur totale est de 44 millimètres, et sa largeur maximum de 36 millimètres. Son indice moyen est de 81,82 et se rapproche de celui des Ouled-Ma'azeh. On constate dans la mise en série que sept sujets sur douze ont des indices dépassant 80, et que cinq se trouvent autour de 70.

La face est plutôt courte que longue. La hauteur ophrio-mentonnière est de 127 millimètres, et sa largeur bizygomatique est de 29 millimètres, ce qui donne un indice facial de 101,57. Ce chiffre rapproche encore ces individus des Ouled-Ma'azeh. La mise en série confirme cette donnée, car sur douze sujets, quatre présentent des indices supérieurs à 105, cinq varient de 100 à 104,9 et deux restent au-dessous de 99,9.

La taille et la grande envergure. — Ils sont d'une taille élevée, bien que la moyenne ne donne que 1m66. Ce chiffre ne les classe pas ainsi, en effet, mais on doit remarquer que ce groupe est composé de sept femmes contre cinq hommes. Malgré cela, on voit par la lecture de la mise en série que quatre sujets sur douze dépassent 1m70, trois 1m55 et quatre 1m60. La grande envergure est de 1m71 et dépasse huit fois la taille. Elle est trois fois égale, et une fois seulement elle lui est inférieure.

Fig. 129. — Khawazi montreur d'aspics.

La tête et ses dimensions. — Les Khawazi tziganes de Karnak sont dolichocéphales avec un indice moyen de 74,19. Le diamètre antéro-postérieur maximum est faible, puisqu'il est en moyenne de 180 millimètres; mais le diamètre transverse maximum n'est en moyenne que de 138 millimètres. L'indice moyen de fréquence se trouve entre 71 et 67, et la mise en série montre que sept sujets présentent des indices inférieurs à 75, et cinq des indices variant de 75 à 79,9. Ce dernier caractère vient encore confirmer le rapport qui existe entre cette population et les Ouled Ma'azeh.

De l'ensemble des observations précédemment exposées il ressort quelques faits qui doivent être actuellement résumés. Plusieurs conduisent à des conclusions qui, pour n'être pas définitives, ne sont pas moins intéressantes à signaler. La comparaison des caractères physiques propres à chacun des groupes de Bédouins répandus en Egypte, montre qu'ils sont aussi peu homogènes dans ce pays que dans les autres contrées où ils ont été étudiés, en dehors de l'Arabie. Si maintenant on compare ces mêmes caractères avec ceux des Fellahin, des Coptes, des Bédouins de l'Asie antérieure, de la Tunisie et de l'Algérie, et enfin avec ceux des Berbères des mêmes régions, on constatera qu'ils présentent plus d'affinités avec leurs voisins immédiats de l'ouest qu'avec ceux de l'est.

Voyons, par un résumé rapide de leurs divers caractères anthropométriques, comment se présentent ces rapports et différences.

La taille des Bédouins d'Egypte peut être considérée comme au-dessus de la moyenne. Elle varie de 1^{m}69 (trente-quatre Ma'azeh) à 1^{m}73 (vingt-neuf Ouled-Harabi du Fayoum). La moyenne des cent quatre-vingt-huit sujets est de 1^{m}68. Ce chiffre est le même que celui trouvé par Collignon chez quelques Berbères tunisiens, tels que les

MOYENNE DES DIAMÈTRES ET DES INDICES

MESURES		BÉDOUINS										
		Touarah du Sinaï 18 ♂	Ayaïdeh de Menzaleh et Matarieh 25 ♂	Ayaïdeh de Menzaleh et Matarieh 6 ♀	Ma'azeh de Keneh et Beni-Souef 34 ♂	Ma'azeh de Beni-Souef 6 ♀	Harabi du Fayoum 29 ♂	Ouled Aly de Mariout 20 ♂	Nagama des Pyramides 21 ♀	Haouatat de Matarieh 8 ♂	Khawazi de Karnak 11 ♀	Moyenne des Bédouins 165 ♂ et 23 ♀
Diamètres de la tête	Antéro-post. maximum	191	192	190	192	193	195	191	190	190	186	192
	Transv. maximum	140	143	140	144	144	142	144	143	141	138	142
	Auriculo-bregmatique	123	123	117	121	122	125	125	126	119	115	123
	Indices. Longueur-largeur	73.30	74.48	73.68	75.00	74.61	72.82	75.39	75 26	74.21	74.19	73.96
	Indices. Hauteur-longueur	64.39	64.06	61.58	63.02	63.21	64.10	65.44	61.31	62.63	61.82	64.06
	Indices. Hauteur-largeur	87.85	86.01	83.57	84.02	84.72	88.02	86.80	88.11	84.34	83.35	86.62
Diamètres des yeux	Bipalpébral externe	91	96	97	95	99	95	100	98	99	94	96
	Bipalpébral interne	28	29	28	28	29	30	28	29	29	29	29
	Indice bipalpébral	30.77	30.20	28.86	29.47	29.29	31.58	28 00	29.59	29.29	30.88	30 20
Diamètres de la face	Ophrio-mentonnier	127	133	120	127	124	135	133	136	128	127	131
	Bizygomatique	131	135	132	130	133	138	133	134	123	129	133
	Indice facial	103.15	101.50	103.12	102.36	107.25	102.22	100.00	98.53	108.13	101.57	101.52
Diamètres du nez	Longueur	45	49	46	45	45	47	47	47	45	44	46
	Largeur	34	36	33	37	36	36	34	39	38	36	36
	Indice nasal	75.55	73.46	71 73	80.22	80.00	76.59	72 34	83.98	84.44	81.82	78.26
Largeur de la bouche		51	51	51	52	51	52	51	51	48	50	51
Taille debout		166	168	166	166	161	173	170	172	162	166	168
Grande envergure		167	175	169	169	164	179	175	177	168	171	173

Tozeur du Djerid par exemple (soixante-trois sujets). Les tailles les plus fréquentes en Egypte, celles de 1^{m}66 et de 1^{m}67 (Ayaideh et Ma'azeh), ont été constatées par Prengrueler sur cent quatre-vingts Berbères de Palestro, par Seriziat sur cinquante-deux Berbères de Biskra, et enfin par Collignon sur seize Arabes Ouled-Saïd de Tunisie. La moyenne qu'a donnée l'ensemble des onze cent trente-trois Tunisiens étudiés par Collignon est de 1^{m}66. C'est cette même taille encore qu'ont donnée les Ouled-Touarah du Sinaï et les Fellahin de la haute et de la moyenne Egypte.

Quant aux tailles dépassant 1ᵐ69, elles sont aussi peu communes en Tunisie que dans la vallée du Nil. Collignon les a trouvées dans deux ou trois petites séries de Berbères, tels que neuf Mzaken (1ᵐ70), trois Knaïs, trois Schebat et trois Schibika (1ᵐ71), puis chez trois Arabes Ouled-Memmer. C'est également la même taille que présentent les vingt-deux Bédouins que j'ai mesurés autrefois dans la région d'Alep, ainsi que celle trouvée par Bertholon en Kroumirie.

Mise en série de la taille debout des Bédouins

TAILLE DEBOUT	TOUARAH DU SINAÏ 18♂	AYAÏDEH DE MENZALEH ET MATARIEH 35♂ et 6♀	MA'AZEH DE KENEH ET DE BENI-SOUEF 34♂ et 6♀	HARABI DU FAYOUM 29♂	OULED-ALY DE MARIOUT ET DU DÉSERT TRIPOLITAIN 20♂	NAGAMA DES PYRAMIDES 21♂	HAOUATAT DE MATARIEH 5♂ et 7♀	KHAWAZI DE KARNAK 8♂ et 7♀	TOTAUX
155	»	1	2	»	1	»	»	»	4
156	1	1	1	»	»	»	»	1	4
158	»	1	1	»	»	»	3	»	5
159	1	»	»	»	»	»	1	»	2
160	»	3	2	»	»	»	»	2	7
161	1	2	2	»	»	»	»	»	5
162	1	1	2	»	»	»	»	»	4
163	»	2	1	1	»	»	»	»	4
164	»	1	4	1	»	1	»	2	9
165	4	2	2	»	1	»	1	1	11
166	1	2	8	1	»	»	»	»	12
167	»	2	1	2	»	4	»	»	9
168	3	3	1	3	»	1	»	»	11
169	1	1	2	1	6	»	»	2	13
170	2	6	2	1	2	3	1	1	18
171	»	2	2	4	1	»	1	1	11
172	1	2	2	1	2	2	»	»	10
173	2	2	»	»	»	1	»	»	3
174	»	2	1	2	1	3	»	»	9
175	»	2	3	2	1	»	»	2	10
176	1	»	»	2	1	2	»	»	6
177	1	»	»	2	1	»	»	»	4
178	»	»	1	3	»	2	»	»	6
180	»	1	»	»	2	»	»	»	3
181	»	»	»	»	1	»	»	»	1
182	»	1	»	»	»	2	»	»	3
185	»	1	»	»	»	»	»	»	1
186	»	»	»	2	»	»	»	»	2
193	»	»	»	1	»	»	»	»	1
							Total.		188

Nos Ouled-Harabi du Fayoum sont donc les Bédouins les plus grands que l'on connaisse, en dehors de l'Arabie. On remarquera d'autre part que si l'on fait abstraction de ce dernier groupe dans la moyenne générale des Bédouins d'Egypte, elle sera facilement ramenée près de celle des Fellahin. Enfin ils diffèrent complètement des Arabes et des Berbères de l'île de Gerba, étudiés par Bertholon, dont la taille moyenne n'est que de 1ᵐ63.

Les Bédouins d'Egypte sont dolichocéphales dans leur ensemble, avec un indice moyen de 73,96. Mais on rencontre des écarts assez grands dans un même groupe.

C'est ainsi que l'on voit les Ouled-Harabi du Fayoum présenter l'indice de 72,82, alors que celui de leurs frères du désert tripolitain, les Ouled-Aly, monte à 75,39. En revanche, ceux des Ouled-Ayaideh et des Ouled-Ma'azeh ne diffèrent que de quelques

Mise en série de la grande envergure des Bédouins

GRANDE ENVERGURE	TOUARAH DU SINAÏ 18 ♂	AYAÏDEH DE MENZALEH ET MATARIEH 25 ♂ et 6 ♀	MA'AZEH DE KENEH ET DE BENI-SOUEF 34 ♂ et 6 ♀	HARABI DU FAYOUM 24 ♂	OULED-ALY DE MARIOUT ET DU DÉSERT TRIPOLITAIN 20 ♂	NAGAMA DES PYRAMIDES 21 ♂	HAOUATAT DE MATARIEH 38 ♂ et 40 ♀	KHAWAZI DE KARNAK 58 ♂ et 7 ♀	TOTAUX
—	—	—	—	—	—	—	—	—	—
153	»	»	»	»	1	»	»	»	1
154	1	»	»	»	»	»	»	»	1
155	1	»	2	»	»	»	»	»	3
136	»	1	»	»	»	»	»	»	»
157	»	1	»	»	»	»	»	»	1
160	»	»	3	»	»	»	2	2	7
161	1	1	»	»	»	»	»	»	2
162	»	1	3	»	»	»	2	»	6
123	»	1	»	»	»	»	»	»	1
164	3	»	1	»	»	2	»	»	6
165	1	3	4	1	»	»	»	3	12
166	2	3	3	»	»	»	»	»	8
167	»	»	1	»	»	1	»	»	3
168	1	»	3	»	»	»	»	»	4
169	»	2	1	1	»	1	»	»	5
170	2	5	5	4	1	1	»	»	18
171	1	»	2	1	1	»	»	»	5
172	»	2	2	»	1	»	»	»	5
173	1	»	2	1	1	»	»	»	5
174	»	2	1	»	3	»	1	»	7
175	1	»	3	2	»	1	»	2	9
176	»	3	»	1	5	2	»	1	12
177	1	»	»	»	»	2	»	»	3
178	1	»	»	2	3	»	»	»	6
179	»	»	1	»	»	1	»	»	2
180	»	4	»	3	1	2	»	1	11
181	»	1	»	2	»	»	2	»	5
182	1	»	2	2	»	2	»	»	7
183	»	»	»	1	1	1	»	»	3
184	»	2	»	»	»	2	»	»	4
185	»	2	»	1	1	2	»	1	7
186	»	1	»	3	1	»	»	»	5
187	»	2	1	»	»	»	»	1	4
188	»	1	»	»	»	»	»	»	1
190	»	1	»	2	»	»	»	»	3
192	»	»	»	»	»	1	»	»	1
195	»	1	»	»	»	»	»	»	1
198	»	1	»	1	»	»	»	»	2
199	»	»	»	1	»	»	»	»	1
							Total		188

fractions, puisque l'indice des premiers est de 74,48 et celui des seconds de 75. Ces indices sont rares dans les séries de Tunisie et d'Algérie, ce sont au contraire ceux des Fellahin (74,60) et des Coptes (74,86) de la haute et de la moyenne Egypte. On doit remarquer cependant que Bertholon a rencontré dans la région de Gabès, à la Hamma, quarante-quatre sujets avec un indice de 74,37, et soixante-dix sujets à Djara, égalment en Tunisie, avec un indice de 74,80.

Il n'est pas sans intérêt de faire remarquer ici que quarante-huit Barabra que j'ai mesurés aux environs de la première cataracte du Nil, ont un indice moyen de 74,47. Les indices voisins de ceux de 73,30 et de 73,87 que nous avons trouvés, Elisseïeff et moi, chez les Ouled-Touarah du Sinaï, ont été plus fréquemment constatés en Tunisie qu'on ne pouvait le croire avant les recherches de Bertholon. Cet observateur a reconnu,

Mise en série de l'indice céphalique des Bédouins.

INDICES	TOUARAH DU SINAÏ 18♂	AYAÏDEH DE MENZALEH ET MATARIEH 35♂ et 6♀	MA'AZEH DE KENEH ET DE BENI-SOUEF 34♂ et 6♀	HARABI DU FAYOUM 29♂	OULED-ALY DE MARIOUT ET DU DÉSERT TRIPOLITAIN 20♂	NAGAMA DES PYRAMIDES 21♂	HAOUATAT DE MATARIEH 3♂ et 4♀	KHAWAZI DE KARNAK 5♂ et 7♀	TOTAUX
60	»	»	»	»	»	»	»	»	»
61	»	»	»	»	»	»	»	»	»
62	»	»	»	»	»	»	»	»	»
63	»	»	»	1	»	»	»	»	1
64	»	»	»	»	»	»	»	»	»
65	»	»	»	»	»	»	»	»	»
66	»	»	»	»	1	»	»	»	1
67	»	»	»	2	»	»	»	»	2
68	1	»	»	2	»	»	»	»	3
69	1	»	3	4	»	1	»	»	9
70	2	»	2	2	»	»	»	»	6
71	1	6	2	2	»	2	2	2	17
72	3	9	7	3	2	2	1	1	28
73	2	8	4	3	2	1	»	4	28
74	2	6	5	1	3	4	»	»	21
75	4	3	4	3	5	5	4	2	30
76	»	6	5	3	2	1	»	»	17
77	2	1	2	1	2	»	»	2	10
78	»	2	1	1	»	3	»	1	8
79	»	»	2	1	2	1	»	»	6
80	»	»	2	»	1	1	»	»	4
81	»	»	1	»	»	»	»	»	1
							Total	. . . . .	188

en effet, dans la Kroumirie, un indice moyen de 73,99 pour trois cent cinquante-huit sujets. Les indices au-dessous de ce chiffre sont plus rares, aussi bien chez nos Bédouins de la vallée du Nil que chez les autres peuples africains ou asiatiques auxquels je les compare.

A côté des Ouled-Harabi du Fayoum (72,82) on ne peut guère ranger que quatre Ouled-Sebaa de Constantine (72,82), et deux Ouled-Frècchichi de Tunisie étudiés par Collignon (72,80), puis cinquante-trois Berbères Menzel de la région de Gabès (72,79), et à Chemini quarante sujets de même race (72,62) mesurés par Bertholon. Enfin vingt Arabes des tribus diverses d'Ouargla et d'Aures, en Algérie, reconnus par Elisseieff (72).

Tous les autres Arabes et Berbères de Tunisie et d'Algérie ont des indices supérieurs à 75, et seuls nos onze Ouled-Harabi du désert tripolitain s'en rapprochent, avec l'indice 75,39. Collignon a trouvé l'indice 75,62 chez seize Berbères de Medjez-el-Bab en Tunisie; la plupart des autres Berbères ont des indices se rapprochant de 76 à 77 et au-dessus.

On remarque, en effet, les cent quatre-vingts Berbères de Palestro en Algérie, avec 76,04, signalés par Prengrueler; puis trois cent trente sujets de l'ile de Gerba, décrits par Bertholon, avec l'indice de 79,94. Il faut ajouter que, sur ce total, deux séries dépassent ce chiffre et arrivent à la brachycéphalie : ce sont celles de trente-quatre Beni-Mazuel (82,24) et de onze Zelefra (82,50). On ne doit pas omettre enfin de citer la série arabique de l'Yemen, de vingt et un sujets, étudiée par Mercier, et dont l'indice est de 82,56.

Mises en série de l'indice facial des Bédouins

INDICES	TOUARAH DU SINAÏ 18 ♂	AYAÏDEH DE MENZALEH ET MATARIEH 35♂ et 6♀	MA'AZEH DE KENEH ET DE BENI-SOUEF 34♂ et 6♀	HARABI DU FAYOUM 29♂	OULED-ALY DE MARIOUT ET DU DÉSERT TRIPOLITAIN 20 ♂	NAGAMA DES PYRAMIDES 21 ♂	HAOUATAT DE MATARIEH 3♂ et 4♀	KHAWAZI DE KARNAK 5♂ et 7♀	TOTAUX
—	—	—	—	—	—	—	—	—	—
84	»	1	»	»	»	»	»	»	1
86	»	»	»	»	»	»	»	1	1
89	»	»	»	»	1	»	»	»	1
90	»	»	1	1	»	»	»	»	2
91	»	2	»	»	2	2	»	»	6
92	»	»	1	1	2	1	»	»	5
93	1	1	»	1	»	1	»	»	4
94	1	»	2	1	»	2	»	»	6
95	»	»	1	3	1	1	»	1	7
96	2	»	»	1	»	»	»	1	4
97	»	2	1	1	1	4	»	»	9
98	1	2	2	»	»	4	»	»	9
99	1	5	»	1	»	»	»	»	7
100	1	5	4	3	»	»	»	1	14
101	»	4	3	»	1	2	»	»	10
102	»	5	5	2	3	1	»	2	18
103	2	2	1	2	5	1	1	»	14
104	3	1	5	3	»	»	»	2	14
105	»	3	»	»	»	2	»	2	7
106	1	1	4	2	1	»	1	1	11
107	1	»	1	2	2	»	1	»	7
108	»	3	1	»	»	»	2	»	6
109	1	1	1	1	»	»	»	1	5
110	1	1	2	»	»	»	2	»	6
111	»	»	3	2	1	»	»	»	6
112	»	1	»	»	»	»	»	»	1
113	»	1	»	»	»	»	»	»	1
114	1	»	2	»	»	»	»	»	3
115	»	»	»	»	»	»	»	»	»
116	1	»	»	2	»	»	»	»	1
							Total.		188

La face des Bédouins d'Egypte est en général large. L'indice facial (ophrio-mentonnier bizygomatique) est de 101,57, et il varie peu d'un groupe à un autre (vingt-sept Ouled-Ayaideh 100, et vingt-deux Ouled-Ma'azeh 102,36). Ce sont, à peu de chose près, les mêmes chiffres que donnent les autres populations actuelles de l'Egypte; quatre-vingt-neuf Barabra (100); cent six Fellahin (103,93); cent treize Coptes (103,15). Cette brachyfacialie est pourtant moins grande que celle des nègres Nilotiques, chez lesquels on la voit monter jusqu'à 107,26 (dix-huit Chillouk).

On remarquera, au contraire, que vingt-deux Bédouins de Syrie présentent l'indice de 95,36, et que les autres Arabes et les Berbères de Tunisie ne paraissent pas offrir des indices plus élevés que 97, autant que le peu de documents fournis à cet égard par Bertholon et Collignon permettent de le croire. Cette largeur faciale inattendue, chez des tribus qui passent pour appartenir à un peuple à face longue, est due au développement considérable du diamètre bizygomatique, qui monte jusqu'à 137 et 138 millimètres (vingt-neuf Ouled-Harabi du Fayoum et vingt sept Ouled-Ayaideh), alors que la hauteur totale ophrio-mentonnière n'est que de 135 et 137 millimètres chez les mêmes sujets.

Le nez présente chez les Bédouins d'Egypte une assez grande variété de formes. On

Mise en séries de l'indice nasal des Bédouins

INDICES	TOUARAH DU SINAÏ 18♂	AYAÏDEH DE MENZALEH ET MATARIEH 35♂ et 6♀	MA'AZEH DE KENEH ET DE BENI-SOUEF 34♂ et 6♀	HARABI DU FAYOUM 29♂	OULED-ALY DE MARIOUT ET DU DESERT TRIPOLITAIN 20♂	NAGAMA DES PYRAMIDES 21♂	HAOUATAT DE MATARIEH 3♂ et 4♀	KHAWAZI DE KARNAK 5♂ et 7♀	TOTAUX
59	1	1	»	»	»	»	»	»	1
60	»	»	»	1	1	»	»	1	3
61	»	»	»	»	»	»	»	»	»
62	1	1	1	»	»	»	»	»	3
63	»	1	»	»	1	»	»	»	2
64	»	4	»	1	»	»	»	»	5
65	»	1	»	»	2	»	»	»	3
66	1	3	»	2	2	»	»	1	9
67	»	«	1	»	»	»	»	»	1
68	2	»	»	3	»	»	»	»	5
69	»	1	»	1	»	»	»	»	2
70	»	4	4	1	1	»	»	»	10
71	»	2	1	»	»	1	»	»	4
72	»	3	1	»	3	»	»	1	8
73	»	»	»	2	2	»	»	»	4
74	»	1	»	»	1	»	»	1	3
75	2	1	3	2	1	1	1	»	11
76	»	4	2	2	2	»	»	»	10
77	2	3	1	1	»	2	»	»	9
78	1	2	2	»	»	1	»	»	6
79	1	3	1	4	»	1	»	1	11
80	2	1	»	1	1	»	»	»	5
81	»	1	2	1	»	2	»	»	0
82	»	»	1	»	»	2	»	»	3
83	»	2	»	»	1	2	»	2	7
84	1	»	3	1	»	»	»	»	5
85	2	»	3	1	1	3	1	»	11
86	1	2	3	»	»	1	4	1	12
87	1	»	2	2	1	»	»	»	6
88	»	»	1	1	»	2	1	1	6
99	»	»	1	»	»	2	»	»	3
91	»	»	»	»	»	2	»	»	1
92	»	»	2	»	»	»	»	»	2
94	»	»	1	»	»	»	»	1	2
95	»	»	2	»	»	»	»	1	3
106	»	»	2	»	»	»	»	»	2
102	»	»	»	1	»	»	»	»	1
105	»	»	»	»	»	»	»	1	2
							Total		188

voit, en effet, à côté des nez aquilins et droits, des nez concaves. L'indice nasal moyen, qui est de 76,08, se ressent de cette grande variété de types, car il monte de 1,427 (vingt-sept Ouled-Ayaideh) à 83,70 (vingt-deux Ouled-Ma'azeh). Les premiers, manifestement leptorhiniens, se rapprochent des Berbères de la région de Gabès mesurés par Bertholon (71,79 pour quarante-trois sujets). Les seconds, au contraire, se rapprochent des Barabra de la première cataracte (quarante-huit sujets 82,22). Mais cette platyrhinie apparente est encore bien loin de celle des nègres Nilotiques, chez qui j'ai trouvé, pour trente-deux sujets, le chiffre de 105.

L'indice nasal extraordinaire de 83,70 des Ouled-Ma'azeh est dû plus à la largeur du nez qu'à sa longueur et surtout à sa forme concave. Pour les autres groupes, l'indice nasal moyen de 76,08 est des plus intéressants, car autour de lui se groupent la plupart des séries les plus importantes que j'aie observées en Égypte, telles que celle des Ouled-Harabi du Fayoum (76,59), celle des Coptes (76,08); puis vingt Berbères Tozeur du Djerid étudiés par Collignon (76,79); enfin les Fellahin (77,77), et les Ouled-Touarah du Sinaï (75,55).

Mise en série de l'indice bipalpébral des Bédouins

INDICES	TOUARAH DU SINAÏ 18 ♂	AYAÏDEH DE MENZALEH ET MATARIEH 35 ♂ et 6 ♀	MA'AZEH DE KENEH ET DE BENI-SOUEF 34 ♂ et 6 ♀	HARABI DU FAYOUM 29 ♂	OULED-ALY DE MARIOUT ET DU DÉSERT TRIPOLITAIN 20 ♂	NAGAMA DES PYRAMIDES 21 ♂	HAOUATAT DE MATARIEH 3 ♂ et 4 ♀	KHAWAZI DE KARNAK 5 ♂ et 7 ♀	TOTAUX
24	»	»	»	»	»	1	»	»	1
25	»	»	1	»	1	1	»	1	4
26	»	1	»	»	4	1	»	2	8
27	2	2	6	1	2	»	1	»	14
28	3	4	3	1	6	2	1	1	21
29	3	8	7	3	2	3	1	»	27
30	1	9	9	7	2	4	3	1	36
31	3	9	6	6	1	5	1	1	32
32	4	4	2	6	1	2	»	»	19
33	»	2	4	1	1	»	»	4	12
34	1	»	2	3	»	2	»	»	8
35	»	1	»	»	»	»	»	1	2
36	1	»	»	1	»	»	»	»	2
37	»	»	»	»	»	»	»	»	»
38	»	1	»	»	»	»	»	1	2
							Total		188

L'œil des Bédouins d'Égypte ne présente rien de très particulier. Il se rapproche de celui de la plupart des autres races au milieu desquelles ils vivent. L'écartement bipalpébral est moyen, car l'indice fourni par les deux diamètres est de 30,52. Le diamètre bipalpébral interne varie de 28 à 30 millimètres, et le diamètre bipalpébral externe oscille entre 91 et 100 millimètres. Cet indice varie peu d'un groupe à un autre. On voit pourtant les Ouled-Harabi du Fayoum présenter celui de 31,58, qui les rapproche des Fellahin (31,58) et des Coptes (31,18), tandis que les Ouled-Harabi du désert tripolitain n'atteignent que celui de 28. Cet indice est fréquent chez les peuples, d'origine plus ou moins sémitique, que j'ai mesurés en Asie Mineure ou au Caucase.

Des faits qui viennent d'être résumés et groupés, aucune conclusion précise ne peut encore être formulée. Pour obtenir ce résultat, il faut attendre d'avoir achevé l'étude détaillée des matériaux recueillis sur les autres populations actuelles de la vallée du Nil. Il est peut-être permis cependant de faire remarquer que, par l'indice céphalique, les Bédouins d'Égypte, à part les Ouled-Harabi du Fayoum, présentent, en général, de très grandes affinités avec les Fellahin et les Coptes, ainsi qu'avec les Berbères de la région de Gabès et de la Kroumirie. Cet ensemble forme un groupe sous-dolichocéphale assez homogène. Il n'en est pas de même de l'indice nasal, car alors que les Berbères et les Arabes des pays berbères sont en majorité leptorhiniens, la plupart, au contraire, des Bédouins d'Égypte sont mésorhiniens.

Tous ont une taille au-dessus de la moyenne, excepté les Ouled-Harabi du Fayoum. Ceux-ci comptent parmi les Arabes les plus grands et les plus dolichocéphales. Ils se rapprochent sous ce rapport des Berbères du Djerid et de la région de Gabès, en Tunisie.

Fig. 130. — Abdalah bey Mogawer-el-Guebali, Cheikh des Harabi du Fayoum.

Bichariehi Hamrah de l'Etbaye.

CHAPITRE III

BEDJAH

ÉTHIOPIENS OU NUBIENS

On comprend sous la dénomination de Bedjah, souvent donnée à la seule tribu des Bicharieh, un certain nombre de peuples qui se rattachent, d'une part aux Ethiopiens, et, de l'autre, aux Nubiens. Ils vivent entre la mer Rouge, de Suez à Berbera, et le Nil, puis de Kéneh à la cinquième cataracte.

La tribu la plus septentrionale, celle des Ababdeh, occupe la partie du désert arabique qui s'étend à l'est de la portion du Nil comprise entre Keneh et Korosko. Plus loin, à l'est de la partie du fleuve entre la cinquième cataracte et Korosko, dans le désert de Nubie, se trouve le territoire des Bicharieh ou Bedjah proprement dits, d'où ils s'étendent jusqu'aux environs d'Assouan. Au sud vivent les Hadendoah, dont le territoire est approximativement limité au nord par le 18e degré de latitude nord, et à l'ouest, par le Nil, entre la cinquième cataracte et l'embouchure de l'Atbara; au sud, par cette dernière rivière jusqu'à El-Ghindi, puis, par une ligne se portant droit à l'est jusqu'à Baraka. Au sud de ce territoire, entre Kassala à l'ouest et Keren à l'est, jusqu'au

15e degré de latitude nord, s'étend le territoire des Hallenga, appelé pays de Taka. Plus au sud encore, entre le haut Atbara et son affluent de droite, le Khor-el-Gâch, à l'ouest du pays de Tigré, vivent les Hamrah. Dans le voisinage de ces diverses peuplades nomadisent les tribus des Beni-Amer et des Djalin, l'une et l'autre fortement mélangées de sang arabe.

A la suite de ces Bedjah, d'origine éthiopienne — de même que certains Abyssins, les Danakils, les Somalis et d'autres populations se rattachant sans doute aux Berbères —, se placent les Barabra, les véritables Nubiens appelés aussi Barbarins. Ils habitent la vallée du Nil, entre Keneh et Dongola, principalement aux environs de la première et de la seconde cataracte. On en trouve également des groupes isolés sur plusieurs points de l'Egypte où ils ont émigré.

BICHARIEH

ETHNOGÉNIE ET ETHNOGRAPHIE

On désigne sous le nom de Bicharieh une tribu de la famille Bedjah qui habite la vaste région désertique entrecoupée de montagnes et d'oasis, comprise entre l'Égypte et l'Abyssinie. Elle est exactement limitée au nord-est par la mer Rouge à Kosseir, au nord-ouest par le Nil à Keneh, au sud par le plateau éthiopien, à l'ouest par le Nil Bleu et le Grand Nil à la hauteur de la deuxième cataracte. Cette famille, ainsi que celles des Bogos, des Danakils, des Galla et des Somalis, appartient au grand groupe éthiopien ou Coushito-Khamite. Ces Bedjah font certainement partie des anciens Ethiopiens de l'Afrique du Nord, car Strabon indique, d'après Eratostène, cette population comme distincte des Nègres et des Égyptiens, leurs voisins.

Les Bedjah se divisent en un certain nombre de tribus, parmi lesquelles on remarque surtout les Bicharieh proprement dits au nord et les Hadendoah au-dessous d'eux, au sud. A l'est entre Kassala et Souakim, les Allenga, les Chinterab, les Merafab, etc. A côté des Bicharieh habitent quelques tribus musulmanes plus ou moins arabisées, telles que celle des Ababdeh en partie sédentaires, puis celle des Beni-Amer à l'est de ces derniers ; celle des Djalin à l'ouest, et celles des Hassanieh et des Choukourieh dans le bassin inférieur du Nil Bleu.

Le nom de Bicharieh est souvent employé comme synonyme de Bedjah. Il semble que, par son importance, cette tribu représente à elle seule la famille tout entière des Bedjah. Une inscription de Séti Ier (XIXe dynastie) cite les Bukas parmi les Ethiopiens vaincus, et celles des monuments d'Axoum en Erythrée contiennent les noms des Bugas et des Bugaïtes. L'auteur arabe, Macrizi, raconte, d'après les traditions locales, que les Bedjah furent jadis les ennemis des pharaons. Dans les armées des rois pontifes de Napada, des souverains d'Ethiopie, tels que Piankhi, Meiamoun et Schabuk (Sabacon), figurent des ancêtres des Bedjah. Cette population, connue des Grecs et des Romains sous le nom de Blemmyes, fut refoulée dans la haute Nubie par les légions des Césars et de leurs alliés. Ils furent plus tard rebelles à la prédication de l'islam, et Ibn-Hanqual les décrit comme des païens. Macrizi parle d'un roi des Bedjah résidant à Djezireh-el-Bedjah, entre l'Atbara et le Sennaar. D'après l'historien arabe, le trône se transmettait dans cet État suivant la ligne maternelle. D'après le même auteur, ces Bedjah étaient idolâtres; mais on a des raisons de croire que quelques tribus étaient déjà chrétiennes, tandis que d'autres étaient devenues musulmanes. Maçoudi raconte, en effet, que 3000 Nubiens nomades et mahométans,

Fig. 131. — Bicharieh Hamrah arrivant de l'Etbaye

montés sur des dromadaires, aidèrent les Arabes à s'emparer des mines d'or qui avaient probablement valu son nom à la Nubie, car *Noub* désigne, en ancien égyptien, *l'or*.

Au moyen âge, le nom de Bedjah semble avoir disparu de la scène politique. Il n'est plus question que des tribus Bicharieh Hadendoah, etc. On se trouve donc en présence des restes d'une nation en décadence, fatalement destinée à disparaître, mais que l'on ne doit pas laisser dans l'oubli à cause du rôle important qu'elle a joué dans l'antiquité.

Tous les voyageurs et les historiens qui depuis les auteurs arabes ont écrit sur la Nubie et la haute Egypte ont parlé des Bedjah. Ceux qui ont séjourné chez quelques-unes de leurs tribus, tels que Linant de Bellefond, par exemple, ont donné des renseignements sur leur pays, leurs coutumes et leur type en général; mais aucun n'a fourni de renseignements précis touchant leurs caractères morphologiques, et pouvant permettre de rattacher cette population à celles auxquelles on l'a dite apparentée. On possède pourtant

Fig. 132. — Bouclier bichariéh.

quelques observations anthropométriques de ces Bedjah dont on a amené de 1877 à 1880 quelques petits groupes dans les jardins d'acclimatation de Paris, de Genève et de Berlin. A Paris, ils ont été étudiés par MM. Bordier[1], Girard de Rialle[2] et Letourneau[3]; à Genève, c'est M. Déniker[4] qui a pu les observer en 1880, et, à Berlin, c'est M. Virchow[5] qui les mesurait en 1879. Les observations de ces savants anthropologistes ont porté sur quatre Hadendoah, deux Hamrah, quatre Hallenga, et quelques autres individus d'origine incertaine. En tout une quinzaine de sujets.

Ces résultats étaient certes précieux, mais ils portaient sur un trop petit nombre de sujets pour que l'on ne dût pas désirer étendre ce genre de recherches sur des séries plus importantes de représentants de cette race si intéressante et si peu connue. Aussi n'ai-je pas manqué, durant mes derniers voyages dans la haute Egypte, d'étudier avec soin l'anthropométrie des Bicharieh et des Ababdeh, dont on rencontre un grand nombre d'individus dans les environs de Louqsor et surtout d'Assouan. Dans ces deux localités, j'ai recueilli, sur près d'une centaine de sujets, des renseignements nouveaux et intéressants pour compléter l'étude des peuples de cette région.

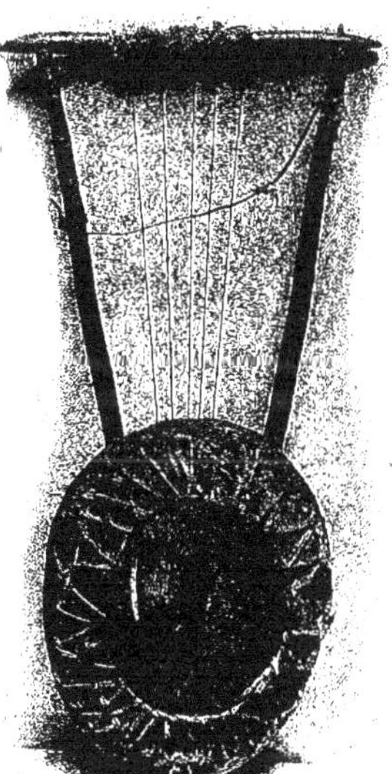
Fig. 133. — Guitare bicharieh.

Actuellement le gros du peuple Bicharieh s'étend dans toute la basse Nubie, entre la grande courbe occidentale du Nil à Berbera et de la mer Rouge à Souakim.

Le point qu'ils considèrent pourtant comme leur véritable patrie est le pays montagneux de l'Etbaye, au centre de la région que je viens d'indiquer. Là ils vivent à l'état de semi-nomades au nombre de 200.000 environ, et au contact des Ababdeh qui les ont vaincus sous Mehemet-Ali, et, à qui ils payent un tribut de 10 pour 100 de leurs chameaux. Ceux-ci, beaux et robustes, sont la principale richesse des Bicharieh ; ils en possèdent dit-on, 300.000 têtes. L'impôt est payé au cheikh des Ababdeh qui a dû récemment, lui et ses tribus, servir

[1] *Bull. Soc. d'anthr. de Paris*, 1882, p. 602, et notes inédites.
[2] *La Nature*, 1877, p. 198, et 1879, p. 192.
[3] *Bull. Soc. d'anthr. de Paris*, 1880, p. 594.
[4] *Zeitschrift für Ethnologie, etc.*, t. V., 1879, p. 388.
[5] *Bull. Soc. d'anthr. de Paris*, 1880, p. 655.

comme auxiliaires dans l'armée anglo-égyptienne, lors de la reprise du Soudan. A ce moment tous les chameaux des Bicharieh ont été réquisitionnés, Dieu sait à quelles conditions !

En dehors de leurs montagnes où ils construisent des cabanes plus ou moins confortables, les Bicharieh habitent de misérables huttes en nattes de jonc et en torchis. Maint touriste ayant visité l'Egypte a pu les voir dans le camp qu'ils occupent en dehors d'Assouan, où ils viennent vendre leur provision de charbon de bois préparé dans l'Etbaye. Mais ces familles, quoique belles, sont trop pauvres, trop déshéritées pour

Fig. 134. — Famille Bicharieh Aliab campée a Assouan.

donner une idée de ce que fut jadis cette race. Leurs mœurs actuelles sont des plus primitives. La plupart de leurs ustensiles de ménage sont en pierre olaire et rappellent ceux que l'on a découverts dans les tombeaux dits préhistoriques des environs de Thèbes et d'Abydos, associés à des outils en silex.

Ils se drapent, hommes et femmes, avec une suprême élégance, dans une pièce de cotonnade blanche qui prend vite la teinte grisâtre du désert. La chaussure leur est inconnue. Mais ce qui donne aux Bicharieh une note originale et qui fait qu'on ne saurait les oublier, c'est leur coiffure. Leurs armes sont : une lance en fer, souvent très ornée ; un bouclier, généralement fait d'une carapace de la grande tortue du Nil ou de peau de buffle ; un sabre et un poignard qu'ils portent au bras gauche. Leurs instruments de musique se réduisent à une monotone guitare, *rhebab*, à cinq cordes, dont la caisse est une calebasse recouverte d'un morceau de peau non tannée, et à un tambourin ou petit tambour fait d'un morceau de bois creusé et recouvert de peau.

Depuis qu'ils vivent au contact des Egyptiens et des Arabes, ils en ont pris les usages et la religion; toutefois, celle-ci est mêlée de croyances chrétiennes et de pratiques bien antérieures à l'islam. Ils respectent les serpents et les perdrix. Enfin ils sont d'une grande frugalité.

La langue des Bedjah la plus usuelle est certainement l'arabe. Cependant les dialectes primitifs de la race subsistent encore, du moins à l'état d'idiomes locaux, surtout dans les régions voisines de l'Éthiopie. Almquist, qui a rédigé une grammaire des langues bedjah, en a reconnu quatre dialectes principaux, sans compter les patois des chasseurs. L'idiome des Bicharieh, des Hadendoah et d'une partie des Beni-Amer est le *bedaouié* ou *bedjavi*, qui n'a rien d'arabe malgré son nom, mais qui se rapproche des langues sémitiques.

Les individus que j'ai étudiés à Assouan appartiennent aux deux sous-tribus des Aliab (soixante-six sujets) et des Hamrah (vingt-cinq sujets). Ils étaient récemment arrivés de l'Etbaye.

MORPHOLOGIE ANTHROPOMÉTRIQUE

Au point de vue physique, le Bicharieh est remarquable par son type fin, nerveux, distingué. Il frappe par la beauté de son visage et la petitesse de ses extrémités. Les jeunes garçons ont les traits si fins, si doux, qu'on les confond avec les jeunes filles. Très bien proportionnés dans leur maigreur, ils sont d'une adresse surprenante et d'une endurance peu commune. Montés sur leurs chameaux, ils peuvent fournir sans fatigue les courses les plus longues. Grâce à la rude vie de ces hommes, la vieillesse les atteint de bonne heure et vient flétrir leurs traits réguliers, un peu anguleux.

Fig. 135. — Bicharieh Aliab.

La peau, toujours saine, est comme tendue sur les joues maigres. Les lèvres en s'entr'ouvrant laissent voir des dents magnifiques, qui sont, d'ailleurs, une de leurs coquetteries. La couleur de la peau, très différente de celle des Nigritiens, n'a pas de reflets noirâtres, si ce n'est chez les individus métissés; elle est plutôt rouge cuivre ou chocolat clair, comme celle des Indiens du Nouveau Monde. La couleur des femmes diffère peu de celle des paysannes des Calabres et de la Sicile.

Les cheveux et les yeux. — Naturellement dotés d'une épaisse chevelure, ils la frisent de manière à en faire une toison haute et crépue. Séparée sur le

Mise en série de l'indice céphalique des Bicharieh

INDICES	D'ASSOUAN (71 ♂ et 13 ♀)	DE LOUQSOR (7 ♂)	TOTAUX
68	1	»	1
69	1	»	1
70	1	»	1
71	»	»	»
72	5	»	5
73	1	1	2
74	4	»	4
75	6	»	6
76	2	2	4
77	15	»	15
78	9	1	10
79	5	1	6
80	6	»	6
81	9	»	9
82	4	1	5
83	3	»	3
84	5	»	5
85	»	1	1
86	2	»	2
87	2	»	2
88	»	»	»
89	1	»	1
90	2	»	2
			91

Mise en série de l'indice bipalpébral des Bicharieh

INDICES	D'ASSOUAN (84 ♂ et ♀)	DE LOUQSOR (7 ♂)	TOTAUX
24	1	»	1
25	2	»	2
26	1	»	1
27	6	»	6
28	5	»	5
29	6	1	7
30	7	1	8
31	7	1	8
32	9	»	9
33	14	2	16
34	10	1	11
35	9	»	9
36	»	1	1
37	1	»	1
38	1	»	1
39	1	»	1
40	2	»	2
41	1	»	1
42	1	»	1
			91

haut de la tête par une raie qui passe un peu au-dessus des oreilles, une partie de la toison se dresse droite et ferme, tandis que l'autre partie descend en tire-bouchons jusque sur le cou et les oreilles, les protégeant ainsi des ardeurs du soleil brûlant du désert, car le Bicharieh va toujours tête nue. Il a soin d'enduire ses cheveux de graisse ou de beurre. Chez les femmes, la chevelure est divisée en une infinité de petites nattes ornées de coquillages et de perles. Hommes et femmes se percent le lobe des oreilles pour y introduire des anneaux d'argent quelquefois assez gros et lourds.

L'œil, toujours noir ou brun, est étincelant. Mi-clos devant la lumière aveuglante, il donne souvent à la physionomie quelque chose de cruel. On les accuse d'ailleurs de cruauté. Ils

Fig. 136. — Bicharieh Aliab.

passent pour être sans pitié, avares, gais, loquaces et curieux. L'indice interoculaire est de 32,26.

Le nez, la face, les oreilles et la bouche. — Le nez est droit chez les Bicharieh et s'avance en forte saillie. Ils sont cependant mésorhiniens : l'indice nasal est de 75,50 pour l'ensemble des individus que j'ai mesurés (74,46 pour les cinquante-trois hommes et 76,08 pour les treize femmes de la même tribu). Chez les vingt-cinq Hamrah visiblement métissés de Soudanais, cette mésorhinie passe à la platyrhinie, car on voit cet indice monter chez eux à 83,70. On doit remarquer que des femmes de la tribu des Dinkas, chez lesquels les Bicharieh du Sud prennent fort souvent leurs épouses, sont d'une platyrhinie qui dépasse grandement l'indice de 94.

Le tableau ci-dessous montre les proportions dans lesquelles se trouvent les différents indices que j'ai constatés pour le nez. On voit que trente-sept sujets ont des indices supérieurs à 80, tandis que vingt-six en présentent d'inférieurs à 70.

Mise en série de l'indice facial des Bicharieh

INDICES	D'ASSOUAN (71 ♂ et 13 ♀)	DE LOUQSOR (7 ♂)	TOTAUX
89	2	»	2
90	»	»	»
91	1	»	1
92	2	»	2
93	1	»	1
94	3	»	3
95	4	»	4
96	6	»	6
97	»	»	»
98	1	»	1
99	1	»	1
100	8	1	9
101	5	1	6
102	2	1	3
103	5	»	5
104	4	2	6
105	5	»	5
106	7	»	7
107	»	»	»
108	4	»	4
109	5	2	7
110	3	»	3
111	3	»	3
112	2	»	2
113	1	»	1
114	1	»	1
115	1	»	1
116	1	»	1
117	1	»	1
118	1	»	1
119	1	»	1
120	1	»	1
121	1	»	1
122	1	»	1
			91

Mise en série de l'indice nasal des Bicharieh

INDICES	D'ASSOUAN (71 ♂ et 13 ♀)	DE LOUQSOR (7 ♂)	TOTAUX
52	1	»	1
58	1	1	2
60	1	»	1
61	2	»	2
62	1	»	1
63	1	1	2
64	3	»	3
65	1	»	1
66	4	»	4
67	2	»	2
68	6	»	6
69	1	»	1
70	3	2	5
72	2	»	2
73	3	»	3
74	2	»	2
75	1	»	1
76	2	»	2
77	5	»	5
78	4	»	4
79	3	1	4
80	6	»	6
81	3	»	3
82	2	»	2
83	3	»	3
84	2	»	2
85	3	1	4
86	4	»	4
87	»	1	1
88	4	»	4
90	4	»	4
92	2	»	2
94	1	»	1
97	1	»	1
			91

La tête et ses dimensions. — Le Bicharieh est sous-dolichocéphale ; l'indice céphalique moyen des quatre-vingt-onze sujets que j'ai mesurés est de 79. Il est de 79 pour soixante-dix-huit hommes Aliab et de 80,22 pour les treize femmes de la même tribu.

On doit remarquer que, chez les Aliab, la dolichocéphalie est plus grande que chez les Hamrah : l'indice des premiers est de 78,14, tandis que celui des seconds est de 80,33.

Fig. 137. — Femme Bicharieh Hamrah.

Cette tendance à la brachycéphalie que l'on a constatée déjà chez les femmes Aliab est due, bien certainement, à des alliances de plus en plus fréquentes avec des femmes soudanaises, principalement de la tribu des Dinka du Nil Bleu chez laquelle j'ai trouvé des indices de 80,64 et même 83,37. On sait que plusieurs groupes de Soudanais nilotiques, tels que les Niam-Niam (ind. céph. 77,71) et les Nouba (ind. céph. 82,35), sont mésaticéphales.

On doit remarquer encore que les Aliab forment deux groupes distincts, car la moyenne de fréquence se trouve chez eux entre les indices de 77 (douze sujets) et

78 (huit sujets), puis entre ceux de 81 (six sujets) et 82 (cinq sujets). La mise en série de cet indice céphalique montre pour l'ensemble des Bicharieh que trente-trois sujets, dont treize Hamrah, présentent des indices supérieurs à 80, tandis que quatorze sujets, dont trois Hamrah et onze Aliab seulement, le sont inférieurs à 75.

La courbe antéro-postérieure est souvent surélevée jusqu'au vertex, l'indice de hauteur ou transverso-vertical (auriculo-bregmatique) est pour les quatre-vingt-onze sujets de 81,12. Chez les Dinka, ce même indice est de 85,50 pour seize sujets.

Mise en série de la grande envergure des Bicharieh

GRANDE ENVERGURE	BICHARIEH DE LOUQSOR (7 ♂)	BICHARIEH D'ASSOUAN (71 ♂)	TOTAUX
148	»	1	1
155	»	2	2
156	1	»	1
157	»	1	1
158	»	2	2
160	»	2	2
162	1	4	5
163	1	3	4
164	»	1	1
165	2	8	10
166	»	2	2
167	»	2	2
168	»	3	3
169	»	3	3
170	1	5	6
171	»	4	4
172	1	3	4
173	»	3	3
174	»	4	4
175	»	4	4
176	»	8	8
179	»	»	»
180	»	3	3
181	»	2	2
182	»	1	1
			78

Mise en série de la taille debout des Bicharieh

TAILLE DEBOUT	BICHARIEH DE LOUQSOR (7 ♂)	BICHARIEH D'ASSOUAN (71 ♂)	BICHARIEH D'ASSOUAN (5 ♀)	TOTAUX
148	»	»	1	1
150	»	2	2	4
155	»	4	»	4
157	»	1	»	1
158	1	2	1	4
159	»	1	»	1
160	1	6	1	8
161	»	4	»	4
162	»	2	»	2
163	1	2	»	3
164	»	5	»	5
165	3	11	»	14
166	»	2	»	2
167	»	1	»	1
168	»	4	»	4
169	»	2	»	2
170	»	5	»	5
171	»	2	»	2
172	»	3	»	3
173	»	2	»	2
174	»	4	»	4
175	1	2	»	3
176	»	2	»	2
177	»	2	»	2
				83

La face des Bicharieh est le plus souvent droite, beaucoup cependant présentent un certain prognathisme. Ce caractère négroïde se rencontre surtout chez les Hamrah. Ils ont les pommettes parfois saillantes, quoique, d'une façon générale, la face puisse être qualifiée d'allongée. L'indice facial de cette population est de 104,12. On doit remarquer, toutefois, que chez les femmes Aliab il monte à 112,96, tandis que chez les hommes de cette tribu il n'est que de 102,41. La mise en série de cet indice montre, d'autre part, que trente-neuf sujets ont des indices supérieurs à 108, tandis que l'on n'en trouve que vingt et un dont l'indice soit inférieur à 104.

La taille et la grande envergure. — La taille des Bicharieh est peu élevée. La moyenne est pourtant de 1^{m}64. Chez les femmes, elle n'est que de 1^{m}50. La mise en

Fig. 138. — Bicharieh Aliab.

série montre que vingt-trois sujets seulement dépassent la taille de $1^{m}70$, tandis que quinze n'arrivent pas à $1^{m}60$.

La moyenne de la grande envergure est de 169 centimètres, mais on trouve quarante sujets chez qui elle dépasse 170 centimètres. On en voit, au contraire, vingt chez qui elle n'atteint pas 164 centimètres. Elle est donc supérieure à la taille chez cinquante-six sujets, tandis qu'elle lui est inférieure chez quatorze et égale chez neuf, comme le montre la mise en série ci-dessus.

Fig. 139. — Bicharieh

Fig. 140. — Jeune fille Bicharieh

Les observations ethnographiques et anthropométriques que j'ai recueillies aux environs de Louqsor et d'Assouan concordent en général avec celles de mes savants prédécesseurs. Toutefois, il existe entre les indices moyens de nos diverses séries quelques écarts qu'il importe d'expliquer.

Et, en effet, il serait difficile de comprendre l'écart de près de trois unités que l'on constate entre l'indice céphalique moyen (longueur-largeur) qui est de 76,68 dans la série de M. Bordier[1], tandis que j'ai trouvé celui de 79 dans la mienne, si l'on ne discute pas l'ethnogénie des tribus qui les composent.

La comparaison seule des indices individuels des sujets étudiés par M. Bordier montre d'abord que les plus dolichocéphales (73 à 74) appartiennent à la tribu des Allenka de la région de Souakim et de Kassala, laquelle est manifestement mêlée d'Ababdeh et d'Arabes, tandis que certains Hadendoah qui sont plus ou moins métissés de Soudanais sont, comme les Hamrah, mésaticéphales.

[1] Les observations de M. le Dr Bordier, les plus complètes que l'on possède des Bedjah venus en Europe, sont restées inédites, et c'est grâce à la communication obligeante qu'il a bien voulu me faire de ces notes que je puis donner ces chiffres.

ABABDEH

ETHNOGÉNIE ET ETHNOGRAPHIE

La famille des Ababdeh, qui a jadis vaincu les Bicharieh, a vu grandir encore son importance depuis que le gouvernement lui a accordé sa protection, dans le but bien défini de réduire à l'impuissance les Bicharieh, dont l'indépendance indomptable était gênante. Ils vivent au nombre de 40.000 environ, disséminés soit en Nubie, soit dans le désert entre le Nil au sud de Keneh et la mer Rouge près de Kosséir, où ils cèdent la place aux Bédouins Ma'azeh.

Les Ababdeh diffèrent des Bicharieh, tant sous le rapport du type que sous celui des usages. Installés assez souvent dans des villages occupés jadis par ces derniers, ils sont devenus sédentaires. Par suite de leurs alliances avec des femmes barabra et surtout soudanaises, leur type a perdu une partie de son caractère bedjah. Grâce à leur vie plus calme au contact des Egyptiens, leur teint s'est éclairci; ils ont abandonné l'usage de la longue et typique chevelure. Ils ont pris généralement le costume des gens de la vallée du Nil, à l'exemple de leur grand cheikh Bechir-bey qui possède d'immenses propriétés dans les régions de Keneh et d'Edfou. Comme les autres Bedjah, les Ababdeh possèdent surtout des chameaux. Leurs armes sont aussi les mêmes que celles des Bicharieh. Les principales tribus sont celles des Achabab, des Fougara, des Houboudie, des Aouater, des Melekah, des Kavoadi, etc.

MORPHOLOGIE ANTHROPOMÉTRIQUE

Durant mes divers séjours dans la haute Egypte, j'ai mesuré, soit à Assouan, soit à Louqsor, quatre-vingt-un Ababdeh de la tribu des Hachabab, tous du sexe masculin et adultes.

Les cheveux et les yeux. — Les cheveux, généralement rasés ainsi que la barbe, sont brun foncé ou noir. Les yeux, de couleur également brune, sont le plus souvent noir et quelquefois marron foncé.

Ils sont presque toujours surmontés de sourcils épais et bruns. Leur écartement est plus grand que chez les Bicharieh et chez les Bédouins. L'indice bipalpébral est de 31,95 pour l'ensemble. La moyenne du diamètre bipalpébral externe est de 94 millimètres dans les deux groupes d'Assouan et de Louqsor. Il en est de même pour le diamètre bipalpébral interne, qui est de 31 millimètres.

La mise en série ci-jointe montre que si, sur un certain nombre de sujets, trente présentent des indices inférieurs à 32, il s'en trouve vingt-six dépassant ce chiffre, voisin de la moyenne.

Mise en série de l'indice bipalpébral des Ababdeh.

INDICES	DE LOUQSOR (63 ♂)	D'ASSOUAN (18 ♂)	TOTAUX	INDICES	DE LOUQSOR (63 ♂)	D'ASSOUAN (18 ♂)	TOTAUX
—	—	—	—	—	—	—	—
						Report . .	43
27	3	1	4	33	6	5	11
28	8	»	8	34	7	3	10
29	4	1	5	35	4	»	4
30	7	1	8	36	4	1	5
31	9	1	10	37	3	1	4
32	5	3	8	38	3	1	4
		A reporter . .	43			TOTAL. . .	81

Le nez, la face, les oreilles et la bouche. — Le nez est plus large chez les Ababdeh que chez les Bicharieh. Son indice est de 82,22. La mise en série de cet indice indique une mésorhinie qui, chez quarante-neuf sujets, touche à la platyrhinie. Mais trente-trois sont vraiment mésorhiniens. La moyenne de hauteur ou longueur du nez est de 44 millimètres, et celle de largeur est de 36 millimètres.

La face est plutôt large qu'étroite. Son indice moyen ophrio-mentonnier est de 103,15. La mise en série ci-dessous fait voir que quarante-trois sujets ont la face courte, avec des indices supérieurs à 103; tandis que chez dix-huit sujets cet indice est inférieur à 100.

Mise en série de l'indice facial des Ababdeh

INDICE FACIAL	ABABDEH DE LOUQSOR (63 ♂)	ABABDEH D'ASSOUAN (18 ♂)	TOTAUX
—	—	—	—
93	4	»	4
95	7	2	9
98	1	2	3
99	1	1	2
100	4	1	5
101	7	1	8
102	1	»	1
103	5	1	6
104	1	2	3
105	5	2	7
106	6	1	7
107	6	1	7
108	5	3	8
109	1	1	2
110	2	»	2
111	3	»	3
112	»	»	»
113	2	»	2
114	1	»	1
116	1	»	1
			81

Mise en série de l'indice nasal des Ababdeh

INDICE NASAL	ABABDEH DE LOUQSOR (63 ♂)	ABABDEH D'ASSOUAN (18 ♂)	TOTAUX
—	—	—	—
66	1	2	3
68	1	»	1
70	2	1	3
74	1	1	2
75	1	2	3
76	5	»	5
77	2	1	3
78	»	1	1
79	6	1	7
80	3	2	5
82	6	5	11
83	5	»	5
84	3	1	4
85	4	»	4
86	4	»	4
90	6	»	6
91	2	»	2
92	3	»	3
94	5	1	6
107	3	»	3
			81

La moyenne du diamètre bizygomatique est de 131 millimètres pour l'ensemble (132 millimètres pour soixante-trois ♂ de Louqsor et 121 millimètres pour dix-huit ♂

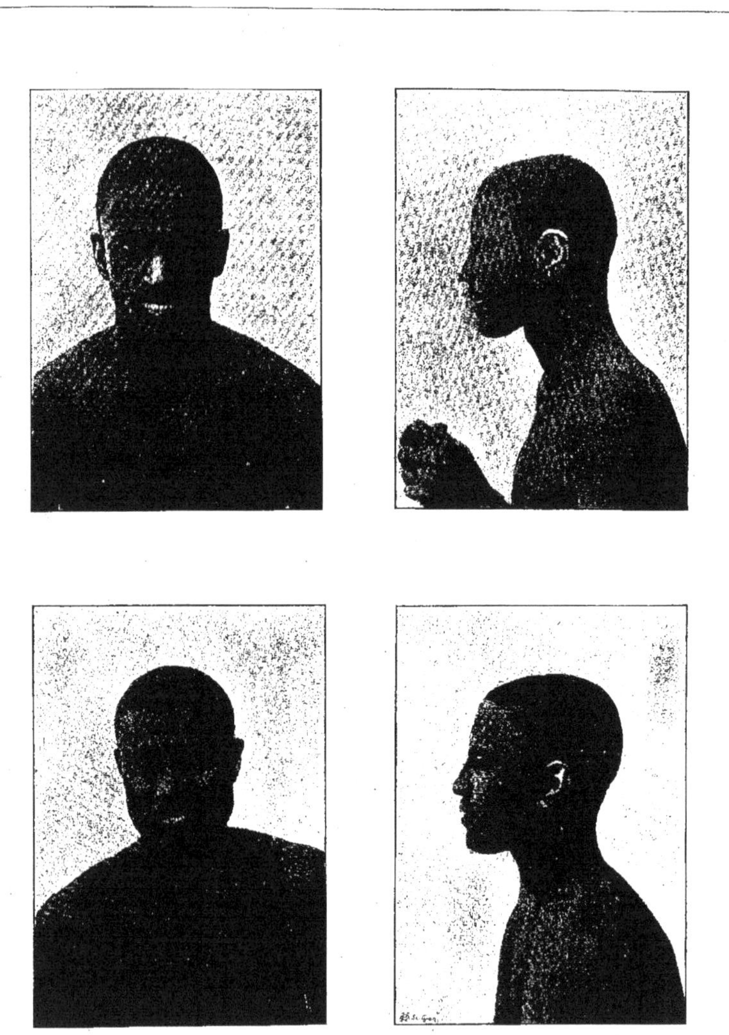

Fig. 141. — ABABDEH D'ASSOUAN.

d'Assouan). La moyenne du diamètre ophrio-mentonnier est de 121 millimètres pour l'ensemble.

La taille et la grande envergure. — La taille est généralement plus élevée chez les Ababdeh que chez les Bicharieh. La moyenne est de $1^{m}66$. La mise en série de cette mesure montre que trente individus ont une taille supérieure à $1^{m}70$ et que vingt-deux restent en dessous de $1^{m}64$.

La grande envergure présente, à peu de chose près, les mêmes particularités que la taille. La moyenne en est de 174. Si l'on compare cette mesure à celle de la taille, on verra qu'elle est presque toujours supérieure à celle-ci comme le montre la mise en série ci-dessous.

La tête et ses dimensions. — Les Ababdeh sont plus dolichocéphales que les Bicharieh. La moyenne du diamètre antéro-postérieur est de 189 millimètres pour les deux groupes ; ceux-ci ne diffèrent que de deux unités. La moyenne du diamètre transverse est de 141 millimètres, et celle du diamètre auriculo-bregmatique est de 121 millimètres. L'indice céphalique moyen de hauteur-longueur est de 64,02. Celui de hauteur-largeur de 85,80 et celui de longueur-largeur de 74,60.

Mise en série de la taille debout des Ababdeh

TAILLE DEBOUT	ABABDEH DE LOUQSOR (63 ♂)	ABABDEH D'ASSOUAN (18 ♂)	TOTAUX
156	3	»	3
157	2	»	2
158	3	»	3
159	»	1	1
160	3	1	4
161	1	1	2
162	1	2	3
163	4	»	4
164	4	»	4
165	6	2	8
166	3	1	4
167	»	2	2
168	6	1	7
169	4	»	4
170	8	»	8
171	4	2	0
173	2	1	3
174	2	1	3
175	5	»	5
176	1	2	3
177	»	1	1
184	1	»	1
			81

Mise en série de la grande envergure des Ababdeh

GRANDE ENVERGURE	ABABDEH DE LOUQSOR (63 ♂)	ABABDEH D'ASSOUAN (18 ♂)	TOTAUX
162	3	1	4
164	3	»	3
165	2	1	3
166	2	2	4
167	4	»	4
169	1	»	1
171	4	3	7
172	5	»	5
173	1	2	3
174	2	2	4
175	6	»	6
176	8	2	10
177	1	1	2
178	4	»	4
179	3	»	3
180	4	»	4
181	2	1	3
182	1	2	3
183	»	1	1
184	3	»	3
186	3	»	3
190	1	»	1
			81

Les indices céphaliques des Ababdeh forment deux groupes distincts : l'un, le plus considérable (trente-sept sujets), ne présente que des indices inférieurs à 76, tandis que l'autre (vingt-six) sujets) est composé d'indices dépassant tous celui de 77.

Le premier est plus particulièrement composé de gens de Louqsor, tandis que dans l'autre ce sont les gens d'Assouan qui dominent.

La mise en série ci-dessous montre, d'autre part, qu'un seul sujet est brachycéphale, cinquante-six sont dolichocéphales et douze mésaticéphales.

La courbe antéro-postérieure est régulière et la voûte est généralement surélevée, l'indice transverso-vertical (auriculo-bregmatique) des cinq autres sujets est de 85,5. Cet indice se groupe à peu près de la même manière que celui de longueur et largeur. Il peut déterminer deux séries : l'une se compose de trente-deux sujets avec l'indice 83,50 et l'autre de dix-huit sujets avec celui de 86,01.

Mise en série de l'indice céphalique des Ababdeh.

INDICE CÉPHALIQUE	D'ASSOUAN 18 ♂	DE LOUQSOR 63 ♂	TOTAUX	INDICE CÉPHALIQUE	D'ASSOUAN 18 ♂	DE LOUQSOR 63 ♂	TOTAUX
						Report.	47
67	»	1	1	76	1	7	8
68	»	3	3	77	4	9	13
69	»	1	1	78	2	6	8
70	3	3	6	79	»	»	»
71	»	3	3	80	1	»	1
72	1	7	8	81	»	2	2
73	2	13	15	82	»	1	1
74	3	3	7	86	1	»	1
75	»	4	3				
		A reporter.	47			TOTAL.	81

De l'étude morphologique de ces quatre-vingt-un Ababdeh il ressort qu'ils forment, ainsi que les Bicharieh, mais à un plus haut degré, deux groupes distincts : l'un est franchement éthiopien, l'autre est métissé de nègre.

Fig. 142. Ababdeh d'Assouan.

Bien que l'on ait voulu confondre en une seule et même race les familles Ababdeh et Bicharieh, l'étude de leurs caractères morphologiques, aussi bien que celle de leurs caractères ethnographiques, montre qu'elles forment deux familles bien différentes.

Par les chiffres que j'ai donnés plus haut, on a pu constater que les Bicharieh sont moins dolichocéphales et moins hypsicéphales que les Ababdeh. Chez les premiers, on remarque aussi une mésorhinie plus élevée, surtout chez la tribu des Hamrah. La fréquence des cheveux laineux et des lèvres lippues, associée à ce dernier caractère, semble prouver qu'une partie de cette population a des tendances à se mêler plus avec les Soudanais — et les Barabra eux-mêmes fortement métissés de nègres — qu'avec les Arabes avec lesquels on a proposé de les ranger. Cette étude montre enfin que ces deux familles doivent être divisées chacune en deux groupes différents. L'un présente les caractères vraiment éthiopiens, tels que M. Verneau les a récemment définis; l'autre, sans doute métissé de Soudanais, est plutôt négroïde.

BARABRA

ETHNOGÉNIE ET ETHNOGRAPHIE

Les Barabra sont appelés quelquefois *Kenous* (au singulier Kenousi), du nom de l'une de leurs principales tribus. Comme leur nom semble l'indiquer, ils doivent se rattacher aux Berbères, ainsi que d'autres populations que l'on rencontre entre la mer Rouge et l'océan Atlantique, et qui diffèrent complètement des nègres ou des Arabes.

Fig. 143. — Barabra traversant le Nil sur un tronc de palmier

D'après Quatremère[1], les auteurs grecs et latins et, après eux, les géographes arabes du Khalifat ont parlé, en effet, des Berbères comme habitant tout le pays compris entre le Somal, les bords ouest de la mer Rouge et le Nil. On sait, depuis, que les Peuls du Soudan occidental appartiennent également à ce groupe. On a prétendu que ce nom de Berbère provenait de l'épithète de Barbara que les Romains appliquaient, à l'exemple des Grecs, à la plupart des peuples étrangers qui parlaient d'autres langues que celles de Rome ou d'Athènes. Il est à remarquer cependant que cette ethnique, qui a persisté jusqu'à nos jours en Nubie, y était connue avant les Grecs et les Romains. Une inscription du grand roi Ramsès II, à Karnak, cite, parmi les peuples du Sud vaincus par le Pharaon, des *Beraberata* qui ne peuvent être que les Barabra. Cette inscription remonte aux environs de 1400 avant l'ère chrétienne[2].

[1] *Mémoires historiques et géographiques sur l'Egypte*, in-8°, Paris, 1811, t. II, p. 116.
[2] *Brugsch Reiselericht aus Egypten*, p. 127 et 155.

Cette population barabra peut s'élever actuellement à environ 300.000 individus. On en connaît, pour l'Egypte seulement, près de 180.000, dont 50.000 habitent la Basse-Nubie, et 80.000 répartis au Caire, et à Alexandrie, ainsi que dans quelques autres centres populeux.

Les Barabra se divisent en plusieurs tribus, dont les principales sont les suivantes[1] :

1° Les Kenous, s'étendant de Keneh à Korosko, nombreux dans la région d'Assouan et de Chellal;

2° Les Motokieh habitant quelques pauvres villages, entre Chellal et Korosko;

3° Les Featitcheh disséminés entre Korosko et Ouadi-Halfa;

4° Les Mahas, cultivateurs, répandus de Ouadi-Halfa à Dongola;

5° Les Danagolah ou Danaglah qui constituent des groupes, de quelque importance, à Dongola et dans les contrées environnantes, au sud.

Fig. 144 — Barabra d'Assouan.

Les Barabra que j'ai étudiés, au nombre de quatre-vingt-neuf, dont vingt-cinq femmes appartiennent, pour la plupart, à la grande tribu des Kenous. Ils sont presque tous natifs d'Assouan, de Kalapche, de Chellal ou des îles d'Eléphantine et de Bigheh.

Dans leurs pays, ils sont de bons agriculteurs et ont des troupeaux comme les Fellahins dont ils n'ont cependant pas les beaux pâturages. Comme eux, ils cultivent le dourah et d'autres céréales; ils arrosent aussi leurs maigres champs au moyen de la chadouf et de la sakieh. Mais la pauvreté de leur sol, resserré généralement entre le désert et le fleuve, les force à émigrer en masse vers le nord. La plupart des jeunes gens quittent leurs villages dès qu'ils sont capables de gagner leur vie ; ils restent cependant en relation constante avec leur famille, grâce aux allants et venants. Les femmes n'émigrent jamais, de sorte que leur présence, en grand nombre, dans les villages, a fait dire qu'il naissait, parmi eux, plus de filles que de garçons.

Presque tous les bateliers et les pêcheurs du Nil sont des Barabra et, dans les grandes villes, ils sont employés — sous le nom de Barbarins — comme portiers, valets d'écurie, coureurs ou *saïs*, cochers, cuisiniers et domestiques de toutes sortes.

L'esprit de solidarité est tellement développé chez eux que le nouvel émigré, où qu'il porte ses pas, est certain de trouver du travail, aide et assistance partout où il rencontre un compatriote.

Dès qu'ils ont amassé un peu d'argent, ils rentrent au pays, au village natal, dont

[1] Renseignement verbal du cheikh des Barabra, bateliers à Chellal, février 1898.

ils ont la nostalgie, et où ils n'ont d'autre ambition que d'y devenir propriétaires et de s'y marier. Au Caire et à Alexandrie, ils sont organisés en cinq corporations, ayant chacune à leur tête un cheikh; celui-ci perçoit des taxes sur chacun d'eux et offre une certaine garantie pour les gens qu'il recommande. Si un vol est commis, la somme est prélevée par le cheikh sur ses administrés. Les individus fautifs ou même suspects sont bannis de la corporation.

Le Barabra est inférieur au Fellah pour l'énergie et le travail. Il est aussi moins fort et moins endurant. Comme lui, il est musulman et polygame, mais plus fanatique et superstitieux, ainsi que le montrent les innombrables amulettes qu'il porte suspendues au cou et aux bras. Pourtant, il est supérieur à l'Egyptien par son sentiment de dignité, par

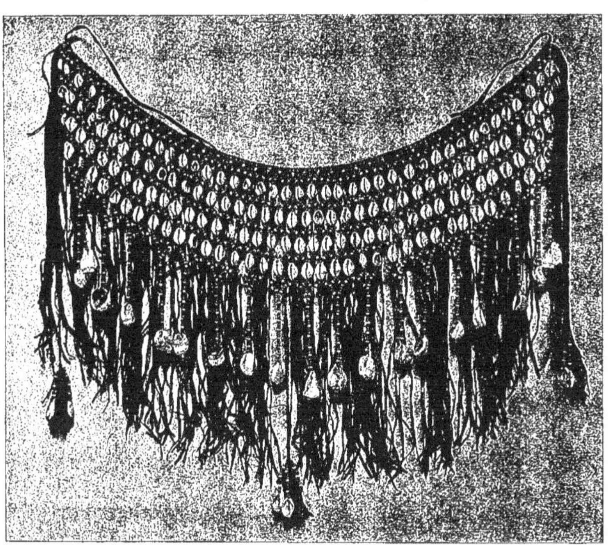

Fig. 145. — Rabad de jeune Barabra de Wadi-Halfa.

sa propreté, son exactitude, son esprit conciliant et son honnêteté. Il ne faut pourtant pas lui demander, plus qu'à son voisin, l'attachement véritable, la fidélité et la gratitude, sauf exceptions, bien entendu.

Les Barabra de la région de Dongola émigrent moins que les autres vers le nord; ils vivent surtout dans la Nubie méridionale et dans les îles du fleuve. Ils se distinguent des précédents par leur préférence pour le commerce; ils sont entraînés plus volontiers vers le Soudan à Karthoum, dans le Kordofan et le Darfour où ils forment des colonies nombreuses et se louent comme mercenaires à des négociants arabes. Ce sont eux qui ont fait jadis tant de razzias de captifs pour les marchands d'esclaves. De là, les Barabra du Sud ont perdu, en partie, leur type primitif au contact des Soudanais et des Baggara, dont ils ont pris nombre d'usages, et avec lesquels ils contractent des unions. Du reste, la plupart des Barabra épousent indistinctement des femmes de leur race ou des Soudanaises. Ce fait explique comment on rencontre dans ces familles tant d'individus au type négroïde.

Le costume ordinaire des Barabra des deux sexes se compose d'une tunique blanche ou d'autre couleur sur laquelle s'ajoute la longue robe de cotonnade bleue ou blanche. Les hommes se coiffent de la calotte de feutre ou d'un léger turban. Le port des armes est défendu, mais il est peu d'hommes qui n'aient au bras gauche, retenu par une tresse de cuir, un poignard généralement court, caché dans la manche de sa robe. La coiffure des femmes est encore celle que l'on voit représentée sur certains monuments égyptiens. Mais le plus grand nombre divisent leurs cheveux en toutes petites tresses, qu'elles graissent fortement et réunissent par des ornements divers : coquilles, perles ou sequins. Elles portent presque toutes — surtout quand elles sont jeunes — dans la narine droite, un anneau de cuivre ou d'argent qui atteint parfois une assez grande dimension. Elles se percent aussi le lobe inférieur des oreilles, et souvent le lobe supérieur pour y placer un petit bâtonnet qui sera plus tard remplacé par des bijoux en métal. Comme les Bicharieh, les hommes se percent aussi les oreilles pour y introduire des anneaux d'argent. Les femmes ne se voilent généralement pas. Les enfants vont nus jusqu'à l'âge de puberté. Dans la Nubie moyenne et méridionale, les jeunes filles portent en guise de tunique le *rabad* ou ceinture de franges faite en lanières de peau de gazelle et ornée de verroteries ou de coquillages. En outre des cicatrices dont ils s'ornent le visage, les Barabra, comme les Bicharieh, les Soudanais et les Arabes, se tatouent par piqûres. Le front, les joues, les lèvres sont spécialement décorés. Toutes les femmes ont ainsi les lèvres bleues! Les cicatrices consistent en lignes obliques tracées sur les joues. Ils emploient, au reste, fréquemment le fer rouge comme remède à la plupart de leurs maux. Quelquefois, pour accélérer ou assurer la guérison d'une plaie, par exemple, on brûle la partie malade avec de l'huile bouillante.

La maison du Barabra, comme celle de tout Egyptien, est faite avec la boue du fleuve et recouverte de paille de dourah et de feuilles de palmier : fragile et immuable demeure des riverains du Nil.

Leur nourriture consiste surtout en galettes de farine de dourah ; en lentilles, dattes et laitage. Ils ne mangent de la viande que très exceptionnellement. En dehors de l'eau du Nil, la seule boisson que leur offre la région, ils consomment volontiers du *nebite*, sorte de vin de datte. ou de la bière de dourah. Ces boissons douçâtres acquièrent — par la fermentation — un certain degré alcoolique, et ne sont pas désagréables au palais européen.

MORPHOLOGIE ANTHROPOMÉTRIQUE

La physionomie des Barabra diffère complètement de celle des Bicharieh et des Ababdeh. La nuance de leur peau est plus foncée que chez ces derniers. On l'a décrite comme tenant le milieu entre le noir d'ébène des gens du Sénaar et le teint des Egyptiens du Saïd, ou bien encore comme variant du bronze florentin au noir presque bleu. On l'a comparée aussi à la nuance de l'acajou poli. En réalité, elle est d'un marron chocolat ou cannelle plus

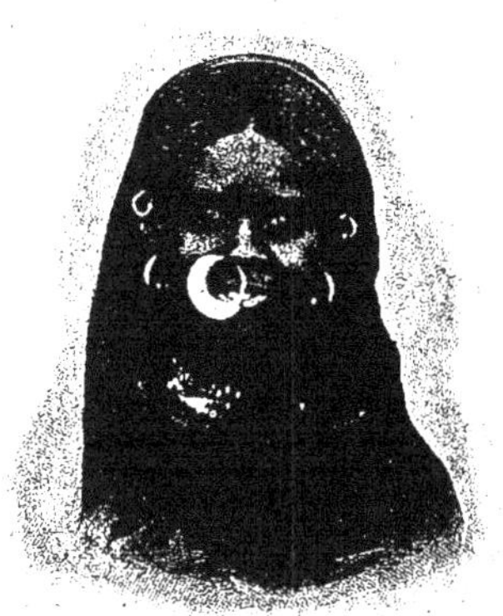

Fig. 146. — BARABRA KÉNOUS DE L'ÎLE DE BIGHEH.

ou moins foncé variant du numéro 28 au numéro 42 du tableau chromatique de Broca.

Le reflet rougeâtre que présente leur peau les a fait classer à côté des Peuls et de quelques autres peuples tels que les El-Akmar (rouge) du Sénaar décrits par Cailliaud [1] et les Danakils des rives de la mer Rouge signalés d'abord par Rochet d'Héricourt, et d'autres encore qui se trouvent entre la mer Rouge et le Sénégal. C'est d'après ces considérations que Topinard a établi son type rouge africain représenté par les Peuls ou Foulbé et les Barabra [2]. Les anciens Egyptiens n'ignoraient pas l'existence d'individus rouges au centre de l'Afrique; des personnages négritiques à la coloration rougeâtre sont figurés sur les monuments de Thèbes de la XVIIIe dynastie.

La tête des Barabra est allongée et légèrement couchée en arrière. Leur nez est quelquefois négroïde ou aplati au bout et large des ailes. Cependant leurs traits ont une certaine régularité, et l'on rencontre parmi eux des individus dont le type est d'une réelle beauté. Bien proportionnés, ils ont la poitrine large, mais les membres sont plutôt grêles. Ils sont loin de présenter cette prestance élégante et vigoureuse des Bicharieh rehaussée encore par de belles draperies, ni l'air martial des Ababdeh, que l'on ne peut oublier quand on a eu l'occasion d'en rencontrer.

Les cheveux et les yeux. — Tous sans exception, ont les cheveux foncés, très fortement frisés sans être crépus ou laineux comme ceux des nègres. La barbe, également toujours noire, est rare chez eux comme chez les nigritiens.

Les yeux noirs ou marron foncé, sont bien fendus, largement ouverts, brillant d'un vif éclat et ombragés de beaux cils. Leur écartement est moins considérable que celui des Bedjah en général. Leur indice bipalpébral est de 31,03, alors que celui des Bicharieh (quatre-vingt-onze sujets) est de 32,26, et celui des Ababdeh (quatre-vingt-un sujets) de 31,95. Ces caractères sont assez homogènes chez nos Barabra. La mise en série de cet indice montre qu'il varie peu chez soixante-trois sujets, tandis que quatre seulement dépassent ce chiffre, et vingt-deux oscillent entre 29,9 et 26. Le diamètre bipalpébral interne est en moyenne de 30 millimètres, et le dia-

Fig. 147. — BARABRA KÉNOUS DE L'ÎLE DE BIGHEH.

[1] *Voyage à Meroé et au fleuve Blanc*, t. II, p. 273.
[2] *L'Anthropologie*, Paris, 1876, p. 512.

MOYENNES DES DIAMÈTRES ET DES INDICES

MESURES		ABABDEH			BARABRA							BICHARIEH			MOYENNE GÉNÉRALE 261 ♂ et ♀
		DE LOUQSOR 63 ♂	D'ASSOUAN 18 ♂	MOYENNE DES ABABDEH 81 ♂	D'ASSOUAN 12 ♂	DE L'ILE D'ÉLÉPHANTINE 11 ♂	DE CHELLAL 35 ♂	DE CHELLAL, KALAPCHÉ, ETC. 12 ♀	DE L'ILE DE BIGHEH 6 ♂	DE L'ILE DE BIGHEH 13 ♀	MOYENNE DES BARABRA 89 ♂ et ♀	D'ASSOUAN ET LOUQSOR 78 ♂	D'ASSOUAN 13 ♀	MOYENNE DES BICHARIEH 91 ♂ et ♀	
Diamètres de la tête	Antéro-post. maximum	189	188	189	188	188	190	189	188	185	188	181	177	181	186
	Transversal maximum	141	143	141	147	144	145	143	137	145	144	143	142	143	143
	Auriculo-bregmatique	121	123	121	117	117	122	121	119	119	120	116	118	116	120
	Indices. Longueur-largeur	74.60	76.06	74.60	78.19	76.59	76.34	75.66	72.87	78.37	76.59	79.00	80.22	79.00	76.88
	Indices. Hauteur-longueur	64.02	65.42	64.02	62.23	62.23	64.21	64.02	63 29	64.32	63.83	64.08	66.66	64.08	64.51
	Indices. Hauteur-longueur	85.81	86.01	85.81	79.59	81.25	84.13	84.61	86.86	82.06	83.33	81.12	83.09	81.12	83.91
Diamètres du front	Frontal maximum	»	»	»	»	»	»	»	»	»	»	»	»	»	»
	Frontal minimum	»	»	»	»	»	»	»	»	»	»	»	»	»	»
	Indice frontal	»	»	»	»	»	»	»	»	»	»	»	»	»	»
Diamètres des yeux	Bipalpébrale externe	94	95	94	97	96	98	96	93	94	96	93	94	93	94
	Bipalpébrale interne	30	31	30	30	30	31	30	30	28	30	30	30	30	30
	Indice bipalpébral	31.95	32.63	31.95	30.93	31.25	31.63	31.25	32 26	29.72	31.05	32.26	31.95	32.26	31.95
Diamètres de la face	Ophrio-mentonnier	128	124	127	130	128	128	123	124	119	126	124	108	121	125
	Bizygomatique	132	128	131	133	130	130	125	124	118	128	127	122	126	128
	Indice facial	103.12	103.22	103.15	102.30	101.56	101.56	101.62	100.00	99.16	101.58	102.41	112.96	104.12	102.40
Diamètres du nez	Longueur	44	45	45	46	46	48	43	44	42	46	46	42	45	45
	Largeur	37	35	37	40	37	38	36	36	36	37	35	31	34	37
	Indice nasal	84.09	77.77	82.22	86.95	80.42	79.17	83.72	81.82	85.71	80.42	76.08	73.81	75.55	82.22
Largeur de la bouche		52	52	52	51	51	54	54	52	52	52	50	50	50	51
Taille debout		166	167	166	170	170	168	160	164	164	164	165	150	164	165
Grande envergure		174	173	174	179	176	175	159	173	173	173	170	152	169	172

mètre bipalpébral externe de 96 millimètres. C'est chez les femmes Kenous de Bigheh que le diamètre bipalpébral interne est le plus étroit, car, sur treize femmes, il s'en trouve sept chez qui ce diamètre n'atteint pas 30 millimètres; chez les hommes, ce chiffre est toujours dépassé.

Le nez, la face, la bouche et les oreilles. — Le nez des Kenous est court, souvent plat et concave. Il est quelquefois un peu négroïde, surtout chez les femmes dont l'indice moyen est de 85,71, tandis que celui des hommes (soixante-quatorze sujets) n'est que de 81,82 bien que quelques sujets présentent des indices dépassant 90, notamment à Bigheh et à Chellal. On ne trouve, d'autre part, que trente-sept sujets atteignant 80. L'indice moyen des quatre-vingt-neuf Kenous est de 80,22. On doit remarquer que cette platyrhinie confinant à la mésorhinie est due plutôt au peu de hauteur du nez dont la moyenne est de 46 millimètres qu'à sa largeur moyenne qui est de 37 millimètres.

La lecture de la mise en série de l'indice nasal montre qu'il est des plus hétérogènes, car il court de 66 à 102. Cet indice n'est nullement comparable à celui des Bicharieh

Mise en série de l'indice facial des Barabra

INDICES	D'ASSOUAN (12 ♂)	DE L'ILE D'ÉLÉPHANTINE (11 ♂)	DE CHELLAL KALATCHÉ, ETC. (17 ♂ et ♀)	DE L'ILE DE BIGHEH (6 ♂, 13 ♀)	TOTAUX
—	—	—	—	—	—
90	»	»	1	1	2
92	1	1	4	»	6
93	»	1	2	2	5
94	1	»	»	1	2
95	»	1	»	2	3
96	»	»	2	»	2
97	1	»	4	1	6
98	1	»	5	1	7
99	1	»	1	»	2
100	1	»	4	2	7
101	»	4	3	1	8
102	1	1	»	2	4
103	1	»	3	1	5
104	»	»	6	1	7
105	1	»	2	1	4
106	»	»	1	1	2
107	»	»	1	1	2
108	1	1	3	1	6
109	»	»	1	»	1
110	1	1	2	»	4
111	1	1	2	»	4
					89

Mise en série de l'indice nasal des Barabra

INDICES	D'ASSOUAN (12 ♂)	DE L'ILE D'ÉLÉPHANTINE (11 ♂)	DE CHELLAL KALATCHÉ, ETC. (47 ♂ et ♀)	DE L'ILE DE BIGHEH (6 ♂, 13 ♀)	TOTAUX
—	—	—	—	—	—
66	»	»	4	»	4
68	»	»	2	»	2
69	»	»	»	1	1
70	»	1	3	»	4
71	»	»	1	2	3
72	»	1	2	2	5
73	»	»	1	»	1
76	2	1	2	1	6
77	1	1	2	»	4
78	»	»	1	»	1
79	»	»	2	»	2
80	»	2	1	1	4
81	»	»	4	»	4
82	»	1	2	1	4
84	2	»	3	»	5
85	»	1	1	1	3
86	»	1	2	2	5
87	»	»	1	2	3
88	1	1	2	»	4
90	2	»	3	1	6
92	»	»	»	1	1
93	1	»	1	»	2
94	»	»	1	»	1
95	1	1	5	»	7
96	1	»	»	»	1
97	»	»	»	1	1
100	»	»	1	2	3
101	1	»	»	»	1
102	»	»	»	1	1
					89

Fig. 148. — Barabra de l'île de Bigheh.

montrant une véritable mésorhinie (75,55), et se rapproche à peine de celui des Ababdeh (82,12). On peut se demander toutefois si cette dissemblance ne disparaîtrait pas par l'élimination des huit cas de platyrhinie véritable que j'ai constatés chez les femmes de Bigheh, d'origine sans doute soudanaise.

La face des Barabra est moyennement large; l'indice moyen total est de 101,58, les deux diamètres étant le plus souvent égaux. Nous remarquerons que cet indice, comme le précédent, présente dans cette famille la plus grande hétérogénéité, car la mise en série montre des chiffres de 90 à 111. On ne trouve que trente-quatre sujets avec des indices de 100 à 104,9 ; dix-neuf au-dessus de 105 ; tandis qu'il y en a trente et un au-dessous de 100.

C'est chez les hommes de Chellal et d'Eléphantine que se rencontrent les faces les plus larges, et c'est chez les femmes de Bigheh que se voient, au contraire, les faces les plus allongées. Chez les premiers, le diamètre bizygomatique dépasse fréquemment 130 millimètres, tandis que chez les secondes, il arrive rarement à 120 millimètres. Sous le rapport de la face, les Barabra ressemblent davantage aux Bicharieh (104,12) et aux Ababdeh (103,15) que sous celui du nez, bien que ces deux groupes ne soient pas exempts de cas de platyrhinie.

La bouche des Barabra est le plus souvent petite, avec des lèvres assez charnues, laissant voir une belle dentition.

Les oreilles sont généralement petites et bien faites, malgré les mutilations qu'on leur fait subir pour y fixer des anneaux plus ou moins lourds et nombreux.

La taille et la grande envergure. — Les Barabra ont une taille au-dessus de la moyenne, car vingt et un hommes sur soixante-dix dépassent $1^{m}70$; seize varient de $1^{m}60$ à $1^{m}65$ et sept sont au-dessous de ce chiffre. La moyenne des hommes est de $1^{m}69$, celle des femmes n'a pas pu être mesurée. A Eléphantine, la taille est plus grande qu'à Chellal ($1^{m}67$), car elle atteint une moyenne de $1^{m}70$, bien que dans ce groupe quatre sujets n'arrivent pas à $1^{m}69$. Mais, à côté de ceux-ci, on en voit six dépasser $1^{m}71$. A Assouan, la moyenne est de $1^{m}64$.

Les Barabra sont plus grands en général que les Bicharieh ($1^{m}64$) et les Ababdeh ($1^{m}67$). Leur taille se rapproche de celle des Ouled-Harabi du désert tripolitain ($1^{m}68$) et de celle des Berbères Tozeur de Tunisie ($1^{m}60$).

La grande envergure, dans cette famille, est au-dessus de la moyenne, car chez quarante-quatre sujets sur quatre-vingt-neuf, elle dépasse $1^{m}70$, notamment les bateliers de Chellal. Dans ce groupe, le diamètre de la grande envergure atteint $1^{m}74$ et même $1^{m}77$, et la moyenne est de $1^{m}72$. Dans celui d'Éléphantine, elle est de $1^{m}76$. C'est le chiffre que présente l'ensemble des Barabra que j'ai étudiés. La grande envergure dépasse donc la taille ainsi que le montre la mise en série. C'est chez ceux de Chellal et d'Éléphantine que le fait est le plus marqué. Dans ces deux groupes, trois sujets pourtant possèdent une grande envergure inférieure à leur taille.

La tête et ses dimensions. — Les Barabra sont dolichocéphales avec un indice moyen (longueur-largeur) de 76,20, le diamètre antéro-postérieur maximum étant de 188 millimètres et le diamètre transverse maximum moyen étant de 144 millimètres. Cet indice est relativement homogène, comparé à ceux des autres peuples de la vallée du Nil.

On trouve, en effet, comme le montrent les mises en séries, quarante-neuf sujets dont les indices oscillent entre 75 et 79,9. Treize seulement dépassent celui de 80, mais vingt-huit sont plus dolichocéphales, puisque leurs indices n'atteignent pas 75. Le groupe de Bigheh paraît le moins homogène car, parmi les hommes seuls dont l'indice moyen est de 72,87, on en voit d'ultra-dolichocéphales (68,68). On remarque, au contraire, chez les femmes dont l'indice moyen est de 78,37, des brachycéphales de 83,14 et de 83,51.

Mise en série de la taille debout des Barabra

TAILLE DEBOUT	D'ASSOUAN 12 ♂	DE L'ILE D'ÉLÉPHANTINE 11 ♂	DE CHELLAL KALABCHEH, ETC. 47 ♂ et ♀	DE L'ILE DE BIGHEH 19 ♂ et ♀	TOTAUX
155	»	»	5	»	5
159	»	1	»	»	1
160	»	»	6	»	6
161	1	»	»	»	1
162	»	»	2	»	2
163	2	1	1	»	4
164	1	»	4	»	5
165	1	1	3	»	5
166	»	»	1	»	1
167	»	»	3	»	3
168	2	1	3	»	6
169	»	1	3	»	4
170	»	1	2	»	3
171	»	1	3	»	4
172	»	1	3	»	4
173	1	»	»	»	1
174	»	1	3	»	4
175	2	»	1	»	3
176	»	»	»	»	»
177	»	»	1	»	1
178	2	»	1	»	3
179	»	1	»	»	1
180	»	1	2	»	3
			Total. . . .		70

Mise en série de la grande envergure des Barabra

GRANDE ENVERGURE	D'ASSOUAN 12 ♂	DE L'ILE D'ÉLÉPHANTINE 11 ♂	DE CHELLAL KALABCHEH, ETC. 47 ♂ et ♀	DE L'ILE DE BIGHEH	TOTAUX
158	»	»	8	»	8
160	»	»	1	»	1
164	»	»	1	»	1
165	1	»	4	»	5
166	»	»	2	»	2
168	»	»	1	»	1
170	2	1	5	»	8
171	»	1	»	»	1
172	»	1	2	»	3
173	»	»	1	»	1
174	»	»	3	»	3
175	1	»	2	»	3
176	1	3	3	»	7
177	1	2	1	»	4
178	»	»	2	»	2
180	1	1	»	»	2
181	1	1	»	»	2
182	»	»	3	»	3
185	2	»	1	»	3
186	»	»	1	»	1
187	»	»	2	»	2
188	»	»	1	»	1
189	»	1	3	»	4
192	2	»	»	»	2
			Total. . . .		70

On doit remarquer que le diamètre transverse maximum, dont la moyenne est de 145 millimètres, est très souvent dépassé car, chez quarante-deux sujets, il est supérieur à ce chiffre. Par suite de la proéminence des bosses pariétales, il atteint même 157 millimètres. Ceci explique la faiblesse relative de cet indice moyen, alors que le diamètre antéro-postérieur est bien celui des vrais dolichocéphales en général.

L'indice vertical (hauteur auriculo-bregmatique sur antéro-postérieure maximum) est de 63,29 pour l'ensemble des Barabra que j'ai mesurés. La moyenne du diamètre vertical étant de 120 millimètres, et celle de l'autre diamètre étant de 108 millimètres, on comprend comment cet indice n'est pas plus élevé. Ce sont les gens d'Éléphantine qui présentent la hauteur de tête la moins considérable, car cet indice est chez eux de

62,23 avec un diamètre vertical de 117 millimètres. Ce sont, d'autre part, ceux de Chellal chez qui il est le plus haut : il est de 65,42 avec un diamètre vertical de 123 millimètres. L'indice moyen de hauteur-largeur est, pour l'ensemble de nos Barabra, de 83,32. On retrouve pour cet indice les mêmes particularités que l'on a observées pour l'indice vertical proprement dit (hauteur-longueur) des groupes d'Eléphantine et de Chellal.

Mise en série de l'indice bipalpébral des Barabra

INDICES	D'ASSOUAN (12 ♂)	DE L'ILE D'ÉLÉPHANTINE (11 ♂)	DE CHELLAL KALABCHEH, ETC. (47 ♂ et ♀)	DE L'ILE DE BIGHEH (6 ♂, 13 ♀)	TOTAUX
26	»	»	2	»	2
27	1	»	»	2	3
28	2	1	1	1	5
29	1	»	8	3	12
30	2	3	13	4	22
31	»	3	9	2	14
32	4	»	10	4	18
33	1	2	2	»	5
34	»	1	2	1	4
35	1	»	»	1	2
36	»	1	»	1	2
			Total.		89

Mise en série de l'indice céphalique des Barabra

INDICES	D'ASSOUAN (12 ♂)	DE L'ILE D'ÉLÉPHANTINE (11 ♂)	DE CHELLAL KALABCHEH, ETC. (47 ♂ et ♀)	DE L'ILE DE BIGHEH (6 ♂, 13 ♀)	TOTAUX
69	»	»	»	1	1
70	»	»	2	»	2
71	1	1	3	1	6
72	»	1	4	2	7
73	1	1	3	2	7
74	»	1	4	»	5
75	1	2	3	3	9
76	1	1	6	2	10
77	2	»	5	2	9
78	2	2	8	2	14
79	2	»	4	»	6
80	»	1	2	1	4
81	1	»	1	»	2
82	»	»	2	1	3
83	»	»	»	2	2
86	1	1	»	»	2
			Total.		89

MORPHOLOGIE CRANIOLOGIQUE

La craniologie des Barabra est peut-être un peu mieux connue que celle des autres peuples actuels de l'Egypte, grâce à quelques collections apportées en Europe par plusieurs savants. Telles sont, celle d'abord que M. le professeur Hamy a formée, en 1869, dans un ossuaire moderne de l'île d'Eléphantine et déposée au musée Broca ; puis celle de M. le Dr Schmidt, conservée au musée de l'Université de Leipzig, dont une partie provient de la même localité que la précédente et l'autre de l'île de Philé ; celle de M. Vossion et celle que j'ai recueillie moi-même dans l'île de Bigheh en 1899 ; enfin, celle de M. le Dr Fouquet, réunie par M. le professeur Schweinfurth dans le désert de Chellal, près d'Assouan.

Cranes d'un cimetière moderne de l'île d'Éléphantine. — Collection Hamy. — Cette série se compose de vingt-deux sujets (onze ♀ et onze ♂) ; elle a été mesurée autrefois par Broca, puis étudiée de nouveau dans les *Crania ethnica*[1]. Voici, d'après cet illustre maître[2], les indices principaux qui ont été relevés sur ces crânes :

[1] *Loc. cit.*
[2] Registres inédits de Broca.

L'indice nasal de l'ensemble de la série est de 35,52, avec une largeur moyenne de 22 millimètres.

L'indice bi-orbitaire est de 23,07.

L'indice facial ophrio-alvéolaire est de 65,65.

L'indice céphalique de longueur-largeur est de 73,59; celui de hauteur-largeur de 74,72.

La moyenne du diamètre antéro-postérieur est de 178 millimètres, et celle du diamètre transverse maximum de 131 millimètres.

Cranes d'un cimetière moderne de l'ile de Philé. — Collection Schmidt. — Cette série se compose de vingt-neuf individus (quinze ♂ et quatorze ♀). M. Schmidt[1] en a donné les mesures dans son catalogue du musée de l'Université de Leipzig. Voici, d'après ce savant anthropologiste, les principaux indices de ces crânes qui forment sa série cinquième:

L'indice nasal moyen des vingt-neuf sujets est de 52,50 (♂ 51,87; ♀ 52,12).

L'indice céphalique moyen de longueur-largeur de la série entière est de 73,71 (♂ 74,90; ♀ 72,45). Les indices de hauteur-largeur et de hauteur-longueur sont de 75,01 et de 101,91 (♂ 76,08 et 101,78; ♀ 73,85 et 102,05).

Cranes d'un cimetière moderne de l'ile d'Éléphantine. — Collection Schmidt. — Cette série est composée de vingt-six sujets (vingt ♂ et six ♀). Elle a été décrite, comme la précédente, par M. le professeur Schmidt. Voici, d'après son catalogue, les principaux indices de cette série, sa sixième:

L'indice nasal moyen de la série entière est de 56,41 (♂ 54,35 ♀ 55,45).

L'indice facial ophrio-mentonier moyen est de 86,92 (♂ 86,70, ♀ 87,77). L'indice céphalique moyen de longueur-largeur est de 75,32 (♂ 75,83, ♂ 77,96). Les indices de hauteur-longueur et de hauteur largeur sont de 77,73 et de 102,04 (♂ 77,47 et 102,37; ♀ 78,61 et 100,96).

Cranes d'un cimetière moderne de l'ile de Bigheh. — Collection Chantre. — Cette petite série n'est constituée que par quatre sujets. Ce sont deux hommes et deux femmes adultes, mais en très mauvais état de conservation; ils sont privés de leurs faces. Ils proviennent de tombeaux recouverts et entourés de pierres brutes, que j'ai ouverts en 1899.

Ces crânes sont manifestement dolichocéphales avec un indice moyen de longueur-largeur de 71,09 pour les quatre sujets (♂ 70,05, ♀ 72,04).

L'indice de hauteur-longueur est de 71,04 et celui de hauteur-largeur de 100,77 (♂ 68,81 et 95,62, ♀ 72,92 et 105,60).

L'indice frontal est de 88,70 (♂ 89,03; ♂ 88,07). L'indice bi-orbitaire est de 28,76 (♂ 27,86; ♀ 29,47).

Ces crânes sont comparables, dans leur ensemble, à ceux d'Éléphantine et leurs indices diffèrent peu de ceux des habitants actuels de Bigheh.

Cranes d'un cimetière moderne du désert de Chellal. — Collection Fouquet.

[1] Schmidt, Die anthropologischen preveit Sammlungen, Deutschland Catalog der anatomischen Institut der Universitat Leipzig *(Arch. f. Anthrop.*, XVII Band, 1888.)

— M. le Dr Fouquet[1] a fait connaître, à titre de comparaison, à la suite de son étude sur les crânes des nécropoles dites préhistoriques de la Haute-Egypte, quatre crânes (deux ♂ et deux ♀). Ils sont qualifiés de Bedjah et sont probablement des Barabra. Ces pièces proviennent d'un point situé à 1700 mètres à l'est du fort Harem, près d'Assouan, au pied des collines qui bordent, de ce côté, la plaine que parcourt le chemin de fer entre Assouan et Chellal. M. le professeur Schweinfurth, de qui M. Fouquet tient ces crânes, les a trouvés dans des tombeaux qu'il attribue à des Bedjah. Ces tombeaux sont constitués par des amas et des cercles de pierre qui se distinguent des graviers du sol. Les squelettes s'y trouvent étendus sans accessoires et à peu de profondeur.

D'après l'éminent naturaliste allemand, ces cercles de pierre sont fort nombreux dans les environs d'Assouan où les routes de l'Est débouchent dans la vallée du Nil. C'est à ce même groupe de tombeaux qu'appartiennent ceux de l'île de Bigheh.

Ces crânes sont petits et assez bien conservés. Ils sont dolichocéphales, leptorhiniens et chaméoprosopes. Voici leurs indices moyens calculés d'après les mesures relevées par M. Fouquet. L'indice céphalique moyen de longueur-largeur est de 74,03 (♂ 72,44 ; ♀ 75,14). La moyenne du diamètre antéro-postérieur maximum est de 181 millimètres et celle du diamètre transverse maximum de 134 millimètres. L'indice nasal de l'ensemble est de 50 (♂ 54,90 ; ♀ 41).

Comparés à ceux d'Éléphantine, de Philé et de Bigheh, ces crânes rentrent plutôt dans le groupe Barabra que dans celui des Bicharieh.

En résumé, l'étude des quatre-vingt-cinq crânes de Barabra et les observations anthropométriques des quatre-vingt-neuf sujets vivants qui viennent d'être faites de ce peuple, montrent qu'il appartient bien au groupe nubien. Ils ne peuvent donc être rapprochés ni des Soudanais, ni des Arabes. Par la couleur de leur peau et par quelques autres caractères, ils se rattachent aux autres peuples nubiens ou éthiopiens orientaux.

Par leur taille, dont la moyenne atteint 1m64, ils peuvent être rangés à côté des Berbères Tozeur de Tunisie (1m69) ; des Ouled-Harabi de Tripolitaine (1m68) ; des Ababdeh (1m66). Ils sont plus grands que les Égyptiens Coptes (1m66) et Fellahin (1m63), ainsi que les Bicharieh (1m65). Mais ils sont beaucoup plus petits que les Soudanais Nilotiques (1m74) et que les Arabes Ouled-Harabi du Fayoum (1m73).

Par leur indice nasal, dont la moyenne est de 80,42, ils sont comparables aux Ababdeh (82,22), aux Arabes Ouled Ma'azeh (83,70), et à quelques groupes de Fellahin. Mais ils s'éloignent considérablement, d'une part des nègres Nouba du Kordofan (100) et surtout des Soudanais Nilotiques (107,50), et, d'autre part, des Berbères Tozeur (76,69), des Bicharieh (75,55), ainsi que de la plupart des Berbères et des Arabes.

Par la face, les Barabra, dont l'indice moyen est de 101,55 ne se rapprochent d'aucun autre peuple, si ce n'est des Égyptiens Coptes (103,05) et Fellahin (103,96), puis surtout

[1] Fouquet, *in.* de Morgan, *loc. cit.*, t. II, p. 372.

des Bédouins d'Egypte (102,34). Ils diffèrent donc des Bicharieh (104,12) et des Ababdeh (105,64) dont les indices sont supérieurs de quatre unités. Ils s'éloignent encore plus, sous ce rapport, des Nilotiques qui sont encore plus élevés (106,50), ainsi que des Nouba (107,37). L'indice facial des Barabra diffère enfin complètement de celui de la plupart des Arabes et des Berbères chez qui la face, toujours plus étroite, ne présente que très exceptionnellement des indices dépassant 100.

L'indice bipalpébral des Barabra est de 31,50; il se rapproche de celui des Égyptiens Coptes (30,52), mais il s'éloigne de celui des Ababdeh et de celui des Bicharieh (32,26). Il diffère encore de celui des Nilotiques (34,69) et de celui des Nouba (34,44).

Leur dolichocéphalie, qui se traduit par un indice moyen de 76,69, les rapproche de certains Berbères, tels que ceux de Palestro en Algérie (76,04), de Kairouan (77,39), et de ceux de Gerba (77,16). Mais ils diffèrent encore de ceux de Ouargla et d'Aurès en Algérie (72); des Berbères de la région de Gabès (72,79) et des Ouled-Harabi du Fayoum (72,12), enfin des Soudanais Nilotiques (73,54). On les voit aussi s'éloigner des Danakils (74,45), des Égyptiens actuels, Coptes (75,40) et Fellahin (75,53); puis des Ababdeh (74,60) et des Bicharieh (79), avec lesquels on aurait pu croire pourtant qu'il existait une affinité réelle sous le rapport, au moins, de l'indice céphalique.

Un fait qu'il importe encore de signaler, c'est que, de même que les Bédouins d'Egypte, les Coptes, les Fellahin et les Bedjah, les Barabra semblent former deux groupes, ayant chacun un type un peu différent. L'un (vingt sujets), plus homogène, généralement plus dolichocéphale (ind. céph. 73) et mésorhinien (ind. nas. 72), peut être rapproché des familles arabo-berbères, et présentent des affinités avec ces populations, ainsi qu'avec celles de l'Éthiopie. L'autre (vingt-huit sujets), un peu plus mêlé, est mésocéphale (ind. céph. 77) et souvent platyrhinien (ind. nas. 80 et au-dessus). Ce groupe, évidemment métissé de Soudanais d'origines diverses, est plutôt négroïde.

De l'ensemble des observations qui précèdent, et qui portent actuellement sur trois cent quarante-six Bedjah — deux cent soixante et un sujets vivants et quatre-vingt-cinq crânes — il ressort quelques considérations qui peuvent se résumer ainsi :

Cette famille, dont je n'ai pu étudier que les groupes Ababdeh, Bicharieh et Barabra paraît assez peu homogène, dans son ensemble, ainsi que le montre le tableau récapitulatif ci-joint, bien que certains caractères morphologiques et ethnographiques les relient d'autre part.

L'indice céphalique moyen de longueur-largeur des deux cent soixante et un sujets réunis est de 77,29; celui de hauteur-longueur de 63,78 et celui de hauteur-largeur de 82,51. Ces chiffres viennent confirmer ce que les moyennes des diamètres ont déjà fait entrevoir, c'est-à-dire que les crânes de cette population sont peu élevés et rejetés en arrière. Ce caractère, propre à cette famille, est rare chez les Égyptiens actuels et anciens, mais on le rencontre cependant quelquefois dans certains groupes. La hauteur moyenne auriculo-bregmatique des Bedjah n'est, en effet, que de 118 millimètres, tandis qu'elle atteint 120 et même 126 millimètres chez les peuples voisins.

L'indice nasal de la série entière est de 77,77 ; mais on peut affirmer que cette moyenne ne représente pas réellement l'ensemble, car alors que chez les Barabra cet indice est de 82,22, il est de 81,82 chez les Ababdeh et de 75,55 chez les Bicharieh.

La moyenne de la taille des Bedjah réunis qui est de 1m65 présente les mêmes particularités, car on constate qu'à côté des Barabra qui atteignent le chiffre de 1m64, se placent les Ababdeh avec celui de 1m66 et ensuite les Bicharieh avec celui de 1m64.

Cette famille offre, ainsi qu'on l'a vu en étudiant les Barabra, de grands rapports avec un certain nombre d'autres groupes de populations, notamment la plupart des Nubiens orientaux tels que les Danakils[1], les Somalis et d'autres peuples de la même région. Plusieurs autres familles africaines présentant d'assez sérieuses affinités avec les Nubiens, sont également à signaler. Telles sont celles des Berbères de la Tripolitaine, de la Tunisie et de l'Algérie[2] descendants sans doute des anciens Libyens. A ces groupes doivent se rattacher les Peuls[3] qui s'étendent du lac Tchad au Sénégal, puis les Aklmar du Sénaar, décrits par Caillaud[4], et bon nombre de riverains du Bahr-el-Ghazal.

Notons encore que le professeur Schweinfurth[5] rapproche des Bedjah et des Barabra en particulier, plusieurs peuples qu'il a rencontrés au cœur de l'Afrique, et qui ne sont pas de vrais nègres, à savoir les Bougo, les Krèdis et certains Niam-Niam. La peau de ces gens n'est pas noire comme celle des Soudanais : Dinka, Nouer ou Chillouk, elle est rougeâtre comme celle des Nubiens. Comme eux, ils ont la tête moins longue que les Soudanais ; ils sont fréquemment sous-brachycéphales et leur taille n'excède pas 1m70, tandis que leurs voisins dolichocéphales atteignent 1m90 et au-dessus.

Quant à la théorie proposée par Champollion-Figéac[6] après Heeren et divers autres auteurs[7] faisant des Nubiens, et spécialement des Kenous ou Barabra de l'antiquité, les ancêtres des vieux Égyptiens, si rien n'autorise à s'y arrêter rien non plus ne doit la faire repousser.

Il est curieux toutefois de lire que *les anciens Egyptiens appartenaient à une race d'hommes tout à fait semblables aux habitants actuels de la Nubie*. On remarquera, d'autre part, que Costaz[8] affirme, en parlant des Barabra, que *les Nubiens diffèrent essentiellement de tous les peuples qui les environnent; des Égyptiens du Nord, des nègres du Sénaar au Sud, des Arabes à l'Orient et à l'Occident. Ils forment une race distincte, ayant sa physionomie et sa couleur particulières; enfin, ils parlent une langue qui leur est propre et dans laquelle ils se nomment Barabra.*

[1] Dr Santelli, *Bull. Soc. anth.*, Paris, 1893, p. 482.
[2] Dr Collignon, *Étude sur l'ethnographie de la Tunisie*, Paris, 1887.
[3] De Crozal, *les Peuls*, Paris, 1883, p. 95.
[4] *Voyage au Nil blanc*, Paris, 1829,
[5] *Au cœur de l'Afrique*, t. I, p. 253.
[6] *Voyage dans la Basse et Haute-Egypte*, in-18, Paris, 1803, t. I, p. 142.
[7] Mémoire sur la Nubie et les Barabra. Description de l'Egypte *(loc. cit.*, t. X, p. 399).
[8] De Vernenac Saint-Maur, *Voyage à Pestov*, p. 231, Paris, 1855. Maury, dans l'*Encyclop. moderne*, art. ÉGYPTE, t. XIII, p. 557, Paris, 1848.

Notons encore que Denon[1], qui a donné une description à peu près juste de ce peuple, lui a, de son côté, dénié toute ressemblance avec les Égyptiens.

Tout compte fait, vouloir trouver une ressemblance entre le type moyen des Égyptiens anciens ou même modernes et celui des Bedjah actuels pour affirmer entre eux des liens de parenté ou de descendance, est une chose inadmissible *a priori*. Cependant, si l'on considère que les Kénous modernes sont les descendants des Nubiens du temps de Nofertari-la-Belle ou même de celui de Sabakon, il est incontestable qu'ils peuvent présenter avec eux les mêmes rapports et différences que ceux que nous avons constatés entre les Égyptiens de l'antiquité et les Coptes ou les Fellahin actuels.

Les traces du type Bedjah peuvent se rencontrer au milieu des populations thébaines ou saïtes de la Haute-Égypte ; il a pu y être même prépondérant à l'époque memphite. Mais le type égyptien, avec les caractères qui lui sont propres et qu'il possède encore, s'est affirmé de bonne heure entre la mer et la première cataracte, tandis que, au sud et à l'est, subsistait le type nubien primitif.

[1] Expédition, *loc. cit.*, p. 271.

Fig. 149. — Barabra Kénous de l'Ile de Bigheh.

FORRIENNE — DINKA — NOUBA

CHAPITRE IV

SOUDANAIS ORIENTAUX

ETHNOGÉNIE ET ETHNOGRAPHIE

Les habitants de l'Egypte proprement dite, tant de fois envahie par des conquérants de races et d'origines si différentes, sont en contact intime depuis la plus haute antiquité avec les nègres du Haut-Nil et des régions adjacentes. Cette terre des Pharaons, dont les limites naturelles sont marquées au sud par la première cataracte du Nil et, au nord, par l'embouchure de ce fleuve dans la mer Méditerranée, devait être, à certaines époques, fatalement inondée par des flots humains, tout comme elle l'est périodiquement par les eaux...

L'Afrique équatoriale, ce grand réservoir, est aussi une grande réserve humaine. Si des lois naturelles régissent la marche des cours d'eau, il en est aussi qui régissent la marche des populations. Celles-ci descendent généralement les fleuves, qu'ils s'écoulent vers le nord ou vers le sud. En Egypte, tout a concouru à pousser les populations à suivre le cours du grand fleuve depuis ses origines jusqu'à la Méditerranée. C'est ainsi que, si les Oua-Oua que Pepi Merina repoussa victorieusement de ses Etats sont bien des Nègres, on a une preuve certaine que ces tribus négritiques ont, dès l'époque de la VIe dynastie memphitique (c'est-à-dire vers 2500 avant J.-C.), tenté des incursions sur la frontière méridionale de l'Egypte.

Des inscriptions du moyen et du nouvel empire, c'est-à-dire des premières dynasties thébaines (2000 à 1500 avant J.-C.) relatent, d'après les Égyptologues, des luttes nombreuses à la suite desquelles furent introduites des masses considérables de captifs des deux sexes. « Si nombreuse fut cette classe infortunée que ce fut la gloire des rois égyptiens, nous dit Diodore, d'avoir fait construire les monuments de Louqsor et de Karnak par des étrangers seulement. » De l'esclavage des nègres — en particulier — les peintures et les sculptures nous donnent d'abondantes images. « Les Noirs, dit Sir G. Wilkinson, désignés comme *naturels de la terre étrangère de Coush*, sont généralement représentés sur les monuments égyptiens comme des captifs ou des porteurs de tribut aux Pharaons. »

On n'a pas encore déterminé d'une façon précise l'époque à laquelle appartiennent les plus anciennes représentations de nègres. Un des faits les plus certains, c'est la « Procession » de l'époque de Touthmès IV à Thèbes, dans laquelle des nègres figurent comme apportant des tributs à ce monarque ; cette scène date d'environ 1700 ans avant Jésus-Christ.

M. Wilkinson décrit une peinture dans une catacombe de Thèbes de l'époque d'Aménophis III, dans laquelle ce roi, assis sur son trône, reçoit les hommages et tributs de diverses nations. Parmi celles-ci sont représentés plusieurs « chefs noirs de Koush en Ethiopie » dont les présents consistent en anneaux d'or, pierres précieuses, panthères, et des peaux d'animaux à grandes cornes dont les têtes sont étrangement ornées de mains et de têtes de nègres. L'auteur ajoute que ces dernières effigies étaient probablement artificielles, car le peuple de Koush n'aurait pas décapité ses propres enfants pour orner ses tributs à un prince étranger ; cependant, à cette même époque, ces symboles étaient clairement employés pour exprimer l'abaissement et le vasselage le plus abject.

D'autres figures de nègres sûrement déterminées, comme époque, sont trouvées sur les monuments de Ramsès II, Ramsès III, sur différents points de l'Egypte et de la Nubie. Le premier de ces rois, qui appartient à la XIXe dynastie, est représenté debout sur une plate-forme qui est supportée par des nègres agenouillés.

On doit citer encore une autre scène gravée sur le temple de Beit-el-Oualli, en Nubie, dans laquelle Ramsès II est représenté dans une bataille contre les nègres ; ceux-ci, défaits, sont prosternés devant lui ; au milieu d'eux, Ramsès figure sur son char.

La chasse aux esclaves, dont les Pharaons donnèrent parfois l'exemple, accrut encore ces importations qu'Arrien estimait à une moyenne annuelle de 3000 individus. Sous la domination des Turcs, ce chiffre a été beaucoup plus considérable et, d'après Hamont[1], le nombre des esclaves, pour la plupart nègres, que l'on transportait annuellement, il y a trente-cinq ans en Egypte, était de 10.000 environ.

En admettant avec Hamy et Morton[2] la moyenne d'Arrien, qui concorde avec celle de Madden[3], il faudra évaluer à 10 ou 12 millions la masse d'hommes, de femmes et

[1] *Revue de l'Orient*, t. II, p. 228, 1893.
[2] Les Nègres de la vallée du Nil (*Revue d'anthrop.*, t. IV, 1881, p. 223).
[3] *Crania egyptiaca*, Philadelphie, 1884, p. 59.

d'enfants transportés des pays négritiques dans la vallée égyptienne du Nil, depuis les premières razzias dont l'histoire ait conservé le souvenir.

Dans toute autre contrée, il n'en eût pas fallu la centième partie pour altérer profondément le type de la race maîtresse du sol. Mais, on le sait, le climat est d'une façon absolue, inclément aux émigrants de toute provenance. Toute importation étrangère qui s'établissait et se propageait en Egypte était infailliblement absorbée et assimilée par la masse des Egyptiens.

D'après Clot-Bey[1], il n'y avait, en 1840, pas plus de 2000 nègres en Egypte. Ce chiffre me paraît un peu inférieur à la réalité, car Cailliaud[2] évaluait, en 1826, le nombre total des esclaves nègres vivant en Egypte à 40.000, moitié de chaque sexe. Ces esclaves ne font pas souche dans le pays, et leur race ne s'y maintient que grâce à d'incessantes importations.

Mais si les nègres soudanais ne se multiplient pas en Egypte, ont-ils produit des métissages et ont-ils modifié le type du fond de la population ? Telle est la question que l'on peut se poser. *A priori*, on ne constate aucune influence négritique sérieuse sur la population de l'Egypte. C'est tout au plus si en s'avançant vers le sud, dans la Haute-Egypte, où le nombre des nègres est de plus en plus considérable à mesure que l'on se rapproche de la Nubie, on rencontre des Fellahin et surtout des Barabra dont le type, cheveux et mâchoire, indiquent le métissage. Les nègres sont actuellement nombreux dans cette région, d'abord parce qu'elle est plus rapprochée du Soudan, et ensuite parce que le gouvernement y cantonne, notamment à Assouan, des bataillons soudanais et de nombreux émigrants des contrées envahies par les *Baggara* commandés par les Madistes. C'est d'ailleurs, grâce à ce concours de circonstances, que j'ai pu étudier une importante série de nègres dont la provenance est certaine.

Ils appartiennent à la grande famille des Soudanais orientaux qui comprend les groupes Nilotiques, Tchadien, Kanori et Nubien. Ceux-ci sont composés de nombreuses tribus ou peuplades.

Le groupe Nilotique renferme les peuplades ou tribus des Chillouk, Dinka, Nouer et quelques autres moins importantes.

Le groupe Tchadien est constitué par les Baghermi, Ouadiens, Foriens, etc.

Le groupe Kanori renferme les Bornou et les Haoussa du Kordofan.

Le groupe Noubiens est constitué par les Fertit, Tagala, Nouba, proprement dits, les Niam-Niam, Bongo, Monboutou et beaucoup d'autres moins connus.

Je ne décrirai ici que les peuplades dont j'ai pu étudier une assez grande série à Assouan, et qui ont pu avoir le plus de relations avec les Egyptiens.

Tels sont les Chillouk, Dinka et Nouer, les Foriens, puis quelques individus du Bornou, du Niam-Niam, du Teghele, du Dahr Fertit, etc.

[1] *Aperçu général sur l'Egypte*, t. I, p. 167, Paris, 1840.
[2] *Voyage à Méroé et au fleuve Blanc*, t. II, p. 117. Paris, 1826.

NILOTIQUES

CHILLOUK

ETHNOGÉNIE ET ETHNOGRAPHIE

Cette tribu habite, sur la rive gauche du Nil, un territoire d'environ 150 kilomètres de longueur sur 10 de largeur, qui remonte jusqu'à l'embouchure de la rivière des Gazelles. Pressés par les Baggara (peuple sémitique apparenté aux Arabes) au couchant, ils ne peuvent pas s'étendre vers l'est, où ils sont limités par le fleuve. On ne les retrouve, dans cette direction, que près de l'embouchure du Sobat.

D'après le dernier recensement, on compterait 3.000 villages Chillouk. Chacun d'eux renferme en moyenne 150 huttes, et chacune de ces huttes abrite une famille de quatre ou cinq individus. On en a conclu que la population de ce groupe ethnique pouvait s'élever au chiffre approximatif de 1.200.000 habitants.

Suivant Schweinfurth, qui a le plus et le mieux étudié ces populations, aucune autre partie du continent noir n'est plus peuplée que celle habitée par les Chillouk. C'est qu'aucune autre région n'est plus favorable aux conditions d'existence. L'agriculture, l'élevage du bétail, la chasse et la pêche, tout contribue, dans ce pays, à l'entretien et au développement d'une vie exubérante.

La physionomie des Chillouk a quelque chose de dur et de très spécial. On les représente comme un peuple très laid et de taille généralement élevée. Leur charpente osseuse est — comme celle de tous les Soudanais — solide quoique délicate dans la forme. Ils considèrent le vêtement comme chose ridicule, honteuse ou tout au moins incommode. Les femmes se couvrent tout au plus le ventre et les reins.

Pour tous les détails relatifs à leurs usages, mœurs, coutumes, industries, croyances, etc., dans lesquels je ne saurais entrer ici, c'est à Schweinfurth et à Hartmann qu'il faut les emprunter.

Les Chillouk que j'ai étudiés à Assouan, au nombre de dix-huit, sont tous des hommes âgés de vingt à quarante ans, et ils sont originaires — pour la plupart — des environs de Fachoda.

MORPHOLOGIE ANTHROPOMÉTRIQUE

La peau, les cheveux et les yeux. — La peau est d'un noir tirant sur le rouge. Les cheveux, généralement laineux, sont d'un noir plus ou moins foncé et mat. Ceux qui ne les rasent pas en font une sorte de casque. La barbe, toujours noire, est rare et jamais rasée. Les yeux sont pour la plupart grands et vifs avec un iris presque toujours foncé.

L'écartement bipalpébral interne moyen est le plus souvent grand ; il atteint 35 millimètres et le diamètre bipalpébral externe moyen est de 96 millimètres. La moyenne de l'indice bipalpébral est de 35,41 chez les dix-huit sujets.

Le nez, la face, la bouche et les oreilles. — Les Chillouk sont de vrais platyrhiniens : leur nez est, en effet, plat, court et large. L'indice nasal moyen est de 104, 88. La moyenne de la hauteur ou longueur est de 43 millimètres et celle de la largeur de 41 millimètres. La mise en série montre que cet indice court de 91 à 124 et que le maximum de fréquence se trouve entre 97 et 105.

La face est relativement étroite, bien que les pommettes paraissent saillantes. L'indice facial total moyen est chez les dix-huit sujets de 107,25. La moyenne du diamètre bizigomatique est de 133 millimètres, et celle du diamètre ophrio-mentonnier est de 124 millimètres. Les mâchoires sont fortes et proéminentes de façon à accuser un prognathisme souvent très accentué. La bouche, dont l'ouverture ne présente que 51 millimètres en moyenne, a des lèvres charnues.

Le front est généralement bas et parfois bombé. Les oreilles présentent un indice moyen de 63,64. La mise en série de l'indice facial du Chillouk montre une certaine hétérogénéité puisqu'il y a dans ce groupe des individus avec les indices de 93 et 118. Le maximum de fréquence se trouve entre 101 et 107.

La taille et la grande envergure. — Les Chillouk sont de taille élevée, la moyenne étant de 1^{m}72. La mise en série montre que huit sujets atteignent 1^{m}85 et dix n'arrivent pas à 1^{m}65. La grande envergure dépasse presque toujours la taille. La moyenne est de 1^{m}80. On voit trois sujets dépasser la taille, huit qui présentent des envergures égales à la taille et sept qui ne l'atteignent pas.

La tête et ses diamètres. — Les Chillouk sont de vrais dolichocéphales. Leur indice céphalique moyen (longueur-largeur) est de 73,40. La moyenne du diamètre antéro-postérieur est de 188 millimètres et celle du diamètre transverse maximum est de 138 millimètres. La moyenne de la hauteur auriculo-bregmatique est de 116 millimètres seulement. Il résulte de cela que l'indice moyen de hauteur-longueur est de 61,70 et celui de hauteur-largeur de 84,05.

La mise en série montre que la moyenne de fréquence se trouve autour de 74, que l'on trouve dix sujets au-dessus de ces chiffres et que six ne l'atteignent pas.

DINKA

ETHNOGÉNIE ET ETHNOGRAPHIE

Les Dinka occupent parmi les Nilotiques, le territoire le plus considérable. En dehors du Bahr-el-Ghazal où on les trouve sur une superficie de 10.000 kilomètres carrés, ils s'étendent jusqu'au Sobat et même en avant du confluent de cette rivière avec le Nil, sur la rive droite du Bahr-el-Abiad. Les limites détaillées et à peu

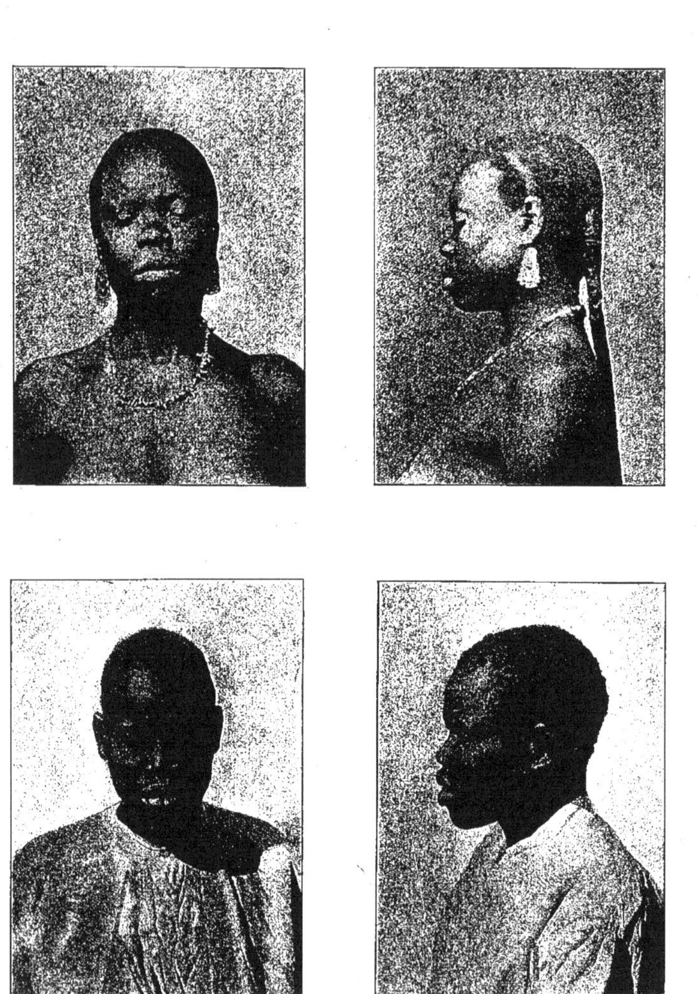

Fig. 150. — Chillouk.

près exactes des régions habitées par les Dinka ont été retracées par de Tonquedec. L'énumération des nombreuses tribus dont se compose ce groupe ethnique, ainsi que celle des peuplades qui l'avoisinent, a été donnée par le même voyageur.

D'après les estimations les plus véridiques, le nombre des Dinka paraît actuellement encore dépasser un million d'individus. On peut remarquer toutefois qu'étant donné la densité extraordinaire de la population dans ce pays, ce chiffre n'a rien d'exagéré et semble même faible. Les Dinka sont plus connus que les Chillouk et les Nouer. Ils ont été visités par un très grand nombre de voyageurs et de savants qui ont donné du pays et de ses habitants des descriptions vraisemblablement exactes. C'est surtout aux récits de Cailliaud, de Schweinfurth, d'Hartmann, de Casati et de quelques autres que l'on doit les renseignements ethnographiques les plus complets.

Essentiellement pasteurs, les Dinka se livrent avec succès à l'élevage du bétail (moutons, chèvres, bœufs). Ils ont en général le plus grand mépris pour les armes à feu. Leur arme principale est la lance. D'après Schweinfurth, ils ne se séparent jamais d'une massue en bois d'ébène qui les a fait surnommer par les Niam-Niam, leurs voisins, *atagboudos*, autrement dit « gens à bâtons ». Les femmes mariées portent un pagne fait de deux peaux de chèvre. Leurs ornements consistent en bracelets de fer, armés de pointes, qu'elles portent à la cheville et au poignet, en anneaux d'ivoire pour l'avant-bras et en petits anneaux de fer étagés sur tout le pourtour de l'oreille.

Leurs tatouages distinctifs consistent en quatre cicatrices qui s'échelonnent parallèlement sur les côtés du crâne pour venir converger sur le front et la nuque. Ils ne possèdent aucune industrie, sauf celle du fer dont ils se fabriquent — avec quelque habileté — des fers de lance, des instruments tranchants ou des anneaux. Ils se contentent de cultiver le sorgho, des ignames, des arachides, des haricots, etc., c'est-à-dire les végétaux qui constituent le fond de leur nourriture. Celle-ci se compose, en outre, de laitage, de beurre et de miel.

Les Dinka sont polygames et fétichistes ; chez eux, le serpent est l'objet d'un culte particulier.

MORPHOLOGIE ANTHROPOMÉTRIQUE

Comme leurs voisins les Chillouk et la plupart des autres habitants des contrées marécageuses, les Dinka ont de longues jambes d'échassiers. Leur buste est plus court que celui des habitants des montagnes et des pays rocheux; ces derniers sont aussi plus vigoureux et d'une teinte moins foncée. Les Dinka ne présentent jamais d'embonpoint.

Le corps est nerveux, carré et surmonté d'épaules larges, horizontales et anguleuses. Un long cou, légèrement contracté à la base, correspond à une tête qui est en général étroite et aplatie. La mâchoire est ordinairement large et saillante, mais le prognathisme n'est pas pour cela très accentué chez eux. Il règne néanmoins dans l'ensemble de la physionomie une harmonie qui fait reconnaître à l'observateur qu'en développant cette forme la nature a poursuivi un but déterminé. J'ai étudié vingt-sept Dinka (quinze ♂ et douze ♀) à Assouan, et M. Girard a mesuré à Toulon trois hommes de cette tribu.

La peau, les cheveux et les yeux. — La peau des Dinka, qui est toujours grasse, souple, veloutée, grenue et riche en verrues, présente une couleur noir foncé, passant par les nuances du rouge brun au noir, au gris bleuâtre. Schweinfurth prétend qu'ils doivent compter parmi les races les plus noires de l'Afrique. L'usage de se barbouiller la peau d'un badigeon de cendre modifie le noir profond de leur couleur naturelle en une teinte brune. Lorsque ce badigeon a disparu, qu'il a été frotté avec de l'huile ou qu'il a été simplement lavé, la peau prend un éclat pareil à celui du bronze.

La teinte bleue que l'on a cru pouvoir attribuer à la peau des nègres en général et à celle de ceux-ci en particulier ne serait due, d'après Schweinfurth, qu'au reflet du ciel ; on l'observe principalement lorsqu'on aperçoit un de ces individus à contre-jour à l'entrée d'une hutte où la lumière ne pénètre que par la porte.

Les cheveux laineux sont presque toujours rasés ; excepté sur le haut de la tête, ils conservent une touffe qu'ils décorent de plumes d'autruche afin d'imiter l'aigrette du héron. Aucun ne se confectionne avec ses cheveux ce casque si curieux que l'on voit chez les Chillouk.

Les femmes se rasent moins la tête que les hommes et la plupart font avec leurs cheveux une multitude de petites tresses. Les plus élégants, chez les deux sexes, donnent à leur chevelure une couleur d'un roux fauve qu'ils obtiennent au moyen de fréquentes lotions faites avec de l'urine de vache ou bien par des applications de pommade faite de bouse et de cendre, répétées durant quinze jours.

Chez tous les Dinka les yeux sont grands et l'iris est d'un noir brun très foncé. Leur écartement est moyen pour des nègres car sur la totalité des sujets (quinze ♂ et douze ♀) l'indice moyen bipalpébral est de 32,65 avec un diamètre bipalpébral externe de 98 millimètres et un diamètre bipalpébral interne de 32 millimètres.

Cet écartement est plus accentué chez les hommes que chez les femmes ; chez ces dernières, il n'atteint que 30 millimètres et l'indice moyen correspondant est chez elles de 30,95, celui des hommes étant de 33,33, et le diamètre bipalpébral interme de 104 millimètres.

Le nez, la face, la bouche et les oreilles. — Les Dinka sont très platyrhiniens. Le nez est, en effet, généralement plat et large. L'indice nasal moyen de vingt-sept sujets réunis est de 105,52. La longueur ou hauteur moyenne est de 41 millimètres et la largeur de 40 millimètres. Chez les quinze hommes l'indice est de 104,88 et chez les sept femmes il est de 97,43. La largeur moyenne du nez des premiers est de 43 millimètres, tandis que celle des seconds est de 38 millimètres seulement. La hauteur moyenne est de 40 millimètres chez les deux sexes. Les hommes sont donc, en général, beaucoup plus platyrhiniens que les femmes. La mise en série de cet indice montre la plus grande hétérogénéité, puisque l'on trouve six sujets à 90, cinq à 100 et onze qui n'atteignent pas ce dernier indice.

Les mesures des diamètres de la face ne viennent confirmer que dans une certaine mesure l'appréciation qui a été formulée, par la plupart des voyageurs, à savoir que le visage des Dinka est manifestement étroit. L'indice facial moyen des vingt-sept Dinka réunis est de 104,83. On en trouve pourtant cinq avec des indices au-dessous de 99,9 et neuf de 100 à 104,9, tandis que treize présentent des indices supérieurs à 105. Il est de 104,72 pour les quinze hommes et de 105,88 pour les douze femmes.

La moyenne des diamètres bizygomatiques est de 130 millimètres et celle de la hauteur ophrio-mentonnière est de 124 millimètres. La mise en série de l'indice facial montre que c'est autour de 104 que se trouve la moyenne de fréquence; on voit treize sujets sur vingt-sept au-dessus de cette moyenne et treize au-dessous.

Le prognathisme est très accentué chez la plupart de ces nègres, mais n'a pas été mesuré. Le front est bas et souvent bombé.

Les lèvres, le plus souvent fortes, montrent une bouche dont l'ouverture moyenne est de 55 millimètres chez les hommes et de 48 millimètres chez les femmes.

Les oreilles sont petites, bien ourlées et jamais ramenées en avant comme chez les gens qui portent des coiffures. L'indice moyen (hauteur-largeur) des oreilles est de 59,31. Chez les hommes, il monte à 60, tandis que chez les femmes il n'est que de 58,93.

La tête et ses diamètres. — Les Dinka sont manifestement dolichocéphales; la longueur exceptionnelle de leur tête a de tout temps frappé l'attention des observateurs qui les ont visités. L'indice céphalique moyen (longueur-largeur) des vingt-sept sujets que j'ai mesurés est de 73,79. Cet indice varie peu dans les deux sexes, car celui des hommes étant de 73,82, celui des douze femmes est de 73,77.

Ces indices sont plus élevés que ceux que M. Hamy [1] a trouvés chez les jeunes sujets qu'il a eu l'occasion d'étudier (72,48) et surtout que ceux de la série de M. Girard[2], dont la moyenne est de 69,17.

Je dois faire remarquer tout de suite que j'ai trouvé parmi mes vingt-sept sujets quelques individus dont les indices se rapprochent de ceux de M. Girard, mais ce sont des exceptions. L'un de ces individus, entre autres, est la femme Mastourah, de 26 ans, qui présente l'indice de 67,72; puis la femme Asta-Menou, de 25 ans, avec l'indice de 69,47 et enfin le soldat Morgave-Hamsah, de 41 ans, avec l'indice de 72.

En revanche, on rencontre à côté la femme Faragalah, dont l'indice est de 80,64, et la femme Akmet-Saïd, de 23 ans, avec l'indice de 75,85, enfin celui de 83,37 que j'ai trouvé sur Abd-el-Faraz-el-Soudani, soldat de trente-neuf ans.

Les divergences que l'on constate entre l'indice céphalique moyen que j'ai reconnu aux vingt-sept Dinka que j'ai étudiés et celui que leur a trouvé M. Girard sont assez grandes pour que l'on soit en droit d'en chercher les origines.

Eh bien, je crois que, sans mettre en cause l'expérience plus ou moins grande des opérateurs, on peut soutenir qu'elles doivent être attribuées non seulement aux chances d'erreurs individuelles qui ne peuvent pas se compenser dans une faible série, mais au hasard qui a jeté sous les yeux de cet observateur trois sujets exceptionnellement dolichocéphales. On doit remarquer aussi qu'en éliminant de ma série les quatre sujets dont les indices sont évidemment anormaux pour des nilotiques, autres que des Niam-Niam — lesquels sont connus comme mésaticéphales — on arriverait facilement au chiffre que M. Girard a indiqué.

Il est très regrettable que le professeur Virchow n'ait pas publié les indices des quarante-trois sujets qu'il a étudiés à Berlin. Il eût été intéressant de comparer cette série

[1] Les Nègres de la vallée du Nil *(Revue d'anthropologie.* 1881).
[2] Les Dinka nilotiques *(l'Anthropologie*, t. XI, 1900).

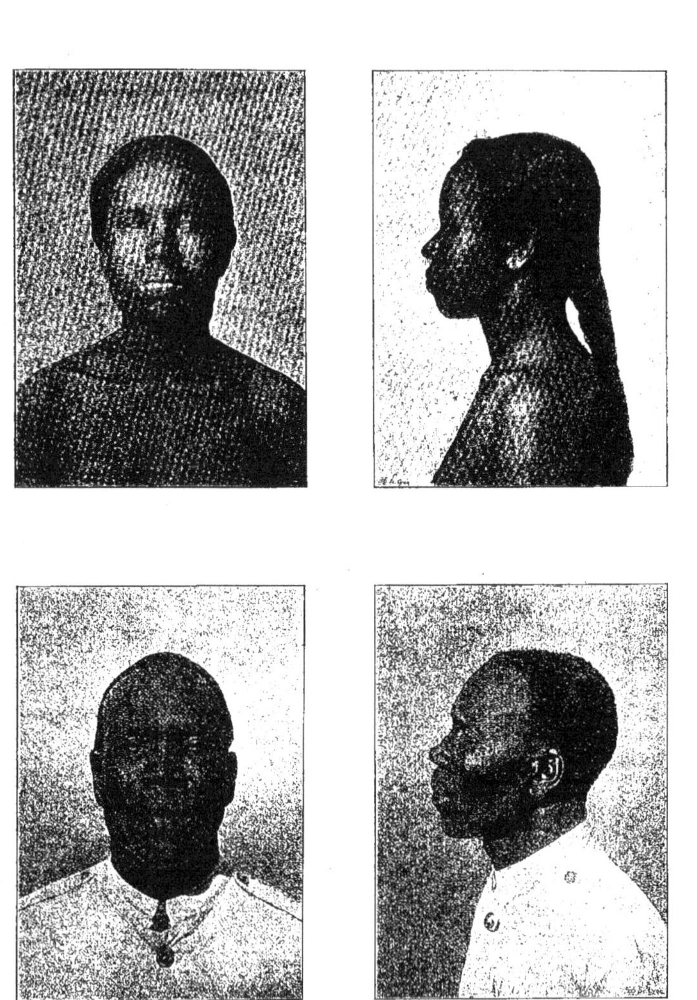

Fig. 151. — DINKA.

avec celles que l'on possède d'autre part. On aurait pu obtenir aussi — par le groupement des chiffres de ces diverses séries — un indice moyen d'autant plus rapproché de la réalité que le nombre des individus observés aurait été plus considérable.

Quoi qu'il en soit, on peut soutenir que les Dinka présentent un indice céphalique qui montre une certaine homogénéité. La mise en série montre, en effet, que la moyenne de fréquence se trouve entre 73 et 76. La mise en série de l'indice céphalique (longueur-largeur) montre que, sur les vingt-sept sujets Dinka, hommes et femmes réunis, dix-huit sont dolichocéphales avec des indices inférieurs à 75, que sept sont mésocéphales avec ces indices allant de 75 à 79,9 et que deux sont brachicéphales avec des indices voisins de 80.

L'indice céphalique moyen de hauteur-longueur (transverse verticale ou auriculo-bregmatique) est de 63,63, ce qui prouve que la tête de nos vingt-sept sujets est assez élevée. Quant à l'indice de largeur (largeur-hauteur), qui est de 86,23, il confirme l'idée que l'on se fait sur la longueur extraordinaire de la tête des Dinka quand on regarde un individu de cette race. La courbe antéro-postérieure est du reste généralement surélevée jusqu'au bregma, chez la plupart. La mise en série de l'indice céphalique montre que la moyenne de fréquence se trouve entre 72 et 74.

La taille et la grande envergure. — Chez les Dinka comme chez les Chillouk et les Nouer, la taille est élevée. Elle ne présente pas cependant des chiffres qui permettent de dire que ces nègres sont les plus grands des Africains. En effet, la moyenne qu'ont donnée les vingt-sept sujets réunis est de 1^{m}72. Il faut remarquer toutefois que chez les douze femmes cette moyenne n'est que de 1^{m}64, tandis qu'elle monte à 1^{m}77 chez les hommes. En somme, quatorze sujets sur vingt-sept ont des tailles supérieures à 1^{m}70, six ne vont qu'à 1^{m}65 et six restent au-dessous.

Les trois individus de M. Girard ont une taille moyenne de 1^{m}77 avec des extrêmes de 1^{m}70 à 1^{m}86.

La grande envergure est élevée chez les Dinka, car les vingt-sept sujets réunis donnent le chiffre de 1^{m}80. Les femmes mesurent 1^{m}66 et les hommes 1^{m}88. Le diamètre moyen présenté par les trois individus de M. Girard est de 1^{m}83.

Ce diamètre est toujours supérieur à la taille chez cette race. Elle l'est de trois unités chez les femmes, mais elle l'est au moins de neuf chez les hommes.

NOUER

ETHNOGÉNIE ET ETHNOGRAPHIE

Cette population éminemment guerrière habite près des embouchures du Sobat et du Bahr-el-Ghazal. Sous le rapport des coutumes, ils ressemblent aux Chillouk et aux Dinka ; seul leur dialecte diffère de celui de ces deux peuplades. Ils sont essentiellement pasteurs et agriculteurs. Ils vont absolument nus. Les femmes portent cependant une ceinture en franges autour des hanches et les jeunes filles un tablier de même genre. Ils se frottent le corps avec de la cendre délayée dans de l'urine de vache pour se protéger des insectes. Ils teignent souvent leurs cheveux en rouge brun à l'aide d'une pâte qu'ils préparent avec de la cendre et de la bouse de vache. Certains individus chez qui la toison est peu abondante y suppléent en se coiffant d'un tissu en fils de coton, teint en rouge et formant perruque.

Les cases des Nouer ressemblent à celles des Chillouk. Toujours propres, elles sont entourées d'une aire libre dont le sol est battu avec soin. A l'intérieur, une couche épaisse de cendres et de bouse calcinée jusqu'à être parfaitement blanche sert de literie et vaut mieux que n'importe quelle moustiquaire.

L'influence du milieu est remarquable chez ces populations plus que partout ailleurs. Chillouk, Dinka et Nouer diffèrent des populations des régions rocheuses et montagneuses. Habitants des plaines marécageuses du Nil et du Sobat, ils occupent parmi les hommes — comme le fait remarquer Schweinfurth — le même rang que les flamants parmi les oiseaux. Outre leurs grandes jambes, ils ont de larges pieds. Une autre similitude, c'est qu'ils restent souvent immobiles sur une jambe comme les échassiers, l'autre étant appuyée sur le genou. Les grandes enjambées qu'ils font lentement parmi les roseaux rappellent celles des cigognes. Enfin leur tête petite et déprimée emmanchée d'un long cou achève la ressemblance.

Les hommes portent aux poignets des bracelets d'ivoire et de cuivre. Les femmes s'ornent la lèvre supérieure d'un gros fil de fer. Comme leurs voisins, ils sont armés de lances et de massues à tête de fer. Leur idiome se rapproche de celui des Dinka et des Chillouk.

MORPHOLOGIE ANTHROPOMÉTRIQUE

Les cheveux et les yeux. — Cette tribu dont les caractères généraux se rapprochent assez de ceux des Chillouk pour qu'on puisse les considérer comme une sorte de sous-tribu de cette grande peuplade, possède des cheveux semblables à ceux de ses voisins. Les yeux des Nouer, toujours foncés, sont modérément écartés pour des nègres ; le diamètre bipalpébral interne est de 34 millimètres et le diamètre bipalpébral externe de 101 millimètres. L'indice bipalpébral de nos deux sujets est de 33,66.

Le nez, la face, la bouche et les oreilles. — Les Nouer sont encore plus plathyrhiniens que leurs voisins et parents. Leur indice nasal est de 110. La moyenne de la hauteur est de 38 millimètres et celle de la largeur de 42 millimètres.

La face est étroite, quoique le diamètre bizygomatique soit de 136 millimètres, et la hauteur ophrio-mentonnière de 122 millimètres. L'indice facial est en somme de 111,47.

Le prognathisme est assez fort, moins cependant que chez certains Chillouk. La bouche n'est pas très large : 52 millimètres. Les oreilles présentent l'indice de 66,66.

La taille et la grande envergure. — La taille de ces gens n'est pas plus élevée que celle de leurs voisins, car elle atteint comme chez eux $1^{m}72$. La grande envergure est plus considérable et dépasse de beaucoup la taille car elle arrive à $1^{m}85$.

La tête et ses diamètres. — Les Nouer paraissent un peu moins dolichocéphales que les Chillouk et les Dinka. Leur indice céphalique (longueur–largeur) est de 74,73. Le diamètre antéro–postérieur maximum est particulièrement grand; il mesure 190 millimètres. La hauteur auriculo–bregmatique est également forte et montre des têtes élevées. Les indices de hauteur sont de 67,36 pour la hauteur–longueur et de 90,14 pour la hauteur–largeur.

TCHADIENS ET KANORI

Ces deux groupes ethniques comprennent un très grand nombre de tribus et renferment des types un peu différents les uns des autres, qui mériteraient d'être étudiés séparément. Mais comme leur habitat sort du cadre de nos recherches actuelles, nous ne pouvons nous en occuper ici qu'à titre d'élément de comparaison et, du reste, le nombre des sujets que j'ai pu observer dans chacun de ces groupes est trop faible pour en former des catégories distinctes. Ce n'est donc que très succinctement et en les groupant que je rappellerai, d'après les principaux voyageurs qui ont visité ces peuplades, leurs caractères ethnogéniques et ethnographiques essentiels.

TCHADIENS-FORIENS

ETHNOGÉNIE ET ETHNOGRAPHIE

Ce groupe comprend les tribus baghermi, ouadienne et forienne. La tribu des Foriens dont j'ai pu observer quelques individus paraît constituer la population aborigène du Darfour — Dar for — notamment, dans les montagnes de Marrah qui s'élèvent au centre du pays. Les Foriens se subdivisent en un certain nombre de sous–tribus plus ou moins mêlées d'Arabes et de Berbères — de type et d'origine divers — qui vivent dans leur voisinage.

MORPHOLOGIE ANTHROPOMÉTRIQUE

Cette population est à peine connue au point de vue anthropométrique. Elle n'avait été étudiée jusqu'ici — scientifiquement — que d'après quelques crânes.

Robert Felkin[1] a, le premier, pris sur un jeune individu à son service quelques mensurations, mais d'après une autre méthode que la nôtre ; ne pouvant être comparées, elles ne sont pas utilisables. Le même observateur a pris la mesure de la taille de vingt–cinq hommes et de quinze femmes.

[1] Notes on the for tribe of central Africa. *(Proceedings of the Royal) Soc. of Edimburgh*, vol. XIII, 1884-85.

C'est à Assouan que la série de mesures la plus complète et la plus considérable a été prise par moi en 1898. Elle se compose de seize sujets dont deux femmes. Les hommes sont âgés de 25 à 40 ans et les femmes de 18 à 20 ans. Cette tribu passe pour être assez mêlée dans la plai ne, aussi ai-je choisi de préférence des gens de la montagne. Au dire des voyageurs qui en ont vu beaucoup, les Foriens sont les nò gres les plus laids — à notre point de vue — de tous ceux qu'on voit dans la région tcha dienne. Ils ont été sans doute frappés par leur platyrhinie et leur prognathisme qui ne sont pas pourtant plus forts que ceux de leurs voi sins, mais qui contraste avec la leptorhinie et l'orthognatisme des Arabes qui les entourent.

Fig. 152. — Forienne.

La peau, les che veux et les yeux. — Les Foriens ont la peau d'un noir foncé luisant et non pas rougeâ tre. Leurs cheveux sont laineux et courts ; ils ne les travaillent pas et ne les teignent pas en rouge comme les Chillouk.

Leurs yeux sont vifs, brillants, grands

Fig. 153. — Foriens.

et passablement écartés. L'indice interoculaire moyen est de 32,65. La moyenne du diamètre biorbitaire interne est de 32 millimètres et celle du diamètre bi-orbitaire externe est de 98 millimètres.

Le nez, la face, la bouche et les oreilles. — L'indice nasal moyen des seize sujets est de 104,76. La hauteur moyenne du nez est de 42 millimètres et sa largeur moyenne est de 44 millimètres. La face est courte avec une hauteur ophrio-mentonnière moyenne de 126 millimètres et une largeur bizygomatique de 133 millimètres. L'indice facial total est de 105,55 pour les seize sujets. La face des femmes diffère peu de celle des hommes.

La bouche des seize Foriens a en moyenne 52 millimètres et l'oreille présente un indice moyen de 60,34.

La taille et la grande envergure. — Les Foriens passent pour être grands et cependant la moyenne de leur taille n'est que de 1m69.

La grande envergure moyenne est de 1m75 et dépasse

La tête et ses diamètres. — La tête des Foriens n'est pas aussi étroite et haute qu'on l'a dit, sans les avoir mesurés, du reste.

L'indice céphalique moyen (longueur-largeur) est de 75.

Les diamètres antéro-postérieur et transverse maximum sont de 188 et 141 millimètres. La hauteur moyenne auriculo-bregmatique est de 121 millimètres.

Les indices moyens de hauteur sont de 64,36 et de 85,81.

KANORI-BORNOU

ETHNOGÉNIE ET ETHNOGRAPHIE

Ce groupe renferme les tribus Bornou et Haoussa. Je n'ai à parler ici que des Bornou dont j'ai pu observer quelques sujets. Comme les Tchadiens, les Kanori vivent au milieu d'Arabes et de Berbères. Ces derniers ont donné jadis une dynastie aux Kanori et les Haoussa appellent encore les gens du Bornou *Berbers* et leur idiome *baribari*. Les mœurs et les usages des Bornou sont à peu près ceux des Tchadiens. Ils sont peut-être un peu plus agriculteurs qu'eux, mais ils ne sont — d'une façon générale — guère plus avancés que leurs voisins en civilisation.

MORPHOLOGIE ANTHROPOMÉTRIQUE

Cette population comme celle des Foriens n'était connue jusqu'ici que par l'étude de quelques crânes. Elle ne semble pas s'être beaucoup aventurée encore à descendre le Nil jusqu'à Assouan; aussi n'ai-je pu en trouver que quatre (trois ♂ et une ♀) parmi les milliers de Soudanais que j'ai eu l'occasion de voir dans ce pays.

Les cheveux et les yeux. — Les Bornou, comme la plupart des nègres du Soudan oriental, ont les cheveux laineux et courts, les femmes les portent le plus souvent en une quantité de petites tresses. Les yeux sont toujours foncés, bien ouverts, et d'un éclat vif. Leur écartement est considérable, car le diamètre bipalpébral interne est de 34 millimètres et le bipalpébral externe est de 96 millimètres.

Le nez, la face, la bouche et les oreilles. — Le nez des Bornou est aussi large que haut ; son indice moyen est de 100.

La face est large avec un diamètre bizygomatique moyen de 132 millimètres et un diamètre ophrio-mentonnier moyen de 121 millimètres. L'indice facial total est de 109,08. Le prognathisme général des Bornou est un des plus accentués que l'on puisse trouver chez les Soudanais orientaux. La bouche n'a que 51 millimètres de largeur moyenne. Les oreilles présentent un indice moyen de 63,46.

Fig. 154. — Femme Bornou.

La taille et la grande envergure. — Les Bornou, autant que le petit nombre de sujets que j'ai étudiés me permet d'en juger, ne sont pas de taille élevée ; la moyenne est de 1^m61, mais il y a un sujet de 1^m64 et un de 1^m62. La femme n'a que 1^m60.

La grande envergure moyenne est de 1^m71. Elle se trouve donc, en général plus grande que la taille de 10 unités.

La tête et ses diamètres. — Cette tribu est loin de présenter la dolichocéphalie de ses voisines de l'est ; elle se rapproche, au contraire, de celle du sud. Son indice céphalique moyen (longueur-largeur) est en effet de 74,48. Les diamètres antéro-postérieur et transverse moyens sont cependant de 192 et 143 millimètres, tandis que la hauteur auriculo-bregmatique moyenne n'est que de 112 millimètres.

Les indices de hauteur sont donc de 58,33 et 78,32.

NOUBIENS

Les Noubiens n'ont qu'une similitude de nom avec les anciens Noubæ, Nobates, sortis des oasis de l'ouest pour venir dans la vallée du Nil qui a reçu le nom de Nubie. Ce groupe comprend une série importante de tribus habitant le Haut Sénaar, le Kordofan et les régions au sud du lac Tchad. Tels sont les Nouba proprement dits, les Bertat et les Fertit ou Kredi du Kordofan méridional, les Tagala ou Teghele, les Bongo, les Niam-Niam, les Monboutou, etc., etc.

Nous ne nous occuperons ici que des Nouba, des Fertit, des Tagala, des Niam-Niam et des Bongo, les seules tribus dont j'ai eu l'occasion d'observer des représentants.

NOUBA PROPREMENT DITS

MORPHOLOGIE ANTHROPOMÉTRIQUE

Cette tribu, qui est fort mêlée de sang éthiopien dans le sud du Sénaar et dans le nord du Kordofan, est, au contraire, de sang pur dans la région montagneuse au sud du Kordofan où ils paraissent aborigènes.

La peau, les cheveux et les yeux. — La couleur de la peau des trente-six Nouba jusqu'ici étudiés est peut-être plus claire que celle des Kanori et tire un peu sur le rouge.

Ils ont les cheveux généralement noir mat, courts et laineux, le plus souvent rasés. Les femmes les portent en nombreuses tresses ornées de coquilles ou de perles en verroterie.

Les yeux sont moins écartés que chez les Bornou. Le diamètre bipalpébral interne moyen est de 32 millimètres (vingt ♂ 33, seize femmes 31). Le diamètre bipalpébral externe est de 96 millimètres. L'indice bipalpébral moyen est de 33,33 (♂ 34,02, ♀ 32,63).

Le nez, la face, la bouche et les oreilles. — La platyrhinie des Nouba est, à peu de chose près, la même que chez la plupart des autres Noubiens ; elle est moins forte cependant que chez les Bongo (quatre ♂ 109,75). L'indice nasal moyen des trente-six Nouba est de 102,44 (♂ 104,76 et ♀ 100). La face est large, avec un prognathisme moyen. Les diamètres ophrio-mentonnier et bizygomatique moyens sont de 125 et 130 millimètres. L'indice facial total moyen est de 104 (♂ 103,12 et ♀ 106,66). Le diamètre moyen de la bouche est de 52 millimètres. Les oreilles, petites, sont mal ourlées.

La taille et la grande envergure. — Les Nouba ne sont pas de grande taille comme leurs voisins nilotiques. La moyenne des trente-six sujets est de 1m66 (vingt ♂ 1m69 et seize ♀ 1m61).

La grande envergure moyenne s'élève à 1^m71 (♂ 1^m77 et ♀ 1^m65). Elle ne dépasse donc la taille que de quelques centimètres, contrairement à ce qui se voit chez beaucoup d'autres tribus soudanaises.

La tête et ses diamètres. — La dolichocéphalie des Nouba est caractérisée par l'indice céphalique moyen (longueur-largeur) de 75,40 (♂ 74,21 et ♀ 77,05).

Fig. 155. — Femme Nouba.

L'élévation de cet indice chez les femmes est surprenante et doit pouvoir s'expliquer par l'hypothèse d'un apport considérable, dans cette tribu, d'éléments Niam-Niam dont l'indice de 76,72 est le plus fort de toute la région. La moyenne du diamètre antéro-postérieur qui est de 190 millimètres chez les hommes, n'est du reste que de 183 millimètres chez les femmes. Le diamètre transverse est uniformément de 141 millimètres dans tout le groupe. La hauteur auriculo-bregmatique moyenne est de 118 millimètres (♂ 121 et ♀ 114) et les indices moyens de hauteur-longueur et hauteur-largeur sont de 63,10 (♂ 121 et ♀ 62,29) ; puis de 83,68 (♂ 85,81 et ♀ 80,85).

La mise en série de l'indice nasal des Nouba établit ce fait d'une façon précise, à savoir que la platyrhinie est moins forte qu'on l'a prétendu. On voit en effet que, sur les trente-six Nouba, il en est quinze qui dépassent la moyenne de 102,44, tandis que vingt et un ne l'atteignent pas. On en trouve même sept à l'indice vraiment mésorhinien de 91.

La mise en série de l'indice facial est plus hétérogène que celle de l'indice nasal. On le voit monter de 93 à 118 (deux cas à chaque extrémité); quatre sujets se rencontrent aux indices de 103 à 107.

Par la mise en série de l'indice céphalique, on voit bien quelle est l'homogénéité de cette tribu. Il oscille en effet entre 74 et 76. Neuf sujets présentent des indices inférieurs à l'indice moyen de 75,40 et six seulement le dépassent. Les extrêmes sont à 70 (trois cas) et à 82 (un cas).

FERTIT OU KREDIS

ETHNOGÉNIE ET ETHNOGRAPHIE

Cette population habite une région située entre le Darfour au nord et le pays des Niam-Niam au sud. Au rapport de M. de Heuglin[1] et de Mohamed-el-Tounsy[2], on comprend sous le nom de *Fertit* une foule de tribus qui habitent au midi du Darfour; mais, à proprement parler, le mot *Dar-Fertit* est employé par les Forien et les Baggara pour distinguer des Niam-Niam l'ensemble des tribus des Kredis. D'après le Dr Potagos[3], qui a visité les régions du Fertit en 1877, les Kredis ou Krekis ne doivent pas être séparés des Fertit. Les mœurs et les usages de ces peuplades sont très voisins de ceux des Baggara et de leurs autres voisins.

MORPHOLOGIE ANTHROPOMÉTRIQUE

Ce peuple, chez qui Schweinfurth a séjourné, est, suivant l'éminent savant, le plus laid de tous ceux qu'il connut dans la région, et leur est bien inférieur sous tous les rapports. Les Fertit sont lourds, grossièrement charpentés et totalement dépourvus de cette harmonie des formes que l'on trouve chez les Nilotiques du Bahr-el-Ghazal. Chez les Fertit, les membres sont plus forts et plus ramassés sans rappeler toutefois la musculature des Européens.

Leur taille est au-dessous de la moyenne et leur crâne est rond comme chez les Niam-Niam. Aucune tribu soudanaise n'offre des lèvres aussi épaisses et une bouche aussi largement fendue que celle des Fertit.

Voici, d'après nos propres observations, faites sur cinq sujets (quatre ♂ et une ♀) quels sont les caractères morphologiques de cette peuplade.

La peau, les cheveux et les yeux. — Leur couleur est moins foncée que celle des Bongo et des Niam-Niam. La toison des Fertit est à peu près la même que celle des autres Noubiens : elle est courte, laineuse et d'un noir foncé. Les yeux sont grands, brillants, d'un noir marron foncé avec un écartement de 31 millimètres en moyenne. L'indice bipalpébral moyen est de 32,29.

Le nez, la face, la bouche et les oreilles. — La platyrhinie des Fertit est aussi

[1] *Mittheilungen* de Petermann, supplément de 1885.

[2] *Loc. cit.*

[3] Voyage à l'ouest du Haut-Nil (*Bulletin de la Société de géographie de Paris*, 1880).

forte que celle des Niam-Niam, c'est-à-dire que son indice est de 100. La hauteur et la largeur du nez sont également de 43 millimètres.

La face est large : la hauteur ophrio-mentonnière est de 135 millimètres et la largeur bizygomatique de 134 millimètres. L'indice facial est de 99,25.

Le prognathisme est accentué comme chez tous les Noubiens. Les lèvres des Fertit sont charnues et retournées ; la bouche présente un diamètre de 54 millimètres.

Les oreilles sont petites et mal ourlées.

Fig. 156. — Fertit.

La taille et la grande envergure. — Les Fertit, quoique passant pour des gens de taille au-dessus de la moyenne, mesurent cependant — les cinq sujets du moins que j'ai observés — 1m71 en moyenne. La femme n'a que 1m62 mais deux hommes ont plus de 1m71.

La grande envergure est de 1m78 et dépasse ainsi la taille comme cela se voit chez les Niam-Niam de près de 10 unités.

La tête et ses diamètres. — La mésaticéphalie des Fertit, dont on parle comme de celle des Noubiens en général, est caractérisée par l'indice de 75,64. Les diamètres antéro-postérieur et transverse maximum moyens sont de 193 et 146 millimètres. La hauteur auriculo-bregmatique est grande : elle est de 122 millimètres.

De ce fait, les indices de hauteur sont de 63,21 et 83,56.

TAGALA OU TAGHELE

ETHNOGÉNIE ET ETHNOGRAPHIE

Cette peuplade habite un massif de montagnes du sud du Kordofan, bordées par les steppes parcourues par les Baggara. Le Dr Peney qui a visité ces populations en 1863[1] les a trouvées plus élevées en civilisation que les autres nègres de la région. Ils sont agriculteurs. Ils cultivent spécialement le coton, élèvent des chevaux et savent assez bien travailler le fer. Quelque peu commerçants, ils viennent fréquemment dans la vallée du Nil. Ils sont de vigoureux chasseurs et de très braves guerriers. Plus beaux que les Kredis ou les Bongo, ils sont également plus intelligents, et les chasseurs d'esclaves les ont, de tous temps, recherchés.

En dehors des montagnes du Téghelé, et par suite de leur contact avec les tribus originaires de la Haute-Nubie — Barabra et Dongolais — cette population a perdu certainement une partie de ses caractères primitifs, et c'est sans doute à cela qu'ils doivent le développement qu'on leur a reconnu.

MORPHOLOGIE CRANIOMÉTRIQUE

D'après le Dr Peney, cette tribu a la peau d'un noir foncé mais ne présente pas le prognathisme et la platyrhinie des autres nègres du Soudan oriental. Leurs formes sont généralement belles, leurs traits réguliers leur démarche aisée et leur regard vif.

Je n'ai pu observer que sept individus de cette tribu (six ♂ et 1 ♀).

Les cheveux et les yeux. — Les cheveux des Tagala sont noir mat ; ils sont courts et laineux, quelquefois crépus. Les femmes les portent en de petites tresses. Les yeux grands et brillants sont un peu plus écartés que ceux des Fertit, mais moins que ceux des Niam-Niam. Leur indice bipalpébral moyen est de 32,99.

Le nez, la face, la bouche et les oreilles.— La platyrhinie des Tagala, qui passe pour être moins grande que celle des autres nègres du Soudan, est plus forte, au contraire, selon mes observations personnelles, que celle de leurs voisins. Leur indice nasal moyen est de 102,44. La largeur moyenne du nez est de 42 millimètres avec une hauteur moyenne de 41 millimètres seulement. La face paraît plus large que celle des Fertit, le prognathisme étant également moins accentué. L'indice facial moyen est de 104,76. Les diamètres ophrio-mentonnier et bizygomatique sont de 126 et 132 millimètres.

La taille et la grande envergure. — Les Tagala ont une taille moyenne de $1^{m}70$ La femme n'a que $1^{m}65$, mais trois hommes dépassent $1^{m}72$.

La grande envergure moyenne est de $1^{m}76$; elle n'est donc supérieure à la taille que de 6 centimètres.

[1] Le Djebel Tagala *(Bull. Soc. géog. Paris,* 1864.)

La tête et ses diamètres. — La tête des Tagala est plus allongée que celle des Fertit et surtout des Niam-Niam. L'indice céphalique moyen (longueur-largeur) de nos sept sujets réunis est de 74,34, avec des diamètres antéro-postérieur et transverse moyens

Fig. 157. — TAGALA.

de 191 et 142 millimètres. La hauteur auriculo-bregmatique moyenne est de 121 millimètres et donne un indice de longueur et largeur-hauteur de 63,35 et 85,21.

La mise en série de l'indice céphalique des Tagala montre un sujet à 71 et à 76 et deux à 73 et à 75.

NIAM-NIAM

ETHNOGÉNIE ET ETHNOGRAPHIE

Cette population se nomme elle-même Zandé, et ce nom de Niam-Niam qui leur a été donné, d'après Schweinfurth, par leurs voisins les Dinka, veut dire — dans leur langue — mangeurs, gros mangeurs. Ils ont été accusés d'anthropophagie, et leur nom est tellement associé à cette idée, qu'au Soudan on est arrivé à l'appliquer à d'autres peuples qui n'ont rien de commun avec eux. Les Niam-Niam sont assez bien connus au point de vue ethnographique. Les voyageurs qui les ont visités en ont donné des descriptions circonstanciées. Aussi ne puis-je mieux faire que de renvoyer le lecteur aux nombreuses publications qui traitent de ce peuple, de son pays, de ses us et coutumes, notamment à celle du professeur Schweinfurth. Qu'il me suffise de dire ici que le Niam-

Niam est non seulement chasseur et guerrier, mais encore agriculteur : toutefois c'est la femme qui cultive pendant que l'homme chasse et guerroie.

Hommes et femmes se couvrent à peine le corps au moyen de peaux de bêtes sauvages dont ils se ceignent les reins. Leurs coiffures affectent les formes les plus singulières, surtout chez les hommes qui travaillent leurs cheveux avec un art extraordinaire. Les Niam-Niam ont des tatouages spéciaux dont ils s'ornent le visage.

MORPHOLOGIE ANTHROPOMÉTRIQUE

Cette peuplade a été décrite avec soin par Schweinfurth[1] et voici le résumé du portrait qu'il en fait. « Les Zande, dit-il, avec leur tête ronde et large, peuvent être rangés au nombre des brachycéphales du degré le plus inférieur.

« Ils ont les cheveux épais et crépus de ce qu'on appelle les véritables nègres ; ces cheveux sont d'une longueur exceptionnelle, disposés en touffes et en nattes qui leur tombent sur les épaules et leur descendent parfois jusqu'aux reins. Les yeux fendus en amande, ouverts un peu obliquement et surmontés d'épais sourcils bien arqués, sont grands et pleins. Un nez d'une faible saillie et coupé carrément, une bouche rarement plus large que les narines, des lèvres fort épaisses, des joues rebondies, tel est l'ensemble du visage.

« Ils ont une tendance à l'embonpoint, et il est rare de trouver chez eux un grand développement des muscles. Leur taille est au maximum de 1m80; leur torse est long en comparaison des jambes. La couleur de leur peau est celle du chocolat en tablettes. Parmi les femmes on trouve encore plus souvent que chez les Bongo des teintes cuivrées, plus ou moins foncées. »

Fig. 158. — Niam-Niam.

Voici maintenant le résultat de mes observations recueillies sur les deux sujets mâles que j'ai étudiés au point de vue anthropométrique.

Les cheveux et les yeux. — Les cheveux crépus et non laineux sont toujours noirs, abondants, souvent longs. Les yeux sont modérément écartés pour des nègres, l'indice biorbitaire moyen étant de 32,69. Le diamètre biorbitaire interne est de 34 millimètres et biorbitaire externe de 104 millimètres.

Le nez, la face, la bouche, les oreilles. — Le nez est semblable comme indice à celui des Bornou, c'est-à-dire que sa hauteur égale sa largeur lesquelles atteignent 45 millimètres. Il en résulte un indice moyen de 100.

La face des Niam-Niam est presque carrée ;

[1] Au cœur de l'Afrique, *loc. cit.*

son indice total est de 105,34. La hauteur ophrio-mentonnière est de 131 millimètres et son diamètre bizygomatique est de 138 millimètres.

Le prognathisme est fort accentué chez ces gens et leur bouche aux lèvres lippues ne mesure que 55 millimètres de diamètre.

Les oreilles sont petites, leur indice moyen est de 58,06.

La taille et la grande envergure. — Les Niam-Niam sont grands en général comme le dit Schweinfurth. La moyenne que j'ai trouvée est de 1^{m}70.

La grande envergure qui est de 1^{m}84 dépasse donc de beaucoup la taille.

La tête et ses diamètres. — La tête ronde et large qu'on attribue au Niam-Niam est caractérisée en somme par l'indice moyen (longueur-largeur) de 76,72. Les diamètres antéro-postérieur et transverse maximum moyens sont de 189 et 145 millimètres. La hauteur auriculo-bregmatique est de 124 millimètres. Les indices de hauteur sont de 65,61 et 85,71.

BONGO

ETHNOLOGIE ET ETHNOGRAPHIE

Le nom de Bongo est donné à une grande tribu nègre du Haut-Nil et spécialement de la région basse qui s'étend à l'ouest du Bahr-el-Abyad. Le professeur Schweinfurth[1] a consacré à ce peuple, comme aux Niam-Niam, un long chapitre de la relation de son voyage. Ses caractères ethnographiques tiennent de ceux des Niam-Niam et des Dinka.

MORPHOLOGIE ANTHROPOMÉTRIQUE

D'après Schweinfurth, les Bongo ont la peau d'un rouge brun pareil à celui du terrain qu'ils occupent. De même que celle des Dinka elle est d'un brun sombre analogue à celui des alluvions de leur sol natal. Pour rendre cette nuance particulière de la peau des Bongo, il faudrait employer largement la couleur qui porte le nom de « rouge pompéien ».

Les quatre sujets que j'ai observés présentent les caractères suivants :

Les cheveux et les yeux. — La chevelure est courte, laineuse et frisée, généralement d'un noir mat. Les yeux, foncés, paraissent moins écartés que ceux des autres Soudanais orientaux puisque leur indice bipalpébral est de 30,47. Mais si l'on remarque que le diamètre bipalpébral est de 32 millimètres, on verra que cette dissemblance n'est qu'apparente. Cet indice est, en effet, inférieur de 2 ou 3 unités dans ce groupe, à cause de la grandeur extraordinaire du diamètre bipalpébral externe qui atteint 105 millimètres. Ce fait montre, une fois de plus, que l'indice bipalpébral n'est qu'une formule donnant un aperçu de la physionomie du haut de la face. C'est le diamètre bipalpébral interne qui fournit vraiment le caractère ethnique le plus constant et le plus essentiel, bien entendu, après les indices du nez et de la tête.

[1] *Loc. cit.*

Mise en série de l'indice nasal des Soudanais Orientaux

INDICES	CHILLOUK 18 ♂	DINKA 15 ♂ 12 ♀	NOUER 2 ♂	FORIEN 14 ♂ 2 ♀	BORNOU 3 ♂ 1 ♀	NOUBA 20 ♂ 16 ♀	TAGALA 6 ♂ 1 ♀	FERTIT 4 ♂ 1 ♀	BONGO 4 ♂	NIAM-NIAM 2 ♂	TOTAUX
90	1	6	»	»	»	7	»	»	»	1	15
93	»	1	»	»	1	2	»	1	1	»	6
94	»	1	»	»	»	»	»	»	»	»	1
95	»	1	»	3	»	»	1	1	»	»	6
97	3	2	»	»	1	6	1	»	»	»	13
100	2	5	»	3	»	1	2	»	»	1	13
102	2	»	1	»	1	5	»	1	»	»	10
104	1	1	»	2	»	1	»	2	»	»	7
105	2	2	»	»	»	4	»	»	»	»	8
106	»	»	»	1	»	2	1	»	»	»	4
107	1	1	»	3	»	»	»	»	»	»	5
109	2	1	»	»	»	1	1	»	»	»	5
110	1	2	»	»	»	»	»	»	1	»	4
111	»	»	»	»	»	2	»	»	»	»	2
113	1	»	»	1	»	»	»	»	»	»	2
115	»	»	»	1	1	»	1	»	1	1	5
117	»	1	»	1	»	1	»	»	»	»	3
118	»	1	»	»	»	1	»	»	»	»	2
121	1	»	»	1	»	1	»	»	»	»	3
124	1	2	1	»	»	2	»	»	1	»	7
										Total.	121

Mise en série de l'indice facial des Soudanais Orientaux

INDICES	CHILLOUK 18 ♂	DINKA 15 ♂ 12 ♀	NOUER 2 ♂	FORIEN 14 ♂ 2 ♀	BORNOU 3 ♂ 1 ♀	NOUBA 20 ♂ 16 ♀	TAGALA 6 ♂ 1 ♀	FERTIT 4 ♂ 1 ♀	BONGO 4 ♂	NIAM-NIAM 2 ♂	TOTAUX
93	»	»	»	»	»	2	»	»	»	»	2
94	»	»	»	»	»	1	»	»	»	»	1
95	1	1	»	»	»	»	»	»	»	»	2
96	»	3	»	1	»	»	»	»	»	»	4
97	1	»	»	»	»	2	1	3	»	»	7
98	»	1	»	»	»	1	»	1	»	»	3
99	1	»	»	»	»	1	1	»	»	»	3
100	»	3	»	1	»	2	»	»	»	1	7
101	3	2	»	3	»	1	1	»	4	»	14
102	»	2	»	1	»	1	»	1	»	»	5
103	»	1	»	1	1	4	»	»	»	»	7
104	1	1	»	»	»	4	1	»	»	»	7
105	»	»	»	»	»	4	»	»	»	»	4
106	1	»	»	1	»	1	»	»	»	»	3
107	2	2	»	3	»	4	»	»	»	»	11
108	1	1	»	»	»	1	2	»	»	»	5
109	»	3	»	»	1	»	»	»	»	»	4
110	2	3	»	»	1	3	1	»	»	1	11
111	1	1	2	2	»	»	»	»	»	»	6
112	1	2	»	»	»	1	»	»	»	»	4
113	2	1	»	2	»	»	»	»	»	»	5
114	»	»	»	1	1	»	»	»	»	»	2
115	»	»	»	»	»	»	»	»	»	»	»
116	»	»	»	»	»	1	»	»	»	»	1
117	»	»	»	»	»	»	»	»	»	»	»
118	1	»	»	»	»	2	»	»	»	»	3
										Total	121

Mise en série de l'indice céphalique des Soudanais Orientaux

INDICES	CHILLOUK 18 ♂	DINKA 15♂ 12♀	NOUER 2 ♀	FORIEN 14♂ 2♀	BORNOU 3♂ 1♀	NOUBA 20♂ 16♀	TAGALA 6♂ 1♀	FERTIT 4♂ 1♀	BONGO 4♂	NIAM-NIAM 2♂	TOTAUX
—	—	—	—	—	—	—	—	—	—	—	—
67	1	1	»	»	»	»	»	»	»	»	2
68	1	»	»	»	»	»	»	»	»	»	1
69	»	2	»	»	»	»	»	»	»	»	2
70	2	2	»	1	»	3	»	»	»	»	8
71	3	1	1	»	»	4	1	»	»	»	10
72	2	4	»	4	1	2	»	»	1	»	14
73	1	4	»	1	2	2	2	»	1	»	13
74	2	4	»	3	»	4	1	1	1	»	16
75	3	2	»	2	»	5	2	3	»	1	18
76	»	3	»	1	»	2	»	1	»	»	7
77	»	»	1	2	»	6	1	»	»	1	11
78	3	2	»	1	»	2	»	»	1	»	9
79	»	»	»	»	1	4	»	»	»	»	5
80	»	1	»	1	»	1	»	»	»	»	3
81	»	»	»	»	»	»	»	»	»	»	»
82	»	»	»	»	»	1	»	»	»	»	1
83	»	1	»	»	»	»	»	»	»	»	1
								Total			121

Mise en série de l'indice bipalpébral des Soudanais Orientaux

INDICES	CHILLOUK 18 ♂	DINKA 15♂ 12♀	NOUER 2 ♂	FORIEN 14♂ 2♀	BORNOU 3♂ 1♀	NOUBA 20♂ 16♀	TAGALA 6♂ 1♀	FERTIT 4♂ 1♀	BONGO 4♂	NIAM-NIAM 2♀	TOTAUX
—	—	—	—	—	—	—	—	—	—	—	—
27	1	2	»	»	»	»	»	»	»	»	3
28	»	1	»	»	»	1	»	»	»	»	2
29	»	»	»	»	»	»	1	»	»	»	1
30	»	5	»	1	»	6	1	2	3	»	18
31	1	3	»	3	»	7	1	»	»	»	15
32	»	3	1	2	1	5	1	1	1	1	16
33	1	3	»	3	»	2	»	»	»	1	10
34	4	3	»	3	»	7	»	1	»	»	18
35	»	3	1	2	1	2	2	»	»	»	11
36	3	2	»	2	1	»	1	1	»	»	10
37	1	1	»	»	»	3	»	»	»	»	5
38	3	1	»	»	1	1	»	»	»	»	6
39	2	»	»	»	»	»	»	»	»	»	2
40	1	»	»	»	»	1	»	»	»	»	2
41	»	»	»	»	»	»	»	»	»	»	»
42	»	»	»	»	»	1	»	»	»	»	1
43	1	»	»	»	»	»	»	»	»	»	1
								Total			121

Mise en série de la taille debout des Soudanais Orientaux

TAILLE DEBOUT	CHILLOUK 18 ♂	DINKA 15♂ 12♀	NOUER 2 ♀	FORIEN 14♂ 2♀	BORNOU 3♂ 1♀	NOUBA 20♂ 16♀	TAGALA 6♂ 1♀	FERTIT 4♂ 1♀	BONGO 4 ♂	NIAM-NIAM 2 ♂	TOTAUX
160	»	3	»	2	2	8	»	»	»	»	15
161	»	3	»	»	»	1	»	»	»	»	4
162	»	»	»	»	1	1	1	»	»	»	3
163	1	»	»	1	»	4	1	»	1	»	8
164	1	»	»	1	1	2	»	1	»	»	6
165	1	1	»	»	»	1	1	1	»	»	5
166	»	1	»	2	»	3	»	»	»	»	6
167	1	2	»	1	»	1	»	»	»	1	6
168	1	»	»	2	»	4	»	»	»	»	7
169	1	1	»	1	»	1	»	»	»	»	4
170	1	2	1	1	»	2	»	»	1	»	8
171	»	1	»	»	»	2	»	»	»	»	3
172	3	1	»	»	»	1	»	»	2	»	7
173	1	»	»	1	»	»	1	»	»	»	3
174	1	»	»	»	»	»	1	»	»	1	3
175	»	2	1	1	»	1	»	1	»	»	6
176	1	1	»	1	»	2	1	2	»	»	8
178	1	»	»	1	»	2	»	»	»	»	4
179	»	1	»	»	»	»	1	»	»	»	2
180	2	2	»	»	»	»	»	»	»	»	4
181	»	2	»	»	»	»	»	»	»	»	2
182	1	»	»	»	»	»	»	»	»	»	1
183	»	1	»	1	»	»	»	»	»	»	2
185	1	2	»	»	»	»	»	»	»	»	3
188	»	1	»	»	»	»	»	»	»	»	1
										Total	121

Mise en série de la grande envergure des Soudanais Orientaux

GRANDE ENVERGURE	CHILLOUK 18 ♂	DINKA 15♂ 12♀	NOUER 2♂	FORIEN 14♂ 2♀	BORNOU 3♂ 1♀	NOUBA 20♂ 16♀	TAGALA 6♂ 1♀	FERTIT 4♂ 1♀	BONGO 4♂	NIAM-NIAM 2 ♂	TOTAUX
158	»	2	»	»	1	3	»	»	»	»	6
162	»	»	»	»	»	1	»	»	»	»	1
163	»	»	»	»	»	2	»	»	»	»	2
164	1	4	»	»	»	1	»	»	»	»	6
165	»	»	»	»	»	3	1	»	»	»	4
166	»	1	»	»	»	3	»	»	»	»	4
167	»	1	»	1	»	2	1	»	1	»	6
169	1	1	»	1	»	2	»	»	»	»	5
170	1	»	»	1	»	2	1	»	»	»	5
171	»	»	»	1	1	»	»	»	»	»	[illegible]
173	1	1	»	1	1	1	»	»	»	»	5
174	»	»	»	2	»	3	»	»	»	»	5
175	»	2	»	2	»	3	»	1	»	»	8
176	1	1	»	»	»	2	»	1	1	»	6
178	1	1	»	»	»	1	»	»	2	»	5
180	2	1	»	1	»	1	»	1	»	»	6
181	2	»	»	1	»	»	»	1	»	»	4
182	1	1	»	1	»	2	1	1	»	»	7
183	»	1	»	1	»	1	1	»	»	»	4
184	1	2	»	»	1	»	1	»	»	1	6
185	»	»	1	1	»	»	»	»	»	1	3
186	3	1	1	»	»	»	1	»	»	»	6
190	2	»	»	»	»	2	»	»	»	»	4
192	»	1	»	1	»	»	»	»	»	»	2
193	1	1	»	»	»	»	»	»	»	»	2
195	»	2	»	»	»	»	»	»	»	»	2
196	»	3	»	1	»	1	»	»	»	»	5
										Total	121

MOYENNES DES DIAMÈTRES ET DES INDICES DES SOUDANAIS ORIENTAUX

MESURES		GROUPE NILOTIQUE						GROUPE TCHADIEN	GROUPE KANORI	GROUPE NOUBIEN								MOYENNE
		Tribu Chillouk 18 ♂	Tribu Dinka 15 ♂	Tribu Dinka 12 ♀	Tribu Dinka 27 ♂ et ♀	Tribu Nouer 2 ♂	Moyenne des Nilotiques 35 ♂ et 12 ♀	Tribu Forienne 14 ♂ et 2 ♀	Tribu Bornou 3 ♂ et 1 ♀	Tribu Nouba 20 ♂	Tribu Nouba 16 ♀	Tribu Nouba 20 ♂ et 16 ♀	Tribu Tagala 6 ♂ et 1 ♀	Tribu Fertit 4 ♂ et 1 ♀	Tribu Bongo 4 ♂	Tribu Niam-Niam 2 ♂	Moyenne des Noubiens 36 ♂ et 18 ♀	des Soudanais Orientaux 88 ♂ et 33 ♀
Diamètres de la tête	Antéro-post. maximum	188	191	183	187	190	188	188	192	190	183	187	191	193	189	189	188	188
	Transv. maximum	138	141	135	138	142	138	141	143	141	141	141	142	146	142	145	142	140
	Auriculo-bregmatique	116	120	118	119	128	118	121	112	121	114	118	121	122	120	124	119	119
	Indices. Longueur-largeur	73.40	73.82	73.77	73.79	74 73	73.40	75.00	74.48	74.21	77.05	75.40	74.34	75.64	75.13	76.72	75.53	74.47
	Indices. Hauteur-longueur	64.70	62.82	64.48	63.63	67.36	62.76	64.36	58.33	63.68	62.29	63.10	63.35	63.21	63.49	65.61	63.29	63.29
	Indices. Hauteur-largeur	84.05	85.10	87 40	86.23	90.14	85.50	85.81	78 32	85.81	80.85	83.68	85.21	83.56	84.50	85.51	83.80	84 99
Diamètres des yeux	Bipalpébral externe	96	102	94	98	101	98	98	96	97	95	96	97	96	105	101	97	97
	Bipalpébral interne	34	34	30	32	34	33	32	34	33	31	32	32	31	32	34	32	32
	Indice bipalpébral	35.41	33.33	31.95	32.65	33.66	33.67	32.65	35.41	34.02	32.63	33.33	32.99	32.29	30.47	32.69	32.99	32.99
Diamètres de la face	Ophrio-mentonnier	124	127	119	124	122	124	126	121	128	120	125	126	135	131	131	126	125
	Bizygomatique	133	133	126	130	136	131	133	132	132	128	130	132	134	133	138	131	132
	Indice facial	107.25	104.72	105.88	104.83	111.47	105.64	105.55	109.08	103.12	106.66	104.00	104.76	99.25	101.52	105.34	103 96	105 60
Diamètres du nez	Longueur	41	41	39	40	38	40	42	39	42	40	41	41	43	41	45	41	41
	Largeur	43	43	38	41	42	42	44	39	44	40	42	42	43	45	45	42	42
	Indice nasal	104.88	104 88	97.43	102.50	110.00	105.00	104.76	100.00	104.76	100.00	102.44	102.44	100.00	109.75	100.00	102.44	102.44
Largeur de la bouche		51	55	48	52	52	52	52	51	52	51	52	51	54	51	55	52	51
Taille debout		172	177	164	172	172	172	169	161	169	161	166	170	171	169	170	167	168
Grande envergure		180	188	166	180	185	180	178	171	177	165	171	176	178	174	184	173	175

Le nez, la face, la bouche et les oreilles. — Sous le rapport de la platyrhinie, les Bongo n'ont rien à envier aux Tagala et aux autres Noubiens, puisque leur indice moyen est de 109,75. La largeur du nez atteint 45 millimètres et la hauteur 41 millimètres seulement.

La face est plus longue que celle des Niam-Niam et moins large que celle des Fertit. L'indice facial moyen est de 101,52. Le diamètre bizygomatique est de 133 millimètres et ne dépasse l'ophrio-mentonnier que de 2 unités. Le prognathisme est à peu près celui des autres Noubiens. Les lèvres sont fortes et présentent une ouverture buccale moyenne de 61 millimètres. Les oreilles sont petites et mal ourlées.

La taille et la grande envergure. — Suivant les voyageurs et notamment Schweinfurth, la taille des Bongo n'est pas élevée. Sur quatre-vingt-trois hommes qu'il a mesurés, il ne s'en est pas trouvé un seul qui atteigne 1^m90. La moyenne serait autour de 1^m70. Les mesures que j'ai prises me donnent la taille moyenne de 1^m69. La grande envergure moyenne atteint 1^m74 et ne dépasse donc pas de beaucoup la taille, contrairement à ce que l'on voit chez beaucoup d'autres Soudanais, tels que les Niam-Niam par exemple.

La tête et ses diamètres. — Schweinfurth ne se rappelle pas avoir vu un seul Bongo à tête longue comme celle des Dinka. La largeur de leur tête tranche tellement parmi les autres nègres, que, à première vue, un homme de cette tribu reconnaît un des siens à ce simple caractère.

N'ayant vu qu'une douzaine de Bongo et n'ayant pu en mesurer que quatre, il ne m'est pas permis de contester l'exactitude de ce fait, d'autant plus qu'il est rapporté par l'observateur le plus judicieux et le plus exact que je connaisse. Voici pourtant les moyennes des diamètres céphaliques de ces quatre sujets ; elles montrent des sous-dolichocéphales un peu hypsicéphales, tout comme la plupart des autres Noubiens. Les moyennes des diamètres antéro-postérieur et transverse maximum sont de 189 et de 142 millimètres ; celle du diamètre auriculo-bregmatique est de 120 millimètres. L'indice céphalique moyen (longueur-largeur est de 75,13 ; ceux de hauteur-longueur et de hauteur-largeur sont de 63,49 et de 84,50.

MORPHOLOGIE CRANIOMÉTRIQUE

Les Soudanais Orientaux ont été jusqu'à ces derniers temps beaucoup plus étudiés au point de vue craniométrique, que la plupart des autres populations actuelles de la vallée égyptienne du Nil. Grâce, en effet, aux découvertes de quelques voyageurs, on possède aujourd'hui, dans les collections publiques, une centaine de crânes de ces races, dont l'origine et la provenance sont à peu près certaines. Ils appartiennent aux groupes Chillouk, Dinka, Forien, Bornou, Haousa, Nouba, Fertit, Tagala et Bongo. La plus grande partie de ces documents anatomiques ont été décrits et figurés par MM. Ecker, de Fribourg-en-Brisgau[1], de Quatrefages et Hamy[2], puis par Hartmann[3].

[1] Schadel Nordafrikanischer Völker, auss. dem. von Prof. Bilharz, (*Abt. des Senckemb. Gesellsch.*, VI. Frankf., 1866. — Ueber die verschiedene Krümmung des Schädelrohres beim Neger und beim Europäer (*Archiv. für Anthrop.*, IV, taf. II, 1879).

[2] *Crania ethnica, loc. cit.*

[3] Matériel anthropologique du Musée anatomique de l'Université de Berlin (*Arch. für Anthr.*, t. XXII, 1893).

Je résumerai succinctement les principaux renseignements que ces savants anthropologistes ont relevés sur les séries qu'ils ont eues entre les mains. Ils permettront peut-être quelques rapprochements avec ceux qui ont été recueillis sur des sujets vivants de même race.

Chillouk. — Deux crânes seulement de cette race ont été mesurés par MM. de Quatrefages et Hamy. L'un fait partie de la collection de la Faculté des sciences de Caen; l'autre de celle de la Société d'anthropologie de Paris. Ces deux sujets réunis donnent un indice céphalique moyen (longueur-largeur) de 71,27. Ceux de hauteur sont de 72,37 et 103,10. Dix crânes appartenant à la même race et conservés au Musée de l'Université de Berlin ont donné à M. Hartmann un indice céphalique moyen de 70.

Dinka. — On n'a décrit de ce peuple, que deux séries anatomiques. Ce sont celle de l'Université de Berlin et celle que M. Ori a rapportée à Florence. La première se compose de huit crânes (six ♂ et deux ♀). Leur indice céphalique moyen (longueur-largeur) est de 72,83 et ceux de hauteur sont de 76,87 et 105,55. La seconde renferme trois sujets et leur indice céphalique moyen est de 77,38.

Forien ou Four. — On connaît quinze crânes de cette race. Quatorze ont été recueillis par M. Fuzier et appartiennent à la Société anthropologique de Paris. Le quinzième fait partie de la collection de Bilharz. Ce sujet, que M. Ecker a étudié, a un indice céphalique de 78,15 et un indice nasal de 56,8. Les quatorze sujets de M. Fuzier sont également mésaticéphales. MM. de Quatrefages et Hamy leur ont trouvé un indice céphalique moyen (longueur-largeur) de 78,88. Le diamètre antéro-postérieur moyen étant de 180 millimètres et le diamètre transverse maximum de 142 millimètres, la hauteur basilo-bregmatique moyenne est de 136 millimètres. Les indices moyens de hauteur sont de 75,55 et 95,77. Le diamètre inter-orbitaire est de 27 millimètres et le bi-orbitaire externe est de 107 millimètres. L'indice nasal moyen est de 52,60. Le prognathisme de ces individus est modéré et comme redressé.

Bornou. — On n'a mesuré jusqu'ici que deux crânes de cette peuplade. L'un d'eux est celui d'un mamelouk de la garde de Napoléon 1er, mort à Paris ; l'autre fait partie de la collection Bilharz. Ils ont été décrits l'un et l'autre dans la *Crania Ethnica.* L'indice céphalique (longueur-largeur) du premier sujet est de 76,40; ceux de hauteur sont de 75,28 et 98,52; son indice orbitaire est de 84,20 et ceux du nez et de la face de 59,51 et 64,51. Le second, mesuré par Ecker est plus dolichocéphale; son indice céphalique (longueur-largeur) est de 72,67 et son indice nasal est de 55,01.

Haousa. — Un seul sujet de cette race, mort à Tunis, a été mesuré par MM. de Quatrefages et Hamy. Son indice céphalique (longueur-largeur) s'élève à 72,78. Ceux de hauteur sont de 72,12 et 90,41. Le diamètre interorbitaire est de 31 millimètres.

Nouba proprement dits. — C'est à Ecker que l'on doit la connaissance de deux crânes de ce groupe si considérable. Les dessins et les mesures que le savant anthropologiste de Fribourg-en-Brisgau a donnés de ces sujets montrent une mésaticéphalie caractérisée par les indices de 78,84. Le front est fuyant, rejeté en arrière et en haut. Leur prognathisme est considérable et paraît commencer à l'espace interoculaire.

Fertit ou Credis. — C'est encore Ecker qui a donné les dessins et les mesures de deux crânes de cette race intéressante. L'indice céphalique moyen de ces deux sujets réunis est 76,66. Ces crânes présentent, d'après les auteurs du *Crania Ethnica*, de grandes analogies avec ceux des Nouba.

Tagala ou Tékélé. — Un seul crâne de cette tribu a été décrit par Ecker; son indice céphalique (longueur–largeur) est de 71,50. Le diamètre antéro-postérieur maximum est de 179 millimètres et le diamètre transverse maximum est de 128 millimètres.

Il est, en outre, plus haut que large. La face s'harmonise avec le crâne et le prognathisme est peu accusé.

L'étude rapide qui vient d'être faite des crânes soudanais orientaux montre qu'au point de vue craniométrique les races qui sont comprises dans ce groupe ethnique sont loin de présenter les affinités qu'on leur a supposées. Et, en effet, si l'on voit dix Chillouk présenter l'indice céphalique moyen de 70, deux atteignent celui de 71,27. Puis on trouve huit Dinka avec l'indice de 72,83 et trois avec celui de 77,38. Les Foriens (quinze sujets) moins dolichocéphales se groupent autour de 78,80 ainsi que les Nouba proprement dits (78,85 et 77,84). Les Bornou et les Fertit se tiennent au contraire vers les indices de 76,40 et 76,66 et se placent ainsi entre les Nilotiques et les Noubiens.

Il résulte de l'étude des cent vingt et un Soudanais que j'ai observés à Assouan et de celle des trente crânes mesurés dans diverses collections que les Soudanais orientaux présentent des types fort variés. Ceux-ci peuvent être séparés en catégories assez distinctes, surtout par leurs caractères anthropométriques. Etant donné que l'ensemble des familles nous intéressant ici ont un indice céphalique moyen (longueur–largeur) de 74,47, on remarque que les groupes Nilotiques, Tchadiens, Kanori et Noubiens se distinguent très bien par ce seul caractère puisqu'ils s'échelonnent ainsi :

Nilotiques	73,46
Kanori-Bornou	74,48
Tchadiens-Foriens	75
Noubiens	75,53

Au point de vue de l'indice nasal, cet autre caractère essentiel dans la plupart des races, les résultats de la comparaison sont moins probants car, tous étant platyrhiniens, il ne s'agit plus que de constater des nuances. L'indice nasal moyen étant de 102,44, voici dans le même ordre ce que donne la mise en série :

Kanori-Bornou	100
Noubiens	102,44
Tchadiens-Foriens	104,76
Nilotiques	105

Pour l'indice facial, le même fait se reproduit et on trouve les résultats suivants :

l'indice moyen général est de 105,60 ; on voit cependant des écarts dans les indices des groupes :

Noubiens	103,96
Tchadiens-Foriens	105,55
Nilotiques	105,64
Kanouri-Bornou	109,08

La taille offre des différences plus grandes entre chaque groupe car, étant donné que la moyenne générale est de 1m75, on trouve pour les groupes les chiffres suivants :

Kanori-Bornou	1m71
Noubiens	1m73
Tchadiens-Foriens	1m78
Nilotiques	1m80

On peut donc conclure de ce qui précède que, parmi les Soudanais Orientaux, ce sont les Nilotiques qui sont les plus grands, les plus dolichocéphales et les plus platyrhiniens; que ce sont les Foriens qui viennent ensuite, ainsi que les Bornou, au point de vue céphalique. Pour l'indice nasal, ce sont seulement les Foriens qui se rapprochent le plus des Nilotiques ; toutefois, ils sont plus grands que les Bornou qui sont les moins platyrhiniens.

Fig. 159. — Femme Dinka.

RESUMÉ ET CONCLUSIONS

En présentant, à la fin de la première partie de cet ouvrage, un résumé succinct des caractères essentiels des anciens Égyptiens, aux diverses grandes époques historiques de la vallée du Nil, j'ai exposé les conclusions provisoires qui s'en dégagent. En rappelant aussi les nombreuses théories émises au sujet de l'ethnologie de cette population, sur lesquelles je n'ai pas à revenir ici, j'ai montré qu'elles étaient toutes prématurées. La plupart, en effet, ne sont établies que sur des données archéologiques ou philologiques sans bases précises. Il est de toute évidence que rechercher des liens de parenté entre les Égyptiens actuels et les Égyptiens anciens, avant de les avoir étudiés en détail, à leurs divers points de vue, était sans doute œuvre louable mais frappée d'avance d'insuccès. Il en est de même des relations ethniques que l'on a voulu — d'après les anciens procédés — trouver entre les Egyptiens et les autres peuples de l'Afrique antérieure. Aussi, c'est pénétré de la nécessité de ne pas toucher à l'ethnogénie des peuples de l'Egypte avant d'en mieux connaître les caractères morphologiques et ethnographiques, que j'ai porté tous mes soins et toute mon attention à ce genre de recherches. Je ne méconnais pas l'importance des documents archéologiques et philologiques dans la solution de ce problème, mais ils doivent ici passer en seconde ligne.

Etant donné la complexité des milieux habités par les Égyptiens et la diversité des races qui ont émigré parmi eux, ou qui les avoisinent, j'ai dû étudier chacune d'elles par groupes locaux. J'ai dû étendre enfin mes recherches aux populations des pays limitrophes de la vallée inférieure et moyenne du Nil.

Ce n'est qu'après avoir résumé les caractères divers de chacune de ces races et les avoir comparés avec celles qui paraissent présenter le plus d'affinités qu'il sera permis de répondre plus sûrement à cette question : Quelle est l'origine ethnique des Égyptiens, et à côté de quelles autres races faut-il les placer ?

La race égyptienne composée des deux branches copte et fellah constitue le fond réel de la population de la vallée moyenne et inférieure du Nil. Elle présente une homogénéité générale aussi grande que peuvent en offrir deux branches latérales d'une même famille. Nos observations anthropométriques relevées dans dix localités différentes et sur deux cent quatre-vingt-huit sujets dont soixante-dix femmes — cent vingt-sept Coptes et vingt-trois ♀ ; quatre-vingt-onze Fellahin et quarante-sept ♀ — montrent une population dont la peau présente des nuances passant du blanc jaunâtre au brun plus ou moins rougeâtre suivant qu'on l'observe dans le Delta au nord ou dans le Saïd aux confins de la Nubie. Leurs cheveux, toujours noirs, sont souvent bouclés ou frisés comme chez les vieux Thébains ; mais ils ne sont jamais laineux.

L'écartement bi-palpébral est moyen avec un indice de 30,88. L'ensemble est mésosème et mésorhinien avec un indice facial moyen de 103,96 et un indice nasal de 78,26 (Coptes 77,50 et Fellahin 77,77). La tête, souvent élevée, présente une dolichocéphalie de 75, qui passe de 75,40 chez les Coptes à 75,53 chez les Fellahin. On remarquera que l'indice céphalique moyen des vieux Égyptiens, qui est de 75,25, ne diffère que de cinq millimètres de celui des vivants.

La taille est à peine au-dessus de la moyenne ; elle est de 1^{m}66 chez les Coptes et de 1^{m}63 chez les Fellahin. Les hommes dépassent fréquemment 1^{m}70, tandis que les femmes atteignent rarement 1^{m}60 surtout chez les Coptes. On voit, par ce qui précède, que les Coptes, les Fellahin et les vieux Egyptiens, pris en bloc, présentent les plus grandes affinités morphologiques. Il est à remarquer aussi qu'à notre époque, comme au temps de la plus haute prospérité pharaonique, soit entre les XIIe et XXe dynasties, c'est dans le Saïd, le véritable cœur de l'Egypte, que se rencontre la plus grande homogénéité dans le type du peuple.

Parmi les nombreux Arabes-Bédouins répandus en Egypte, je n'ai pu étudier que cent quatre-vingt-huit sujets dont vingt-trois femmes. Ils appartiennent à huit tribus différentes semi-nomades depuis longtemps déjà. Par la taille, les Bédouins diffèrent peu des Coptes et des Fellahin, ainsi que de leurs frères de la région libyenne. La moyenne de la taille chez ces peuples dépasse rarement 1^{m}68.

Ces tribus ont un indice moyen de 73,96 et présentent ainsi une dolichocéphalie plus accentuée que celle de leurs voisins. L'indice facial, dont la moyenne est de 101,52, est des plus hétérogènes, car à côté des Ouled-Ayaideh et des Ouled-Harabi, chez qui cet indice est presque semblable à celui des Egyptiens, on en voit de beaucoup plus allongés comme chez les Ouled-Aly. L'indice nasal est identique à celui des Fellahin et des Coptes. Ils sont mésorhiniens avec une tendance cependant vers la leptorhinie chez quelques tribus de l'Est. L'œil des Bédouins se rapproche par son aspect et ses diamètres de celui des autres peuples qui les entourent.

Les Bedjah comprenant les trois grandes familles Ababdeh, Barabra et Bicharieh, ont été étudiés par moi, à Louqsor et à Assouan, au nombre de deux cent soixante et un individus dont vingt-cinq femmes. Ce groupe paraît moins homogène que le précédent, aussi bien par ses caractères morphologiques qu'ethnographiques. Comme la plupart des habitants du sol nilotique, les Bedjah sont sous-dolichocéphales avec un indice moyen de 76,68, et se rapprochent, par les Barabra, plus des Berbères de Tunisie que des Égyptiens dont ils ne diffèrent pas trop cependant. L'indice nasal moyen de 82,22, qui en fait des mésorhiniens, se trouve plus élevé que chez les Égyptiens. Cette mésorhinie est surtout accentuée chez quelques Barabra (83,72) ; mais on voit au contraire les Bicharieh, qui s'éloignent des Coptes et des Fellahin par l'indice céphalique (79), s'en rapprocher par l'indice nasal (75,55).

La face des Bedjah est à peu de chose près celle des Égyptiens ; cependant les premiers sont plus souvent prognathes que les seconds. L'indice facial des uns est de 102,40 ; celui des autres de 103,96. La taille de ces familles, prises en bloc, ne diffère pas. Elle est en moyenne de 1m66. Cette race offre — ainsi qu'on l'a vu en étudiant spécialement les Barabra — des rapports nombreux avec d'autres populations de l'Afrique antérieure, notamment les Danakils, les Somalis et divers Berbères de la Tripolitaine, de la Tunisie et de l'Algérie. A ces groupes doivent se rattacher les Peuls dont on trouve des représentants depuis le lac Tchad jusqu'au Sénégal, puis les Akmar du Sennaar et quelques autres Négrils qui vivent au milieu des Soudanais.

Si nous résumons actuellement les caractères morphologiques des Soudanais Orientaux, nous verrons qu'à part leurs caractères négroïdes propres, tels que le prognathisme, la platyrhinie plus ou moins accentuée et leurs cheveux laineux, ils diffèrent moins qu'on pourrait le croire des Égyptiens et surtout des Bedjah. Il est intéressant de trouver chez ces populations des indices céphaliques variant de 73,40 à 77. On sait, en effet, que des relations nombreuses et constantes ont existé et existent encore entre les divers groupes de ces peuples, et que, par suite, des métissages ont pu se produire et se produisent encore dans les parties nubiennes de la vallée du Nil.

De ce qui précède, doit-on conclure que c'est en Nubie, dans les déserts libyque ou arabique ou sur la vieille terre des Pharaons qu'il faut chercher les ancêtres des Égyptiens actuels ?

Les comparaisons que nous avons pu établir entre les caractères morphologiques des vieux Égyptiens et ceux des habitants actuels de la région centrale du pays semblent démontrer que — même pour les époques les plus reculées — l'autochtonie des Misraimites ne semble plus contestable. Il ne paraît plus possible d'aller chercher en dehors de cette contrée, riche entre toutes, les origines de cette race puissante dont la fécondité n'a d'égale que celle du sol qu'elle foule depuis tant de siècles.

Reste à examiner cependant dans quelles mesures les Nubiens ou Bedjah, les Berbères libyens et les Arabes-Bédouins ont pu modifier le type égyptien par leurs immigrations, s'ils n'ont pas contribué à sa formation sur certains points.

Il est intéressant — en cette matière — de rappeler la théorie proposée par Champollion-Figeac après Heeren et divers autres auteurs faisant des Nubiens, et spécialement des Kenous ou Barabra de l'antiquité, les ancêtres des vieux Egyptiens, mais à laquelle rien n'autorise à s'arrêter.

Il est curieux toutefois de lire que les « anciens Égyptiens appartenaient à une race d'hommes tout à fait semblables aux habitants actuels de la Nubie ». On remarquera, d'autre part, que Costaz affirme, en parlant des Barbara, « que les Nubiens diffèrent essentiellement de tous les peuples qui les environnent; des Égyptiens du nord, des Nègres du Sennaar au sud, des Arabes à l'Orient et à l'Occident. Ils forment une race distincte, ayant sa physionomie et sa couleur particulières ; enfin, ils parlent une langue qui leur est propre, et dans laquelle ils se nomment Barabra.

Tout compte fait, vouloir trouver une ressemblance entre le type moyen des Égyptiens anciens ou même modernes et celui des Bedjah actuels pour affirmer entre eux des liens de parenté ou de descendance est une chose inadmissible *a priori*. Cependant, si l'on considère que les Kenous modernes sont les descendants de Nubiens du temps de Nofertari la Belle ou même de celui de Sabakon, il est incontestable qu'ils peuvent présenter avec eux les mêmes rapports et différences que ceux que nous avons constatés entre les Égyptiens de l'antiquité et les Coptes ou les Fellahin actuels.

Les traces du type bedjah peuvent se rencontrer au milieu des populations thébaine et saïte de la Haute-Egypte ; il a pu y être même prépondérant, à l'époque memphite. Mais le type égyptien avec les caractères qui lui sont propres et qu'il possède encore, s'est affirmé de bonne heure entre la mer et la première cataracte, tandis que — au sud et à l'est — subsistait le type nubien primitif.

Quant aux Arabes dont le nom est souvent donné improprement aux Égyptiens, on leur a attribué une influence beaucoup plus grande que celle qu'ils ont eue en réalité. Il y a eu, certes, chez les Égyptiens des infiltrations de sang arabe depuis l'apparition de l'islamisme et l'invasion de bandes nombreuses de disciples de Mahomet, mais le type de l'Égyptien, de l'habitant réel de l'Egypte, s'en est relativement peu ressenti. Il parle l'arabe et suit — comme les Arabes — la doctrine de Mahomet, mais c'est tout. Au reste, ces deux peuples diffèrent totalement sous le rapport moral comme sous le rapport physique. Et, en effet, bien qu'habitant de temps immémorial des régions presque contiguës, les Égyptiens et les Arabes présentent un contraste remarquable. D'un côté, on trouve ces derniers énergiques, pleins d'une activité inquiète, toujours prêts à modifier leur genre de vie. Tantôt nomades, à la recherche de pâturages nouveaux pour leurs troupeaux; tantôt agriculteurs, fixés au sol, ou bien groupés en villages populeux et élevant des villes et des cités fortifiées, tantôt enfin, poussés par l'amour de la gloire ou l'ardeur du prosélytisme, on les voit s'avancer dans les pays les plus éloignés. D'un autre côté, l'existence des Égyptiens s'écoule monotone au milieu de l'abondance que leur procure un sol inépuisable, sans autre ambition que celle de vivre de leurs terres et de leurs troupeaux, sans recherche de luxe, ni d'honneurs. Essentiellement pacifique, le Fellah ne quitte que rarement son pays, et n'accepte que par la force l'introduction des moindres changements dans son genre de vie et dans ses habitudes.

Au point de vue physique, ces deux peuples offrent également des différences bien tranchées. Au lieu de la physionomie mobile et expressive, des traits effilés et fermes, de la face maigre et parfois dure, des formes sveltes des Arabes, on trouve chez les Égyptiens des formes délicates, des visages calmes, des traits doux et arrondis, des yeux longs en amande, à moitié fermés, languissants et relevés aux angles externes, des lèvres épaisses et saillantes, une bouche grande, mais souriante, un teint foncé et quelquefois d'un rouge cuivré, tout l'ensemble offrant le type de l'Africain pur sang dont le nègre n'est que le représentant exagéré, le terme extrême.

En somme, comme la population indigène et agricole était beaucoup plus nombreuse que le peuple envahisseur et que, du reste, les deux types sont assez voisins, comme on l'a vu, il n'a pas pu se produire une bien grande altération dans la physionomie du peuple conquis. On peut donc dire que les Arabes se sont mêlés aux Égyptiens plutôt que les Égyptiens aux Arabes. La grande ressemblance que l'on peut constater, surtout dans le sud, entre les Fellahin et les Coptes ne laisse guère de doute à cet égard.

Le graphique ci-après montre quel rapport on peut constater au point de vue de l'indice céphalique entre les Égyptiens anciens, les Égyptiens actuels, les Arabes-Bédouins et les Bedjah.

Voyons maintenant quels sont les rapports directs que le peuple Egyptien a pu et peut avoir encore, au point de vue morphologique, avec les populations berbères des régions voisines de la vallée du Nil qui — d'après tous les auteurs de l'antiquité — doivent représenter les Libyens de l'histoire.

Chez les Arabes, nous avons vu que la plupart des caractères physiques, et les plus essentiels, différaient peu de ceux des Égyptiens, puisque les principaux indices moyens sont presque identiques, tel par exemple celui de la tête qui est de 73,96. Toutefois, certaines tribus comme celles des Ouled-Ma'azeh, des Ouled-Nagama et des Ouled-Aly présentent, de même que les Égyptiens, des indices moyens de 75 à 76.

Si nous rapprochons maintenant les caractères morphologiques des Berbères, on verra que, si les Arabes paraissent, en masse, plus dolichocéphales que les Égyptiens, la majorité des Berbères l'est un peu moins. Mais on doit remarquer aussi que l'indice céphalique d'un nombre considérable de Berbères oscille entre 75 et 76.

Le même fait résulte de la comparaison que l'on peut facilement établir entre les Égyptiens anciens, les Égyptiens actuels, les Bedjah et les Berbères ou Libyens. Cette comparaison, qui a été entreprise déjà par M. Randall-Maciver et d'autres, n'a pas donné le résultat qu'on en attendait; aussi a-t-il déclaré que « *les Égyptiens préhistoriques n'étaient pas des Libyens* » ! au grand scandale de son compatriote peu sympathique pour l'anthropologie, — le savant antiquaire Flinders Petrie.

Sans vouloir entrer dans la discussion des raisons à l'aide desquelles l'une et l'autre de ces opinions ont été soutenues, je veux seulement faire remarquer ici que la mise en série parallèle des indices céphaliques moyens des Berbères, Bedjah, Egyptiens actuels et anciens, auxquels on aura ajouté deux unités — suivant la convention universellement admise — montre que les écarts entre ces diverses populations sont moins grands qu'on ne le croyait.

Indices céphaliques moyens des Égyptiens et des Berbères anciens et modernes.

INDICES CRANIENS AVEC DEUX UNITÉS EN PLUS		INDICES SUR LE VIVANT, MESURES BRUTES	
Égyptiens anciens	75,85	Égyptiens actuels	75 »
Berbères du dolmen de Roknia . .	77,23	Berbères	76,30
		Bedjah	76,88

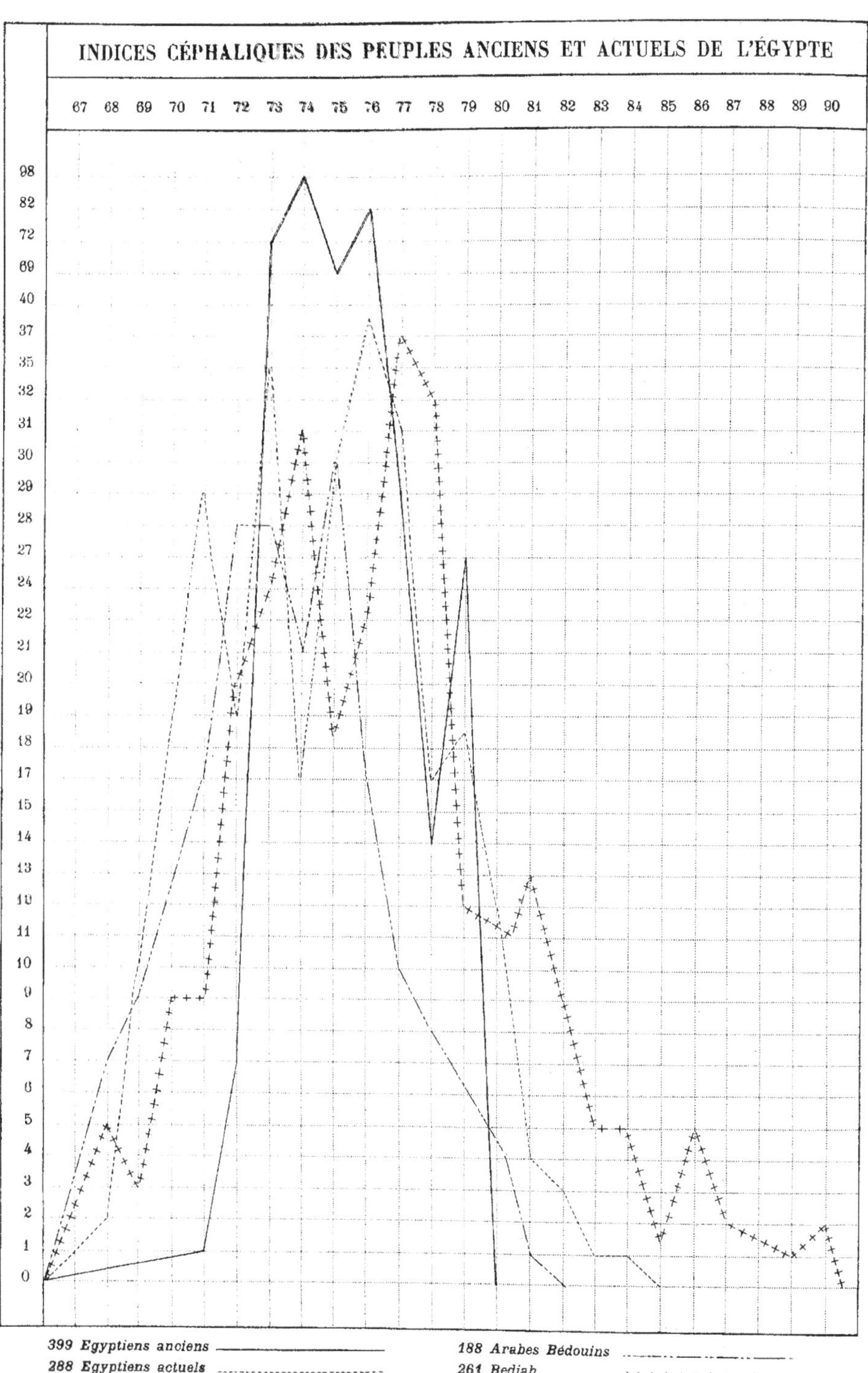
INDICES CÉPHALIQUES DES PEUPLES ANCIENS ET ACTUELS DE L'ÉGYPTE
67 68 69 70 71 72 73 74 75 76 77 78 79 80 81 82 83 84 85 86 87 88 89 90
98
82
72
69
40
37
35
32
31
30
29
28
27
24
22
21
20
19
18
17
15
14
13
10
11
10
9
8
7
6
5
4
3
2
1
0
399 Egyptiens anciens
288 Egyptiens actuels
188 Arabes Bédouins
261 Bediah

On verra aussi que les soi-disant *préhistoriques*, auxquels M. Petrie accordait seulement une origine libyenne pour des raisons purement ethnographiques, sont moins différents des autres Égyptiens qui leur ont succédé dans la vallée moyenne du Nil qu'on ne l'a soutenu, sans aucune preuve du reste. Quoi qu'il en soit, M. Randall-Maciver oubliant, lui aussi, que la base de l'ethnogénie d'une race ne gît pas seulement dans les caractères ethnographiques qu'elle peut offrir, se perd dans des considérations de second ordre portant sur les ressemblances de la culture des Égyptiens, dits *préhistoriques*, avec celle des Kabyles actuels de l'Algérie. Pour cet observateur, qui a pourtant étudié personnellement la morphologie des Berbères, les caractères de la poterie ainsi que les motifs dont elle est décorée priment toute autre considération. Pour lui, les rapports qui existent entre les indices moyens des Égyptiens archaïques et ceux des Berbères actuels — quoique évidents — ne lui paraissent pas assez concluants pour permettre d'accepter la descendance proposée. Il est plutôt disposé à croire que la culture des Égyptiens prédynastiques est antérieure ou parallèle à celle des vieux Libyens.

Ne peut-on pas se demander aussi si les Égyptiens archaïques n'ont pas moins reçu des Libyens qu'ils leur ont donné? Cette manière de voir serait fortifiée par l'inscription préhiéroglyphique que M. Evans a trouvée en Crète, et qu'il a identifiée avec certaines marques de poteries dites préhistoriques. On a reconnu qu'un certain nombre de ces signes étaient identiques à ceux trouvés sur une stèle libyenne, et à ceux du « Tiffnagh », alphabet des modernes Touareg. Mais il semble qu'il y a une affinité beaucoup plus étroite entre les systèmes crétois et égyptien qu'entre ceux-ci et l'alphabet berbère moderne. Lorsqu'on prend en considération tous ces détails, il est permis de concevoir la civilisation archaïque de la Méditerranée comme provenant d'un centre que l'on peut placer dans la vallée du Nil ou dans son voisinage, ou peut-être de deux centres séparés mais non sans rapports, l'un en Egypte, l'autre sur un point non déterminé de la mer Egée, peut-être la Crète, comme semblent l'indiquer les découvertes de M. Evans[1].

Mais la question de l'origine de la civilisation est tout autre que celle de l'origine de la race, et s'il est démontré que celle de l'Egypte est autochtone et parallèle à celle des régions égéennes, cela n'implique pas que l'on doive chercher dans les mêmes pays les racines du peuple égyptien. Il faut remarquer que la plupart de ceux qui ont étudié l'ethnogénie de l'Egypte ont toujours confondu la question de l'origine de la race et celle de la civilisation. Pour moi, préoccupé ici surtout de l'ethnogénie — tout en tenant compte des données multiples de l'ethnographie — j'accorde plus volontiers la prépondérance aux résultats de l'anthropométrie.

Et quoi qu'en puissent dire les savants qui dédaignent cette branche de l'anthropologie et donnent leur préférence à des procédés de recherches qui ne nécessitent ni précision ni conclusions fermes, je crois encore que c'est par la comparaison des indices fournis par des mensurations nombreuses et rigoureuses des divers peuples du pays que nous étudions, que nous aurons quelque chance de découvrir leur origine et leur filiation. Les tableaux ci-joints montrent, du reste, leur groupement d'après leurs propres affinités.

[1] *Loc. cit.*

Indices céphaliques moyens de quelques peuples qui présentent des affinités avec les Égyptiens.

PEUPLES	NOMBRE DE SUJETS OBSERVÉS	♂	♀	OBSERVATEURS	INDICES
—	—	—	—	—	—
Arabes de Ouargla ?	20	20	»	Elisseieff	72.00
Berbères de l'Aurès ?	10	10	»	—	72.00
— de Chemini	40	40	»	Bertholon	72.62
— de Menzel	53	53	»	—	72.79
— Ouled Frechichi	2	2	»	Collignon	72.80
— Ouled Seboa	4	4	»	—	71.82
— Ouled Harabi	29	29	»	E. Chantre	72.82
Arabes d'Oran ?	10	10	»	Bleicher	73.21
— Ouled Touarah	18	18	»	E. Chantre	73.30
Soudanais Chillouk	18	16	2	—	73.40
— Dinka	27	15	12	—	73.79
— Foriens	16	8	8	—	73.82
Arabes du Sinaï	20	20	»	Elisseieff	73.87
Berbères de Kroumirie	358	358	»	Bertholon	73.99
Soudanais Tagbala	7	6	1	E. Chantre	74.34
Berbères de la Hama	64	64	»	Bertholon	74.37
Bedjah Danakil	8	8	»	Santelli	74.45
Soudanais Bornou	4	3	1	E. Chantre	74.48
Arabes Ouled Ayaïdeh	41	35	6	—	74.48
Bedjah Ababdeh	81	81	»	—	74.60
Soudanais Foriens	2	2	»	—	74.73
Berbères Djara	14	14	»	Bertholon	74.80
Arabes Ouled Ma'azeh	40	34	6	E. Chantre	75.00
Soudanais Bongo	4	4	»	—	75.13
Ouled Nagama	21	21	»	—	75.26
Ouled Aly	20	20	»	—	75.39
Berbères de Medjez-el-Bab	16	16	»	Collignon	75.39
Égyptiens Coptes	150	127	23	E. Chantre	75.40
Soudanais Nouba	36	20	16	—	75.40
Égyptiens Fellahin	138	01	47		75.53
Berbères Chaouias	15	15	»	Faidherbe	75.60
Soudanais Fertit	5	4	1	E. Chantre	75.64
Berbères de Palestro	184	184	»	Prengrueber	76.04
— de Biskra	180	180	»	Seriziat	74.07
Bedjah Barabra	89	64	25	E. Chantre	76.59
Soudanais Niam-Niam	2	2	»	—	76.72
Bedjah Bicharieh	91	78	13	—	76.88
Berbères Mozabites	50	50	»	Amat	77.03
Arabes d'Alep	22	22	»	E. Chantre	77.05
Berbères de Kairouan	61	61	»	Collignon	77.59
Ouled Saïd	16	16	»	—	77.79
Berbères de Gerba	330	330	»	Bertholon	79.94
Beoni-Maguel de Gerba	34	34	»	—	82.24
Ouled Zelotras de Gerba	11	11	»	—	82.50

Mise en série de l'indice céphalique des peuples de l'Égypte.

PEUPLES	NOMBRE DE SUJETS OBSERVÉS	♂	♀	LOCALITÉS	INDICE CÉPHALIQUE MOYEN
Soudanais Nilotiques	47	35	12	Fachoda	73.40
Arabes Bédouins	188	165	23	Mataryeh, Keneh, Beni-Souef, etc.	73.96
Soudanais Kanori	4	3	1	Bornou	74.48
Bedjah Ababdeh	81	81	»	Louqsor et Assouan	74.60
Soudanais Tchadiens	16	14	2	Darfour	75.00
Égyptiens Coptes	150	127	23	Louqsor et localités diverses	75.40
— Fellahin	138	91	47	Louqsor, Korachia, Gizeh, Karnak	75.53
Soudanais Noubiens	54	36	18	Kordofan	75.53
Bedjah Barabra	89	64	25	Assouan, Chellal, île de Bigheh	76.59
— Bicharieh	91	78	13	Assouan et Louqsor	76.88
	858	694	164	MOYENNE GÉNÉRALE DE L'INDICE CÉPHALIQUE.	75.53

Mise en série de l'indice nasal des peuples de l'Égypte.

PEUPLES	NOMBRE DE SUJETS OBSERVÉS	♂	♀	LOCALITÉS	INDICE NASAL MOYEN
Egyptiens Coptes	150	127	23	Louqsor et localités diverses	77.59
— Fellahin	138	91	47	Louqsor. Korachia, Gizeh, Karnak	77.77
Arabes Bédouins	188	165	23	Mataryeh, Keneh, Beni-Souef, etc.	78.26
Bedjah Barabra	89	64	25	Assouan, Chellal, île de Bigheh	80.42
— Bicharieh	91	78	13	Assouan et Louqsor	82.22
— Ababdeh	81	81	»	Louqsor et Assouan	82.22
Soudanais Kanori	4	3	1	Bornou	100.00
— Noubiens	54	36	18	Kordofan	102.44
— Tchadiens	16	14	2	Darfour	104.76
— Nilotiques	47	35	12	Fachoda	105.00
	858	694	164	MOYENNE GÉNÉRALE DE L'INDICE NASAL.	82.22

Mise en série de l'indice facial des peuples de l'Égypte.

PEUPLES	NOMBRE DE SUJETS OBSERVÉS	♂	♀	LOCALITÉS	INDICE FACIAL MOYEN
Arabes Bédouins	188	165	23	Mataryeh, Keneh, Beni-Souef, etc.	101.52
Bedjah Barabra	89	64	25	Assouan, Chellal, île de Bigheh	101.58
Egyptiens Coptes	150	127	23	Louqsor et localités diverses	102.34
Bedjah Bicharieh	91	78	13	Assouan et Louqsor	102.40
— Ababdeh	81	81	»	Louqsor et Assouan	103.15
Egyptiens Fellahin	138	91	47	Louqsor, Korachia, Gizeh, Karnak	103.96
Soudanais Noubiens	54	36	18	Kordofan	103.96
— Tchadiens	16	14	2	Darfour	105.55
— Nilotiques	47	35	12	Fachoda	105.64
— Kanori	4	3	1	Bornou	106.08
	858	694	164	MOYENNE GÉNÉRALE DE L'INDICE FACIAL.	103.15

Mise en série de la taille debout des peuples de l'Égypte.

PEUPLES	NOMBRE DE SUJETS OBSERVÉS	♂	♀	LOCALITÉS	TAILLE DEBOUT MOYENNE
Soudanais Kanori	4	3	1	Bornou	161
Egyptiens Fellahin	138	91	47	Louqsor, Korachia, Gizeh, Karnak	163
Bedjah Barabra	89	64	25	Assouan, Chellal, île de Bigheh	164
— Bicharieh	91	78	13	Assouan et Louqsor	164
— Ababdeh	81	81	»	Louqsor et Assouan	166
Egyptiens Coptes	150	127	23	Louqsor et localités diverses	166
Soudanais Noubiens	54	36	18	Kordofan	167
Arabes Bédouins	188	165	23	Mataryeh, Keneh, Béni-Souef, etc.	168
Soudanais Tchadiens	16	14	2	Darfour	169
— Nilotiques	47	35	12	Fachoda	172
	858	694	164	MOYENNE GÉNÉRALE DE LA TAILLE DEBOUT	166

Mise en série de la grande envergure des peuples de l'Égypte.

PEUPLES	NOMBRE DE SUJETS OBSERVÉS	♂	♀	LOCALITÉS	GRANDE ENVERGURE MOYENNE
Bedjah Bicharieh	91	78	13	Assouan et Louqsor	169
Egyptiens Fellahin	138	91	47	Louqsor, Korachia, Gizeh, Karnak	170
— Coptes	150	127	23	Louqsor et localités diverses	171
Soudanais Kanori	4	3	1	Bornou	171
Arabes Bédouins	188	165	23	Mataryeh, Keneh, Béni-Souef, etc.	173
Bedjah Barabra	89	64	25	Assouan, Chellal, île de Bigheh	173
Soudanais Noubiens	54	36	18	Kordofan	173
Bedjah Ababdeh	81	81	»	Louqsor et Assouan	174
Soudanais Tchadiens	16	14	2	Darfour	178
— Nilotiques	47	35	12	Fachoda	180
	858	694	164	MOYENNE GÉNÉRALE DE LA GRANDE ENVERGURE	172

Ces divers groupements nous conduisent à admettre que la race égyptienne, quoique renfermant des éléments divers, présente — depuis la plus haute antiquité — une certaine homogénéité dans chacune des grandes régions constituant — dès l'origine — le domaine des Pharaons. Cette homogénéité que l'on constate dans les groupes archaïques des régions d'Eléphantine, de Thèbes ou de Memphis, nous la retrouvons aussi dans les mêmes pays, à l'époque actuelle. On constate enfin que le type de nos Égyptiens modernes présente des rapports très grands non seulement avec leurs ancêtres du pays nilotique mais aussi avec les ancêtres des Berbères des régions voisines de l'Egypte, la Tripolitaine, la Tunisie et l'Algérie.

Ces faits prouvent que ces populations diverses sont les descendants des vieux Libyens et qu'ils ont une origine commune. Il n'est plus douteux actuellement qu'ils sont autochtones, et s'ils diffèrent les uns des autres par quelques caractères secondaires, c'est qu'ils ont subi des influences locales. Leur type et leur civilisation ont été modifiés avec d'autant plus d'intensité que ces influences ont été plus puissantes. Toutes ces considérations nous conduisent aux conclusions suivantes :

1° Le type des Égyptiens anciens et modernes est empreint d'une unité et d'une individualité remarquables, malgré les vicissitudes nombreuses et les immigrations multiples qu'ils ont dû subir.

2° Tout démontre que dans cette région, plus que partout ailleurs, les invasions pacifiques ou guerrières n'ont eu aucune influence durable sur le type de la population locale ; le sol de la vallée du Nil paraît, en particulier, s'assimiler à peu près toutes les formes étrangères.

3° Les ressemblances que présente la morphologie des Égyptiens avec celle des Bedjah et celle des Berbères prouvent, non pas une filiation des uns aux autres, mais une communauté d'origine.

4° Que cette origine est pour les Egyptiens — comme pour tous les autres habitants de l'Afrique antérieure — *l'autochtonie*, car rien ne prouve qu'ils ont émigré d'aucune part.

5° Qu'ils doivent constituer — pour la plupart — cet ensemble ethnique que les anciens historiens ont appelé « Libyens ».

6° L'antiquité de la civilisation égyptienne remonte, sans aucun doute, au delà des temps historiques. Seuls, toutefois, des vestiges des industries primitives de l'âge de la pierre révèlent la présence de l'homme avant la première dynastie.

7° La civilisation égyptienne est autochtone comme le peuple qui l'a créée et le développement merveilleux qu'elle a atteint si rapidement n'est dû qu'à son génie incomparable.

TABLE DES FIGURES

TABLE DES MATIÈRES

PREMIÈRE PARTIE

POPULATIONS ANCIENNES

DEUXIÈME PARTIE

POPULATIONS ACTUELLES

Lyon. — Imprimerie A. REY, 4, rue Gentil. — 30776

www.ingramcontent.com/pod-product-compliance
Ingram Content Group UK Ltd.
Pitfield, Milton Keynes, MK11 3LW, UK
UKHW020306230726
13925UKWH00001B/238

9 782013 481304